［瑞士］弗洛里安·维特斯坦 著
Florian Wettstein

工商业
与
人权

Business
and
Human Rights

张 伟
李卓伦 等
译

伦理、
法律与管理学的
多维解析

Ethical
Legal
and
Managerial
Perspectives

社会科学文献出版社
SOCIAL SCIENCES ACADEMIC PRESS (CHINA)

目　录

第一部分　基础知识

第二部分　入门知识

第三部分　企业人权责任

第四部分　企业人权问责

第五部分　特定行业和新兴议题

第一章　导论：学习和反思工商业与人权

直到最近，人权与工商业仍被视作两个不同的领域。人权传统上被理解为保护民众免受政府滥用权力和自由裁量权之害的盾牌与保障，人们几乎否认人权与工商企业之间存在直接的关联。因此，人权学者在过去并不关注包括工商企业在内的私人行为者。与此同时，企业和企业责任的从业者与理论家几乎从不使用人权视角。对他们而言，人权曾经只是法律、规制和政策等企业生产经营活动的外部环境的组成部分，而与企业社会责任（CSR）无关。所以，无论是人权学者还是企业责任的研究者，都很难从直觉上将工商业和人权相提并论。因此，或许听起来有些许矛盾的是，学习"工商业与人权"（BHR）意味着在一定程度上重新理解工商业和人权。这是因为那些将"一切如旧"视为理所当然的想法往往为企业侵犯人权提供温床，现行国际法体系的不足则将这些侵犯人权行为置于有罪不罚的保护之下。且不说将工商业与人权理论化，即便只为工商业与人权对话开辟空间，我们也需要超越既定学说的藩篱。为了揭示可能性并摆脱传统思维定式，我们不仅需要学习，有时也需要打破特定知识范式的束缚，以便为创新的，甚至是变革性的想法留出空间。

1.1　重构对人权的认识：对传统人权思维的质疑

传统的人权思想一直围绕着国家这一人权的主要保障者和提供者。长期以来，根深蒂固的国家中心主义概念与教义过于强大，以至于扼杀了有关工商业与人权更广泛、更系统的讨论。因为这种讨论曾被认为是与人权的定义和基础背道而驰的。然而，肇始于 20 世纪 70 年代、在 20 世纪 80 年代提速并在 20 世纪 90 年代达至顶峰的新自由主义全球市场扩张，撼动了威斯特伐利亚以国家为基础的国际秩序的确定性，并深刻地改写了跨国经济和政治舞台中的权力关系（Chapter 9）。为了实现经济增长与繁荣，各国政府纷纷放松对国内经济的管制并施行自由化政策，以使国内企业更好地参与全球市场。放弃部分政策自主权是政府为提升国内企业在全球市场中的竞争力而必须付出的代价。与此同时，全球市场为跨国企业扩大市场范围、规模与实力提供了前所未有的机会。曾经被政府牢牢控制的全球企业逐渐脱离政府监管。因此，经济全球化造成了所谓的治理间隙，而跨国企业可以通过其跨国组织形态和灵活性充分利用该间隙。治理间隙是指公共监管机构无法触及和控制的空间，私人行为者在这些空间中的活动不受控制，往往在很大程度上也无须对违规行为承担责任。曾在 2005 年担任联合国工商业与人权问题特别代表（SRSG，Chapter 2）的约翰·鲁格（Jonh Ruggie）（方框 2.2），以及更广泛的工商业与人权相关文献（参见，例如 Simons & Macklin 2014），都将这种治理间隙视为"工商业与人权困境"的根源（Ruggie 2008：3）。

可见，作为回应新兴全球格局的讨论，工商业与人权要求我们重新思考企业在全球社会中的作用，以及作为道德和法律原则的人权观念不仅仅关涉政府，也与非政府行为者，尤其是工商企业相关。因此，工商业与人权学生和学者们面临的挑战不仅包括学习新方法，还包括要摆脱一些长期阻碍我们将工商业纳入人权话语这一观点的"确定性"。这本教科书将秉持这种精神，为学习与反思人权提供指导。

1.2　重构对工商业的认识：对企业社会责任的质疑

作为融合人权和企业社会责任的新话题，工商业与人权不仅挑战了传统人权思维，还与更传统的企业责任观念有所冲突。过去五十多年来，大多数企业责任的理论和实践都是在企业社会责任的范畴内发展的。企业社会责任作为一个或多或少独特的企业实践，作为一个学术研究领域，肇始于20世纪50年代，因此比工商业与人权出现得更早、更成熟。传统上，它被当作一个"总括性术语"（Jonker 2005：20；Scherer ＆ Palazzo 2007：1096），用于讨论与企业社会责任相关的各种问题。据此，将工商业与人权视作"企业社会责任的一个子集"，或只是另一个"企业社会责任话题"，甚至把二者混为一谈的做法，都不会令人感觉奇怪。然而，无论是将工商业与人权等同于企业社会责任，还是将其"仅仅"视为企业社会责任的一个维度，在概念和历史上都是有缺陷的。

1. 从概念上讲，人权在企业社会责任的漫长演变中并没有占据显著地位。企业社会责任相关讨论固然会涉及一些本质上可以被视为人权挑战的问题——例如，血汗劳工、临床试验，或是在招聘和雇用过程中侵犯隐私——但人们很少把这些问题作为真正的人权问题来处理。这并非巧合。传统上，企业社会责任基本上被视为一种私人责任，即在特定国家监管框架内的一种自愿性的剩余责任（Wettstein 2020）。这种理解源于对"私人经济活动与公共政治活动之间的明确界限"的认识（Scherer ＆ Palazzo 2007：1106）。根据这种理论，只有政府才需要对包括人权在内的公共领域负责。尽管这并不意味着企业可以在国家提供的私人领域为所欲为，但通常表明企业无须对更广泛的公众关切事项承担任何责任。因此，在企业社会责任的理论构建中，人权通常不被视为企业私人责任的一部分。

2. 从历史来看，工商业与人权诞生的20世纪90年代恰逢企业社会责任话题的国际化时期，也是企业社会责任的焦点扩散到血汗劳工和童工等相关议题的时期。尽管存在这种重合，工商业与人权也并非作为企业社会责任的逻辑延伸而产生的。相反，正如下文第二章所述，工商业与人权是作为一个崭新的、单独的话题而进入人们视野的，它肇始于企业社会责任场域之外，与企业社会责任并行发展但不属于企业社会责任的一个内在维度。具言之，企业社会责任话语植根于广泛的管理和商业学术研究，而工商业与人权则基本起源于法学领域。因此，工商业与人权相关讨论历来涉及不同的参与者——无论是作为社会运动还是作为学术研究——并遵循与企业社会责任不同的逻辑。尤为重要的是，工商业与人权往往更关注问责机制，特别是强制性规制的作用，而企业社会责任几乎可以被视为自愿性的、由企业主导的促进负责任商业实践倡议的同义词：

> 企业社会责任和工商业与人权就像两个近亲——它们是相互交织的概念，都关注负责任和有益于社会的企业活动——但这两个概念也有重大区别，并因起源的不同而具有截然不同的特性。它们本质上是两种不同但相互重叠的话语：企业社会责任源于商业学术研究，而工商业与人权则源于法律学者和人权倡导者的工作，并侧重于权利和救济的形式主义概念（Ramasastry 2015：237）。

在工商业与人权和企业社会责任之间存在上述深刻差异的背景下，工商业与人权没有被视为企业社会责任的一个子集或问题，而是对企业社会责任的批判。企业社会责任因以软性和自愿性方法为主，缺乏执行力，无法对商业实践转型施加足够影响而饱受批评。工商业与人权侧重于问责制和强制性措施，其特点更多是对企业社会责任范式的对抗和挑战，因而是对企业社会责任的一种替代性措施。

1.3　学习工商业与人权：人权视野下的企业责任

在假设企业社会责任本质上是一种私人责任的情况下，我们也能从规范的角度发现传统企业社会责任方法和工商业与人权之间的基本区别。从企业社会责任的角度来看，企业人权责任意味着向私人责任领域的转变，而从工商业与人权的角度来看，则主张向相反的方向转变——亦即将企业责任扩展到公共领域，从而将企业责任重新解释为本质上的政治责任。作为公共责任或政治责任，企业的人权责任将在许多方面与传统意义上的人权责任不同（Wettstein et al. 2019）。

第一，人权的规范性意蕴与人们通常认为的私人责任有所不同。如上所述，企业社会责任传统上被视作自愿的或可选择的，是超越义务范畴的值得称赞的企业善意的体现。这种观点在 20 世纪 80 年代对理解企业社会责任具有决定性作用，当时人们往往将企业社会责任等同于企业对公益事业的慈善捐助。即使企业社会责任理念从此历经了巨大变化，但上述观念在今天仍然普遍存在（McCorquodale 2009：391；Kolk 2016；Bansal & Song 2017），尤其是在企业内部（Obara & Peattie 2018）。与这种观点相反，人权责任不是自愿、自由裁量的或主观的问题。正如第三章第一节所述，权利的本质在于可以被主张；尊重人权不是一种慈善行为，而是对权利人应尽的义务。将人权要求作为一种私人责任来对待的做法，可能会使其丧失作为权利的基本性质，而将其变成仅仅是企业善意表达的一种功能。

第二，公共责任意味着对公共问责制的强烈呼唤。与企业社会责任领域的学者相比，工商业与人权领域的学者倾向于支持让法律和政府发挥更大、更全面的干预作用，这并非巧合（Wettstein 2016）。后者倾向于要求通过法律和政策手段更严格地承担责任，而不是强调所谓更灵活的私人主动行为在处理实际发生的管理"现实"方面的好处。同样，这也直接反映出两个领域的不同根源，工商业与人权主要由法律学科主导，其不仅注重规范，而且注重承担各自的责任（Wettstein 2016）。有鉴于此，拉马萨斯特里（Ramasastry 2015）曾把从企业社会责任向工商业与人权的视角转变描述为从责任到问责的变化。

第三，人权通常被视为无条件、普遍和平等的权利（Chapter 3.1.2）。所有人因其生而为人，就能够在任何时候都平等地享有人权。因此，至少尊重这些权利的最基本责任也是无条件的。最重要的是，无论国内法律如何规定，尊重人权的责任都是成立的。法律和政策制定者不能简单地通过立法消除人权及相应的责任。对于企业而言，这意味着它们有责任尊重人权，即使这样做与其经营所在地国家的法律相冲突。长期以来，企业一直以国家法律为借口，为其经营活动中低得不能再低的社会、劳工和环境标准辩护。就人权而言，这已不再是一种选择。工商业与人权领域最权威的政策框架是《联合国工商业与人权指导原则》（UN Guiding Principles on Business and Human

Rights，UNGPs，以下简称《指导原则》）（Chapter 10），它明确界定了国家法律与人权规范之间的等级关系："尊重人权的责任……高于对国家法律法规的遵守"（Ruggie 2011a：13）。

第四，与前一点直接相关的是，人权为负责任商业行为提供了坚实和普遍的参照点（Giuliani，Macchi，& Fiaschi 2014；Ramasastry 2015）。企业社会责任的重点历来不够明确，这使得相关倡议和文书在形式和内容上存在较大差异。因此，企业社会责任往往更容易受到道德相对主义的影响（Chapter 3.1.3.2），这可能会在国外环境中破坏而不是促进负责任商业行为。因此，至少从概念上讲，参考国际认可的规范框架是工商业与人权的优势之一，因为这为企业在解释自身责任时留下了较小的自由裁量空间（Giuliani，Santangelo，& Wettstein 2016；Nieri & Giuliani 2018）。

1.4 本书的原理和结构

学习工商业与人权不仅要求我们摆脱模糊企业责任与人权交叉点的传统教条，还需要跨越学科划分的藩篱。就其本质而言，工商业与人权跨越了不同的学科。因此，对不同学科如何研究该领域以及它们提出的关键问题有一个基本的了解，对于真正全面地理解工商业与人权是必不可少的。然而，现实往往并非如此。尽管不同学科都属于和探讨工商业与人权的不同维度，但它们之间的对话往往没有共同点。它们从不同的角度看待不同的问题，并用不同的语言加以阐述。这本教科书的初衷是通过提供一个共同基础，来超越这种学科划分的藩篱。这不一定会改变不同学科的对话，但能让它们接触到其他学科的观点，从而使工商业与人权领域的学生和学者们更好地接触、理解并参与其他学科的对话。简而言之，本书目标是提供一个开展工商业与人权领域真正的跨学科对话所必需的共同基础。

本书整合了法律、伦理和管理学对工商业与人权问题的不同看法。法律视角关注法律和法理学在工商业与人权中的作用与运用，包括国内和国际双重维度。伦理视角的核心关切是规范理论在工商业与人权领域的应用。它们通常以道德和政治哲学为基础，但也依赖社会、文化和政治情境。管理学视角则包含更多关于实施的务实观点，它将考虑实施活动所处的现实管理情境，以及管理机制将对实施造成的障碍和限制。虽然上述三者是本书最主要的解析维度，但包括政治学、国际关系和更广泛的社会科学等其他学科的相关观点也被纳入书中。重要的是，本书的结构并不是按照学科视角来构建的。因此，本书不包含独立的法律、道德和管理部分。与之相反，这三种视角将贯穿全书。本书的目标是整合而不是分离不同学科的观点。然而，某一学科观点在特定章节中占主导地位的情况是无法避免的，尤其是在铺垫某一学科基础知识的情况下。即便如此，这些特定章节都包含了来自其他学科的反思、批评和补充见解。

为了帮助读者学习和研究工商业与人权，本书的每一章节都包含各种"教科书特征"：

·交叉参照：每当书中涉及将在其他部分深入论述的内容时，读者都可以找到交叉参照标记，以轻松便捷地找到相关论述。

·文本方框：全书包含了许多文本方框，这些文本方框提供有关特定主题的详细信息。虽然这些信息不是理解工商业与人权核心知识的必要内容，但它们能够拓宽读者对工商业与人权的理解。一些拓展内容包含讨论题，以帮助读者进一步掌握相关内容。

·简短案例：本书包含许多简短案例，这些案例阐明并讨论了工商业与人权面临的具体挑战。选择简短案例旨在举例说明各章讨论的具体内容。案例之后附有一些讨论问题，以引导读者予以反思和进一步思考相关问题，并激发课堂讨论。

·学习与思考问题：每章末尾都有两组复习题。习题旨在考查读者对本章内容的掌握情况。思考题则通过指出与本章内容相关的一些更广泛的影响和挑战，以启发读者对课外知识的思考。

本书分为五个部分，共十六章。第一部分提供了相关基础知识，为读者在后续部分深入探索工商业与人权做好准备。该部分由第二章和第三章组成。第二章简要概述了工商业与人权作为一场运动和一个学术领域的历史。

工商业与人权

回顾历史的目的是让读者了解这一领域的产生、演变和基本情况，以此能够更好地了解本书的不同部分和章节如何体现工商业与人权领域的整体视野。第三章从法律和非法律角度简要介绍人权。了解不同的有时甚至是冲突的人权方法至关重要，尤其是因为对工商业与人权的不同见解往往根植于对人权的基本解释的偏离。

第二部分初步探讨商业行为与人权的交集，为下文作铺垫。第四章从概念上分析企业如何与侵犯人权行为产生关联。该章介绍了企业直接和间接侵犯人权行为之间的重要区别，并区分了各种形式的企业共谋行为。随后，第五章以问题为中心，概述了企业侵犯人权的不同情形。其目的是让读者了解工商业与人权挑战的广泛性和复杂性。

第三部分关注企业人权责任的基础理论。其核心问题是如何证明企业人权责任的正当性。第六章基于本书的三个构成性视角探讨了这一问题，分析了企业人权义务的伦理、法律和现实基础。随后，第七章主要从伦理维度评估企业人权义务的性质、范围和具体内容。作为该部分的结尾，第八章深入分析企业如何履行其人权责任，以及通常会遇到哪些挑战。

第四部分涉及追究企业人权责任相关的问题。第九章基于全球治理的宏观背景探讨企业人权问责的概念，为后续探讨不同的问责机制提供框架。第十章专门介绍《指导原则》及其基础，即《联合国"保护、尊重和补救"框架》（UN Protect, Respect and Remedy Framework，以下简称《联合国框架》）。由于《指导原则》是权威性的全球工商业与人权标准，所以本书对其进行专门分析。第十一章对工商业与人权领域其他国际软法标准和倡议的评估是对《指导原则》相关介绍的有益补充。随后两章探讨了硬法和政策解决方案。其中，第十二章从国内层面分析了具有域外影响的政策和法律以及所谓的外国直接责任。外国直接责任涉及让企业在其母国法庭上为其在国外实施的侵犯人权行为承担责任的尝试。第十三章关注国际层面的硬法解决方案，主要涉及国际投资法和国际仲裁，以及新的工商业与人权国际条约作为企业人权问责可行路径的潜力。

第五部分是本书的结尾。该部分基于更具体的情境反思工商业与人权。

第十四章将焦点置于数个不同行业，分别展示了不同行业涉及的主要工商业与人权问题、面临的挑战与应对措施。第十五章探讨了工商业与人权领域的四项新兴议题，并预测工商业与人权领域的重要趋势。最后，第十六章简短反思了后疫情时代工商业与人权的未来发展趋势。

第一部分

基础知识

第二章　工商业与人权：一场运动的 兴起与历史

工商业与人权（BHR）这一术语通常指的是，自 20 世纪 90 年代中期发展起来的国际话语和运动。然而，对历史的解读往往取决于人们用来评估和处理它的定义、概念、视角和标签。因此，如果从不同视角观察工商业与人权的历史，可能会对它的起点有不同的见解，也可能会强调不同事件、角色和进展的历史重要性。本章概述了 20 世纪 90 年代以来工商业与人权的演进历程，分为三个阶段：开端、形成和成熟阶段。在此之前，本章会简要介绍工商业与人权肇始前的一系列重要前兆，这些内容通常被其他关于工商业与人权运动史的概要所忽略。作为工商业与人权的"地平线之旅"，本章自然只能涉及其中的一些问题。然而，许多关于这些话题和事项的内容将在本书不同部分予以更深入的讨论，并进行相应的交叉引用。

2.1　前兆（1945—1995）

"工商业与人权"话题并非突然出现的。在工商业与人权作为一项运动和一个研究领域出现之前，许多讨论和事件都为其产生做了重要铺垫。本章将简要介绍其中的三个重要事件：二战后的纽伦堡审判、企业在南非种族隔离时期扮演的角色，以及尼日利亚奥戈尼人（Ogoni population）与国际石油公司的对抗。

纽伦堡审判：在第二次世界大战结束时，盟军设立了特别法庭，以期将那些参与纳粹暴行的人绳之以法。这就是广为人知的纽伦堡审判。其中三个案件是针对德国的法本（I. G. Farben）、弗利克（Flick）和克虏伯（Krupp）三家公司（Ramasastry 2002：105）。它们被指控利用和虐待战俘以及集中营囚犯，从事强迫和奴隶劳动，以及其他战争罪和反人类罪行。之所以说纽伦堡审判是现代工商业与人权讨论的重要前兆，是基于如下两个理由。（1）他们断言，根据国际法，个人与政府一起对某些令人发指的严重犯罪行为负有直接的责任。强迫劳动和奴隶劳动，以及海盗行为、劫持飞机、种族灭绝、战争罪和危害人类罪，都属于个人可被起诉的行为（Ramasastry 2002：100）。（2）虽然这些审判和判决涉及的是个人而非企业，但判决中包含了大量的解释，将许多违法和犯罪行为直接归咎于实际肇事的企业（Ramasastry 2002：108）。因此，尽管审判没有明确将责任归咎于企业，但却在重要方面预示着司法审判将责任从自然人扩展到法人了。很久以后，1999 年，一个美国地区法院明确适用这种扩展。在以福特（Ford）及其子公司德国福特汽车股份有限公司（Ford Werke A. G.）为被告的强迫劳动案件诉讼中，法官基于美国《外国人侵权请求法》（Alien Tort Claims Act，ATCA）（Chapter 12.5.3）指出，在贩运奴隶等少数几类罪行中，习惯国际法不仅将责任归咎于国家，还将责任归咎于福特公司等私人行为者（Ramasastry 2002：125）。尽管此案以及随后的许多其他案件最终都被法院驳回，但它澄清了"在涉及某些严重违反国际法规范的行为时，法人与自然人具有相同的义务，至少在《外国人侵权请求法》的管辖权范围内应当如此"（Ramasastry 2002：130）。

南非种族隔离：在南非实施种族隔离政策时期，法律强制工商企业歧视黑人雇员——例如，限制黑人员工从事工作的种类、在薪资福利待遇中差别对待黑人员工、禁止黑人员工使用某类设施或进入特定空间。如此一来，西方企业就不可避免地成为南非政府系统性侵犯人权行为的共谋。考虑到南非在资源获取和海洋贸易方面具有重要战略意义，西方国家不愿对南非施压。因此，要求政府采取更强硬立场的活动人士最终将注意力转向在南非经营的西方企业，呼吁它们利用自身经济影响力抵制南非种族隔离政权

（Kline 2010：50）。其中特别重要和突出的是莱昂·沙利文牧师（Leon Sullivan），他是一名浸信会牧师，也是当时全球最大的企业——通用汽车公司的首位黑人董事，莱昂·沙利文积极游说美国企业采取强硬立场，反对南非种族隔离政权。为此，他起草了《沙利文原则》（Sullivan Principles），这是他敦促各企业在南非经商时遵循的一套准则（方框 2.1）。通过呼吁企业加入非暴力反抗运动，甚至为废除所有种族隔离法律并推翻当时的政权而积极奋斗，《沙利文原则》勾勒出了当前工商业与人权讨论的两个核心观点。（1）该原则反映了《联合国工商业与人权指导原则》（以下简称《指导原则》）（Chapter 10）主张的观点，即企业应当支持人权，即使，或尤其是，在人权主张与国内法相冲突的情况下，人权优先于企业需要遵守的当地法或习惯。（2）该原则还预示了当今和工商业与人权有关的，一个反复出现的，也许是最具争议性的问题，即企业是否以及在多大程度上适合为了积极促进和保护人权而扮演与政府对立的政治角色（Chapter 7.3）。截至 1980 年，近一半在南非投资的美国企业签署了《沙利文原则》（Kline 2010：55）。然而，由于对所取得的进展并不满意，沙利文最终呼吁签署协议的企业完全撤出南非。他的呼吁最终得到 100 多家企业的响应。

方框 2.1　背景：1977 年《沙利文原则》

1977 年，莱昂·沙利文牧师发布了《沙利文原则》，号召所有在南非开展商业活动的美国企业消极抵抗，拒绝遵守歧视性的种族隔离法律。《沙利文原则》最初有六条，沙利文在 1984 年增加了第七条，呼吁企业积极抵抗，以增强对南非种族隔离政权的压力。

（1）在饮食、休息和工作设施方面不分种族。

（2）为所有员工提供平等和公正的就业环境。

（3）为在相同时段，从事相同或类似工作的所有员工给予同等报酬。

（4）启动并制订培训计划，以使大量黑人和其他非白人具备从事领导、行政、文秘和技术工作的能力。

（5）增加管理和监管层中黑人和其他非白人群体的人数。

（6）在工作环境、住宿、交通、学校、娱乐、健康等设施方面提升黑人和其他非白人群体的生活质量。

（7）努力消除有碍于社会、经济和政治公正的法律和习惯。（1984 年新增）

尼日利亚的石油开采：20 世纪 90 年代中期，当地奥戈尼人和尼日利亚中央政府因尼日尔三角洲石油开采而产生的冲突不断升级，这通常被视为工商业与人权讨论的开端。当地人民反对石油开采造成环境破坏的斗争至少可以追溯到 20 世纪 70 年代。到目前为止，石油开采是尼日利亚最重要的收入来源，在 20 世纪八九十年代，石油开采所得收入占据了政府收入总额的近 80% 和全国外汇总量的 90%（Kline 2010：68-69）。然而，这些收入几乎没有进入当地居民的口袋，而是被以独裁者萨尼·阿巴查（Sani Abacha）为核心的尼日利亚腐败政权挪用了。因此，当地居民不得不生活在遭到严重破坏的环境中，但很难对外展示这种情况的存在。由于土壤、水和空气受到石油泄漏和天然气燃烧的严重影响，许多人失去了以渔业和农业为主的生计。在石油公司赚得盆满钵满时，当地社区却饱受贫困和持续降低的生活质量的折磨。因此，当地社区开展抵抗活动，绑架和蓄意破坏是他们采取的抵抗手段之一。这些抗议活动往往遭到政府军的残酷镇压，多年来造成数十人死伤，村庄被毁，家庭流离失所。西方的壳牌（Shell）石油公司深陷民众抗议的旋涡中心，它是当时尼日利亚规模最大的石油生产商。据报道，在冲突爆发时，壳牌公司并非袖手旁观，而是积极召集警察部队，保护其员工和设施，避免业务中断。1995 年，在镇压抗议和异议的过程中，著名剧作家、活动家、当地非暴力抵抗运动"奥戈尼人民生存运动"（MOSOP）领袖，肯·萨罗-维瓦（Ken Saro-Wiwa）和他的八名追随者被政府军围捕，并最终被一个专门组建的法庭判处死刑。由于没有谴责审判行为，也没有向阿巴查政权施压，要求释放九名活动家，壳牌公司备受国际批评。虽然后来有确切证据表明，壳牌公司曾试图以停止营业为由要求释放萨罗-维瓦，但壳牌公司的官方回应是，私营公司不应当介入尼日利亚国内政治（Kline 2010：71）。然而，这并没有起到任何作用。肯·萨罗-维瓦和他的追随者们在 1995 年 11 月 10 日被处以死刑。国际社会对处决事件和壳牌公司所扮演角色的强烈抗议，最终导致了我们今天所熟知的工商业与人权讨论的出现。然而，这个案例清楚地表明，工商业与人权并不是一个新问题，早在 1995 年壳牌公司的案例引起国际关注之前，这个问题就已经深深嵌入当地社区与工商企业的斗争中了。当地居民反对破坏性商业行为的斗争可以追溯到很久以前，但这种斗争往往不在西方公众和政策讨论的范围之内。要正确理解工商业与人权，就不能忽视早期各种不同的地方性侵权和抗争历史，正是这些历史促成工商业与人权在 20 世纪 90 年代中期进入国际视野。

约束跨国企业投资活动的早期实践可以追溯到 20 世纪 70 年代。为应对发展中国家对跨国企业崛起的担忧，联合国于 1977 年设立了一个新的跨国企业中心（Center on Transnational Corporations），其主要任务是为跨国公司制定一套全面的行为准则（Ramasastry 2013：165）。除其他事项外，《行为准则草案》要求跨国企业"在它们运营的国家尊重人权和基本自由"，促进机会和待遇平等，避免实施任何形式的歧视行为。然而，在西方政府和跨国企业的反对下，该中心在大约 20 年后的 1992 年解散。

几乎与此同时，经济合作与发展组织（Organisation for Economic Co-operation and Development，OECD，经合组织）于 1976 年发布了著名的《经合组织跨国企业准则》（OECD Guidelines for Multinational Enterprises）（Chapter 11.1）。作为一种直接针对国家而非企业的自愿性替代方法，它被证明比联合国具有约束力的方案更可行。《经合组织跨国企业准则》的第一版只包含一个有关企业人权责任的段落，历经多年演变，该段落在 2011 年修订后拓展为一个重要部分，基本反映了《指导原则》的内容。时至今日，《经合组织跨国企业准则》已经成为更广泛的跨国企业治理体系中一份重要的软法文件（Chapter 9.3）。尤为重要的是它以国家联络点（National Contact Points，NCPs）为基础的投诉和调解程序。在更广泛的工商业与人权运动中，这一程序在争取问责制的斗争中正变得越来越重要（Chapter 11.1.2）。

2.2　开端（1995—2005）

肯·萨罗-维瓦之死与紧随其后的国际抗议见证了一场更有组织的工商业与人权国际讨论的开端。一些国际人权组织开始更系统地参与工商业与人权议题，高调发表了一系列揭示西方企业与侵犯人权的政权共谋的调查报告。它们不仅提供能力支持和专业知识，有些还成立了专门的工商业与人权团队和部门，如英国某民间组织的企业小组，该小组对早期工商业与人权讨论的发展产生了深远影响。2002 年企业人权资源中心（Business & Human Rights Recourse Centre，BHRRC）的成立是工商业与人权运动制度化的又一重要里程碑事件。企业人权资源中心已逐渐发展为工商业与人权领域最重要的信息中心和专题新闻来源，同时，它也成为引领工商业与人权话题演进的风向标之一。

与此同时，司法的发展，尤其是美国的司法实践，为在国内法院对企业在国外参与侵犯人权的行为提起诉讼铺平了道路。在 20 世纪 90 年代末和 21 世纪初，一些涉及知名企业，如金吉达（Chiquita）、优尼科（Unocal）和壳牌公司（与肯·萨罗-维瓦及其追随者的谋杀案有关）的高调"试点"案件进一步引起人们对工商业与人权问题的关注。

非政府组织运动和持续增加的人权诉讼风险都在迫使企业采取明确的人权政策、签署和加入自愿的多利益攸关者倡议（Multi-Stakeholder Initiatives，MSIs，Chapter 11.4），或者在可持续发展报告或企业社会责任报告中纳入人权议题（Schrempf-Stirling & Wettstein 2017）方面发挥了重要作用。由于在尼日利亚的经历以及由此引发的世界范围内对壳牌公司的抵抗，壳牌公司成为当时首批正式制定人权政策的企业之一。其他企业纷纷效仿。

以下两份知名的全球倡议对工商业与人权运动的早期发展尤为重要。

联合国"全球契约"（UN Global Compact，UNGC）：2000 年，时任联合国秘书长科菲·安南（Kofi Annan）正式发布"全球契约"。截至 2021 年，联合国"全球契约"已有超过 13000 家签署企业，被视为可持续商业领域最为成功的国际软法倡议。诞生于千年之交，联合国"全球契约"旨在通过让企业承诺遵守广泛的规范性原则而塑造全球资本主义人性的一面，这些原则由最初的九条发展为十条，涉及尊重人权、确保体面劳动条件、保护环境和打击腐败（方框 11.1）。通过将原则 1 和原则 2 完全置于人权议题之内，联合国"全球契约"成为第一部将企业人权责任置于核心地位的具有重大意义的全球行为准则。这样做对更广泛的工商业和人权运动具有重要的信号作用：联合国不仅准备好并愿意与企业就其社会和环境影响进行接触，而且重新确认了企业与人权的相关性。虽然联合国"全球契约"的实际影响饱受质疑（Chapter 11.2），但它确实是工商业与人权发展史上的一个关键倡议。第十一章第二节会进一步讨论联合国"全球契约"的内容和影响，并对其进行全面深入的批判分析。

《跨国公司和其他工商业在人权方面的责任准则》（*Norms on the Responsibility of Transnational Corporations and Other Business Enterprises with Regard to Human Rights*，以下简称《责任准则草案》）：在联合国"全球契约"发布的两年前，即 1998 年，联合国人权小组委员会（UN Sub-Commission on Human Rights）提议草拟一份针对工商企业的人权规范。与"全球契约"截然不同的是，该规范旨在为企业人权责任制定具有法律约束力的全球框架奠定基础（Weissbrodt & Kruger 2003；Weissbrodt 2005）。有鉴于此前《行为准则草案》在 20 世纪 90 年代被联合国抛弃的命运，《责任准则草案》也极有可能遭到反对。与不具有法律约束力的"全球契约"相比，一份对企业施加强制性人权责任的文书很难在商界获得广泛支持。可以预见的是，大多数企业坚决反对《责任准则草案》，并将其蔑称为一种"法律错误"和"人权的私法化"。它们的反对也获得了全球北方国家的支持，这些国家是大多数跨国企业的母国。作为与联合国"全球契约"这一具有创新性、高度成功的新兴规范背道而驰的方案，《责任准则草案》在一开始就注定会以失败告终。因此，对具有法律约束力的解决方案的再次尝试于 2003 年被搁置，随后被彻底放弃。联合国人权委员会曾强烈指责人权小组委员会开启《责任准则草案》进程，并指出它从未要求制定这一具有约束力的文书，人权小组委员会也从来不具有草拟该文书的法律资格。

一方面，《责任准则草案》曾是全球层面首份综合性的工商业与人权倡议。虽然联合国"全球契约"将人权置于核心位置，但它毕竟涉及更广泛的议题，在性质和方法上也不具有约束力。另一方面，《责任准则草案》旨在通过国际法以专门的方式解决企业人权责任问题。在同一组织内，这两项倡议之间的竞争几乎可以被视为未来15年工商业与人权讨论如何演变的范例。换言之，它模拟了工商业与人权议题随后在有约束力和无约束力倡议之间的摇摆，并清楚地划分了支持者和反对者阵营。

在新自由主义全球化的全盛时期，对企业人权责任法律框架的反对是极其强大且难以克服的。然而，导致《责任准则草案》失败的激烈辩论表明，当前问题的相关性，同时也在处理这一问题的各方之间造成了深刻的裂痕。所以，关于工商业与人权的讨论显然不会随着《责任准则草案》的出台而平息，显然有必要通过其他方式推动辩论，联合国承诺继续为此提供便利。因此，2005年4月20日，联合国人权委员会通过一份决议，要求联合国秘书长任命工商业与人权问题特别代表。随后，哈佛大学的约翰·鲁格教授被委以重任，他的工作对工商业与人权形成期的发展具有决定性作用。

方框 2.2　背景：约翰·格拉德·鲁格

约翰·格拉德·鲁格（John Gerard Ruggie）（1944—2021）曾任哈佛大学肯尼迪政治学院人权和国际事务贝托尔德·贝茨讲席教授、哈佛大学法学院国际法律研究兼职教授。鲁格是一名政治学家，在加州大学伯克利分校获得博士学位。2005年，鲁格被任命为联合国秘书长工商业与人权问题特别代表。他的任期长达六年，直到2011年才结束。在担任特别代表期间，他编写了影响深远的《指导原则》。接受特别代表的任命并非约翰·鲁格第一次参与联合国工作。此前，他曾于1997~2001年担任联合国主管战略规划的助理秘书长。在此期间，鲁格协助时任联合国秘书长科菲·安南制定并监督联合国"全球契约"（Chapter 11.2），筹备和争取联合国大会批准"千年发展目标"（MDGs）

(the Millennium Development Goal) (Chapter 15.1)。直到 2021 年与世长辞，约翰·鲁格的精神仍深深地影响着工商业与人权议题的发展。尤为重要的是，他还担任过位于纽约的非政府组织 Shift 的董事会主席，并就实施《指导原则》向政府、企业和社会组织提供了大量宝贵建议。

2.3 形成（2005—2011）

联合国秘书长工商业与人权问题特别代表（秘书长特别代表）的任命深刻地影响了工商业与人权讨论的形成。约翰·鲁格最初的任命期为三年，2008 年期满后又被延长三年。因此，秘书长特别代表的任务可以划分为两个主要阶段，每个阶段最后都提出了一份重要的报告，历史证明这两份报告都对工商业与人权运动具有开创性的意义。

第一阶段（2005—2008）：秘书长特别代表最初的工作任务是盘点和澄清工商业与人权相关辩论。具体而言，约翰·鲁格被要求确定和梳理企业人权责任和问责相关标准；澄清国家在规制和裁决企业人权影响中的作用；澄清"共谋"（complicity）和"影响范围"（sphere of influence）等核心概念的内涵与意蕴；为与企业活动相关的人权影响评价提供指南；汇总和评估企业和国家在工商业与人权领域的最佳实践。秘书长特别代表以一份备受期待的报告结束了第一阶段任务，这就是著名的《联合国"保护、尊重和补救"框架》（以下简称《联合国框架》）（Ruggie 2008）。《联合国框架》澄清了企业人权责任和国家人权责任之间的概念关系。具体而言，《联合国框架》概述了以国际法为基础的国家保护人权免受包括企业在内的第三方侵犯的义务（支柱一）；确立了企业尊重人权的责任，这是一种不具约束力的、以社会期望为基础的责任（支柱二）；呼吁完善侵犯人权行为受害者获得补救的途径，这被解释为国家保护人权义务和企业尊重人权责任的一个组成部分（支柱三）。在三年任期结束时，联合国人权理事会（HRC）于 2008 年通过决议将该任命延长三年，要求秘书长特别代表就如何实施《联合国框架》提供具体方案（UN Human Rights Council 2008）。

第二阶段（2008—2011）：除了就具体落实《联合国框架》的"三大支柱"提供指南外，联合国人权理事会的决议还要求秘书长特别代表阐释工商业与人权的性别视角（Chapter 15.3），并额外关注包括儿童在内的弱势群体（Chapter 5.5）。此外，秘书长特别代表还被要求深化与在工商业与人权领域开展工作的其他联合国和非联合国机构的合作，并继续努力将所有利益攸关方纳入这一进程。2011 年，约翰·鲁格正式公布了《联合国框架》实施方案，即《联合国指导原则》（Chapter 10）。2011 年 6 月，人权理事会史无前例地以一致同意的方式通过了《指导原则》，这标志着秘书长特别代表六年任期正式结束。这是人权理事会有史以来首次以一致同意的方式通过了一份未经政府协商的规范性文件。在《指导原则》通过后，包括《经合组织跨国企业准则》（Chapter 11.1）和 ISO 26000（Chapter 11.3）在内的一些负责任商业领域的既存标准和行为准则开始陆续增加新的人权条款，或者依据《指导原则》进行修订。它们为《指导原则》在随后几年取得成功并产生广泛影响作出了贡献。

2011 年 6 月《指导原则》的通过，意味着国际社会第一次达成一项全球标准，从理论和实践视角阐明了国家和企业在识别、减轻和补救企业人权影响方面的责任。在这个工商业与人权发展史的关键时刻，当务之急是要维持目前发展势头并开始广泛实施《指导原则》。为此，人权理事会设立了人权与跨国公司和其他工商企业问题工作组（联合国工作组，UNWG）。时至今日，联合国工作组仍在带头并支持传播和实施《指导原则》。

2.4 工商业与人权运动的成熟（2011 年至今持续进行）

2005~2011 年，当所有人都在关注秘书长特别代表的任务之时，第三波浪潮带来了进一步的发展，最终可能会对工商业与人权运动的未来产生重大影响。这些发展都源于对《指导原则》的直接回应，都与它的实现和实施

（例如，母国的监管方法——参见 Chapter 12.4），以及对其缺陷的弥补（例如，关于条约的讨论——参见 Chapter 13.2）相关。下文将简要讨论一些全球和国家层面的重要发展。

全球层面：联合国工作组在确定和塑造日渐成熟的工商业与人权运动的议程中扮演了关键角色。联合国工作组的任命最初定于从 2011 年 6 月开始，为期三年，但此后定期延长。它的任务是促进《指导原则》的传播和实施，就最佳实践、政策和立法措施提供咨询、评估、报告和建议；促进和领导联合国内外在国家、区域和全球层面就工商业与人权问题进行的对话、有效合作与协调（UN Human Rights Council 2011）。重要的是，联合国工作组在日内瓦召开一年一度的联合国工商业与人权论坛，每年汇集来自政府、实务界、民间社会和学术界的约 2500 名工商业与人权专业人士，已经成为工商业与人权领域最重要的年度聚会和学术盛会。

推动实施《指导原则》进一步促使在民间社会出现了大量专业的工商业与人权组织。其中许多组织发挥的是更典型的智库功能［例如，伦敦人权与商业研究所（IHRB）］，其他一些组织为实施《指导原则》提供了具体的指南和实践咨询服务（例如，位于纽约的民间组织 Shift）。自《指导原则》发布以来，这些组织一直处于为持续进行的工商业与人权讨论制定议程的最前沿，并对该领域的发展轨迹产生了越来越大的影响。

工商业与人权处在有约束力和不具约束力的方法和倡议之间摇摆不定的历史进程中，在无约束力的《指导原则》发布后不久，钟摆再次摆回，推动为企业人权责任建立一个具有约束力的监管框架。在联合国《责任准则草案》彻底失败的十年后，随着《指导原则》全面进入实施阶段，联合国层面启动了一项具有约束力的工商业与人权条约谈判的新尝试。人权理事会为此通过了一项决议后，设立了一个不限成员名额的政府间工作组，并于 2015 年开启了条约谈判的进程（Chapter 13.2.3）。

国家层面：截至 2021 年，约有 24 国政府发布了工商业与人权国家行动计划（National Action Plans on BHR），更多国家正在制定国家行动计划（NAPs）或已考虑朝着这个方向迈出第一步（Chapter 12.3.1）。国家行动计划表达了政府通过在计划中列举的方式促进和推动企业尊重人权的承诺。尽管到目前为止，大多数国家行动计划方案都被批评为含糊其词和不具有义务属性，但它们确实表明工商业与人权在政府政策议程中的重要性不断增加。工商业与人权在国家和地区立法领域也取得了重大进展。近年来，许多国家颁布了具有里程碑意义的工商业与人权立法。最重要的是，法国通过了具有开创性的《法国警惕义务法》（French Duty of Vigilance Law）①，该法要求法国最大型的企业必须开展人权尽责（Human Rights Due Diligence，HRDD）（Chapter 12.4.3.1）。此外，荷兰也通过了类似法律，但仅适用于童工问题（Chapter 12.4.2.2）；而英国的《现代奴隶制法》（UK Modern Slavery Act）为其他国家开了先河，该法确立了一项旨在根除人口贩运和现代奴隶制的强制性报告制度（Chapter 12.4.2.1）。美国也确立了与进口冲突矿石有关的强制性尽责制度，该制度是《多德-弗兰克华尔街改革和消费者保护法》（以下简称《多德-弗兰克法》）的一部分（Chapter 12.4.2.1）；欧盟最近也通过了类似的法律条款（Chapter 12.4.2.1）。然而，这一发展并非没有任何阻碍。其中最重要的或许是美国最高法院对基奥波尔诉壳牌案（*Kiobel* v. *Shell*）和杰斯那诉阿拉伯银行案（*Jesner* v. *Arab Bank*）的判决（Chapter 12.5.3.2 and Chapter 12.5.3.3）。这两项判决极大地限制了《外国人侵权请求法》的管辖范围和适用情况，确立了反对其域外适用的推定，使《外国人侵权请求法》不再适用于针对外国公司的起诉。因此，虽然美国在基于《外国人侵权请求法》的企业问责方面倒退了一步，但其他许多国家正在加强母国措施，要求跨国企业对其人权影响负责。预计在不久的将来，这种关于母国解决方案的讨论将发生重大变化。

2.5　学术话语中的工商业与人权：一个新兴领域的出现

　　关于工商业与人权的学术话语的出现和演变在很大程度上与更广泛的工

---

　　① 法案全称为《有关母公司与委托公司之责任警惕的第 2017–399 号法令》（2017 年 3 月生效），Law 2017–399 Related to Duty of Vigilance of Parent Companies and Commissioning Companies。——译者注

商业与人权运动同步发展。事实上，学术话语和更广泛的运动之间的相互渗透可以被视作工商业与人权领域的显著特征之一。这或许要归功于该领域的主旨问题：大多数从事企业责任和人权交叉问题研究的学者都有着加强企业人权责任和问责的强烈愿望。因此，他们把自己的研究视为对推进讨论和改变现状的贡献。人权所固有的强烈规范性当然也影响了人权领域的学术研究：在人权遭受侵犯的情况下，如果都不敢含蓄地宣称应该避免和纠正侵犯人权的行为，那么就别开展这方面的研究了。

　　人权的这种规范性很早就被认为是工商业与人权话语应当和更广泛的企业社会责任讨论区别开来的原因之一（Chapter 1.2）。因此，虽然工商业与人权的历史可能与企业社会责任的历史重叠，但它们并不一致。关于工商业与人权的学术研究有着不同的根源，并且比企业社会责任的学术研究起步要晚。虽然企业社会责任的早期工作可以追溯到 20 世纪 50 年代和 60 年代，但以企业人权责任为重点的学术研究在 20 世纪 80 年代中后期才出现。正是 1984 年博帕尔惨案（Bhopal tragedy，方框 2.3）和上述企业在南非种族隔离时期经营的背景，促成了工商业与人权在法律和非法律方面的一些首次学术贡献。例如，乌蓬德拉·拜克西（Upendra Baxi）关于博帕尔惨案的早期著作，为探索企业侵犯人权不受惩罚的问题提供了一些重要的法律基础（Baxi 1986a；1986b；Baxi & Dhanda 1986）。另外，汤姆·唐纳森（Tom Donaldson）的开创性著作《国际商业伦理》（*Ethics of International Business*，Donaldson 1989）是第一批从基础意义上直接提及企业人权责任的非法律学术著作之一。这本书即使没有受到当时南非发生的事件的启发，也受到了这些事件的影响。大约在同一时期，企业责任和人权的交叉领域也出现了许多重要研究成果，但在整个 20 世纪 70 年代和 80 年代，以工商业与人权为对象的学术研究普遍缺乏，而且是零散的，直到 20 世纪 90 年代末才开始受到关注。

方框 2.3　简短案例：博帕尔毒气灾难

1984 年 12 月 3 日，当时由美国联合碳化物公司（UCC）所有的联合碳化物印度有限公司（UCIL）的一家工厂发生气体泄漏，47 吨剧毒甲基异氰酸酯气体在夜间被释放到印度中央邦人口稠密的博帕尔地区。这起事故造成数千人丧生，数十万人健康受损，被视为史上规模最大的工业灾难。随后，受害者及其家人为伸张正义而进行了长达数十年的斗争，这场斗争一直持续到今天（Baxi 2016）。1986年，美国法院以不方便法院为由驳回了对UCC的诉讼（Chapter 12.5.2.1）。在印度的法律诉讼继续进行后，印度最高法院于1989年批准了一项和解协议，金额超过4.7亿美元，由UCC支付给印度政府（Deva 2016：23）。鉴于该地区数十万人长期健康受损以及土壤和水的持续大规模污染，这一和解协议被人们引以为耻。相比之下，印度联邦向法院提出的损害索赔总额超过30亿美元（Baxi 2016：29）。此外，受害者获得和解金的举证责任门槛非常高，以至于他们中的许多人几乎没有或根本没有得到赔偿（Baxi 2016：30）。和解协议的第二部分本打算赋予UCC和UCIL免受所有进一步的刑事和民事诉讼的豁免权，但后来被推翻了。然而，直到2010年，也就是灾难发生26年后，印度法院才裁定UCIL及其七名高管犯有刑事过失罪（Deva 2016：23）。直到今天，灾区仍然受到污染，而UCC完全没有承担任何责任。2016年，以环境污染损害为由提起的诉讼在多次上诉后被美国法院驳回［BHRRC n. d. (j)］。2001年收购UCC的陶氏化学公司（Dow Chemical）坚决否认对博帕尔负有任何责任（Deva 2016：24）。因此，30多年过去了，受害者们仍然没有得到充分赔偿，责任人依旧没有被追究责任。因此，博帕尔毒气灾难已成为现代工商业与人权运动的一个历史参照点，它经常提醒人们，跨国企业的结构对企业问责制构成了真实且往往无法逾越的障碍，即使是在最明目张胆、最具破坏性的企业侵权案件中也是如此。

讨论题

（1）你认为是什么原因导致博帕尔案的受害者最终难以获得救济？跨国企业的结构和国际法律体系结构如何阻碍受害者为主张权利

而付出的努力？

（2）陶氏化学公司在 2001 年收购了 UCC。你认为，通过这种做法，该公司是否也有责任为博帕尔案的受害者提供救济，尽管其与该事件无关？在灾难发生的 35 年后，该公司应当做些什么？

因此，直到 20 世纪 90 年代末和 21 世纪初，关于这一主题的更系统的学术研究才开始出现。从历史上看，工商业与人权源自法律学界，尤其是与国际人权法有关的学术领域，而非管理学的企业社会责任研究。这并非巧合，企业侵犯人权行为受害者的斗争一直都与法律救济和诉诸司法问题相关。因此，在这方面倡导企业问责制的日益高涨的运动推动下，法学家们开始研究企业与国际人权法之间的关系并将其概念化。因此，有关工商业与人权的早期讨论主要集中在一些基本问题上，即国际法是否施加了企业人权义务，或者需要怎样论证这个观点（例如，Frey 1997；Muchlinski 2001；Ratner 2001）。《联合国框架》和《指导原则》的发布都拓展了工商业与人权的跨学科讨论，并将学界关注点限缩到对上述文书影响的讨论中。尽管时至今日，法律学者仍然是学术讨论的主导力量，但从那时起，该领域越来越具有跨学科特征，吸引了来自企业社会责任、商业伦理或国际关系等不同相关领域的学者。

自《指导原则》发布以来，关于工商业与人权的学术讨论不仅在有贡献和参与学者的数量上大幅增长，而且在作为一个学术领域的制度化方面也取得了重大进展。大学中专门的工商业与人权中心的建立（如纽约大学斯特恩商学院的商业与人权中心）和专业教职的设立都是这一发展的具体体现。许多期刊推出了关于这一主题的特刊，为演进中的工商业与人权领域设立更专业的出版平台的需求也愈发旺盛。这一空白由《工商业与人权学刊》（*Business and Human Rights Journal*，BHRJ）所填补，该期刊于 2015 年创刊，旨在为整个跨学科的工商业与人权共同体提供一个发表平台，而不是只涉及其中特定的学科子集。全球工商业与人权学者协会（Global Business and Human Rights Scholars Association）于 2017 年成立，这标志着作为一个学术领域的工商业与人权在制度化方面的最新发展。

工商业与人权

◇ 学习题

1. 为什么纽伦堡审判对工商业与人权而言具有重要意义？如何将其理解为工商业与人权的一部分？它们之间有何不同？

2. 联合国《责任准则草案》是什么？为什么尽管它早在 2003 年就被放弃，但在工商业与人权的历史上仍然很重要？

3. 联合国"全球契约"是什么？你认为它为什么如此成功？为什么它对企业具有吸引力？

4. 说出《联合国"保护、尊重和补救"框架》的三个支柱。三者中哪一个最为重要？

5. 联合国工作组是什么？它在工商业与人权运动中和对工商业与人权运动的作用是什么？

6. 博帕尔毒气灾难发生了什么？为什么这起案件对工商业与人权运动和讨论尤为重要？

◇ 反思题

1. 壳牌公司因没有介入拯救肯·萨罗-维瓦和其他八名活动人士而受到国际批评。你认为这种批评有道理吗？如果你是壳牌公司的经理，你会建议公司怎么做？参与东道国内政是公司的职责吗？

2. 自愿性法规的优点是什么，强制性法规的优点又是什么？你认为是否需要一个具有约束力的工商业与人权国际框架？你是否预见到工商业与人权领域在未来会倾向于其中哪个方案，或者对两者都有需求？

3. 从长远来看，《指导原则》对工商业与人权领域是否仍然重要？如果我们在五十年后回望，它们会有哪些遗产？

4. 鉴于联合国和经合组织等国际组织在工商业与人权领域的作用，你预测它们未来会具有什么作用？你认为政府将在监管中发挥更大的作用，或是国际组织必须领导议程，还是私营部门应该主动作为？你认为联合国会继续在影响工商业与人权议程方面发挥主导作用吗？

第三章　人权简介

为了理解有关工商业与人权（BHR）的关键问题和议题，有必要对人权有一个更普遍的基本了解。由于工商业与人权是跨学科的领域，因此在法律和非法律层面对人权进行理解是十分重要的。本章首先将简要介绍人权的哲学思想，以及由此产生的一些重要讨论。然后将介绍在国际和区域范围内将人权制度化的主要人权机构。最后将简要介绍国际人权法。

3.1　人权的哲学思想

在法律实证主义者看来，人权之所以存在，是因为人权被写入了国际法，并获得了国际和国内制度性基础设施的支持。对他们来说，除了法律，没有任何可以证明人权正当性的根据（方框 3.1）。然而，认为人权完全依存于制度化而存在的想法似乎令人不安。法律和制度帮助我们表达和主张人权，同时也保护着人权，并帮助我们在实践中实现人权。但是，如果说没有这些法律和制度，我们就根本不享有人权，这种说法合理吗？我们大部分人会凭直觉认为，我们无论如何都拥有人权，因为我们生而为人（Griffin 2008：2）。事实上，沿着这条思路进行论辩的哲学传统由来已久。

本章首先对这段漫长的人权思想历史作一个简短而不一定全面的概述。然后将进一步定义和分析人权的道德特征。有一个决定性因素将特别令人感兴趣：人权的普遍性。一直以来，人们不仅针对人权是否能够并应该主张普遍性存在争论，也对最初如何正确理解普遍主义存在争论。这不仅是一个与哲学家相关的抽象讨论，而且同样涉及工商业与人权学者和实践者。毕竟，在国外经营的管理者和企业是否应该盲目遵守当地法律和习俗？他们是否应该遵循"入乡随俗"的教导，还是他们能够拒绝予以执行呢？又或是他们可以拒绝遵守他们依据普遍道德原则和价值认为有问题的惯例？为了给此类决策提供依据，本章将探讨普遍主义与相对主义之争。这将为本章结论部分讨论人权可能的正当性和基本原理提供依据。

方框 3.1　背景：法律实证主义

法律实证主义认为，法律和道德是两个很少有交集的独立领域。对于法律实证主义者来说，法律的有效性并不取决于道德标准（如法律在道德上是否公正，是否是良法），而仅仅取决于法律是否通过权威程序制定以及社会是否事实上接受了这部法律。因此，法律是否有效完全取决于可观察到的事实，而非道德规范。所以，法律实证主义者并不认为法律服务于或应该服务于正义等更高的目标，而只是将法律视为社会或合法政权意志的表达。对他们而言，在解释法律时，无须考虑道德，也不应该考虑道德。相反，反实证主义者认为法律的有效性取决于道德考量。对于法律实证主义而言，对法律和道德的关系存在着不同的解释：有较为"激进"的法律实证主义，否定法律有效性与道德之间存在任何关联，也有较为"温和"的法律实证主义，允许在特定情况下将道德的相关性纳入考虑范围（Himma 2002；Marmor 2002）。

3.1.1　人权思想发展简史

人拥有保护其基本生存条件的"自然"权利，这种观念几乎与哲学本身一样历史悠久。这种"自然法"思想的前身可以在古希腊和古罗马找到。例如，亚里士多德就曾提倡这样一种观点：人类繁荣和潜力的实现需要依靠一定条件，政府应该防止这些条件被侵犯。也许，普遍权利理论化的初期形式可以在斯多葛学派哲学中找到（Cranston 1983：3）。特别是在其全人类的尊严和平等具有全球性和世界性的观点中，在其全球公民观中及其对全人类道德共同体的忠诚中，我们发现了早期现代人权思想富有远见的身影。然而，"权利"这一具体概念直到中世纪才成为西方哲学词语（MacIntyre 1981：67）。

自然法是指存在高于统治者或立法者制定的实在法的道德法。其基于的假设是：道德权利是作为人类的前提，无论这些权利是否得到成文法或正式制度的承认。最初，此类论断与宗教有关，这种自然法和自然权利的概念被认为是上帝赋予人类的。它们最早出现在中世纪晚期（Griffin 2008：1），主要是在托马斯·阿奎纳（Thomas Aquinas）的哲学和神学思想中，而托马斯的思想又深受亚里士多德的影响。后来，在 17、18 世纪的启蒙时期，自然法思想逐渐世俗化，脱离了宗教根源，理性开始取代神的启示。尽管如此，"自然"法和"自然"权利这类术语和理念仍然普遍流行并占据了主导地位，一直持续到 20 世纪中叶，此后"人权"这一实际概念才开始广泛流行（Griffin 2008：7）。

启蒙时期的政治哲学家认为，统治者的立法权和行政权都受到自然权利的约束。英国颇具影响力的哲学家托马斯·霍布斯（Thomas Hobbes）在其著作《利维坦》中指出，在自然状态下，如果没有政府，人们将发现自身处于无止境的战争和危险状态。因此，人们会签订社会契约，自愿放弃一些自由，以换取国家提供的保护和安全。自由平等的人类之间存在隐性的社会契约（即隐性的、假设性的协议），彼此互相授予特定权利并承担特定义务，这一思想在启蒙时期哲学家中颇有影响力，为他们的主张提供了理性依据，也为今天的各种当代人权理论奠定了基础。

启蒙时期另一位重要的自然权利和社会契约理论家是约翰·洛克（John Locke）。通常认为，洛克的哲学思想为人权思想和实践的出现提供了重要依据和动力。洛克超越了霍布斯关于人们为了获得安全保护而放弃自由的观点，洛克认为我们对生命、自由和财产的自然权利为合法政府施加了绝对的限制。换句话说，在洛克看来，政府永远不可能是不受限制的。政府受制于其所管辖人民的基本权利。洛克的思想和作品对当时不断变化的西方世界产生了很大的影响。其直接影响了 1688 年的英国光荣革命，并反映在英国议会于 1689 年颁布的《权利法案》（The Bill of Rights）中。《权利法案》规定了生命权、自由权和财产权是所有人与生俱来的权利，同时人们享有由陪审团进行公正公开审判的权利，享有免受超额罚款、残忍和特殊惩罚的权利（Cranston 1983：1）。洛克的理论、人权与生俱来的思想以及对专制主义的否定，推动了西方世界在 18 世纪的深刻变革，这些变革以美国 1776 年的《独立宣言》（Declaration of Independence）和法国 1789 年的《人权和公民权利宣言》（Declaration of the Rights of Man and the Citizen）为代表（Cranston 1983：1）。《独立宣言》和随后 1787 年的《美国宪法》（American Constitution of 1787）对欧洲现代人权运动萌芽起到了决定性作用（Fremuth 2015：78）。1789 年，《美国权利法案》（The American Bill of Rights）补充到宪法之中，保障了宗教自由、言论自由、新闻自由和结社自由，以及人身和财产保护等（Fremuth 2015：78）。

与颇具影响力的洛克一样，启蒙时期的大多数道德和政治哲学家都在其哲学思想中探讨（自然）权利。其中大部分人认为自然权利将合法政府限定在了一定范围内。然而，部分有识之士已经看到，这种自然权利思想的影响是全球性的。17 世纪的荷兰哲学家、国际法之父胡果·格劳秀斯（Hugo Grotius）认为，除了保护人的自然权利，国家之间还应该达成协议，提供稳定安全的国际秩序。对于格劳秀斯而言，一个公正的社会应致力于人人平等享有基本权益，而这些权益来自人类固有的尊严和社会性（Nussbaum 2006：36-37）。法国政治哲学家孟德斯鸠（Montesquieu）认同国际法和人类是宇宙公民的理念（Haas 2014：29），而德国道德哲学家伊曼纽尔·康德（Immanuel Kant）也在其关于永恒和平的文章中提出了这样的愿景。

康德的哲学思想为现代人权思想提供了重要依据。现代人权思想认为人权是所有人普遍享有的、不可剥夺的权利。康德把人类看作理性自主的生物，天生能够从内心赋予自身生命的目的和意义。也就是说，人类生命的目的不是从外部强加的，而是由每个人自己设定的。因此，康德宣称人就是目的本身，是他所谓的"目的王国"的一部分。与此观点一脉相承并受此影响的另一观点是康德著名的"定言命令"，其认为应始终把人视为目的本身，而绝不应仅仅把人当作达到其他目的的手段。这种观点没有把人工具化,这便是当代人权思想的精髓。

然而,启蒙时期哲学家中也有对道德和自然权利思想的坚定批判者。英国哲学家、功利主义的创始人杰里米·边沁(Jeremy Bentham)是最激进,也可能是最著名的批判者之一。就在法国大革命结束后几年,边沁开始揶揄自然权利思想,也进而把法国《人权和公民权利宣言》认为纯粹是"修辞上的废话",甚至可以说是"踩在高跷上的废话"。边沁认为,真正的权利只能从真正的法律中产生,而从虚构的法律(即自然法律)中只能产生虚构的权利。在边沁看来,宣扬自然权利不过是虚张声势,其目的在于转移人们的注意力,使人们不去关心通过制定真正的法律来实现真正的改革。边沁认为只有真正的实在法才能产生真正的权利。而且这些法律必须符合他的功利主义思想,要让大多数人受益,即为大多数人提供效用,而不是保护少数人一些虚构的自然权利。这一主张遭到了当时最具影响力的自由主义思想家之一约翰·斯图亚特·密尔(John Stuart Mill)的反对。尽管密尔认同边沁的功利主义世界观,但他认为道德权利和普遍自由不是对立的,而是实现功利主义理想的必要前提。

当代苏格兰哲学家阿拉斯戴尔·麦金太尔(Alasdair McIntyre)也提出了与边沁类似的批评,他把人权比作女巫和独角兽。尽管女巫和独角兽很可能存在,但没有人成功证明它们的存在;同样,他表示启蒙时期哲学家也没有成功证明原本基于宗教而主张的人权在世俗层面也同样具有正当性。与边沁不同的是,埃德蒙·伯克(Edmund Burke)和大卫·休谟(David Hume)等保守的怀疑论者并没有因为自然权利空洞的言辞而批评它;相反,他们担心这种大胆的主张所具有的革命性和煽动性(Cranston 1983:4)。伯克尤其担心法国大革命的先例会导致类似的反对英国贵族的起义。越来越多的怀疑论者提出批评,导致自然权利思想在 19 世纪大部分时间都受到质疑,这一现象贯穿了法西斯主义从兴起到衰落整个时期,也贯穿了第二次世界大战开始到结束的整个时期。正是在二战期间,否定自然权利的真正破坏性后果凸显出来。

新成立的联合国组织在二战的废墟上诞生了,接替了其前身国际联盟,开始建立一个正常运作的国际政治共同体，旨在铸就和平、确保和平。联合国的一个重要成立因素是为了建设国际人权基础设施，包括一部国际人权法，以及促进和维护该法的机构。1948 年，《世界人权宣言》（Universal Declaration of Human Rights，UDHR）获得通过，迈出了这一进程中关键的第一步，也为今后几十年人权法的不断发展奠定了基础（Chapter 3.3）。因此，成立联合国是人权被确立为真正的国际关切以及随后国际人权体系发展的决定性一步（Chapter 3.2）（Fremuth 2015：82）。虽然这部国际人权法同样基于人类固有尊严的理念，但在联合国的支持下，人权的功能发生了转变：人权的新目的是"规范全球秩序"（Griffin 2012：14）。因此，从政治而非道德层面看待人权的做法占据了主导地位（Chapter 3.1.4.2）。所以，在哲学得到迅速发展的启蒙时期之后，人权的真正重大发展不是发生在哲学领域，而是发生在 20 世纪下半叶的政治领域。第三章第二节将对不断演变的国际人权基础设施进行更深入的探讨。

3.1.2　人权的定义要素

人权思想发展简史表明，人权"主要是道德诉求"，而非法律表达（Sen 2004：321）。当然，作为道德诉求，人权可能会促进立法，事实证明也确实促进了立法。但是，正如阿马蒂亚·森（Amartya Sen 2004：319）所指出的，"立法是进一步的事实，而非人权的构成特征"。从这个角度看，人权是"独立于法律和社会实践而存在的道德考虑"（Tasioulas 2012：37）。

在这种道德意义上，权利之所以是权利，就在于它是欠我们的，而欠我们的东西是可以要求得到的。权利拥有者可以要求他们应得的东西，而不是依赖他人的施舍。

> 对于因为爱或怜悯而给予的礼物或恩惠，唯一恰当的回应是表示感激，但人权并非出于爱或怜悯而给予的礼物或恩惠。权利是一种可以被要求或坚持拥有的东西，同时并不会感到尴尬或羞耻（Feinberg 1973：58-59）。

因此，权利的一个基本特征是它为权利拥有者赋能。权利区别于其他道德考虑（如"单纯的"优先待遇、愿望或期望）的根本所在是：权利使人承担义务。有权利就有义务。因此，权利，尤其是人权，优先于其他权重较低的（道德）考量，如一般福利。

要使权利成为人权，其必须具有特别根本的性质（Feinberg，1973：85）。人权涉及人类值得生存的基本条件，保护着人类有尊严地生活。玛莎·努斯鲍姆（Martha C. Nussbaum）将人权定义为"一个人仅仅因为是成年人而拥有的特别迫切的、道德上合理的诉求，与其自身的民族、阶级、性别、种族、宗教或性取向无关"（Nussbaum 2002：135）。在此定义下，人权可以进一步具体化为普遍、平等、不可分割和不可剥夺的权利。

普遍性：人权通常被认为是普遍的。在一些人看来，普遍性是人权的本质和核心。然而，这种论断一直存在争议，关于人权到底有多普遍的讨论也一直存在。人们对人权的普遍性存在不同立场，是因为对人权的基础和正当性存在不同理解。第三章第一节第四小节将对这些不同的理解进行概述。然而，在伦理学中，关于普遍主义和相对主义存在更广泛的讨论，这也与人权直接相关。这一讨论将在第三章第一节第三小节中进行阐述。

平等性：人权是无条件的，因此也是平等的。人权平等且同等地适用于所有人。

> 拥有人权不能以权利拥有者的某种行为或成就、他所属的某种关系和某个社区或群体为条件。相反，人权是全人类（无论何种定义）在一定的社会历史条件下拥有的权利，仅仅因为他们是人类。（Tasioulas 2012：37）

人类是多元多样的，但所有人的道德价值是平等的。这种差异中的平等是人类多元多样的前提和基础。

不可分割性：人权保护着我们作为人的尊严。各种人权是相互依存的，因为对一项人权的侵犯会影响到享有的许多其他人权。人权的不可分割性和相互依存性在公民权利和政治权利与经济、社会和文化权利的明显分离方面具有特别重要的意义（Chapter 3.3.1）。这些权利之间没有等级之分，对于人们有尊严地生活同等重要。享有某种人权总是以实现其他人权为前提。例如，一个人生活在贫困之中，没有适当的住所，就不具备充分享受公民自由的条件。在这种情况下，自由地生活只是一种幻想。

不可剥夺性：人权可以被拒绝和侵犯，但永远不可能被剥夺。我们不能失去、放弃或交易人权。这背后的逻辑简单而合理：因为我们不能失去或放弃我们的人性，所以从逻辑上讲，我们必须保留我们的人权。但这并不意味着人权不能在合理情况下或一定程度上受到限制。例如，为了应对健康危机，可以暂时限制某些权利，如自由行动的权利，正如新冠肺炎全球大流行期间那样。另外，为了保护公众，危险的罪犯可能被关进监狱，但他们并没有因此而丧失人权，在监禁条件下，他们仍然应该受到人道和有尊严的对待。只有极少数人权，如免遭酷刑的权利，通常被认为是绝对的权利。因此，它们在任何情况下都不得受到限制（Chapter 3.3.1）。

3.1.3　普遍主义和相对主义

关于道德规范是否具有普遍性的讨论由来已久，它直接关系到人权是否具有普遍性的问题。这场讨论通常被称作两种立场之间的冲突，即普遍主义者和所谓的相对主义者之间的冲突。然而，这种争论往往将普遍主义与严格的绝对主义混淆，并将相对主义视为毫不妥协的主观主义。如果用不那么激进的术语来理解，普遍主义和相对主义之间的分歧可能并不总是不可逾越的。本小节将首先一一阐述绝对主义和相对主义的各种解释，然后介绍一种"众所周知"的普遍主义，这种普遍主义是绝对主义和相对主义两极对立的中间地带。

3.1.3.1　绝对主义

普遍主义并不意味着绝对主义。绝对主义认为存在一种客观的道德真理——也就是说，每个人都能够而且必须承认和遵守的客观的对与错。从这种观点出发，则存在着一种"正确的"道德规范，并且其应该优于所有其他道德体系和传统。因此，其他道德体系和传统都应该被视为是不正确和低劣的，应予以摒弃。所以说，绝对主义是一种教条主义，它实际上并不相信道德规范具备普遍性，也并不会努力去提供证明。相反，它在意识形态上宣称某种特定的道德本身是合理的，优于所有其他道德。

因此，绝对主义的人权观认为，只有一种正确的人权观，其对每个人都有效，没有例外，也没有解释的余地。这种观点是否能在普遍的基础上被证明是合理的，对于绝对主义者来说并不重要或无关紧要，只要它符合他们自己的道德观就行。

3.1.3.2　相对主义

相对主义者不相信存在任何普遍的道德规范，更不用说绝对的道德规范了。一般来说，我们可以区分两种不同的相对主义，一种是描述性的，一种是规范性的。描述性相对主义是一种影响较小的相对主义，通常被称为"文化相对主义"。规范性相对主义是一种更坚定的相对主义，通常被称为"伦理相对主义"。

- 描述性或文化相对主义是基于这样一种观察，即我们生活在一个多样化和多元化的世界中，其特点是无数不同的、有时相互竞争和冲突的文化和道德传统。事实证明，具有不同文化背景的人可能对各种问题持有不同的道德观点（DeGeorge 2010：26）。在这样的世界里，可能不存在或不应该存在某些普遍有效的道德主张和规范。因此，人权对所有这些道德传统可能不具备同等的吸引力，或者根本没有吸引力。这种经验的相对主义并不需要一种规范性的限定；它并没有说人权应该或不应该声称具有普遍有效性，而只是指出，事实上人权在不同的文化背景下并不具有同等的地位，因此，我们应该谨慎地宣称人权具有普遍性，特别是当事实并非如此之时。

- 规范性或伦理相对主义比描述性相对主义更进一步。其不仅指出了各种道德体系和传统之间存在的差异，而且同时认为任何普遍有效的规范和原则是不存在、不可取的。对于规范性相对主义者来说，伦理自身在本质上就是相对的。跳出我们的文化背景，甚至是个人背景，没有任何可以用来评估和判断我们准则和行为的立足点。因此，伦理在本质上是主观的，它无法为任何道德主张的泛化或普遍化提供依据。因此，如果一个人或一个社会持有一种道德观点，而另一个人或另一个社会持有另一种可能相互冲突的观点，那么就无法评估谁对谁错。从这一观点出发，就不存在普遍有效的人权。如果一个社会认为侵犯另一个社会所认同的人权是没有问题的，那么这种观点必须被简单地认为是一种不同的道德观点，与其他道德观点同等有效。

3.1.3.3 普遍主义

无论是绝对主义还是坚定的伦理相对主义，似乎都不是合理的、最终站得住脚的立场。尤其是在为人权辩护时，持有绝对主义的立场等同于伦理学上的种族中心主义，这与人权的理念背道而驰。同样，坚定的伦理相对主义似乎也是一种十分不合理的立场。各种论点都反对这种伦理相对主义。相对主义者的一个重要论点是，出于对其他文化的尊重和宽容，不应该参照普遍适用的原则来评判当地的道德观点和传统。然而，恰恰是通过援引尊重其他文化、多元主义和宽容等原则，这些相对主义的观点最终又回到了它们最开始反对的普遍主义。此外，正如英国哲学家玛丽·米奇利（Mary Midgley 1981：69-75）所言，我们不能不加批判地尊重其他文化，因为尊重本身就是建立在正向的评判之上的。米奇利甚至进一步指出，如果我们听从相对主义者的建议，不对他人的道德进行评判或表达观点，我们就失去了评判自己的手段。因为批判性地评估我们自己的行为，无论是积极的还是消极的，都需要一面镜子，而我们往往能在他人的行为方式中找到这面镜子。正如米奇利（1981：71）所解释那样，这就是为什么这种道德孤立主义最终导致了"对道德推理的普遍禁止"。

摒弃绝对主义和伦理相对主义的结果是一种众所周知的普遍主义，这种普遍主义不仅尊重差异和多元化，而且是差异和多元化的基础和前提。因为承认和尊重我们的文化多样性和个体独特性的前提是，我们首先要接受我们在道德上的基本平等。正因为我们作为人在道德价值上是平等的，所以我们可以是独一无二的。这就是人权普遍性的核心。这种核心并不是一系列具有普遍性的规范，而是道德价值平等这一基本原则，而人权的思想和概念正是建立在这一原则之上的。同样，我们可以区分两种普遍主义，即描述性普遍主义和规范性普遍主义。

- 描述性普遍主义认为，尽管存在各种差异，我们还是可以发现不同文化和道德传统之间的共性和重叠部分。因此，描述性普遍主义相信，存在着约翰·罗尔斯（John Rawls）所说的"重叠共识"，即各种文化、宗教和道德传统都认同某些道德原则和价值观。黄金法则——以你希望别人对待你的方式对待他人，可能就是这样一种共识。其具体表现形式和解释可能各不相同，但其核心已被证明至少是全球大多数道德准则的一部分（Donaldson 1996：53）。

- 规范性普遍主义则认为，有一些道德原则是普遍合理的，不管我们是否能在所有道德传统中找到这些原则。这种观点的特点就是相信可能存在普遍合理的道德原则。规范性普遍主义者可能并不会声称知道这些普遍原则是什么样的，而只会声称可能存在这种普遍原则。这种道德观点的核心并非认为存在一种客观的、普遍合理的道德，而是认为可能存在各主体皆认同、普遍合理的道德论述。正如美国著名的商业伦理学家理查德·德乔治（Richard DeGeorge）（2010：31）所言：

　　绝对主义之外也有另一种观点，但这种观点不属于相对主义的范畴。该观点认为，道德并非永恒。相反，道德是人类的一种尝试，试图建立一些原则来管理人类社会和社会中人的生活，这些原则将帮助人们共同生活、遵守规则，这种规则是所有人在理性客观条件下都会接受的。与绝对主义者不同，持这种观点的人不需要声称某种最终的、永恒的道德原则存在于某个地方——例如，上帝的心中。其只需要宣称，这种原则的观念形成了伦理学为之奋斗的理想。

因此，正是因为我们的道德诉求普遍合理，才促成了一种普遍的、规范性的理想。推动规范性普遍主义的是这样一种思想，即我们的行为举止本身应该受到批判性的评估，并在所有可能受其影响的人的理性反对下不断得到论证。根据这一观点，阿马蒂亚·森（2004：320）对人权普遍性的本质总结如下："人权的普遍性涉及在不受阻碍讨论中生存的理念——全世界的人都可以参与进来"。

事实上，如果我们放弃了人权普遍性的观念，也几乎相当于舍弃了我们对其他人和文化行为辩护的需求，我们就会以冷漠而非关切的视角来看待世界和自身，从而向野蛮和人类暴行敞开大门（Ulrich 2008：29）。

3.1.3.4　人权是西方世界的吗？

人权常常被视为伦理普遍主义的典型表现。然而，当一些人称赞人权是全球伦理框架的核心时，另一些人却嘲笑人权是西方帝国主义和新殖民主义的工具。要使我们在此分歧上的立场有理有据，我们必须仔细界定我们到底在谈论什么。也许最重要的是，我们需要把人权的现实表现和制度表现与人权基于的伦理思想或概念区分开来。

通常，批评人权是帝国主义针对目前具体的人权法律和制度基础设施而言的。确实，《世界人权宣言》是以主要的西方自由主义国家宪法中已有的人权条款为基础编纂而成的（Chapter 3.3.3）。此外，批评者经常指出，起草《世界人权宣言》的工作组中，来自非西方文化和非西方国家的人员代表性远远不足，当然该工作组也并未代表西方世界对人权的一致观点。但也有人认为，重要的不是谁起草了《世界人权宣言》，而是该宣言几乎获得了一致通过。此外，以《世界人权宣言》为基础，推动人权进一步制度化和法典化的首先是非西方国家（Joas 2015：75）。尤其是拉丁美洲国家政府和新独立的非洲国家，它们是人权最忠实的支持者和倡导者，而西方国家政府往往对人权持怀疑态度。特别是在前殖民地，人权被视为促进民族解放和自决、反抗西方统治的工具。这些民族解放运动以及争取发展和自决的斗争往往孕育了那种冷酷无情的威权主义，而这种威权主义很少顾及本应获得解放的人民的人权（Osiatynski 2016：13）。

然而，一些批评者认为人权思想本身是以西方价值观为基础的，与非西方文化和道德传统并不相容。沿着这一思路，他们常常指出人权与所谓的"亚洲价值观"（Sen 1997）不相容，"亚洲价值观"常常被认为把社区、秩序、纪律以及对家庭和国家的忠诚置于个人自由之上。然而，这些批评者往往忽视的是，即使在这样的政治背景下，人权实践和人权运动还是出现了。这些基层的人权实践和人权运动可以被视为人权普遍性正在形成的重要体现。此外，正如阿马蒂亚·森所指出的，"亚洲价值观"一词本身就具有误导性。亚洲人口众多，非常多元，在这种多元性中，宽容和自由与秩序和纪律一样，是许多传统的重要组成部分（Sen 1997）。因此，这种认为人权在本质上是基于西方特有的价值观，而这些价值观正被强加于世界其他地区的观点本身就是帝国主义思维的体现，是一种"西方胜利主义"思维（Joas 2015：79），而此处所述的人权批判正是要摒弃这种思维。正如阿马蒂亚·森（1997：30）所言：

> 我曾质疑过将亚洲和欧洲价值观进行对比是否有用。我们可以从对亚洲和欧洲价值观的研究中学到很多东西，但这种研究并不能成为亚洲与欧洲价值观二元对立的基础。当代政治和个人的自由与权利观念是最近才形成的，很难将其视为西方文化的"传统"价值观。在倡导宽容和个人自由方面有很多重要的先例，它们在亚洲文化和西方文化中比比皆是。

德国社会学家汉斯·约阿斯（Hans Joas）也提出了类似的观点，但他并没有指出人权在非西方文化中积极的早期表现，如自由和宽容，而是强调反对人权的价值观在西方文化与非西方文化中一样普遍存在。毕竟，西方不仅有长达几个世纪的奴隶制历史，而且有基于欧洲价值观为奴隶制辩护的历史。即使是为现代人权思想奠定基础的自由主义思想家，如洛克或霍布斯，也同样为奴隶制辩护（Joas 2015：44-45）。正是在18世纪末西方自由主义兴起时，西方的奴隶贸易达到了顶峰（Joas 2015：45）。同样，即使在西方国家废除了针对本国公民的殖民暴力很久之后，甚至当他们在欧洲倡导人权的时候，酷刑、强奸、绑架等殖民暴力仍然是西方国家殖民统治的固有组成部分（Joas 2015：59-65）。时至今日，西方国家的人权事业远未完成，在许多领域都有明显的倒退趋势。

3.1.4　人权的基础和正当性

第三章第一节第三小节对普遍主义和相对主义进行了简单讨论，与此讨论相关的是两个基本阵营，其对人权的基础这一问题存在不同观点。基础主义者阵营认为，可以独立地通过哲学手段论证人权的正当性，而且正当性是普遍的。非基础主义者阵营则怀疑是否存在这种普遍的正当性，也不认为寻求这种正当性是可取的。对非基础主义者而言，人权是通过政治和社会实践产生的，它所发挥的社会和政治功能需要依附于历史、地理和文化。

3.1.4.1　基础主义视角下的人权

基础主义者通常首先假定，人权植根于并产生于人类或人类生活的某些基本特征和决定性特征。如果说人权是人仅凭生而为人而拥有的权利，那么从哲学的角度来看，需要回答的关键问题就是：是什么将我们和我们的生活定义为独特的人类？

从法律和哲学角度来看，人的尊严这一概念历来在确立人权的基础上发挥着关键作用。事实上，无论是从哲学还是法律层面论述人权，最终都交汇于尊严这一概念。大多数国际人权法律文书都将人的尊严作为人权保护的根源和基础，并在解释特定权利时提及人的尊严这一概念。大多数区域人权文书亦是如此。人权法庭在其判例中提及尊严的历史也由来已久（Shelton 2014：7-13）。最有名的可能是《世界人权宣言》（Chapter 3.3.3）在序言中两次提到尊严，在三十条中的第一条也提到了尊严。两项国际公约［《公民权利和政治权利国际公约》（ICCPR）和《经济、社会和文化权利国际公约》（ICESCR）］的序言（Chapter 3.3.3）甚至明确指出"这些权利源于人的固有尊严"。其他公约，如《禁止酷刑公约》或《反歧视公约》，也采用了这一措辞和/或纳入了类似的对于"尊严"的表述（Shelton 2014：8）。

从伦理学的角度来看，有两种基本途径可以帮助证明人权的正当性，这两种途径都与人的尊严作为人类及其所追求生活的基本定义概念有着密切关系。首先，存在着目的论或结果论的观点，其将人权建立在人类美好生活的概念之上。其次，存在着义务论的观点，其将人权建立在人的自主性基础之上。然后，存在着理性主义的观点，其旨在从纯粹的理性或逻辑角度证明人权的正当性。然而，从实质上讲，理性主义的观点往往植根于目的论或义务论的思想，这就是为什么只会在阐述目的论和义务论观点时一笔带过理性主义观点。

1. 目的论观点："目的论"一词源于希腊语单词"telos"，意为目标或目的。因此，目的论观点将某些目标或结果看作人们普遍向往的，并进而从这些目标中推导出人权。换句话说，人权是基于对"好"的不同理解，所谓"好"，即我们努力实现的某种理想状态或目的。从个人的角度来看，"好"也许是一种人们普遍向往的"好"的、有尊严的生活或人类福祉。从集体的角度来看，"好"是一种"集体好"的理念，这是关注的重点。这种伦理学也被称为目的论，因为它认为要评价我们的行为和决定，需要基于该行为和决定是否帮助实现上述理想状态来判断。

以利益为基础和以需求为基础的人权概念是两种众所周知的目的论观点。这种观点认为，美好的人类生活取决于是否实现了某些普遍共享的基本利益或需求。这些利益或需求非常基础，它们促成了实际权利的产生。例如，人们可以将良好的健康定义为一种普遍的人类利益，它对人类广泛意义上的福祉至关重要（Tasioulas 2012：21）。某些基本需求也是如此，如食物、水或在恶劣条件下的栖身之所。

上述目的论观点必须假定某种实质性的、普遍向往的美好生活或共同利益，并由此推导出人权，这种假定的美好生活或共同利益一直是目的论观点被批评的主要原因之一。我们的社会越是多元化，似乎就越难对什么是美好生活、有价值的利益或普遍需求作出一般假设。从义务论的角度提出的批评是，如果我们认为人是自由和自主的，我们就不能为他们定义美好生活应该是什么样的。在自由中生活意味着每个人都可以而且应该自己决定追求什么样的理想、争取什么样的（好）生活，只要他们尊重其他人也享有同样的自由。

2. 义务论观点：与目的论观点相反，义务论观点并不规定或预设人类美好生活或"共同利益"的特定概念。在他们看来，人类应该自由选择想要过什么样的生活。然而，这种选择自由必须受到限制，不能影响其他人享有同样的选择自由。人权被视为基本的道德规范，既界定了这种选择自由，也界定了在选择自己的美好生活时不应侵犯的限度。因此，一般而言，在义务论伦理学中，一项行动或决策的道德程度并不取决于其后果以及它对美好生活的贡献程度，这与目的论观点是不同的。相反，一项行动或决策是否恰当，取决于它是否符合道德规范（Alexander & Moore 2020）。义务论即"以义务为基础"。因此，履行义务和违背义务才是义务论伦理学的核心，也是决定行动或决策道德程度的关键。换句话说，"正确"优先于"好"，人不能通过追求某种有价值的目的来证明伤害是正当的。

这种义务论观点的核心是人是自主的。定义人的是人具有意图，即人有能力合理地权衡、思考和选择不同的生活方式，并在尊重他人相同权利的前提下，审慎地追求所选择的生活。具备这种能力即视作具备代理能力或具备人格。具备代理能力的主体能够带有目的并基于合理意图采取行动。因此，人权应当保护的是使人的代理能力得以实现的条件，因此保护的也是人自主、有意图、有理性地生活的能力（方框3.2）。义务论的观点将人的尊严与人选择美好生活的自主性和意图性联系在一起，但其并没有对美好生活应该是什么样子作出实质性的解释。

重要的是，我们要强调人类有能力自主地、有意图地生活。这并不意味着我们总是基于充分的理由行事，也不意味着我们总是明智地选择我们的目标。作为人，我们最主要的特点是容易犯错，我们的行为往往与善意和理性的要求背道而驰。这也是为什么首先需要讨论如何保护人权。因为人的主动性使我们不仅有能力，同时也天生脆弱。我们可以有意图地采取行动、设定自己的目标、追求赋予生活意义的愿望和梦想，这也意味着我们可以被剥夺这些可能性、被工具化、被削弱、被伤害、被侮辱，这直接影响我们作为人的核心特质。作为道德主体，我们非常脆弱，自主权容易受到破坏和剥夺，这就为人权的主张奠定了基础。

虽然义务论并没有过度规定人类应该过什么样的生活，但这种观点常常被批评过于抽象，脱离人类的生活现实。因此，出现了务实主义视角下的人权（Chapter 3.1.4.2）。该观点认为，为了使人权与我们的日常生活息息相关，我们首先需要思考在我们的日常实践和例行公事中人权是如何得以表述和追求的，而不是去证明正当性或基础性这种理想化观点，因为这对我们实际生活几乎没有指导意义。

方框 3.2　背景：詹姆斯·格里芬（James Griffin）
关于"规范代理"和人权的论述

已故牛津大学哲学家詹姆斯·格里芬（1933~2019）提出了最著名的人权"代理说"（Arnold 2010）。格里芬将人权建立在人格之上，从其核心来看，是建立在他所说的人类"规范代理"能力之上。代理能力之所以是规范性的，是因为其是一种构成人权基础的特定代理，即过有价值的生活所涉及的代理。此外，产生人权的不是这种代理的事实，而是我们赋予它的规范重要性（Griffin 2008：44-48）。

因此，过有价值的生活意味着既要有一定的代理能力，又要能够行使这些能力（Griffin 2008：47）。所以，实现"规范代理"必须满足三个条件（Griffin 2008：33）。第一个条件是自主性。自主意味着人可以自由地追求自己的目标和对美好生活的看法，而不是受制于外部的事物或人。第二个条件是选择。对于想要过什么样的生活，人必须有可供选择的选项，也必须有必要的能力根据自己的选择采取行动（否则就不是真正的选择）。例如，生活在严重贫困中的人缺乏选择的自由，他们的生活往往是由他们所处的恶劣环境决定的。同样，作出选择时需要充分了解相关信息，也要基于一定的教育，这种选择才算是深思熟虑和有意为之的。因此，格里芬认为，人必须至少拥有一定程度的资源和能力，才能对自己的选择采取行动。第三个条件是自由。人

在追求自己选择的生活时不得被强行阻止或干涉。

以上三个实现代理能力的条件是规范性的,因为它们产生了尊重、保护和实现这些条件的义务。因此,人权应该保护的正是规范代理能力得以实现的条件。

3. 理性主义观点:理性主义观点试图仅仅根据逻辑来证明人权的正当性。该观点试图提出一个支持人权的理性主义论点,任何人都不能在不自相矛盾的情况下否认人权。伦理学理论家艾伦·格沃思(Alan Gewirth 1996)提出了这样一种理性主义论点,其简化版本如下。他首先声称,每个行为主体都必须在逻辑上假定自己享有自由和幸福的权利,因为如果没有这些权利,就不可能采取有意图和自主的行动,这就否定了行为主体具有代理能力。因此,作为理性的行为主体,我们必须预先假定我们拥有自由和幸福的基本权利,这样我们才能采取行动。但如果是这样,行为主体除非放弃要求这种权利,否则其不能理性地否认所有其他行为主体也享有同样的权利。这里的关键在于,试图理性地否认他人的权利。你必须预先假定其他行为主体能够理解你的理性论证。换句话说,你预设了他们具备同样的代理能力。但是,如果你的论证由于矛盾问题而必须假定他人拥有同样的代理能力,那么你就必须同时承认,他们拥有与你为自己主张的同样的权利,这些权利保护着他们的代理能力。"如果任何行为主体认为,自己拥有一般权利是因为自己是一个有预期目的的行为主体,那么其在逻辑上也必须认为每个有预期目的的行为主体都拥有一般权利。"(Gewirth 1996:18)

3.1.4.2 非基础主义的人权观

非基础主义者怀疑能否找到真正具有普遍有效性的哲学基础来支持人权。这并不意味着他们全盘否定人权。然而,他们倾向于认为人权是带有依附性的,更多是基于我们的日常实践。在他们看来,人权并不依赖一个终极基础。事实上,他们认为追求这种基础更多是在分散注意力,对人权的合理性起反作用。为了便于简要概述,可以区分两类非基础主义的观点:一种是人权的政治或现实主义观点,另一种是人权的建构主义或实用主义观点。

1. 政治或现实主义观点：与道德或哲学视角相反，从政治视角来看人权，需要假定人权的核心是一种独特的政治功能。这种观点有时也被称为"功能观点"。因此，主张这种政治性或功能性人权的人并不认为人权源于人类本身的某些基本特征；或者至少他们不认为这就是人权的最终含义。相反，他们认为人权是一种政治建构，产生于政治话语和政治实践，并由政治机构出于特定的政治目的加以推广（Schaber 2012：61）。最著名的政治人权倡导者包括约翰·罗尔斯、约瑟夫·拉兹（Joseph Raz）和查尔斯·贝茨（Charles Beitz）。

从哲学视角看人权，重要的是关注人权的基础和正当性，而不是任何特定的权利集或权利清单，而政治视角下的人权则认为正当性不是最重要的，或者说没有任何重要性，重要的是（政治上）商定的权利集。这并不是说这种政治人权的支持者否认存在类似人类尊严的东西，也不是说他们一定反对这样一种观点，即人类尊严赋予我们体面对待他人的义务。然而，他们怀疑的是人类尊严是否为人权的产生提供了充分的基础（Raz 2010）。在他们看来，基础主义视角下的人权基于了一种错误，它混淆了重要价值观与（人类）权利的独特性质。他们认为，如果我们想了解人权的性质和目的，我们就需要研究有关人权的国际政治论述和实践，以及自 1945 年以来出现和演变的人权制度基础设施（Chapter 3.2）。因此，把人权看作规范全球秩序的工具，更具体地说，看作对国家自主权和主权的限制，这一思想在二战后的政治体制中开始出现，构成了当今大多数政治人权的核心。

对于这种制度基础设施，以及围绕该基础设施的论述和实践，其中心是国家，而国家被界定为侵犯人权以及保护和实现人权的主体。因此，在上述各种观点中，人权的性质是通过其与国家的关系来界定的。一般认为，人权具有两个主要的、定义性的政治功能，其中第二个功能也许是现代政治人权思想的关键。第一，人权界定了国家内部自治的界限（Schaber 2012：61），为权力和武力的合法使用划定了界限，并防止滥用权力。因此，人权限制了国家和其他政治机构的统治权，并确保国家权力的主体能够通过自由服从来赋予国家统治合法性。第二，人权界定了国家外部主权的界限，即国家可以合法地将其视为内政的限度。侵犯人权可以成为国际社会关注和批评的正当理由，甚至有可能成为国际社会干预的正当理由。如果出现系统性侵犯人权情形，有多种适当的潜在外部干预措施，比如斥责、制裁和军事手段等。

在上述特定政治功能的背景下，各种人权观点只有基于国家体系才有意义。因此，从定义上讲，人权的政治或制度概念是以国家主义观点为基础的。从这种视角来看，人权的一个决定性特征和"本质"（Tasioulas 2012：45）是，遵守人权的首要责任在于国家。所有其他行为主体和机构可能只对人权负有次要和间接责任。例如，国家委派或授权了这些责任，或国家未能适当履行自己的责任，需由他人填补责任空白。从这种观点的角度来看，只有当国家作出侵犯人权的行为时，才能合理认为人权受到侵犯。因为人权的定义本身就是基于国家责任。

上述政治人权观点和工商业与人权的讨论也明显相关。如果人权主要被视为用来界定和限制国家自治权和主权，并且如果人权的本质和定义依赖国家责任，那么直观上很难看出人权为什么应该对除了国家及国家授权代表外的其他行为主体产生义务。之所以最开头讨论工商业与人权相关争议，是因为这些政治或制度上的人权概念基于一种国家中心主义或国家主义。将公司和其他非国家行为主体作为直接责任承担者引入其中，虽然与政治人权的构成性基础观点不相符，但这无疑代表了一种根本性转变。

2. 建构主义或实用主义观点：建构主义或实用主义的观点不认为人权根植于普遍的规范原则。正如他们所批评的那样，这种基础主义并没有充分考虑并联系道德和人权文化、社会和历史的起源（Fagan 2014：17）。同时，建构主义或实用主义观点也不认同对人权的法律或政治解释的形式主义。对他们而言，人权不是主要通过法律或政治机构才形成的，而是根植于社会和文化实践中，"是社会斗争的结果，这些斗争非常常见，也很有必要"（Dembour 2010：3）。因此，虽然政治观点倾向于将政治程序和实践视为人权的来源和基础，但建构主义或实用主义观点更广泛地关注社会和文化层面的实践和话语：

规范主义和制度主义忽视了这些权利的社会文化实质，也就是说，个人和群体是如何通过共同仪式和信仰来把这些权利融入实践，而这些仪式和信仰不能被简化为规范原则，也无须获得官方制度或法律的承认。因此，形式主义对作为人权核心的社会文化进程和形式之间的互动作用把握不足，通过经常是非法律的、制度外的话语、主张和行动，对普通人来说成为有意义的现实……坚持认为人权要么是人的本体属性（按照自然法理论），要么是机构派生的权利，这种观点忽视了人权是一种社会劳动形式的存在。在面对不利于人类尊严和平等的结构性障碍时，人们采取行动、展现能力，进而赋予了这种社会劳动形式意义。（Kurasawa 2014：156，160）。

因此，建构主义者或实用主义者并不认为人权是个体权利或仅凭生而为人而拥有的权利，而是把人权看作一个"不断发展（且可倒退）的事业"（Dembour 2010：3）。人权具体表现在社会文化实践、人权斗争和人权运动中，这些实践、斗争和运动反过来也为人权赋予意义（Kurasawa 2014：156）。实用主义观点的核心不在于"形式化"人权，而在于"非形式化"人权。所谓非形式化，就是让人权根植于主体间过程和各种社会互动中，根植于艺术、电影、音乐、文学、抗议等其他公共辩论领域（Kurasawa 2014：157）。因此，实用主义观点扩大了参与塑造人权的主体范围，强调除了正式机构外，来自公民社会各个领域的众多主体都参与了塑造人权（Kurasawa 2014：160）。

3.1.4.3　各种观点间的妥协

尽管基础主义和非基础主义观点存在根本差异，但我们不必将其对立起来，而应该使两种观点的优点都服务于人权事业。不认同人权存在一个终极基础，并不意味着就全盘否定人权哲学。相反，了解人权哲学可以帮助我们发现自身方法的不足之处。基础主义哲学的价值也许不在于那些基础信念本身，而在于探索这些基础信念的过程，这种探索也就是对人权的深入哲学思考。另外，基础主义哲学永远无法完全脱离当代实践和人类生活现实，否则人权将失去其实践价值、现实意义和合理性。因此,对人权实践的深入了解对于任何有意义的人权哲学都是必不可少的。在所有试图将人权理论化的合理尝试中,无论是基础主义还是非基础主义,人权哲学和人权实践都是相互依存的。

话虽如此,显然工商业与人权争论中的大部分分歧可以归因于对人权存在的冲突观点和不同理解。持有政治观点的人往往认为将人权义务扩展到企业存在着根本性障碍。对于那些认为人仅凭生而为人而享有人权的人而言,其往往直观上认为国家和包括企业在内的所有人都对人权负有义务。目前关于工商业与人权的讨论几乎没有涉及人权的基础。这也许就是工商业与人权讨论最明显的缺点之一。如果能够深入探讨人权的基础,将有助于在讨论企业责任时形成共同立场。

3.2　国际人权体系

联合国是国际人权体系的核心。1945 年,为了对二战期间的暴行予以反思,联合国得以成立,希望能够阻止将来发生类似的灾难。联合国取代了一战后成立的国际联盟,因为国际联盟已经公认失败了。联合国的创始文件《联合国宪章》指出了联合国的三个基本宗旨,即促进和平、发展和人权。因此,联合国创始宗旨之一就是要在促进人权方面发挥关键作用。为此,联合国经济及社会理事会于 1946 年成立了人权委员会(Osiatynski 2016:10)。该委员会以起草《世界人权宣言》而闻名。人权和公民权利活动家、前美国第一夫人埃莉诺·罗斯福(Eleanor Roosevelt)是人权委员会第一任主席,也是该委员会最著名的成员,埃莉诺女士后来成为国际人权运动的象征。人权委员会成立后,联合国为促进人权作出了更多努力,并成为建立国际人权法的核心机构和平台。本节将简要概述联合国组织内外的主要国际人权机构。随后,第三章第三节将更详细地探讨人权法。

3.2.1　联合国人权组织和机构

联合国由主要机构、附属机构和专门机构组成。联合国主要机构包括联合国大会、安理会、经济及社会理事会、托管理事会、国际法院（ICJ）和秘书处。附属机构包括各种不同的委员会、理事会和工作组。即将讨论的人权委员会就是联合国的附属机构。专门机构是联合国附属的自治政府间组织，包括国际劳工组织（ILO）、联合国开发计划署（UNDP）、联合国儿童基金会（UNICEF）、联合国教科文组织（UNESCO）和世界卫生组织（WHO）（Shelton 2014：56）。这些不同机构中有许多都直接涉及保护和促进人权的工作。

国际法院：国际法院于 1945 年根据《联合国宪章》成立，坐落于荷兰海牙的和平宫，其前身是由国际联盟于 1921 年成立的国际司法常设法院（Kolb 2013：V；Thirlway 2016：3）。国际法院是联合国的主要机构之一，也是联合国历史最悠久、最重要的司法机构（Kolb 2013：V）。尽管国际法院不是人权法院，但其作为一个根据国际法，和平解决国家之间因对义务、行为或利益的不同意见而产生争端的机制，也可能涉及处理人权案件（Kolb 2013：1）。大部分在国际法院审理的案件涉及国家之间的边界划定问题，约四分之一的案件涉及人权问题（Haas 2014：278）。然而，国际法院无权审理个人提起的人权诉讼。国际法院可以作出以下三种裁决。第一，当所有当事方接受国际法院管辖时，可以作出具有约束力的裁决；第二，可以发表咨询意见以澄清法律问题；第三，可以进行调解和争端解决（Haas 2014：277）。国际法院由 15 名法官组成，由联合国安理会和联合国大会分别选举，任期为 9 年。（International Court of Justice n.d.；Thirlway 2016：4）

人权理事会：人权理事会最初称为人权委员会，由起草《世界人权宣言》的委员会发展而来。人权委员会起初由 18 个国家（包括安理会的 5 个常任理事国）的政府代表组成，到 2006 年发展为 53 个国家。2006 年，人权理事会取代了人权委员会，并将成员国减少到 47 个。人权理事会直接向联合国大会报告（Fremuth 2015：150），大会是联合国中最高级别的机构。人权理事会每年举行三次常规会议，但也可以召开特别会议，以迅速应对新发生的人权危机。人权理事会通过所谓的普遍定期审议，每四年评估一次所有成员国的人权状况和遵守人权义务的情况，然后发布改进建议。此外，民间

工商业与人权

社会组织或个人可以向人权理事会申诉人权受到系统性危害和严重危害的情况。如果申诉获得批准，人权理事会将发布一份带有建议的报告，或者通过联合国人权事务高级专员办事处（OHCHR）启动进一步调查或提供支持，进而改善人权状况（Fremuth 2015：154-155）。最后，人权理事会可以启动所谓的特别程序。启动特别程序后，人权理事会可以任命独立专家、特别报告员或工作组，就特定的人权问题进行报告并提供建议（Fremuth 2015：155-156）。联合国工作组（UNWG）是人权理事会的一个特别程序。

联合国人权事务高级专员办事处：人权高专办于1993年6月由联合国大会设立，隶属于联合国秘书处，是联合国在促进和保护各种人权方面的主导机构。具体而言，人权高专办向成员国提供技术和咨询服务，协调联合国组织内有关人权的信息和教育项目，促进并维持与各国政府的对话，了解其人权标准实施情况，推动人权保护的国际合作，进行标准制定和监测，在所有联合国计划或项目中协调和推广人权，并改善这些计划和项目的效率和成果（Fremuth 2015：159）。此外，人权高专办还为人权理事会、特别程序以及条约机构提供秘书服务（Shelton 2014：46），并支持人权理事会的普遍定期审议、发布报告、提供人权问题讨论平台（Fremuth 2015：160）。人权高专办由人权事务高级专员领导，高级专员为独立官员，代表联合国行事并领导人权高专办（Shelton 2014：46）。人权事务高级专员由联合国大会选举，每届任期4年，至多连任两届。

国际劳工组织：国际劳工组织成立于1919年，是一战后《凡尔赛条约》的一部分。随着1945年联合国成立，国际劳工组织成为联合国的第一个专门机构［International Labour Orgnization n. d.（a）］。其任务是促进体面工作和人权，包括但不限于组建工会的权利、罢工的权利、摆脱奴役和强迫劳动的权利、享有安全健康的工作条件和平等就业机会的权利。国际劳工组织的标准还专注于保护特别脆弱群体，帮助解决童工、移徙劳工、妇女和土著群体就业等问题（Shelton 2014：57）。国际劳工组织通过独特的三方结构运作，每个成员国代表团包括政府代表、雇主和工人组织代表［Shelton 2014：57；International Labour Organization n. b.（b）］。国际劳工组织由三个主要机构组成,即国际劳工大会(制定组织标准和政策)、理事会(组织计划和预算的执行机构)和国际劳工局(常设秘书处,负责组织相关活动)。国际劳工组织可以颁布公约,如成员国批准公约,该公约即对其生效。例如,1930年的《强迫劳动公约》和1949年的《结社自由和保护组织权公约》。国际劳工组织公约和建议的实施由20名成员组成的独立专家委员会监督(Shelton 2014:58)。

条约机构:各种核心人权条约催生了所谓的条约机构,每个机构由至多25名国际专家组成委员会,监督各国对相应条约的执行和遵守情况。各人权条约机构拥有绝对的权力,并从联合国人权高专办获得秘书资源和支持(Keller & Ulfstein 2012:3)。目前已经建立以下10个条约机构:消除种族歧视委员会(CERD),经济、社会和文化权利委员会(CESCR),人权事务委员会(CCPR),消除对妇女歧视委员会(CEDAW),禁止酷刑委员会(CAT),儿童权利委员会(CRC),保护所有移徙工人及其家庭成员权利委员会(CMW),防范酷刑问题小组委员会(SPT),残疾人权利委员会(CRPD)和强迫失踪委员会(CED)[OHCHR n.d.(a)]。在监督国家遵守条约情况的授权范围内,这些条约机构通常可以使用多种工具。其中包括评估各国遵守条约情况的定期报告,审理个人或国家对缔约国潜在违反条约行为的申诉,以及调查严重违反条约的情况(Fremuth 2015:162-166;Mason Meier & Brás Gomes 2018;Carraro 2019)。特别重要的是,条约机构有权通过所谓的"一般性意见",发布对条约规定的解释和具体说明。虽然一般性意见在法律上没有约束力,但其被普遍视为人权法的权威声明,因此具有重要影响力(Fremuth 2015:167;Shelton 2014:55)。

3.2.2 其他人权组织和机构

除了上述的联合国外,还有许多组织和机构在国际人权基础设施中发挥重要职能,但其并不隶属于联合国系统。其中最重要的是国际刑事法院(ICC)和三个区域人权法院,即欧洲人权法院、美洲人权法院(包括美洲人权委员会)、非洲人权和民族权利法院(包括非洲人权和民族权利委员会)。

国际刑事法院:国际刑事法院成立于2002年,总部设在荷兰海牙。它

是基于 1998 年由 120 个国家通过的《国际刑事法院罗马规约》（Rome Sta-
ture of the ICC，以下简称《罗马规约》）成立的（Haas 2014：300；Shelton
2014：206）。目前，共有 123 个国家是国际刑事法院成员。尚未签署或批准
《罗马规约》的国家包括美国和中国［International Court of Justice n. d.（a）］。
国际刑事法院的成立是基于历史上的国际法先例，包括纽伦堡国际军事法
庭、远东国际军事法庭、前南斯拉夫问题国际刑事法庭和卢旺达问题国际刑
事法庭（Schabas 2011：12）。越来越多的临时法庭出现表明需要一个常设的
国际刑事法院（Shelton 2014：206）。国际刑事法院是一个常设的独立司法机
构，如果下列四种罪行发生在 2002 年 7 月 1 日或之后，则国际刑事法院对
其具有调查和起诉的管辖权：（1）种族灭绝罪，（2）危害人类罪，（3）武
装冲突中违反《日内瓦公约》的战争罪行，（4）一国针对他国主权、领土
完整或国家独立而犯下的侵略罪或使用武力罪。如果所指控的犯罪在《罗马
规约》缔约国的领土发生，或者是由该缔约国国民实施，则国际刑事法院可
以行使管辖权（Shelton 2014：207）。重要的是，国际刑事法院起诉的是个
人，而不是国家。联合国安理会、国家或国际刑事法院检察官可以向国际刑
事法院提请审理案件。国际刑事法院旨在作为各国刑法体系的补充，这意味
着只有在相关国家无法或不愿调查或起诉犯罪，或者国家处理案件没有出于
善意时，国际刑事法院才会追究案件责任（Shelton 2014：207）。国际刑事法院
与世界各国合作，协助逮捕嫌疑人，将被捕人员移交至国际刑事法院拘留中
心，冻结嫌疑人资产，执行判决［International Court of Justice n. d.（b）］。

　　欧洲人权法院：欧洲人权法院成立于 1959 年，总部设在斯特拉斯堡，
旨在支持《欧洲人权公约》（ECHR，Merrills 1993：1）。欧洲人权法院是欧
洲理事会（区别于欧盟）的主要机构，也是世界上历史最悠久的人权法院
（Haas 2014：372）。该法院属于区域专职法院，如果人权受到侵犯并且国内
法律救济已经用尽，个人或成员国可以直接向其提起申诉。截至 2012 年，
该法院已就超过 17000 个案件作出判决（Haas 2014：373）。由于该法院判决
具有约束力并优先于国内法，各国经常依据作出的判决调整各自国内法律和
实践（Haas 2014：372-374）。此外，该法院可以要求赔偿受害者，为其提供

有效的救济手段（De Schutter 2014：983）。欧洲人权法院由全职专业法官组成，由欧洲理事会议会选举产生，任期9年，到期不可连任。被选举的法官并不代表各自所属的国家，而是作为独立个体行事（Shelton 2014：62）。

美洲人权委员会和美洲人权法院：美洲人权体系中的两个主要人权机构是美洲人权委员会和美洲人权法院，其授权源于《美洲人权公约》（American Convention on Human Rights，Pasqualucci 2013：5）。美洲人权委员会于1959年在美国华盛顿特区成立，是美洲国家组织（OAS）的主要自治机构，旨在促进和保护美洲地区的人权（Organization of American States n. d.）。该委员会在三个广泛领域开展工作：第一，运行个人申诉制度；第二，监测成员国的人权状况；第三，关注需要调查和注意的特定领域（Organization of American States n. d.）。具体来看，包括起草宣言和条约、监测人权状况、发布国家报告和主题报告、回应申诉、进行国别访问、发布建议和预防措施（Haas 2014：417）。委员会还可以将案件提交给美洲人权法院进行判决（Haas 2014：417）。

美洲人权法院于1978年根据《美洲人权公约》成立，旨在维护、适用和解释该公约（Buergenthal 1982：231）。该法院位于哥斯达黎加首都圣何塞，是一个独立司法机构。美洲人权委员会或批准《美洲人权公约》的国家政府可将案件提请美洲人权法院审理。例如，成员国可以通过向法院提起申诉来质疑委员会对责任的归属（Pasqualucci 2013：6）。然而，不同于欧洲人权法院，美洲人权法院不直接接受个人申诉。相反，个人必须将案件提请至美洲人权委员会，之后委员会可以将其提请至美洲人权法院（Haas 2014：420）。美洲人权法院法官每届任期6年，至多连任两届（Buergenthal 1982：231）。法院由7名法官组成，均来自美洲国家组织成员国，他们以个人身份独立行事（Buergenthal 1982：231）。

非洲人权和民族权利委员会、非洲人权和民族权利法院：非洲人权和民族权利委员会及非洲人权和民族权利法院是负责保护非洲地区人权体系的两个机构。《非洲人权与民族权利宪章》（African Charter on Human and Peoples' Rights，以下简称《宪章》）生效后，非洲人权和民族权利委员会随即于

1986 年成立（Haas 2014：450）。委员会的职能包括传达人权信息、开展人权教育和增强人权意识，处理个人和组织针对违反《宪章》情况的申诉，解释《宪章》，并监督成员国对《宪章》的实施情况。委员会还可任命特别报告员调查特定问题（Haas 2014：450）。该委员会不是司法机构，所以无法发布具有约束力的裁决和解释（Haas 2014：450）。

《关于建立非洲人权和民族权利法院的议定书》（The Protocol on the Establishment of an African Court on Human and Peoples's Rights，以下简称《议定书》）于 1998 年通过，并于 2004 年生效。作为全球三个区域人权法院之一，该法院常设在坦桑尼亚的阿鲁莎。法院由 11 名独立法官组成，任期为 6年。非洲人权和民族权利委员会、其他非洲政府间组织、在委员会中具有观察员地位的国际非政府组织、批准该《议定书》的国家及其公民个人均可以将案件提请至该法院审理（Haas 2014：452）。法院可以将案件提请至委员会、下达临时措施、推动争议友好解决或对案件作出裁决（Haas 2014：452）。非洲联盟于 2008 年通过了一项议定书，将非洲人权和民族权利法院与非洲法院合并，建立一个新的非洲司法和人权法院。然而，迄今为止，该议定书尚未获得至少 15 个国家的批准，因此尚未生效。所以非洲司法和人权法院并未开始运作（Open Society Justice Initiative 2013）。

2014 年，非盟首脑会议通过所谓的《马拉博议定书》（Malabo Protocol），对《非洲司法和人权法院规约议定书》（The Protocol on the Statute of the African Court of Justice and Human Rights）作出进一步修订。《马拉博议定书》扩大了尚未成立的非洲司法和人权法院的管辖权，可以审理国际法所述罪行和跨国罪行，使该法院有权调查和审判 14 项国际、跨国和其他罪行。《马拉博议定书》在各区域法院中独一无二，它将建立"第一个能够起诉国际法所述严重犯罪（如种族灭绝、侵略罪、战争罪和危害人类罪）的区域刑事法院"（Jalloh, Clarke, & Nmehielle 2019：XX）。因此，该法院的刑事分庭实际上是一个像国际刑事法院一样的区域刑事法院，只是受限于地理范围，且可管辖的罪行增多。与《非洲司法和人权法院规约议定书》一样，《马拉博议定书》也尚未获得至少 15 个国家的批准。

3.3　国际人权法

人权哲学思想已有几百年的历史，人权在国家层面得以制度化可以追溯到 1776 年的美国《独立宣言》，以及十余年后的 1789 年法国大革命（Chapter 3.1.1）。对比来看，人权被纳入国际法的历史相对较短，始于 1948 年《世界人权宣言》的通过。自此，国际人权法逐渐发展壮大。人权法在国际法体系中的地位特殊，其原因有两点。首先，国际法通常调整的是国家之间的关系，而人权法调整的是国家与其管辖范围内个人之间的关系（De Schutter 2014：13）。其次，国际法传统上用于保护国家主权，而人权法则对国家主权设立了限制。人权法的一个重要方面是明确界定主权国家内政的边界：不能简单地因为存在国家主权而忽视或立法废除人权。一些学者还认为人权在国际法中建立了一种等级秩序，认为人权优于其他国际法规范。支持这种等级秩序的一个论点是，《联合国宪章》本身将保护人权作为联合国宗旨之一（De Schutter 2014：72-73）。至少，在我们处理国际强行法（Chapter 3.3.2）规范时，国家在任何情况下都不允许予以克减，这种等级制度似乎是隐含其中的。

以下段落将简要介绍国际人权法的来源和主要文件。国际人权法的核心是我们所说的国际人权法案，并由几项核心人权公约作为补充。此外，三个区域人权体系根据各自区域实际对国际人权法案条款进行了明确规定和补充。最后，国际劳工组织的各种公约虽然在狭义上不属于国际人权法，但和工商业与人权非常相关。

3.3.1　人权的分类

人权可以根据不同标准进行分类，如出现时间、效力或赋予的权利种类（Fremuth 2015：53）。

人权的世代：人权通常被分为所谓的人权世代（Haas 2014：5）。第一代人权包括公民权利和政治权利，保护我们最基本的自由，如生命权、言论自由权、免受酷刑权等。公民权利和政治权利在《公民权利和政治权利国际公约》中有所规定（Chapter 3.3.3 and Chapter 3.3.4）。第二代人权包括经济、社会和文化权利，为所有人提供平等的体面生活标准。此类权利包括生存权、享有符合适当标准的健康和教育权利、享有适当住房权利。第二代人权在《经济、社会和文化权利国际公约》中有所规定（Chapter 3.3.3 and Chapter 3.3.4）。第三代人权涵盖了更广泛的问题，往往涉及集体权利而非个人权利。这些权利包括享有环境不被破坏的权利、享有发展和自决的权利、享有和平的权利。一些区域人权宪章（Chapter 3.3.5）包括了第三代人权，而在国际层面，第三代人权主要存在于不具备约束力的宣言和决议中（Fremuth 2015：67）。虽然人权的世代分类依据各种权利的历史出现和演变，但并不意味着各种权利之间有等级之分。

绝对人权和相对人权（Fremuth 2015：58-62）：我们可以进一步根据人权的效力对人权进行分类，所谓效力即人权可以被合法限制的程度。绝对人权是指在任何情况下都不得被限制的人权。绝对人权是基本权利，任何侵犯都意味着对人的尊严的践踏，难以让人接受。只有很少一部分人权不得被施加任何限制，否则就是不适当的。一个典型例子就是免遭虐待的权利。大多数人权是相对权利，可出于重要且迫切的公共利益（如公共卫生或公共安全）被合理限制，且这种限制对于达到和保持该公共利益是必要且适当的。

积极权利和消极权利：人权通常根据其权利性质进行分类。消极权利保护我们免受不当干预，是防止伤害的权利。公民和政治权利通常被视为消极权利。相反，积极权利是指由责任主体提供特定物品或服务的权利。换句话说，责任主体不仅有义务避免作出某些有害行为或行动，而且要积极为权利提供实质性的支持。例如，为了实现接受教育的权利，国家不仅不能干涉人们寻求教育的权利，还应提供学校、教师等基础设施，以使人们能够接受教育。经济、社会和文化权利通常被视为积极权利。有时也会使用稍微不同的三分法来区别权利，即把权利分为自由权利（相当于消极权利）、福利权利（相当于积极权利）和参与权利（可参见 Fremuth 2015：62-67）。然而，虽然积极权利和消极权利之间的区分很常见，但这种区分被证明是极不充分的。值得注意的是，亨利·舒（Henry Shue）表明所有权利都具有积极和消极两个维度（1996）。例如，人身安全权不仅要求不得干涉权利人，而且需要给权利人提供保护，即采取"各种各样的积极行动"（Shue 1996：37）。有些人可能简单地认为——或单纯地认为——这仅仅是一种不受打扰的权利，实际上需要一个完整的系统，包含警察、法院、监狱、培训律师和警察的学校，特别是还需要一个税收体系，以便有资金维持适当机构的运转，并保障预防、发现和惩罚违法行为程序的实施（Shue 1996：37-38）。同样地，社会和经济权利，如生存权，不仅带来了积极义务，还产生了消极义务，比如不参与不公正的体制方案和结构的义务，因为这些体制和结构不仅没有解决贫困和现有的不平等问题，而且使其恶化并长期存在（Pogge 2002：70）。因此，我们不是将权利本身定义为积极的或消极的，而是将权利相关的义务视为积极的或消极的（Chapter 7.1）。所有的权利都与这两种类型的义务相关（Chapter 7.2）。

3.3.2 国际人权法的渊源

根据法律渊源的不同，我们可以区分三种具有约束力的国际法：条约法、习惯法（包括国际强行法）和一般法律原则。

条约法产生于一个正式的缔约程序、通过具有拘束力的文件以及各国政府对条约的批准。条约是双边（仅限两个当事方）或多边（涉及三个及以上当事方）国家之间的协议。由此看来，条约法属于成文国际法。人权条约也可能具有不同的名称，例如公约、协定或议定书（Shelton 2014：74）。条约法必须与正式宣言、决议或国际会议总结性文件中那些约束力不强的规定区分开来。这些文书不具有法律约束力，因此被视为国际"软法"（Chapter 9.3）。通常，都强烈期望这些文件能被遵守，并且在不遵守的情况下往往会有一定的制裁和政治后果（Shelton 2014：80-81）。

习惯法不是成文法。习惯法源自各国的习俗，即普遍、一致的惯例（Joseph 2004：23），而不是源自正式缔约程序。广义上，习惯法可以被定义为"历史上用来治理国家关系且未被编纂成条约的国际惯例"（Haas 2014：

109）。因此，习惯法不需要国家正式通过或批准。普通的习惯法对各国均有约束力，但不包括那些对其有效性和适用性持续表示反对的国家（Joseph 2004：23）。因此，确定习惯法有两个要素，一个客观的和一个主观的（Clapham 2006：86；Shelton 2014：77）。客观要素是"国家实践"，即规范必须由一国以明确和一致的方式实践。第二个要素是律师所称的"法律确信"，即国家是出于法律义务而实践该规范。换句话说，国家必须相信实践该规范是法律赋予的义务，而不是出于礼节或自由裁量（De Schutter 2014：63；Shelton 2014：77）。显然，问题在于实践是在哪个节点变成习惯法的，即实践必须持续多长时间以及覆盖多大范围（Shelton 2014：77）。通常，习惯法规范不是无中生有，而是写入了广泛遵守的国际文书，获得书面宣告，例如《世界人权宣言》。然而，反向过程也是可能的，也就是说，这些宣告或声明只能书面规定以前出现过的习惯法规范。因此，尽管《世界人权宣言》本身不具有约束力，但大多数《世界人权宣言》的规定被认为是习惯法，并因此在国际法中具有约束力（Clapham 2006：86；De Schutter 2014：18，63；Frey 1997：161；Shelton 2014：77）。

国际强行法，或者称为强制性规范，也是习惯法的一部分。国际强行法是指被国际社会视为至关重要，对所有国家都具有约束力且不得有任何减免的习惯国际准则（Shelton 2014：84）。国际强行法义务是所谓的绝对权义务，即整个国际社会都负有的义务。关于所有人权义务是否都应被视为绝对权义务，目前还存在争议（De Schutter 2014：114）。因此，与一般的国际习惯法不同，国际强行法只需要被整个国际社会接受即可，各国是否出于义务感而实践国际强行法并不影响其有效性（Clapham 2006：87）。相较于习惯法而言，国家实践本身对国际强行法没那么重要（De Schutter 2014：87）。因此，能够被视为强制性的规范是不断变化的。然而，一些规范被普遍认为属于国际强行法。其中包括：（1）禁止侵略、奴役和奴隶贸易、种族灭绝、种族歧视、种族隔离和酷刑；（2）适用于武装冲突的国际人道法的基本规则；（3）自决权（De Schutter 2014：87-88）。虽然对于非国家行为主体是否具有国际人权法义务存在争议（Chapter 6.2），但国际强行法规范通常被认为适用于个人，也可能适用于其他非国家行为主体（Clapham 2006：90）。

一般法律原则是获得广泛认可的原则，是国际法的基础，也被视为国际法义务具有约束力的来源。例如，善意原则或争议各方平等原则（Shelton 2014：78）。人们经常认为至少某些人权规范应被视为一般法律原则，因为有许多国家将《世界人权宣言》纳入实践或加入其国家宪法（De Schutter 2014：67）。这意味着至少部分人权可能被视为对所有国家具有约束力，即使有些国家没有批准相应的条约。

3.3.3 国际人权法案

国际人权法案是国际人权法的核心，也是大多数工商业与人权文书（如《联合国工商业与人权指导原则》）的基础。国际人权法案由《世界人权宣言》和两个具有约束力的公约组成，即《公民权利和政治权利国际公约》和《经济、社会和文化权利国际公约》，包括两个公约各自的任择议定书。

国际人权法的核心是《世界人权宣言》。该宣言于1948年被联合国大会通过，规定了三十项人权基本原则（方框3.3）。与所有联合国宣言一样，《世界人权宣言》不具有约束力且不可强制执行，因此可以被视为国际"软法"（Chapter 9.3）。但是，《世界人权宣言》作为正式宣言，各成员国被强烈期望能遵守该宣言（Shelton 2014：81）。因此，在《世界人权宣言》通过之后，许多国家开始把类似于该宣言的人权条款纳入其宪法（Haas 2014：92）。也就是说，《世界人权宣言》中的许多权利与当时55个联合国成员国的宪法条款有关，或者是从那些条款发展出来的（De Schutter 2014：36；Shelton 2014：78）。此外，如今越来越多人认为，《世界人权宣言》规定的大部分权利可以被看作具有约束力的国际习惯法的一部分（Chapter 3.3.2）（De Schutter 2014：63）。同时，《世界人权宣言》规定所有国家都有尊重和促进人权的一般责任。《联合国宪章》第56条要求所有成员国努力实现宪章第55条所述的联合国宗旨，即促进人权、促进对人权的普遍尊重和遵守。最后，《世界人权宣言》的规定被明确写入了《公民权利和政治权利国际公约》和《经济、社会和文化权利国际公约》（这两个公约也是国际人权法案的一部分），具备了约束力。它还被写入了一些其他国际人权条约（Chapter 3.3.4）。这些公约经过长时间的谈判后于1967年被通过，并经过足够数量的国家批准后于1976年生效。

方框3.3　背景：《世界人权宣言》的三十项条款

《世界人权宣言》于1948年12月10日在巴黎举行的联合国大会获得通过，尔后，其促成了超过70项人权条约的签订，且已被翻译成500多种语言（United Nations n. d.）。以下是《世界人权宣言》三十项条款的简要版本（Flowers n. d.）：

第一条　平等权利

第二条　不受歧视的自由

第三条　生命、自由、人身安全的权利

第四条　不受奴役的自由

第五条　不受酷刑和侮辱待遇的自由

第六条　法律面前作为人的权利

第七条　法律平等权利

第八条　享有合格法庭的救济权利

第九条　不受任意拘捕和流放的自由

第十条　公正公开的公审权利

第十一条　在被证明有罪之前被视为无罪的权利

第十二条　不受干涉隐私、家庭、住宅和通信的自由

第十三条　自由出入国境的权利

第十四条　在其他国家寻求庇护以免遭迫害的权利

第十五条　拥有国籍和自由改变国籍的权利

第十六条　结婚和组建家庭的权利

第十七条　拥有财产的权利

第十八条　信仰和宗教的自由

第十九条　意见和信息的自由

第二十条　和平集会和结社的权利

第二十一条　参与政府和自由选举的权利

第二十二条　社会保障的权利

第二十三条　有理想工作和加入工会的权利

第二十四条　休息和休闲的权利

第二十五条　享有适当生活水平的权利

第二十六条　受教育的权利

第二十七条　参与社区文化生活的权利

第二十八条　享有本文件所述社会秩序的权利

第二十九条　对于自由和全面发展至关重要的社区责任

第三十条　不受国家或个人干涉上述权利的自由

　　《公民权利和政治权利国际公约》规定了《世界人权宣言》中的公民权利和政治权利，并将其编纂为具有约束力的国际法。公民权利和政治权利保护我们的基本自由免受干涉。该公约保护的权利包括：生命权，免受奴役、奴隶贸易、免遭不人道或残酷惩罚的权利，宗教、良心或思想和表达自由的权利，以及隐私权等。最初，起草了一个单一公约，包括了公民权利和政治权利以及经济、社会和文化权利。然而，各国对于这些不同类别权利应给予多少关注产生了较大分歧，导致了该公约的停滞。西方国家倾向于优先考虑公民权利和政治权利，而苏联集团则特别强调经济、社会和文化权利，并对公民自由及国际社会如何执行公民自由的前景持怀疑态度。1951 年，联合国大会批准两个单独的条约草案，以摆脱僵局（Haas 2014：93）。

　　《经济、社会和文化权利国际公约》将《世界人权宣言》中规定的经济、社会和文化权利编纂为具有约束力的国际法。社会、经济和文化权利保护我们的物质和非物质基础，有了这些基础我们才有可能考虑追求有意义的生活目标。该公约规定的权利包括：工作权、受教育权、健康权、适当之衣食住行等。

　　除了这两个国际公约，还有许多其他人权公约构成了国际人权法的核心。下一小节将简要介绍这些公约。

3.3.4 核心人权公约

通常认为国际人权法由九项核心公约组成，其中包括两项国际公约，皆以《世界人权宣言》为基础。这些公约的发展反映了对弱势和边缘群体（如妇女、儿童、移徙工人或残疾人）的权利保护需求的日益关注。以下段落按照时间顺序简要介绍了这九项核心人权公约。

- 《消除一切形式种族歧视国际公约》（1969）：该公约旨在防止基于种族、肤色、血统、国籍或民族起源的区别、排斥、限制或偏爱，因为这可能取消或影响人权和基本自由的平等享有。此外，该公约的目的是通过废除种族隔离和种族歧视来确保各种族之间的平等。

- 《经济、社会和文化权利国际公约》（1976）：该公约旨在赋予所有个人经济、社会和文化权利，包括自决权、健康权、劳工权利、受教育权利、享受所需之适当生活程度等。

- 《公民权利和政治权利国际公约》（1976）：该公约旨在承认和尊重每个人固有的尊严，并促进成员国创造条件，使公民享有诸如生命权、言论自由和宗教自由等公民权利和政治权利。

- 《消除对妇女一切形式歧视公约》（1981）：该公约关注妇女人权问题。公约界定了男女平等及妇女的公民权利、法律地位、劳工权利、生育权利，同时涉及文化因素对两性关系的影响，即婚姻和家庭中的两性关系。

- 《禁止酷刑和其他残忍、不人道或有辱人格的待遇或处罚公约》（1987）：该公约旨在，无论在何种管辖范围或情况下（包括战争、武装冲突、恐怖主义或公共紧急情况），都要防止和禁止酷刑以及其他残忍、不人道或有辱人格的待遇或处罚。此外，该公约禁止缔约国将个人遣返或引渡至可能对其施以酷刑或类似待遇的国家，并要求缔约国对其法律、医疗、公务和军事人员进行酷刑预防的培训和教育。

- 《儿童权利公约》（1990）：该公约旨在保护和维护四项核心原则，即非歧视原则，儿童最大利益原则，确保儿童生命权、生存权和发展权完整原则，以及尊重儿童意见的原则。此外，公约还规定了要提供给儿童一定程度以上的权利和自由，并设立标准，保障儿童享有安全环境、医疗保健和教育的权利，以及享有法律服务、公民服务和社会服务的权利。

• 《保护所有移徙工人及其家庭成员权利国际公约》（2003）：该公约旨在为移徙工人及其家属提供保护，确保其享受移徙自由、良好劳动条件（特别是防止强迫劳动、奴役或劳役）、思想和宗教自由，以及公平公正的法律程序。

• 《残疾人权利公约》（2008）：该公约旨在保护残疾人的权利和尊严，无论其性别、年龄或残疾程度如何，确保其都能在法律和社会中受到关怀、尊重和平等对待。该公约还旨在保护残疾人的健康、安全、教育、就业、无障碍环境和隐私，并确保他们免受惩罚、酷刑、暴力、虐待或剥削。

• 《保护所有人免遭强迫失踪国际公约》（2010）：该公约旨在保护个人免遭强迫失踪，并确保缔约国采取必要措施，对涉案人员进行刑事追责，并施以适当的、通过公正法律程序裁决的惩罚。

除了以上九项核心公约外，还有许多其他人权公约（De Schutter 2014：21）。其中包括《防止及惩治灭绝种族罪公约》（1948）、《战争罪及危害人类罪不适用法定时效公约》（1968）和《禁止并惩治种族隔离罪行国际公约》（1973）。

3.3.5 区域人权公约

除国际人权体系外，还存在各种区域人权体系。区域人权体系明确了国际人权，并在某些情况下扩展了国际人权范围。每个区域人权体系通常由某个区域人权公约建立，包括公约监督机构和区域人权法院，比如欧洲、美洲和非洲的人权法院（Chapter 3.2.2）。本小节简要介绍现有的五个区域人权体系，重点关注各个体系背后的人权公约。

欧洲：1950 年，欧洲理事会通过了《保护人权和基本自由公约》，即如今的《欧洲人权公约》。《欧洲人权公约》还进一步建立了欧洲人权委员会和欧洲人权法院（Chapter 3.2.2）。《欧洲人权公约》于 1953 年生效，因此也是全球第一个具有法律约束力的人权公约（Fremuth 2015：181）。《欧洲人权公约》独特之处在于，其赋予人们权利，可以在自身人权受到政府侵犯时向欧洲人权法院寻求救济（Fremuth 2015：182）。《欧洲人权公约》主要关注公民权利和政治权利，而经济、社会和文化权利则在 1965 年生效的《欧洲社会宪章》中涵盖。除了《欧洲人权公约》和《欧洲社会宪章》作为欧洲人权保护的主要工具外，还有其他更具体的公约，如《禁止酷刑和其他残忍、不人道或有辱人格的待遇或处罚欧洲公约》（De Schutter 2014：23-25）。

美洲：1948 年，第九次美洲会议成立了美洲国家组织（前身为"泛美联盟"），并同时通过了《美洲关于人的权利和义务宣言》。1959 年，美洲人权委员会成立。《美洲关于人的权利和义务宣言》不具有约束力，但美洲人权委员会将其适用于所有成员国。1969 年，《美洲人权公约》获得通过，并于 1978 年生效，对缔约国具有约束力。与此同时，还成立了美洲人权法院，对《美洲人权公约》享有管辖权（Chapter 3.2.2）。《美洲人权公约》在内容和实质上类似于《欧洲人权公约》（Fremuth 2015：188）。美洲国家组织有 10 个成员国尚未批准《美洲人权公约》，其中包括美国和加拿大。1988 年，美洲国家组织大会通过了《美洲人权公约补充议定书》，规定了经济、社会和文化权利。《美洲人权公约》是美洲地区人权保护的主要区域文书，除此之外还有许多其他人权公约，例如《美洲防止及惩治酷刑公约》（De Schutter 2014：25-31）。

非洲：《非洲人权和民族权利宪章》于 1981 年由非洲统一组织（现为非洲联盟）通过，并于 1986 年生效。1998 年，非洲人权和民族权利法院成立，并于 2004 年生效（Chapter 3.2.2）。《非洲人权和民族权利宪章》与其他地区人权公约有所不同，该宪章试图用非洲文化的传统和价值观来解释人权，这导致该宪章具有较多特点。例如，除了个人权利外，该宪章还包含了关于个人责任的规定。此外，就其可诉性而言，一些经济和社会权利被视为等同于公民和政治权利。最后，该宪章高度重视集体权利（De Schutter 2014：31-32）。另外，宪章因未提及某些权利（如生存权和隐私权）而受到批评（Fremuth 2015：189）。

阿拉伯国家：2004 年，阿拉伯国家联盟理事会通过了《阿拉伯人权宪章》，该宪章被至少 7 个国家批准后最终于 2008 年生效。《阿拉伯人权宪章》还成立了阿拉伯人权委员会，专门审查成员国定期提交的报告。然而，该宪章受到了来自联合国人权高专办等各方的广泛批评，因为该宪章与国际人权公约明显不相符，特别是涉及儿童死刑、妇女权益保护和非公民权利的问题（De Schutter 2014：33）。

东南亚国家：2009 年，东南亚国家联盟（ASEAN）成立了东盟政府间人权委员会（AICHR），这是一个权力非常有限的咨询性质的人权机构。2012 年，东盟国家元首和政府进一步通过了《东盟人权宣言》。该宣言因对人权的选择性和潜在的相对主义观点而受到批评（De Schutter 2014：34 - 35）。

◇ 学习题

1. 人权的四个定义要素是什么？

2. 普遍主义和绝对主义有什么区别？描述性普遍主义和规范性普遍主义有什么区别？玛丽·米奇利反对相对主义的论点是什么？

3. 基础主义和非基础主义对人权的解释有什么区别？从工商业与人权的角度来看，这种区别为什么重要？

4. 自然法和实在法有什么区别？为什么这种差异对人权至关重要？启蒙时期哲学家在人权方面的关键"创新"是什么？

5. 国际人权法案是什么？国际人权法除了国际人权法案外还包括哪些内容？

6. 最先进的三个区域人权体系是什么？除了完善国际人权体系之外，这些区域人权体系还能作出哪些贡献？

◇ 思考题

1. 历史上，人权常常被视为西方帝国主义和新殖民主义的工具。我们如何确保人权的普遍性，并反映世界上其他文化的特点？

2. 人权通常被认为源于人的尊严，也是为了保护人的尊严。对于你来说，人的尊严意味着什么？目的论视角下的尊严与义务论视角下的尊严有何区别？哪一种对你来说更有说服力？

3. 人权是否具有普遍有效性？

4. 在你看来，当前国际人权体系的优点是什么？缺点又是什么？如何改进人权国际保护？

第二部分

入门知识

第四章　企业侵犯人权的两种类型：
直接侵犯与间接侵犯

　　企业可能以直接或间接的方式卷入侵犯人权的活动。直接侵犯人权是企业通过自身活动所造成的；间接侵犯人权是指由第三方造成的，但企业间接参与的人权侵害行为。本章将更具体地讨论直接和间接侵犯人权之间的重要区别，介绍不同类型的共谋，并对比由此产生的法律及非法律影响。在此之前，本章首先对相关术语，特别是涉及"人权影响"和"侵犯人权"相关概念的术语进行批判性思考。

4.1　有关术语的注释："影响"与"侵犯"

　　2011年《联合国工商业与人权指导原则》（以下简称《指导原则》，Chapter 10）的发布，导致工商业与人权（BHR）的讨论出现了一些变化。一是企业人权影响成为人们关注的焦点；二是"侵犯人权"这一术语很大程度上淡出了人们的视野。《指导原则》没有一处提及企业侵犯人权。相反，它只谈及对人权造成的负面影响。这并非巧合，尽管这两个概念看似在很大程度上谈论的是相同的问题，但它们具有不同的内涵，如下所述。

　　侵犯人权：通常而言，如果违反了有效的规范，就发生了侵犯。规范确立了合法行为的标准，从而确立了应遵从的义务。"侵犯"的发生则意味着对该义务的违反（Deva 2013：97）。因此，当说到企业"侵犯"人权的时候，就以人权是企业遵守的有效规范为前提，这就为企业设定了相应的义务。因此,"侵犯"一词具有很强的规范性,如果我们只是谈及"人权影响",情况就不是这样了。

人权影响:任何人都能通过其行为独立地影响人权,无论其是否担负相应的人权义务。所以,当我们谈及"影响"人权,我们关注的核心不再是违反规范的行为,而是所有可能对人权造成不利后果的行为。联合国人权事务高级专员办事处在其编制的《企业尊重人权的责任解释指南》(*An Interpretive Guide on the Corporate Responsibility to Respect Human Rights*) 中将"对人权的不利影响"定义为"某一行为减损或剥夺个人享受其人权之能力时所造成的影响"(OHCHR 2012:5)。这一行为是否与有效的规范相冲突是无关紧要的。因此,对"影响"的关注在所涉及的行为和行动种类方面更广泛,但它的规范性和权威性会有所减弱:"影响"是一个范围更加广泛的术语,但没有"违反"那么严格 (Deva 2013:98)。

这两种观点与前面介绍的义务论,以及目的论或结果主义的人权观一致 (Chapter 3.1.4.1)。义务论观点强调行为人遵守道德规范和原则的义务。结果主义则根据行为给社会带来的利弊大小来评估行为。

德瓦 (2013:97) 认为,从"侵犯"到"影响"的术语转变或将有损人权的规范性。正如他所指出的那样,使用"影响"这一术语,似乎减少了对人权本身的重视,也不能体现侵犯人权给受害者带来后果的严重性 (Deva 2013:97)。《指导原则》中并未使用"受害者"(victims) 这一术语,而是将他们称为"受到不利影响的利益攸关方",也预示着人权规范性的减损。另外,对人权影响的结果主义观点扩大了与人权有关的企业行为的范围,并可能认定某些未达到义务论标准的实际侵犯人权行为是罪错行为。然而,德瓦 (2013:97) 正确地指出,将关注点放于"对人权的影响"而非"对人权的侵犯",体现了一种以国家为中心的人权思想体系的延续;在这种观念之下,非国家行为主体,例如企业,通常不能承担人权义务。然而,这种以国家为中心的人权责任观念至少是存在争议的。这个问题将在第六章进行讨论。

4.2　直接侵犯人权

如果企业对造成侵犯人权的行为负有直接责任，那么就发生了企业直接侵犯人权的行为。在这种情况下，主要的肇事者是那些以自己的作为或不作为造成侵害的企业。

2008 年，联合国秘书长特别代表约翰·鲁格（John Ruggie）得到授权开展的一项调查显示（方框 2.2），在企业侵犯人权的案例之中，有近六成案例可以归为"直接侵犯"（Wright 2008；see also Ruggie 2013：23-29）。在这些涉及直接侵犯人权的案例之中，有34%的案例与公司雇员和工人的权利有关。我们不仅能够见到各类歧视，还能看到欺凌、骚扰、侵害隐私权等工作场所中频繁发生的侵害（Chapter 5.1）。另外 50%的直接侵犯人权的案例涉及受影响社区的权利。其中，很大一部分案例是由于环境污染和退化而造成的（Chapter 5.4）。正如第五章第三节所示，由于社区与企业共享空间与资源，所以社区居民也会以各种方式受到企业活动的影响。他们经常受到企业活动的所谓"外部性"的影响。"外部性"指的是企业在创造价值的过程中"外部化"的成本，这些成本不由企业本身承担，而是由外界承担。因此，这些外部成本并未体现在企业所提供商品或服务的价格之中，导致了市场对其产生的外部成本负担的过度消费。环境污染就是一个例子，它可能影响企业设施所在地周边居民的健康与生计（Chapter 5.4）。再如，如果航空公司未能把污染的成本"内化"到机票价格之中，机票的价格就会人为地保持较低水平，人们对航空旅行的需求就会上升。这反过来又会导致更多的污染，进一步加剧了外部的负担。其余16%的直接侵犯人权案例对终端用户产生了负面影响。几乎所有这些案例都与获得必需药品有关。在这部分案例之中，高昂的费用和专利限制使得人们无法获得对其健康甚至某些情况下对其生存至关重要的药物，例如治疗艾滋病或者癌症的药物。

2008 年，在联合国秘书长特别代表主持下开展的这项调查中，我们发现了一个工商业与人权方面的典型挑战，即如何界定母公司和子公司的关系，以及划分母公司与子公司在侵犯人权方面的责任。如果一家公司与一家侵犯人权的独立供应商做生意——比如，该供应商持续存在剥削工人的血汗工厂的情形（Chapter 5. 2. 2）——这将被视为间接侵犯人权，因为该公司本身没有直接造成侵权，而是通过其业务关系参与并助长了供应商侵犯人权的行为。相反，如果这种违法行为是由一家公司的全资子公司所为，我们更倾向于将其视为直接违法行为。例如，如果雀巢公司（Nestlé）的一家子公司在哥伦比亚从事了侵犯人权的活动，我们更倾向于将其视为雀巢公司整体的侵犯人权行为。然而，从法律角度分析这一情况并没有那么简单。即全资子公司也被视为独立于母公司的法律实体。因此，它们的行为和可能发生的不法行为不能轻易归咎于母公司，这也是人权遭受侵犯者几乎不可能通过起诉母公司追究其子公司侵犯人权责任的原因之一。在第十二章第五节中，我们还会继续讨论外国公司直接责任的有关案例。

4.3　间接侵犯人权

若企业被动地卷入第三方侵犯人权的活动，就构成了间接侵犯人权。如果一家公司通过其自身活动或商业关系被动参与、助长或与侵犯人权的事件发生关联，就可能被动卷入第三方侵犯人权的活动（Ruggie 2011a）。在这些情形中，企业自身并没有直接地造成人权侵害，而是通过其经营行为或商业关系助长了对人权的侵犯，或与侵犯人权的行为相关联。

间接侵犯人权通常被称为共谋。更狭义地说，共谋意味着企业帮助和教唆第三方从事侵犯人权的活动。早期关于共谋的著作仅在国家作为主要加害者的情形下提到这一概念（例如，参见 Clapham & Jerbi 2001；Ramasastry 2002）。究其原因，一家公司若要成为共谋，就必存在一个违反人权规范的第三方；而在传统人权思想中，这样的第三方只能是国家。然而，特别是《指导原则》在原则上认可企业应承担尊重和保护人权的义务以来，共谋的概念得到了更广泛的运用，潜在的侵犯人权主体也包括国家以外的组织机构，如供应商、战略合作伙伴或国际组织等其他机构。企业可能成为它们的共谋者。

　　根据联合国秘书长特别代表的调查（Ruggie 2013：23-29），约有41%的企业侵犯人权的性质是间接的，其中44%（所有直接和间接侵犯人权行为比例的18%）的侵犯人权行为发生在跨国公司的供应链之中。例如，如果在可可农场中发现使用童工，而这些农场又是大型食品和饮料公司采购的来源地，这些大型公司就会经由直接或间接的业务关系与侵犯人权的行为联系起来。侵害人权的行为确实经常出现在跨国公司多层供应链的深处。因此，监控有如此复杂供应链的企业面临着极大的挑战，这使得防止侵犯人权成为一项艰巨的任务。

　　其余间接侵害人权案件——大约为56%（总数的23%）——涉及多种其他主体的侵犯人权行为，例如政府或政府部门、个人以及企业价值链之外的其他商业企业。例如，采掘企业经常在出现动荡的地区开展经营，为此雇用了安保人员，这些人员对于保障企业设施和运营安全是必不可少的。但是，如果安保人员对抗议者和不受欢迎的入侵者使用过度的武力或暴力，就可能导致对人权的侵害（Chapter 5.3.2）。

　　正如上述几个例子所示，企业可能以不同的方式成为侵犯人权的共谋。通常，共谋侵犯人权主要分为四种类型，可合并为主动共谋和被动共谋。主动共谋意味着公司积极参与或作出贡献；而被动共谋则是基于公司的不作为，即公司在面对持续侵害人权的行为时，没有采取任何行动。

方框4.1　案例短评：科特迪瓦可可农场使用童工

　　全球约三分之二的可可产自非洲西部，其中全球可可供应量近一半来源于西非国家科特迪瓦（Côte d'Ivoire）。全球最大、最知名的巧克力生产企业——包括雀巢（Nestlé）、嘉吉（Cargill）、百乐嘉利宝（Barry Callebaut）、玛氏食品（Mars）、奥兰国际（Olam）、费列罗（Ferrero）、好时（Hershey）和亿滋（Mondelêz）——都在该地区采购可可作为生产原料（Whoriskey & Siegel 2019；Balch 2021）。西非地区可可农场的劳动力有很大一部分为移民，许多甚至是儿童，某些年龄仅有 10 岁。据统计，有超过 200 万的儿童在西非地区的可可农场中从事高风险工作（Whoriskey & Siegel 2019）。这些儿童往往没有父母的陪伴，是被人从布基纳法索贩卖过边境的。他们在没有任何防护措施的情况下接触农用化学品，搬运重物，或者使用锋利的工具收割可可豆——这些活动经常造成事故。很多儿童营养不良，缺乏安全和卫生的生活环境，无法上学读书。

2001 年，雀巢、玛氏和好时等全球最大的巧克力生产商承诺建立一套认证系统，并通过签署所谓的《哈金-恩格尔协议》（Harkin-Engel Protocol），从它们的可可供应链中消除形式最恶劣的童工现象。协议明确将 2005 年确定为实现上述目标的最后期限。作为遵守协议的回报，巧克力生产商将避免受到约束性的监管。然而，签署协议 20 年后，距原定的最后期限已经过去 15 年，尽管各公司在童工问题上的投入超过 1.8 亿美元，但是这些公司远未实现协议目标（Whoriskey & Siegel 2019）。在西非的可可农场，童工现象仍然猖獗，各企业往往对可可原产地的情况一无所知。监督管理西非偏远森林中成百上千的可可农场即使不是天方夜谭，也是一项十分艰巨的任务。当前，玛氏食品有能力将 25% 的可可原料追溯到具体产出的可可农场，好时和雀巢则设法追溯其一半可可原料的产地（Whoriskey & Siegel 2019）。可见，没有一家公司能够保证其巧克力产品——如 MM 豆、士力架和三角巧克力——的供应链中不存在任何使用童工的现象。

2021 年 2 月，8 位前童工依据 2017 年颁布的《人口贩运受害者保护再授权法案》（Trafficking Victims Protection Reauthorization Act of 2017），在美国华盛顿特区向几家大型的知名巧克力生产企业提起诉讼。原告指控这些公司合谋在可可农场非法奴役"数千名"儿童；原告还诉称，在执行 2001 年《哈金-恩格尔协议》方面，这些公司积极误导了公众（Balch 2021）。除此之外，雀巢公司和嘉吉公司还成为另外一桩官司的被告——根据 2005 年颁布的《外国人侵权请求法》（Chapter

14.5.1），两家公司被诉在其可可供应链当中存在奴役儿童的问题。然而，2021 年 6 月，美国最高法院基于禁止域外适用推定原则，将此案驳回（Chapter 12.5.3.2）。

讨论题

（1）过去 20 年中，巧克力生产企业总共投入了超 1.8 亿美元来消除可可供应链当中使用童工的现象，而巧克力商品的销售额达到了 1030 亿美元。你认为巧克力生产企业对使用童工的现象是否给予了足够的优先关注，并投入了足够的资源来解决这一问题？

（2）诉讼手段能否有效迫使巧克力公司采取更多措施，以消除供应链中使用童工的现象？

（3）对巧克力公司而言，要监管数十万个小型可可农场基本上不可能。在这一背景之下，你认为巧克力生产企业是否在 2001 年作出了无法实现的承诺？如果你是其中一家巧克力生产企业的人权事务经理，你会提出何种建议保障协议的有效执行？你将采取什么样的行动来兑现承诺？

（4）科特迪瓦的可可农场使用童工，跨国巧克力生产企业是否能够被追究责任？是否应该被追究责任？国家和企业应当承担什么样的责任？假设你是企业的人权事务经理，为了让自己的工作成效更加显著，你会主张政府采取什么样的措施？

4.3.1　积极共谋

积极共谋有两种形式：直接共谋与间接共谋。部分评论人士以及绝大部分的国际标准，如联合国"全球契约"或《指导原则》都在直接共谋的标题下讨论主动共谋。然而，为了更好地理解这一概念，本小节将积极共谋单独列出。如上文所述，积极共谋需要公司积极作为。公司行动的方式可以是直接参与，也可以是间接协助。

- 直接共谋是指企业直接参与并促成第三方实施的具体侵犯人权的行

为。例如，企业向当地警察或安全部队提供车辆或直升机等装备，这些装备将被用于暴力镇压抗议群众；或者企业向警察和部队提供拘留、虐待甚至施加酷刑的场所及设施。

- 间接共谋不要求企业的直接参与，而是为侵犯人权行为提供间接的便利。一家企业与有计划侵犯人权而臭名昭著的政权合作并开展业务，可能不会以直接导致侵害结果的方式助长这种侵犯人权行为。然而，这种商业关系提高了该政权的经济地位和生存能力，从而有助于延续政府侵害人权的政策及行动。

即使对企业承担人权责任持怀疑态度的人，至少在政府是侵犯人权的主要行为者之情况下，也可以在判定企业构成积极共谋的案件中找到一些合理性。在这种情况下，即便不承认企业具有任何特定的人权责任，并且仍采纳传统人权观念之下的国家中心主义思想，也不影响认定企业参与相应的侵犯人权活动存在的过错。在这些案例中，实际的侵犯行为是由政府实施的，但无论我们是否承认企业负有人权责任，帮助或教唆此类侵犯行为都是错误的。

4.3.2 被动共谋

被动共谋并非由企业的具体行为产生，而是源于企业的不作为。换句话说，企业在应当积极应对某些侵害人权的行为时却没有行动，就构成被动共谋。被动共谋通常分为两种类型：获益型共谋（beneficial complicity）和默视型共谋（silent complicity）。

- 若一家企业从持续和有组织的侵犯人权行为中直接获益，就构成获益型共谋。为了使利益转变为共谋，一般需要满足两个条件：第一，企业长期从有组织且持续发生的人权侵害中获益；因此，获益型共谋并非企业从一次侵犯人权行为中或多或少得到的偶然的、单次的利益，而是企业明知有侵犯人权的行为发生，仍持续性地从该行为中获得利益。第二，企业仍满足于从侵犯人权的行为中获益，并未采取措施改变侵犯人权的现状。这反映出该企业对于不做任何改变就能获益的现状甚是满意。例如，安全部队对本地持异议者和抗议活动的持续镇压，能够让采矿企业不受外界干扰地经营。即使该企业与安全部队镇压群众的行为没有关联，但它却直接受益于安全部队的镇压行为。

- 默视型共谋与获益型共谋类似，但不要求企业从中获益。因此，如果一家企业有能力避免、减轻或制止有计划的和持续的侵害人权行为但没有这样做，而是沉默地容忍甚至纵容发生在其管理范围内的人权侵害，就构成了默视型共谋。因此，若企业对侵害人权者影响甚微，缺乏有效制止侵害行为的能力，其不作为则不构成默示型共谋。1995 年，壳牌公司对肯·萨罗-维瓦在尼日利亚遭当局逮捕并被处决的事件（Chapter 2.1）采取不作为态度，通常被认为是默视型共谋的例子。评论人士普遍认为，作为尼日利亚最有影响力的公司之一，壳牌公司至少有能力对尼日利亚政府当局施加一些压力和影响，使其撤销对肯·萨罗-维瓦及其追随者的指控。然而，壳牌公司决定不进行干涉并保持沉默。

需要注意的是，获益型共谋与默视型共谋所固有的主张不仅是从侵犯人权的行为中获利或对此不采取行动的做法在道德上是错误的，而且不作为和获利会让企业变成实际的帮凶，从而成为侵犯人权行为的当事人，而不仅是旁观者。不作为和获利都是从道德上支持侵犯人权的方式，从而使侵犯人权行为合法化，并鼓励加害方继续甚至扩大其侵犯人权行为。这种道德上的支持被动地助长了侵犯人权行为。同样，企业不作为的合法化效果越明显，企业的影响力越大，由此抵消侵犯人权不利影响的可能性就越广泛（Wettstein 2010；2012c）。

这种被动共谋背后的主张可以说是影响深远的，因为，正如我们将看到的，它意味着积极的企业人权义务（Chapter 7.3.2）。然而，值得注意的是，工商业与人权领域所有主要的国际政策和软法文书，如《指导原则》、联合国"全球契约"或《经合组织跨国企业准则》，明确接受并将沉默和获利作为企业共谋的构成要素。掌权者和当局（Chapter 6.1.3）以默许的方式纵容侵犯人权的行为，可能会创造并形成一个肆意侵犯人权且不受质疑的环境。将沉默和获利作为企业共谋的构成要素，可以充分防止这种情形的出现。

4.3.3　共谋的道德要件与法律要件

在工商业与人权领域或其他领域使用的"共谋"这一术语，本质上是国际刑法当中的术语。在证明构成共谋时，律师通常将共谋成立必须满足的行为要件（actus reus）与心理要件（mens rea）区分开来。客观要件与主观要件也是道德上构成共谋的重要要件——然而，在下文我们会看到，从道德角度评价共谋将与从法律角度的评价有所区别。

- 行为要件：共谋的关键要件，是企业向开展侵犯人权活动所提供的帮助。律师们常常强调，企业的帮助和教唆行为，须对侵犯人权的活动产生实质影响方能产生法律的相关性。然而，"实质性"不等同于"不可或缺性"；满足实质性要素并不需要证明"如果企业没有采取某行为，侵害人权的结果就根本不会发生"，而仅需证明如果企业没有采取某行为，侵害结果就不会以相同的方式发生并产生同样程度的效果。同样地，满足实质性要素无须证明企业开展了有形且具体的大规模、大范围行动。如果企业在一段时间内持续提供支持，其行为可以随时间"累积"，进而满足实质性要素（Ramasastry 2002：150；Clapham 2004：63f）。

- 心理要件：通常认为，"知情"（knowledge）是构成共谋侵犯人权所必需的主观心理要件。若企业知道或应当知道（可以合理地预见其知道）其行为将导致对人权的侵害，则该企业可能构成共谋侵犯人权。从这点来看，共谋侵犯人权并不要求企业具有造成损害的故意或恶意。企业不需要与加害人具有相同的意图，也无须以其他方式意图犯下某个罪行。然而，特别是从共谋的责任视角来看，国际刑法提供的标准仍不明晰（Bernaz 2017：271-274）。例如，《国际刑事法院罗马规约》规定，只有当嫌疑人是"出于促进犯罪实现的目的"进行帮助或教唆时，才构成共谋［United Nations 2002：Article 25

（3）（c）]。这说明仅仅"知情"是不足以构成共谋的主观要件的。某些地方法院在审理基于《外国人侵权请求法》提起的诉讼案件时，就适用了上述"目的"标准来认定共谋的主观要件，因此从实质上阻碍了人权遭受企业侵犯的受害者获得公正的待遇。

因此，针对共谋侵犯人权行为提起诉讼的标准相当高。然而，缺乏诉讼先例并不代表不能在道德上对共谋侵犯人权行为进行谴责。道德角度的评估倾向于采取更易于达到的证明标准，因为这一标准仅强调共谋的行为要件和心理要件中的其中一个，另一个要件则并不那么重要。因此，强调哪一个要件取决于采取义务论视角还是结果论视角来看待这一共同犯罪问题。

义务论的视角首先关注企业的主观意图。在此理论之下，重要的不是企业是否从实质上促成了对人权的侵犯，而是企业是否在明知的情况下违反了道德规范或社会规范。因此，若企业与侵犯人权的行为有任何形式的联系，或在侵犯人权的活动中起了推动作用都应受到谴责，即使这种联系和推动作用在证明实质性上是微不足道的。企业应受到谴责的理由，是其明知自身的商业活动与人权侵害有关联，却仍全然继续其活动。

目的论的视角则以完全不同的方式分析企业的主观意图和客观行为。企业的主观意图是次要的，最重要的是企业的实际援助行为是否对人权的侵犯产生了重大或实质性的影响。在结果论的视角下，企业造成这种影响是出于明知情况下的疏忽还是故意为之则相对没有那么重要。

◇ 学习题

1. "侵犯人权"和"影响人权"的区别是什么？为什么在讨论企业行为时选用何种术语非常重要？

2. 直接侵犯人权和间接侵犯人权有什么区别？为什么区分这两者很重要？

3. 主动共谋侵犯人权的两种类型和被动共谋侵犯人权的两种类型分别是什么？请举例说明每一种类型，并指出这四种类型与其他类型的区别在哪里。

4. 什么是"外部性"？请举三个"外部性"可能出现的情况。

◇ 思考题

1. 请思考企业共谋侵犯人权当中的义务论视角与结果论视角。你认为哪一种视角似乎更为合理？

2. 在何种情形下，企业默视人权侵害并从中获益的行为将使该企业转变为侵害人权的共犯，进而成为侵害人权的当事方？仅仅因为企业从人权侵害中获益，或企业未采取行动阻止侵犯人权的行为就将其认定为侵犯人权的共犯，这是否合适？

3. 为了避免不作为造成的共谋侵犯人权，企业应在多大程度上采取措施？为了避免、减轻、阻止企业能力所及范围内发生的侵害人权行为，需要企业做些什么？

4. "侵害人权的现象常发生于跨国公司多层供应链的深处。因此，监控如此复杂的价值链是一个巨大的挑战，阻止人权侵害的发生亦成为一项艰巨的任务。"那么，企业可以做些什么呢？请说出一些监督和控制复杂价值链的想法及其实现机制。

第五章 企业侵犯人权：问题概述

2005 年，联合国委任约翰·鲁格担任秘书长特别代表一职。他从多方面对之前未成功颁布的联合国《行为准则草案》（以下简称"草案"）提出了批评，并且指出在他上任后会选择一条不同的路线。鲁格特别质疑了草案未能覆盖人权事务的所有领域。鲁格相信，企业活动能通过多种途径影响所有的人权，因此在订立草案之初不应该把人权的范围划定得太窄，排除任何一种人权。本章将简要介绍企业常见的侵犯人权行为，但并未穷尽所有这类活动。本章的介绍旨在初步向读者展示企业行为如何对人权产生影响，并展示工商业与人权（BHR）研究视角下问题的广度。因此，本章内容的关注点是问题，而非解决方法。本章选取涉及跨国企业并且跨领域的人权侵害问题，第十四章将讨论行业特有的问题与挑战。通过阅读本章与第十四章，读者将详细了解和工商业与人权领域最密切相关的一系列问题。

5.1 劳动关系

本节关注跨国企业与其员工的直接关系，以及在此关系中可能出现的人权侵害问题。然而，本节并不讨论价值链上供应商设施之中的劳动条件问题。这个问题将在下一节讨论。

5.1.1 歧视与骚扰

在正式的劳动关系中，劳动者最常遇到的人权侵害是歧视与骚扰。从新员工招聘到劳动关系的终止，歧视与骚扰可以发生在上述雇用过程中的任一环节。歧视是指雇员基于与劳动者自身素质、工作绩效以及其他职能要求无关的任意性标准，有计划地被排除在与工作有关的利益之外的行为。这些利益包括受聘、升职、接受培训的机会。人权视角下最相关也最常见的歧视与性别、种族、性取向、宗教、残障、年龄、体型等方面相关。通常情况下，商业环境不仅为针对某些特定群体的工作歧视创造了情境，也容易滋生更为广泛的社会排挤、欺凌以及骚扰。这里所指的骚扰包括从性骚扰到同性恋恐惧以及种族霸凌的多种类型。

近年来，许多国际品牌都加大力度培育多元和多样的企业文化。它们不仅针对歧视和欺凌行为予以更加严厉的制裁，而且在各个领域积极实施平权措施和平等待遇的进步性政策。其中一个例子，是在工作场所为非二元性别（non-binary）人士和跨性别（transgender）人士建造专用的卫生间。企业不仅在推动其内部待遇平等与多元化方面打头阵，更是对将这些理念推广到整个社会起到了引领作用。不过，即便是在今天最先进的国家，在公司董事会和高级管理层中多元群体的平等代表权方面，仍有很多工作需要完成。

5.1.2 监控与隐私

一家企业的成功与否取决于其员工的绩效。在这一背景下，企业建设一套监控体系以保证员工的绩效符合预期，或至少确保员工不在工作的时间从事与工作不相关的活动，似乎是一种合理的选择。但是，这些监控系统的边界在哪里？对员工的监控到达何种程度会构成对其隐私的不法侵害？企业可以了解员工的哪些信息，以及员工的哪些信息是应当受到保护的隐私？特别值得注意的是，新兴科技的飞速发展极大增强了企业监控员工的可能性，员工的一举一动在某些情况下几乎完全处于企业的监视之下。法律通常会禁止这种大规模的监视行为，但随着技术性的监视工具变得越来越先进，这些行为超出了现有监管范畴，进入了负责任行为认定的灰色地带。

雇主可以通过以下方式收集员工的私人信息：访问员工的电子邮件与社交媒体账户，为员工进行毒品以及其他化学物质的测试，开展体检，追踪其互联网浏览记录。这些私人信息可能成为雇主后续实施歧视性行为的基础。所以，隐私受到侵犯很可能进一步导致平等待遇权受到侵害。

方框 5.1　案例短评：工作场所的监视

近年来，企业对员工的绩效进行追踪监控的事件呈现指数级增长，追踪和监控的手段也越来越具有侵略性（Benson 2018）。自新冠疫情暴发以来，这个问题变得更加复杂——许多员工居家远程办公，而雇主则加大力度控制其工作绩效（O'Flaherty 2020）。基于这一背景，微软公司在 2020 年秋季为雇主群体开发了一款名为"生产力得分"（Productivity Score）的新型工具软件。借助这款工具，雇主可以密切追踪员工在 Office 365 软件当中的所有活动，监控员工使用 Teams、Outlook、SharePoint、OneDrive 这些网络服务及 Word、Excel 和 Power-Point 这些软件的方式、时长以及在何种设备上使用。微软坚称该工具的设计初衷是为了系统管理员深入了解公司内部基础设施和技术的使用情况，但此言一出就迅速引发了隐私倡导人士的强烈愤怒。他们在批评中指出，这款工具很有可能遭到滥用而成为监视工具。他们不仅担心员工的隐私权会受到侵犯，还担心对工作场所持续进行监视可能会对员工产生心理影响：员工长期处于被监视的环境下，可能会产生紧张与焦虑的情绪，影响其身心健康。上述种种隐患最终会降低而非提高企业的生产力（Benson 2018；O'Flaherty 2020）。面对广泛的不满，微软最终修改了软件的用户界面，单个的用户名称将不再显示，取而代之的是一系列反映公司内整体情况的指标，以防止雇主使用该软件监视个别员工（O'Flaherty 2020；Sandler 2020）。

其他公司也都加强了对员工的追踪与监控（Benson 2018）。例如，亚马逊（Amazon）密切追踪其仓库工人的工作效率，如果工人的工作效率低于特定的阈值，工人会收到自动发出的警告信息，甚至面临被开除的境遇（Jee 2021）。联合快递公司（UPS）主营快递服务，公司以每秒一次的频率收集与其驾驶员绩效有关的大量数据，例如驾驶员

开关车门的时间、系上安全带的时间、启动和熄灭发动机的时间，以及驾驶员一日内倒车的次数和速度（Goldstein 2014；Benson 2018）。公司用确凿的数据证明了这种做法的合理性：每日，全体驾驶员每分钟损失的生产力在一年之中将给公司带来 1450 万美元的损失（Goldstein 2014）。因此，将快递服务优化至每秒，可以为整个公司节省数百万美元的费用。此外，这一优化使得每位驾驶员每日的送货量有了大幅度提升，因此在某些情况下，驾驶员的收入也有了实质性的提高。（Goldstein 2014）。

讨论题

（1）雇主在多大程度上可以合法追踪监控员工的工作情况？如何界定合理监控员工绩效的行为和不合理侵犯员工隐私的行为？界定的相关标准是什么？

（2）为了回应抨击，微软公司对其"生产力得分"软件进行了修改。确保雇主合法使用此款软件真的是微软公司所应承担的责任吗？作为微软公司的产品经理，你如何回应强烈反对使用软件的呼声？

（3）假设你作为一名雇主，对是否使用技术手段监控追踪员工犹豫不决。除了监控之外，你还有哪些可能方案和替代方案确保员工在远程办公时表现良好？

5.2　供应链中的劳动者

现代跨国公司维系着一张由数千个供应商和次级供应商组成的大型网络，这些网络延伸到世界上偏远的角落。想要做到监控供应网络里的所有层级是一项艰巨的挑战，更不用说对这些层级的有效治理了。因此，我们通常认为企业情景当中"典型"的侵犯人权行为都发生在跨国公司价值链中，并且与低薪劳动者的工作待遇和条件相关。

5.2.1　使用童工

在农业、采矿业、服装和制鞋业等许多行业部门仍普遍存在使用童工的现象，童工问题也是工商业与人权领域的主要议题之一。使用童工通常与贫困相关。千禧年以来，尽管童工的数量已经大幅减少，但在世界范围内仍有大约 1.52 亿儿童作为童工进行劳动（International Labour Office 2017：5）。许多国际法律文件都禁止使用童工，例如联合国《儿童权利公约》（UNCRC），国际劳工组织第 138 号《准予就业最低年龄公约》［ILO Minimum Age Convention（No. 138）］、第 182 号《关于禁止和立即行动消除最有害的童工形式公约》［ILO Convention Concerning the Prohibition and Immediate Action for the Elimination of the Worst Forms of Child Labour Convention（No. 182）］。2020年，第 182 号公约成为国际劳工组织历史上第一个获得全部 187 个成员国批准的公约（UN News 2020）。该国际条约保护儿童免遭奴役、强迫劳动、人口贩卖、招募参加武装冲突、卖淫、色情、非法活动以及危险工作的侵害。该条约要求批准国立即采取行动，禁止并取缔任何实质上对儿童健康、安全与价值观有害的工作（International Labour Organization 1999）。

儿童从事的工作并非所有都属于条约禁止使用童工的工作。儿童和青少年可以从事许多不同的工作，例如在家庭企业里帮忙，利用课余时间兼职。只要这些工作不会对儿童和青少年的健康与个人发展产生不利影响，并且不影响其接受教育的机会，就不属于禁止之列，有的工作甚至被认为对儿童和青少年有积极影响（International Labour Office 2004：14）。因此，只有当儿童从事的工作剥夺了儿童的潜力、尊严及其童年时光，并且对儿童的身体和心理发展有害时，才会构成使用童工的问题。这些被禁止的工作在心理上、身体上、社会上或道德上对儿童构成威胁并造成伤害；此外还剥夺了儿童上学的机会，迫使其过早辍学，或要求儿童既保证学校出勤，又要进行超额的过于繁重的劳动（International Labour Office 2004：14）。国际劳工组织第 138 号公约规定儿童准予就业的最低年龄为 15 岁，但公约还规定，对于经济基础设施和教育基础设施欠发达的国家，儿童准予就业的最低年龄可以放宽至

14 岁。对于不影响儿童教育的轻体力劳动，最低就业年龄可以放宽至 13 岁，对于经济和教育设施欠发达的国家可以继续将该年龄降低至 12 岁。在任何情况下，不满 18 岁的少年儿童都不得从事危险性工作。国际劳工组织（2004：14）指出：

> 雇用儿童从事某种类型的"工作"是否构成使用童工，取决于儿童的年龄、从事工作的种类和时长、劳动条件以及各个国家所追求的目标。不同国家之间，以及这些国家的不同行业间给出的答案是多样的。

贫困是使用童工现象背后的推动因素之一。贫困家庭，特别是全球南方国家的家庭为了生存往往别无选择，只能让孩子去工作。根据国际劳工组织和联合国儿童基金会的统计（2020：8），贫困率每升高一个百分点，就会导致童工数量至少增加 0.7%。所以，解决使用童工的问题没有那么简单。全面禁止使用童工收效甚微，还会导致受影响家庭的处境更加窘迫。因此，好的解决方案必须以消除各类工作中存在的问题或有害特征为目的，才能取得成效（Chapter 14.5.3 和方框 4.1）。

5.2.2　剥削与血汗工厂

人们常常用"血汗工厂"一词来比喻众所周知的高风险、不安全、不卫生、不健康的劳动环境。在这样工作环境中的劳动者经常受到剥削，长时间工作却工资微薄，还经常受到骚扰与虐待。血汗工厂不允许劳动者休息，有时候甚至不允许劳动者上洗手间。工厂大门经常会在工作时间锁闭，禁止劳动者离开工作场所。在此种情况下，一旦发生火灾或建筑坍塌将会产生灾难性后果（方框 6.1 和方框 14.5）。

血汗工厂的支持者认为，血汗工厂是通向经济发展繁荣的必经阶段，经济发展了，工人权利就能最终得到改善。毕竟西方国家在其发展过程中也经历了同样的问题。这些人还指出，劳动者是自愿接受这种劳动条件的，没有人逼迫他们在这样的环境下工作；对他们而言，有一份这样的工作好过没有工作——换句话说，如果血汗工厂被关闭了，劳动者就会失业并且比现在生活得更糟糕。反对上述观点的人则指出，在当今时代可以通过跨国公司对其价值链的妥善治理避免劳动者受到此种剥削。对于这些反对者来说，侵害劳动者的权利并非实现经济发展的必要手段。换言之，假如劳动者是迫于在恶劣的环境中维系生计才选择接受血汗工厂的虐待与剥削，那本质上劳动者对于工作的选择就不是自愿的。仅仅关闭血汗工厂并不是解决这一问题的有效方案，如果跨国公司仅仅选择把存在剥削的供应商踢出供应链，劳动者的情况可能会更加窘迫。因此，跨国公司应该与其供应商进行合作，资助供应商进行能力建设，以保证长期改善劳动条件。

5.2.3 强迫劳动与现代奴隶制

奴隶制仍存在于现代社会之中。根据 2016 年的统计，大约有 4000 万的男性、女性与儿童仍遭受现代奴隶制的荼毒，其中 2500 万人遭受了强迫劳动（International Labour Office & Walk Free Foundation 2017：5；Walk Free Foundation 2018：10）；现代奴隶制的受害者有 71% 是妇女和幼女（International Labour Office & Walk Free Foundation 2017：5）。根据国际劳工组织（2014）的统计，全世界每年通过强迫劳动创造的经济价值达 1500 亿美元。"现代奴隶制"通常被作为非法律的统称，指成年人与儿童由于受到恐吓或为暴力所迫而被迫工作的境况（LeBaron 2020：7；Scarpa 2018：6；Walk Free Foundation 2018：7）。现代奴隶制可以看作对劳动者有计划的严重剥削，（LeBaron 2020：9），通常与人口贩卖、债务奴役和性剥削有关。

国际劳工组织对"强迫劳动"的定义涵盖了大多数形式的现代奴隶制。1930 年国际劳工组织第 29 号《关于强迫或强制劳动的公约》将"强迫劳动"定义为劳动者在惩罚措施的胁迫下从事非自愿的工作或服务。国际劳工组织专家委员会的解释（International Labour Office 2007：20-21）包括身体、经济和心理胁迫，但明确排除了经济胁迫。这遭到了勒巴伦等人（LeBaron et al. 2018：10）的批评，他们强调，世界范围各地的人们习惯性地委身于剥削性的劳动关系，因为"这样做是他们最好的或唯一拥有的选择"。尽管国际法律承诺禁止各种形式的现代奴隶制，但许多国家仍未将强迫劳动入罪（Schwarz & Allain 2020：8）。然而，包括英国、澳大利亚、加拿大在内的一些国家最近已经颁布现代奴隶制立法，或正在针对现代奴隶制进行立法（Chapter 12.4.1.1）。

现代奴隶制和强迫劳动在食品饮料行业（Chapter 14.5）和服装、鞋类行业（Chapter 14.4）广泛存在。除了人口贩卖现象屡见不鲜的性服务业，家政、物业维修、建筑和全球酒店行业均与现代奴隶制紧密关联。这些行业容易出现强迫劳动的现象，滋生各种形式的现代奴隶制的原因之一，是其行业员工往往处于更多市场准入方面的结构性劣势地位，进而更容易遭受劳动剥削，尤其是该群体中的妇女、青年和移徙工人（Minderoo Foundation et al. 2019：8）。此外，这些弱势群体通常从事技术含量较低的工作，而这些工作往往又外包给经营相对隐蔽的企业，这进一步提高了劳动者受到剥削的风险。在酒店行业，这些被外包的工作包括酒店的客房清洁与管理员、穿梭巴士或公交驾驶员以及导游（Minderoo Foundation et al. 2019：9）。

5.3 受影响的社区

企业活动不仅能对企业供应链上的劳动者的权利产生影响，还能给企业所处的社区或附近的社区带来不利影响。

5.3.1 土地掠夺与拆迁

"土地掠夺"（land grabbing）是指私人投资者，某些情况下是公共投资人为了从土地使用和开发中获益，控制大面积土地的行为。例如，为了生产棕榈油或者生物燃料，农业企业需要大面积土地种植某一种作物。此外，大坝、风力发电站等大型开发项目的建设，以及铜、锌和其他矿产的开采，都需要占用大面积的土地资源。对于这些企业而言，土地和原材料、水源以及土地提供的其他好处是其商业模式的关键组成部分。因此，企业愿意投入大量资本来获取对这些土地的控制权。

　　土地掠夺可以是合法的，也可以是非法的，但通常都发生在法律的灰色地带。这种土地交易往往缺乏透明度，也没有充分评估社会影响、环境影响和经济影响。因此，交易可能并未包含与当地社区共享利益、减轻负面影响等方面明确和有约束力的承诺（International Land Coalition 2011）。最终，投资者购买土地往往是以牺牲当地农民和社区为代价的，他们的权利在这一过程中遭到侵犯，更普遍的是生物多样性遭到破坏（Borras Jr. et al. 2012：851；TNI Agrarian Justice Programme 2013：3；Baker-Smith & Miklos Attila 2016：15）。任何自然人或实体（公共或私人、外国与国内）都可以通过所有权、租赁、特许、协议、配额取得或一般权力实施土地征用（Baker-Smith & Miklos Attila 2016：15）。土地掠夺的焦点通常集中在外国投资者通过大宗土地交易获取土地的控制权；国内投资者亦有掠夺土地的行为，这些行为经常与腐败和贿赂相关（Hall 2011）。土地掠夺通常是不透明的，在世界范围内的规模难以估计。韩国大宇集团（South Korean Daewoo conglomerate）在马达加斯加的突出事例揭示了土地掠夺的规模。2008年，大宇集团在马达加斯加租用了130万公顷土地用于种植粮食作物，面积相当于该岛一半的农用土地（Ouma 2012：171）。此事导致了马达加斯加全国范围的动乱，最终推翻了马达加斯加总统（Vinciguerra 2011）。结果，新政府撤销了与大宇集团的土地租赁合同。

　　土地掠夺可能导致很多后果。比如，当地居民被迫离开土地并需要得到重新安置。在其他情形中，虽然居民能继续在土地上居住，但他们却与重要的水资源隔绝，失去了大片用以畜牧的草地，或者受到土地使用外部性的负面影响。政府未与当地社区居民协商或未经充分协商就与投资者敲定土地交易协议的案例十分常见，土地交易的双方根本没有充分地考虑当地居民的权利。在土地交易中，从当地居民处获得自愿、预先和知情同意（FPIC）（Chapter 5.5.1）的要求经常被忽视。因此，当地居民在没有得到充分补偿的情况下，为了给计划开发的项目或者商业经营活动让路，往往面临被迫搬迁和流离失所的情况。他们可能被迫迁移到农业用地较为贫瘠的地区，通常无法通过这些地区进入捕鱼的水域，也无法获得水或者其他的自然资源。居民不仅失去了祖祖辈辈生活的土地和家园，还可能面临失去生计的威胁，进一步陷入贫困和绝望的境地。尽管国际社会暂时还未承认与土地有关的人权，但是掠夺土地，尤其是涉及强行将当地居民从土地上驱逐的行为，已经侵害到其他一系列的人权，如食物权、水权、健康权、基本生存权等（Cotula 2014：17）。

5.3.2　企业安保与抗议活动

一些最恶劣的企业侵犯人权的行为与提供安保有关。在社会严重动荡、冲突频发或国家力量薄弱的环境中，企业通常会采取措施保护其经营场所和业务免遭非法入侵、损毁或蓄意破坏。特别是在采矿业，与安保或警察达成协议已经成为采矿企业经营的一个常规环节。然而，安保人员使用武力甚至是暴力驱逐企业经营场所入侵者的行为同样常见，由此经常产生侵犯人权的后果。另外，安保人员与受到企业经营影响的人员之间的权利差异可能导致权力滥用和剥削，安保人员可能采取的违反人权的行为包括骚扰、虐待、折磨、强奸甚至杀人（方框5.2）。安保和警察部队在应对企业经营活动的抗议者时，手法可能同样残酷。为了确保企业正常经营，抗议者经常遭受过度镇压、暴力、任意拘留和逮捕。

5.3.3　冲突

在冲突地区经营的企业在防止负面人权影响方面面临特殊的挑战。在这种情况下，企业可以促进地区的稳定和发展，成为促进和平的力量（Katsos 2020）。然而，企业也可能导致并加剧地区冲突，若企业未采取适当的预防措施，它们可能成为严重侵害人权的一方（Ruggie 2013：29）。比如，企业可能会从武装团体控制下的矿山中开采矿物和贵金属，并将交易所得收入用于资助地区冲突。又如，企业可能直接向武装冲突中的一方或双方支付资金以保护企业员工的安全，并确保公司经营活动不受重大影响。但是这种行为构成对冲突各方的资助，可能导致冲突时间的延长和暴力的加剧。金吉达品牌公司（Chiquita Brands）在哥伦比亚的行为就是很好的例证。为保证其员工安全，金吉达品牌公司分别向冲突双方的准军事组织支付资金，然而公司却被卷入了更深层的武装冲突。在一桩与该地区冲突相关的刑事案件中，公司花费了 2500 万美元才与美国政府达成和解；此后，2007 年，冲突受害者家属又依据《外国人侵权请求法》（Chapter 12.5.3）对该企业提起诉讼，控称金吉达品牌公司共谋犯有一系列的罪行，包括域外谋杀、施加酷刑、强迫失踪、反人类罪、战争罪等［Ruggie 2013：29-30；BHRRC，n.d.（a）］。然而，在开创性地作出柯欧贝（Chapter 12.5.3.2）判决之后，2014 年美国最高法院最终以"案件与美国没有实质性关联"为由驳回了原告的起诉［BHR-RC，n.d.（a）］。不过，相关当事人此后又向美国最高法院提起了多个针对金吉达品牌公司的新的集体诉讼案。除了金吉达品牌公司以外，另一个近期发生的案件关于一家法国-瑞士合资的水泥生产企业——拉法基霍尔希姆公司（LafargeHolcim）。为了保证叙利亚内战期间工厂正常生产，企业曾在 2013 年和 2014 年向恐怖主义组织支付了 1300 万欧元的费用。目前，针对该企业的刑事案件尚在审理当中（方框 12.9）。

方框 5.2　案例短评：马里卡纳大屠杀

2012 年 8 月 16 日，南非警察在马里卡纳铂矿向罢工矿工开枪，造成 34 人死亡，78 人受伤。此次事件被称为"马里卡纳大屠杀"（Alexander 2013：608；Davies 2015）。马里卡纳铂矿位于南非约翰内斯堡以北 80 英里（约 130 公里）处，归英国采矿公司隆明（Lonmin）所有。这次事件是由累积了一周多的罢工所导致的，工人抗议矿上劳动报酬低、每日超过十二个小时的工作时间过长和生活环境不安全（Alexander 2013：608）。大屠杀前一周，罢工事件导致 10 人死亡，总死亡人数达 44 人。

南非警察使用致命武力的行为固然是本次事件的焦点，但是政府成立的调查委员会对采矿公司提出了批评，认为其在本次事件当中起到了导火索的作用。调查委员会认为，隆明公司未能尽其所能解决与工人之间的纠纷，亦未能妥善处理罢工造成的威胁和冲突的爆发（Marikana Commission of Inquiry 2015）。隆明公司先前曾作出具有法律效力的承诺，同意向工人提供 5500 套住房，然而却未能遵守该承诺，继续让工人住在质量不合格的简易定居点当中（Hamann 2019）。公司的言而无信导致了一个"易于产生紧张局势、造成劳工骚乱、员工不团结或其他有害行为的氛围"（Marikana Commission of Inquiry 2015：542）。此外，据称隆明公司还向警方提供了关键的后勤支持。公司向警方提供了超过 200 个监控摄像头，以及直升机、救护车和拘留中心。公司还提供了安保人员手机的情报，并为警务人员提供了办公用品以及交通工具（Alexander 2013：609）。

事件发生后，隆明公司做了很多补救。公司修建了一座纪念碑，还为受害者及其家属设立了信托基金（Yeomans 2017）。虽然这些补救措施值得称赞，但是公司坚决不承认对大屠杀事件负有任何责任，声称这是由两个不同派别工会冲突所导致的结果。

讨论题

（1）在社会严重动荡、冲突频发或国家力量薄弱的环境中，安保和警察通常承担保护企业经营场所免受非法入侵、损毁或蓄意破坏的责任。然而，在上述许多情况中，这些武装力量可能会严重侵犯人权。你认为应该如何解决保护企业财产与保护人权两方面的冲突？

（2）马里卡纳大屠杀发生后，很多评论员都指出了事件背后的结构性原因。请问他们说的"结构性原因"指的是什么？如果我们把"工商业与人权"理解为一个结构性的问题，为了防止类似事件再次发生，我们应该做些什么？政府应该做些什么？企业应该承担何种责任？

（3）你如何理解隆明公司后续所做一系列积极的、富有同理心的补救措施与其拒绝承担事件任何责任的态度之间的矛盾？企业的两副"面孔"如何调和？

5.4 环境

长久以来，人们习惯将环境退化、环境污染问题与人权问题分开讨论，因此环境问题并非工商业与人权领域的突出议题。然而，最近一段时间，人们开始分析环境破坏所产生的具体人权影响，从而将这些问题整合起来将真正的人权问题纳入工商业与人权的讨论。很多学者甚至就为什么实际环境权利——即享有完整的、安全的环境的权利——在人权和各种国际协定中被列为全人类拥有的第三代人权的论点展开讨论（Chapter 3.3.1, Hiskes 2014：399）。这些探索和倡导环境、环境的利用和破坏以及由此产生的各种积极和消极影响之间关联的运动和理论，通常被归入"环境正义"的标签之下。工商业人权与气候变化之间也出现了类似的关联。气候变化问题作为工商业与人权领域的一个新兴议题将在本书第十五章第二节单独进行讨论。

5.4.1 空气污染、土壤污染和水污染

污染问题是与企业活动本身相关的最为持久的问题之一，它可以直接并快速地对人权产生影响。例如，水泥厂生产排放的颗粒物导致空气污染，导致住在水泥厂附近的居民患上严重的呼吸道疾病。又如，农业综合企业使用的农药，其残留物质可能在地下留存数年并污染饮用水源。此外，采矿过程中产生的有毒废物经常污染河流和耕地。服装行业使用的漂白剂和其他化学物质经常造成土壤和水源污染。在石油天然气行业，石油泄漏给世界各地带来了环境灾难；而天然气燃烧是石油天然气工业排放的主要来源。正如本书第二章所述，尼日尔三角洲（Niger Delta）石油开采造成的环境破坏和由此产生的人权影响，以及随后对当地奥戈尼人抗议活动的暴力镇压，是导致20世纪90年代工商业与人权运动的决定性事件之一。

环境退化和环境污染会对水权、食物权、健康权等人权造成影响，特别是对生命权造成影响。由于清洁和健康的环境是人类享有许多（如果不是所有）其他人权的先决条件，因此，近年来，要求正式承认享有健康环境的人

权的呼声越来越高，也越来越频繁。联合国前人权与环境问题特别报告员约翰·诺克斯（John H. Knox）教授在一份有关这一主题的报告中回顾说，大多数国家在其国内立法和宪法中广泛承认享有健康环境的权利。有鉴于此，2021 年 10 月，联合国人权理事会正式承认了享有清洁健康环境的权利是一项基本人权。然而，在旨在保障环境的国际基础设施方面仍然存在严重的差距。诺克斯教授的报告不仅谈到国家在环境保护中的角色，还提到了企业应承担的责任。在报告里，诺克斯教授引用了《联合国工商业与人权指导原则》（Chapter 10），呼吁工商企业有责任通过解决其环境足迹（environmental footprint）问题承担尊重人权的责任。具体而言，企业承担的责任包括：主动避免因破坏环境而造成或导致人权侵害的结果；当这种影响出现时解决这种影响，并寻求通过其业务关系预防或减轻与其业务、产品或服务直接相关的不利人权影响（Knox 2018：18）。

方框 5.3　案例短评：托克公司倾倒有毒废物事件

托克（Trafigura）商品贸易公司原先是一家英荷合资企业，后被瑞士资本收购。2006 年 8 月 19 日，隶属于托克公司的普罗博考拉号货船（Probo Koala），在科特迪瓦阿比让地区（Abidjan, Côte d'Ivoire）海域倾倒了共约 500 吨的有毒废物（OHCHR 2016）。公司原计划在荷兰阿姆斯特丹港处理有毒废物，后来却因过高的处理成本而放弃，转而委托汤米公司（Campagnie Tommy）——一家近期刚获得执照的阿比让当地企业以 1.7 万美元的价格处理有毒废物。托克公司拒绝了一家荷兰公司提出的以 62 万美元妥善处置有毒废物的相似要约（OHCHR 2016）。

由于根本没有能够妥善处理有毒废物的设施，汤米公司直接向阿比让地区的 18 个不同地点倾倒了有毒废物，导致了众多阿比让地区居民产生头痛、皮肤刺激和呼吸不畅等健康问题。官方统计共有 15 人死亡，69 人住院，以及超过 10.8 万人曾到医院看病治疗（OHCHR 2016）。倾倒事件发生十年后，仍有不计其数的居民遭受废物倾倒导致

的健康问题（OHCHR 2016）。托克公司辩称其不应该承担责任，其已将废物处理的工作外包给汤米公司进行，倾倒废物是汤米公司作出的决定。其坚称相信汤米公司能够合法安全地处理好这些有害废物。

废物倾倒事件引发了一系列针对托克公司的法律程序。2007年，公司的两名管理层在科特迪瓦被捕后，公司便和科特迪瓦政府达成了高达1.95亿美元的和解协议，政府承诺撤销所有针对托克公司的现有指控，终止现存的一切针对托克公司的司法程序，且在未来不再对公司提出指控并启动司法程序［BHRRC n. d. (k)］。双方签订和解协议时并未事先与受害者协商。截至2016年，只有63%的受害者获取了和解款项中的赔偿（OHCHR 2016）。2008年，荷兰一家法院裁定对托克公司非法从荷兰出口有毒废物的行为罚款100万欧元。2009年，托克公司在英国与原告达成了和解协议，赔偿3万名原告每人1500美元［BHRRC n. d. (k)］。在2015年和2016年，荷兰阿姆斯特丹地区法院共收到两个针对托克公司的新侵权索赔诉讼，其中每个案件都由超过10万名科特迪瓦籍原告共同起诉。托克公司正准备就其中一个案件向荷兰最高法院提起上诉［Trafigura n. d. (a)］。

2015年11月，科特迪瓦政府宣布已完成对所有倾倒点的去污染工作。2016年7月，联合国环境规划署对其进行了环境审计，确认去污染工作已经完成。

讨论题

（1）托克公司坚决否认其在普罗博考拉号事件当中的责任，并声称其相信汤米公司将会合法地处理有害废物。你认为在人权问题上，公司在确保签约供应商的适当行为方面应发挥什么作用？在你阅读本书第十章之后，你又会如何回答上述问题？

（2）托克公司与科特迪瓦、荷兰以及英国当局达成了多项和解协议。你认为和解协议是否真的能够"化解"问题？在这种情况下，适当的救济措施是什么？

（3）普罗博考拉号事件发生 10 年后，很多受害者仍然得不到赔偿和治疗，长时间的健康影响和环境影响持续存在。基于对国内法与国际法的反思，你认为法律在追究公司责任方面还存在哪些漏洞？应该如何修改法律？在阅读了本书的第十二章之后，你又会给出什么答案？

5.4.2 森林砍伐

地球上大约有 30% 的土地被森林覆盖。然而，人们在以惊人的速度砍伐森林。2019 年，由于滥伐和非法伐木，地球上的热带雨林每分钟就会减少约 30 个足球场大小的面积。根据世界银行估算，1990～2016 年，有 50.2 万平方英里（约 130 万平方公里）的森林消失了，消失的面积比整个南非的面积还要大（Khokhar & Eshragh-Tabary 2016）。森林退化的主要原因是农业用地，此外以森林资源为原料的产品生产、纸张制造，道路等基础设施的规划和建造以及贵金属与矿物的开采也是常见的原因。1970～2020 年，亚马孙雨林的面积缩小了 17%，这是因为人们把很大一部分的林地全部转变为畜牧场地（WWF, n.d.）。拉丁美洲和加勒比地区的森林面积占全世界森林总面积的四分之一，但是 1990～2016 年这两个地区的森林面积减少了 10%（Khokhar & Eshragh-Tabary 2016）。

森林砍伐可以直接或间接地对人权造成影响。首先，森林直接关系到数百万人的生计。据统计，森林为全球五分之一的人口提供了就业岗位、收入来源和森林产品（如木材）以及更好的生活条件。3 亿～3.5 亿人几乎完全依靠森林维持生计，其中约有一半是土著人（World Bank 2016）。此外，森林流域与湿地提供了全世界 75% 的可利用淡水资源，同时为人类充当了天然空气过滤器的角色（World Bank 2016）。森林砍伐不仅会威胁和影响森林的这些直接利益，也是气候变化及其后果的主要驱动因素。森林储存了大量的二氧化碳，森林被砍伐之后，大量的二氧化碳等温室气体会释放并进入大气层，导致气候变化问题。正如本书第十五章第二节所述，气候变化对人权有着多种影响（World Bank 2016）。此外，如果人们利用火源来清理林地，空气污染指数会上升到惊人的高度，有时甚至会严重影响数百公里以外人们的健康。例如，在印度尼西亚，人们使用刀耕火种的办法清理土地，这种方式产生的有毒雾霾影响了印度尼西亚本地，以及新加坡、马来西亚甚至是菲律宾和泰国的数百万人（Mohan 2017：325）。2015年，新加坡的空气污染程度达到了危险水平，学校、酒店、旅游景点都必须暂时关闭（Mohan 2017：325）。此外，火灾造成的温室气体日排放量高于所有欧盟成员国的总和。

5.5　弱势群体

某些特定的人群特别容易受到企业活动带来的负面影响，他们受到的人权侵害可能比其他群体更加严重。因此，企业应该对这些群体的具体脆弱性保持高度敏感，并采取量身定制的措施，以防止和减轻人权侵害对这些群体的负面影响。例如，残疾人是被边缘化、缺乏社会保护的一个群体，容易受到与商业有关的歧视和剥削。儿童天生脆弱，亟须得到特殊保护，以免受到社会上和经济上的剥削和虐待。同样地，女性也通常被视为弱势群体，因为女性的社会经济地位通常较低，在历史上还一直受到父权制的压迫，可能会导致她们不成比例地遭受企业活动带来的负面影响。本节将简要介绍企业活动对三个特殊弱势群体的人权影响，分别是土著人民、移徙工人和人权捍卫者（HRDs）。在第五章第二节第一小节中，我们已经详细阐述企业供应链中使用童工的现象对儿童权益的影响；在第十五章第三节中，我们还会进一步探讨妇女受到的负面影响。

5.5.1　土著人民以及自愿、预先和知情同意

全球范围内，约有3.7亿的土著人民分布在90个国家（UN Permanent Forum on Indigenous Issues 2015：2）。由于土著人民的多样性，联合国没有对"土著人民"一词给出官方的定义。联合国体制内对"土著人民"一词的理解基于许多宽泛标准：土著社区与殖民前和/或移民前社会具有历史连续性；他们与其领土和附近的自然资源有着紧密的联系；他们保持着独特的

社会、经济或政治制度；拥有独特的语言、文化和信仰；在社会中构成了"非主流"（non-dominant）群体；他们决心以独特的民族和社区来维系、再现其祖先的环境和社会制度。综上所述，土著社区有着独特的传统和实践，保留了与他们所处的社会不同的社会、文化、经济和政治特点。但是，比客观定义更重要的是他们对土著身份的自我认同（UN Permanent Forum on Indigenous Issues n. d.，另见 UN Permanent Forum on Indigenous Issues 2015：3-4）。

土著群体是受企业活动影响最严重的群体之一。在这方面，"典型的"侵犯人权行为包括强迫土著人民离开世代生活的土地；对其进行恐吓、使用暴力；以及污染土壤和水源。对土地权利的侵犯往往对土著社区造成特别严重的影响，他们已经在其土地上生活了几个世纪，不仅依靠土地维持生计，还与土地有着精神上的紧密联系。土著文化通常与土地密切相关。对土地的开发利用与破坏，就是对土著人民社区结构的深刻冲击。

土著人民在人权侵犯上的特殊脆弱性（special vulnerability）源于其在历史上受到的压迫、边缘化和剥削。尽管土著人民对祖先的土地有着历史性所有权，并且与土地建立了密切的精神联系，但是他们对土地的合法所有往往不被认可，相关的权利保护措施非常薄弱。当大型工程动工兴建，能源、农业、采矿作业等领域占用更大面积的土地时，土著人民的土地权利就会受到挑战，他们经常被赶出其历史上的领地。正如《权利与资源倡议》（the Rights and Resources Initiative，2015：1）所言：

> 若当地居民和土著人民的土地权利没有得到法律的正式承认，他们很容易被剥夺并失去其自我身份、维持生活的来源与群体的文化。每当政府特许在土著人民领土上开展林业、工业化农业、大规模采矿、油气生产等活动，土著人民面临的压力都在不断变大。土地和自然资源纠纷亦是导致武装冲突的一个因素。

此外，土著人民在社会上、政治上和文化上都是孤立且被边缘化的，这导致其社会经济地位非常不稳定。土著人民通常是世界上最贫困的人群之一，由于获取的公共商品、公共服务和便利设施都非常有限而受到忽视。病弱体质是土著人民尤其难以克服的挑战之一。对其生存至关重要的土地、领地和自然资源遭到破坏，以及获取医疗服务的种种障碍导致土著人民群体的健康状况岌岌可危。这些障碍包括土著人民聚居地区缺乏医疗基础设施、没有足额医疗保险覆盖、贫困率和文盲率较高、语言不通等（UN Permanent Forum on Indigenous Issues 2015：3）。上述因素往往因对土著人民的种族主义和歧视态度，以及缺乏文化理解和文化敏感性而变得更加复杂（Hongbo 2015：IV）。

20 世纪 50 年代以来，联合国已将土著人民的保护工作提上日程。1957年，国际劳工组织通过了第 107 号《土著及部落人口公约》（ILO Convention 107 on Indigenous and Tribal Populations）；1986 年又通过了第 169 号《关于生活在独立国家的土著人民与部落人口公约》（ILO Convention No. 169 concerning Indigenous and Tribal Peoples in Independent States）。2000 年，联合国设立了土著问题常设论坛（UNPFII），并于一年后委任了第一位土著人民人权与基本自由问题的特别报告员。2007 年，联合国通过了《联合国土著人民权利宣言》（UN Declaration on the Rights of Indigenous Peoples，以下简称《宣言》），这是土著人民权利保护的一项重大成就。

《宣言》中阐明的一项特别重要的概念是自愿、预先和知情同意。《宣言》第 19 条规定，在采取行政措施或立法措施，或开展对土著人民产生负面影响的项目前，政府必须与土著人民展开善意的协商与合作，预先获得土著人民在知情前提下的自愿同意。尤其应注意的是，政府不得强行将土著人民从其土地上驱逐出去；如果政府未预先取得土著人民在知情前提下的自愿同意或未能与土著人民达成公平公正的补偿协议（如果条件允许，协议需要为土著人民留出返回原地的选项），政府不得重新安置土著人民（《宣言》第 10 条）。这对于与政府签订合同以及获得特许经营权从事开发或采矿项目的企业来说也非常重要。这些企业必须保障政府获取了土著人民在知情前提下的自愿同意，并相应地赔偿了受影响的群体。国际金融公司（IFC）第 7

号绩效标准（Performance Standard No. 7）（Chapter 14.2.2）将"预先取得的在知情前提下的自愿同意"定义为私人主体从事并实施世界银行出资项目的要求与最佳做法。这些企业必须保证在以下情形中预先取得土著人民在知情前提下的自愿同意：企业活动可能对土著人民的土地和资源产生不利影响；企业活动导致土著人民需要被重新安置；以及企业活动会对土著文化传统造成冲击。在世界银行出资的项目之外，国际金融公司的绩效标准也常常被用来衡量一家企业的做法是否为最佳做法。通常情况下，"预先取得居民在知情前提下的自愿同意"不论适用于政府还是企业，都不仅仅限于与土著人民协商或为他们提供必要的信息。这一原则超越了并非雄心勃勃的"利益攸关方参与"的目标。这一原则的关键要素是，土著社区可以自由地同意或不同意拟议的措施，他们的同意或不同意态度对项目或措施是否正在实施以及以何种方式实施有着直接的影响。为此，在项目或措施落地前，土著人民必须获得充分的信息，在实施项目或具体措施之前必须进行谈判。

5.5.2 移徙工人

全球劳动力中约有 1.5 亿移徙工人（IHRB 2016）。他们中的许多人出于绝望和在国内缺乏机会而离开了自己的国家，以追求没有经济困难的生活，或者寄钱支持家乡的家庭和社区。这些人的固有地位往往是弱势的，在一个异国的、对外来者几乎没有保护的体系中，他们完全依赖雇主，没有社会关系和社交网络。这使得移徙工人特别容易受剥削、人口贩卖、债务奴役和强迫劳动等现象的侵害。

1990 年，联合国大会通过了《保护所有移徙工人及其家庭成员权利国际公约》，2003 年该公约正式生效（Chapter 3.3.4）。公约承认移徙工人特殊的弱势地位，规定了各成员国有义务尊重、保护和实现的最低标准。这与登记及未登记的移徙工人及其家庭成员的保护问题直接相关（Asia Pacific Forum of National Human Rights Institutions 2012：12）。此外，部分国际劳工组织公约也规定了移徙工人权利的问题，如 1949 年通过的第 97 号《移民就业公约》（the Migration for Employment Convention of 1949 No. 97）。该公约侧重于工人的招聘和移徙工人接收国的工作条件问题。1975 年通过的 143 号《移徙工人（补充规定）公约》［The Migrant Workers（Supplementary Provisions）Convention of 1975 No. 143］，是第一个直接规定了非正常（非法和虐待）情况下移徙工人权利的公约（Asia Pacific Forum of National Human Rights Institutions 2012：8）。

在移徙工人特别容易遭受的债务奴役、强迫劳动以及人口贩卖的侵害当中，招聘费（recruitment fees）通常是造成侵害发生的重要问题环节。很多移徙工人需要依靠劳务派遣机构才能找到国外的工作机会，他们还必须依靠劳务派遣机构帮助申请外国签证、安排交通住宿以及解决其他相关事项。派遣机构常常直接或间接地向移徙工人收取大额的招聘费和安置费（例如通过潜在雇主来收取）。很多移徙工人没有支付能力，需要以高利贷的方式进行支付。如此一来，工人就陷入债务之中，被困于低收入、充满剥削的劳动条件之中。成为债务人后，工人讨价还价的能力被削弱了，他们严重依赖手头工作，不论这些工作的环境和条件如何（IHRB 2016）。这就是为什么招聘费是供应链中现代奴隶制和强迫劳动的关键指标之一，也是为什么国际劳工组织第 181 号《劳务派遣机构公约》规定禁止私营就业机构向工人收取任何费用或成本。为了打击供应链中存在的对移徙工人的剥削问题，跨国公司应当制定政策并建立相关机制，禁止向移徙工人收取招聘费，并高效地在工人工作的供应商和劳务派遣机构中发现此类问题（IHRB 2016）。

除了让劳动者背负债务这种手段之外，还有其他方式利用移徙工人的脆弱性。例如，雇主经常没收工人的护照，这样工人就无法离开，雇主可以借机向移徙工人施加更大的压力。当劳动者的移民身份存在问题的时候，劳动者权利尤其容易受到侵害。在许多中东国家，雇主和移徙工人的关系由一套名为"卡法拉"的制度进行调节。"卡法拉"制度是一种担保制度，本质上是将监督工人移民和工作状态的工作委托给雇主。

在"卡法拉"制度下，每位移徙工人的移民与合法居留身份都必须与一位私人担保人（kafeel）通过合同形式绑定。在合同期限内，除非事先得到用工单位明确同意，工人不得出入国境、辞职、更换工作。"卡法拉"制度与其他担保制度不同，其他的制度只是规定在移徙工人入境的时候由用工单位确定其就业身份，并且会给予移徙工人在保留移民身份的前提下更换工作单位的自由（International Labour Organization, Regional Office for Arab States 2017：3）。

近年来，为了提高劳动生产率、打击劳动剥削，一些海湾国家放松或废除了"卡法拉"制度。但是，许多中东国家仍然部分或完整地保留了"卡法拉"制度。

5.5.3 人权捍卫者

"人权捍卫者"是指运用个人或专业能力，以和平方式保护和促进人权事业发展的个人或群体（Forst 2017：5）。他们可以是人权受侵害的社区居民，也可以是公民团体成员、记者、学者、法律工作者、政府官员、企业员工或是普通群众等。人权捍卫者在工商业与人权领域起到关键作用，假如没有人权捍卫者，许多侵犯人权的行为，尤其是发生在偏远地区的侵害行为根本就不会被公之于众。但是，正是因为这种角色，当面临与有钱有势的商业利益相关的人权侵害时，人权捍卫者经常处于极大的人身安全威胁之中。他们频繁遭受各种形式的打击报复，包括刑事定罪、恐吓、骚扰、暴力甚至是谋杀。

联合国人权捍卫者境况问题特别报告员指出，商业行为者经常与政府合谋侵害人权捍卫者的权利，并称在工商业与人权领域，人权捍卫者是最容易遭受侵害的维权者群体之一（Forst 2017：3）。近年来，随着政府不断制定旨在限制民间社会活动，并且限制言论自由、集会和结社自由的法律，"公民空间"（civil space）被迫压缩，人权捍卫者所处的环境变得越来越不友好（Forst 2017：3-4）。

在2015~2019年这短短几年时间里，工商业与人权资源中心（Business & Human Rights Resource Center）就已经报告2000多起对人权捍卫者的攻击事件，其中仅 2019 年就发生了 572 起攻击事件。这引发了人们对与工商业有关的人权侵害的担忧。攻击的形式多种多样，包括滥诉、任意逮捕与监禁、暴力甚至是谋杀。农业综合企业和采矿业等土地密集型部门通常与攻击人权捍卫者的事件相关，且大部分攻击事件发生在拉丁美洲〔BHRRC，n.d.（b）〕。针对环境和土地权利捍卫者的暴力袭击最为频繁。2016 年，有185 位土地和环境权利捍卫者遭谋杀，其中 40% 是土著人民（Global Witness 2016：4）。因此，由于当地居民和土著人民所处的地理位置偏远孤立、所持土地权利没有受到充分保护，其公开反对采矿或是发展农业生产活动时受到伤害甚至被谋杀的风险最高（Global Witness 2016：4）。女性面临更高的遭受攻击的风险，包括针对其家庭成员的威胁（Forst 2017：6）。另外，在许多行业中，也存在长期恐吓和攻击为工人权利发声的工会人员的做法。

方框 5.4 背景资料：贝尔塔·卡塞雷斯

贝尔塔·卡塞雷斯（Berta Cáceres）是一名伦卡族（Lenca）土著女性，也是一位卓越的人权与环境权利捍卫者。20 多年以来，她捍卫洪都拉斯伦卡族土著人民的土地和权利（Front Line Defenders n.d.）。为此，她于 1993 年合伙创立了名为"洪都拉斯人民与土著人民组织公民委员会"（Civic Council of Popular and Indigenous Organizations of Honduras，COPINH）的组织（Front Line Defenders n.d.）；2015 年，卡塞雷斯的环保行动得到认可，被授予著名的"高曼环境奖"（Goldman Environmental Prize）（NPR 2021）。

2016 年 3 月 3 日，贝尔塔·卡塞雷斯在家中遭到不明身份者的枪杀。事件发生的前几日，卡塞雷斯就已经收到威胁信息（Front Line Defenders n.d.）。2018 年 11 月，洪都拉斯国家刑事法院判处 7 人犯有谋杀卡塞雷斯的罪行。这 7 人当中包括洪都拉斯能源开发有限公司（Desarrollos Energéticos SA，DESA）的前安保主管和环境经理。该公司负责在伦卡土著领地上建造一个名为"阿瓜萨尔卡（Agua Zarca）"的大坝项目，遭到了洪都拉斯人民与土著人民组织公民委员会的反对

（Front Line Defenders n. d. ）。该项目价值为 5000 万美元，公司在动工前并未与土著人民进行协商 ［UNEP n. d. （b）］。洪都拉斯国家刑事法院认定，能源开发有限公司的管理层担心卡塞雷斯在大坝建设地区的环保倡议活动会给公司带来经济损失，所以雇用数人杀死卡塞雷斯（Front Line Defenders n. d. ）。2013 年，大坝建设引发的抗议一度使项目短暂停工，并且导致项目的国际投资者撤资 ［UNEP n. d. （b）］。2021 年 7 月，洪都拉斯最高法院认定能源开发有限公司前董事长罗伯托·大卫·卡斯蒂略（Roberto David Castillo）为卡塞雷斯谋杀案的共犯（Lakhani 2021）。卡塞雷斯终年 44 岁。

刑事定罪已经成为让人权捍卫者无法发声的一个策略。人权捍卫者频繁面临刑事起诉，或是成为各种滥诉的诽谤案件的被告，这些案件旨在威胁人权捍卫者，同时也是消耗其财力物力的手段。企业经常对非政府组织、记者、学者和其他人权捍卫者使用此种手段。这种诉讼手段还被称为"反公众参与的战略性诉讼"（Strategic Lawsuits Against Public Participation，SLAPPs）（Chapter 12. 6. 4）。工商业与人权资源中心的报告显示，2019 年针对人权捍卫者的各类攻击手段之中，提起刑事或民事诉讼的方式是最常见的；2019 年超过半数对人权捍卫者的攻击都与企业滥用司法程序有关 ［BHR-RC n. d. （b）］。

《联合国个人、群体和社会机构在促进和保护普遍公认的人权和基本自由方面的权利和义务宣言》（The UN Declaration on the Right and Responsibility of Individuals，Groups and Organs of Society）承认人权捍卫者在增进和保护人权方面的重要作用，并对其提供保护。另外，联合国保留了人权捍卫者境况问题特别报告员一职，旨在详细评估和提升公民对人权捍卫者重要角色的认识，并提醒人们注意人权捍卫者所处的糟糕处境。《联合国工商业与人权指导原则》（Chapter 10）也明确提及了人权捍卫者所发挥的作用，要求企业与人权捍卫者交流，作为人权影响评估（HRIAs）语境下关键的参考信息（第18 条原则）。《联合国工商业与人权指导原则》还要求政府确保人权捍卫者的合法活动不受阻碍（第26条原则）。然而，越来越多的工商业与人权领域维权者呼吁企业采纳针对人权捍卫者的具体政策，通过进行建设性对话、公开反对侵害人权捍卫者的行为，向人权捍卫者提供支持与保护。同时，也有越来越多的公民团体和联合国工作组颁布了具体的指导原则，为政府和企业提供更好保护人权捍卫者合法权益的规定。

◎ 学习题

1. 什么是"土地掠夺"？"土地掠夺"如何影响当地居民？

2. "自愿、预先和知情同意"是什么意思？何种情况下会有这一项要求？请举例说明。

3. 人权问题与环境问题的相关性是什么？

4. 为什么移徙工人尤其容易受到剥削和人权侵害？

5. 什么是"人权捍卫者"？为什么该群体在工商业与人权领域很重要？

◎ 思考题

1. 员工绩效监控系统在多大程度上是合法的？在何种层面它们开始非法侵犯雇员的隐私权？企业可以了解员工的哪些个人信息，哪些信息是应当作为隐私受到保护的？

2. "歧视"的定义是什么，公司应当如何解决歧视问题？为了消除歧视，公司应制定什么政策？歧视问题只是企业的内部问题，或者企业应当将在公众讨论中对该问题表明立场？

3. 为血汗工厂正名的人常认为，血汗工厂是通向经济发展和繁荣的必经阶段，最终将提升劳动者的权利。你认为发展中国家可以跳过这个阶段吗？跳过此阶段需要哪些必要的条件或政策？企业应如何为消除血汗工厂的过程提供支持？

4. 很多与企业相关的侵犯人权的恶劣事件都发生在武装冲突的背景下。企业是否应该在冲突地区开展经营活动？请给出支持和反对的理由。

第三部分

企业人权责任

第六章　企业人权责任的正当性分析

企业是否有或应当承担人权义务的问题并不是那么直观的。人权在传统上被视为只有政府才关心的问题。工商业与人权（BHR）的讨论却挑战了这种传统的、以国家为中心的理论，并解释了企业要承担人权责任的理由。这些理由或正当性缘由能够从伦理、法律或更务实的管理角度加以阐述。下文中，我们将更详细地评价上述三种角度。

6.1　保护人权是企业的道德义务

企业是否应该承担人权义务，首先是一个道德问题。因此，它将是将人权义务施加给企业的规范性依据。然而，在这样做之前，我们必须首先思考一个问题：商业实体是否能够而且应该承担任何道德义务。

6.1.1　企业的义务：超越利润最大化

将人权义务扩大到企业的前提是，企业普遍需要承担道德义务，而且这种义务不仅仅是为了实现利润最大化。

为了将义务归于行为人或代理人，通常认为有三个条件。这些条件可以追溯到古希腊哲学家亚里士多德的思想。第一，代理人必须有意和自愿地行动。行动的原因必须是行为人内在的，以自由意志为基础，而不是由外界强加给他们的。第二，行为人必须或者可以合理地意识到并了解其行为的后果。第三，他们必须了解这些结果对受其影响的人意味着什么。换句话说，他们必须有能力辨别自己行为的后果，并有一定程度的同理心和理性来理解受其影响者的观点。满足这些要求的行为人就是我们所说的道德行为人。因此，道德能动性是确定义务归属的条件。

从 20 世纪 70 年代开始，针对企业作为实体是否具有道德能动性一直是商业伦理领域热烈讨论的问题。这种讨论产生了一系列不同的观点。然而，其中有两种主要观点，一种广泛地描述了反对者对企业道德主体的看法，另一种则代表了支持者的观点。

反对企业道德主体的人认为，只有人类才有道德能力承担道德义务（Velasquez 1983）。因此，不是企业作为一个实体，而是企业内部的个人承担责任。对于这些反对者来说，企业只不过是个人的集合体，所有的企业行为最终都可以追溯到企业内部个人的行为和意图（Werhane 2015：13）。在他们看来，根本不存在能够让企业成为道德主体的企业意愿。除了在理论上反对企业道德主体之外，还有更多将义务分配给企业的实际问题。一些反对者认为，关注企业义务会干扰对企业内部负责决策的个人的问责。企业的内部结构可以作为逃避个人义务的盾牌。2008 年的全球金融危机就是一个很好的例子。虽然企业高管的冒险行为和贪婪导致世界陷入前所未有的金融危机，造成了前所未见的金融、经济和社会损害，但总的来说，责任人基本上逃避了责任，只有少数高管最终被起诉。

此外，企业道德主体的支持者通常认为，一群人能够作为群体承担集体责任，但这与其成员个人义务的总和不一样。例如，如果一群人目睹了对无辜者的袭击，那么他们可能有责任作为一个群体来对抗施暴者。但是，这群人中的任何一个成员都不可能独自承担同样的责任，因为单独行动可能太危险了。彼得·弗兰奇（Peter French 1979：212）是研究集体和组织责任的学术先驱，他认为，如果一群人有最低限度组织性，那么他们就可以承担这种责任。如果它拥有内部决策结构，那么它就是最低限度的组织。换句话说，这种组织最少的群体可以凭借其内部决策结构获得道德能动性。这种结构使组织能够根据组织原因行动，而组织原因不同于个体成员的原因，也不能简化为个体成员的原因。基于这些理论，企业有资格成为道德主体，企业决策是与道德相关的，从而产生道德责任。尽管关于企业道德性质的学术讨论今天仍在进行，但人们普遍认为，企业是道德主体，它通过商业行为确实承担了一定的道德责任。这就引出了一个问题：他们应该对什么负责？

著名经济学家米尔顿·弗里德曼（Milton Friedman 1962；1970）在20世纪60年代和70年代大力宣称，企业唯一的社会责任是利润最大化，"只要它在游戏规则之内行动，也就是说，在没有欺骗或欺诈的情况下进行公开和自由的竞争"（Friedman 1970）。那么作为经济机构，企业不应该承担更多的社会义务。事实上，要求企业承担这些责任会适得其反，因为这会降低企业的生产率、绩效和产出，最终导致企业总体福利的减少。弗里德曼的观点与我们今天所说的股东至上理念是相符的。这种观点认为，企业首先忠于其所有者，即股东，因此他们的首要责任是使股东的投资回报最大化。通过最大化股东回报，企业被视为对成功和增长的经济作出了最有效的贡献，从而同时也为社会的普遍繁荣作出了贡献。

然而，正如第五章所述，一家企业的成功并不一定能惠及整个社会，而且往往是以牺牲他人为代价的。因此，采取纯粹的经济视角来看待企业显得过于狭隘；我们不能仅仅通过企业的利润和投资对经济增长的贡献来评估企业。一些经济学家提出，企业只不过是合同的纽带，其目的是降低交易成本，从而提高组织经济关系的效率（Coase 1937）。但企业也是社会团体，以许多不同的方式与"外部"世界互动，由各行各业的人组成。企业不仅是合同的纽带，它还包括无数的个人和社会关系。这些关系和个性共同构建了独特的企业文化，这种文化不仅受到经济规律和需求的影响，还受到社会和文化价值观、规范和习俗的影响。因此，企业活动不仅是经济交易，它们也承载着社会和文化意义及象征意义。企业的管理者需要意识到他们企业的社会和文化意义，并将这些考虑纳入他们的管理决策和领导。

最后，企业不仅是经济和社会的参与者，也是政治的参与者。他们深入参与公共活动和任务，这些活动和任务以前被认为是政府的专属领域（参见Matten & Crane 2005；Scherer & Palazzo 2007；2011）。大规模的全球性问题——诸如贫困、大规模不平等或气候变化等所谓的"重大挑战"——需要政治解决方案，而政治解决方案应该涉及包括企业在内的不同部门的行动者。在治理各种问题，特别是那些具有跨国性质的问题方面，企业已成为重要的行动者。这主要是由于各国政府独自处理全球问题的能力有限。企业的政治观点强调企业不仅对其私人商业事务和行为负有责任，而且应以更广泛的方式为提供公共产品和服务作出贡献，包括治理任务。虽然近年来关于企业作为政治参与者的学术研究激增，但这种观点并不新鲜。早在 1946 年，彼得·德鲁克（Peter Drucker）就阐述了现代（美国）公司的政治本质。在德鲁克看来，企业"为我们公民的生活方式和生活模式设定了标准"，企业能够"领导、塑造和指导"，并且它"决定了我们对自己社会的看法"。因此，对德鲁克来说，现代企业越来越重要，而不是国家。"围绕着它，我们的社会问题变得清晰起来，我们也向它寻求解决方案"（Drucker 1993 [1946]：6）。20 年后，早期企业责任思想家道·沃托（Dow Votaw）总结道：

> 只有当我们彻底熟悉企业作为一个政治机构，以及经济和社会机构，我们才能希望甚至认识到它已经或将会对社会其他部分产生的影响（Votaw 1961：106）。

因此，企业是复杂的经济、社会和政治结构的实体，而不是单一的经济实体。它们的目的和作用以及影响和责任都远远超出了市场供求规律。下面的章节将评估这种责任是否延伸到人权以及在多大程度上纳入人权内容。

6.1.2 人权是企业的道德责任：两种方法

支持企业人权责任的道德观点包括两类：道德权利方法和制度性权利方法。正如它们的名字所表明的那样，它们的不同之处主要在于它们对人权的基本理解以及由此产生的影响，正如第三章所述。

道德权利方法：对于那些将人权理解为主要是伦理表述或所谓的道德权利（Chapter 3.1.2）的人来说，主张企业的人权义务是理所当然的。如果我们接受企业除了盈利之外还需要承担道德义务的观点，那么这种义务必须包括人权，因为在直觉上，人权是人类最基本的道德要求。的确，从这个角度来看，所有行为者和主体都必然负有人权责任，认为企业在这方面是例外的观点是不合逻辑的。因此，从基础理论角度来看，主张企业的人权责任与企业的其他道德和社会义务相比，可能没有什么非常独特或不同之处，尽管人权责任的具体内容可能有所不同，例如，在需要解决这些责任的紧迫性方面。因此，对于那些坚持以道德权利方法来看待企业人权责任的人来说，工商业与人权议题提出的挑战与其说是证明企业人权责任的合理性，即要求反对者提出一个合理的理由，说明为什么企业应该是唯一不负有任何人权责任的主体。不如说，它的挑战在于确定这种责任的范围，以及从人权角度界定企业责任的概念和规范，尤其是在实际和管理方面的影响。

制度性权利方法：那些坚持政治或制度观的人（Chapter 3.1.4.2）可能不满意道德权利方法所提供的理由。对他们来说，人权不仅是基本的道德要求，而且是界定合法政府权力边界的制度性权利。从这个角度来看，主张企业承担人权责任不仅仅是支持企业承担道德义务这个普遍论点的延伸；相反，它涉及一种特殊情况，即为什么这些专门为限制政府权威而设计的权利也应该与私营公司相关？政治或制度人权观的支持者不会否认企业有避免歧视、提供体面工作条件或与受其业务影响的社区协商的道德责任。他们甚至可能争辩说，这种责任与其他人所说的"人权责任"是一致的。然而，他们将其视为与人权一致，但不以人权为基础的一般道德义务（Hsieh 2015;2017）。为了以这些理由证明企业负有人权责任，必须证明它们也在类似于政府的权威地位上运作，而政府同样需要受到人权的限制，从而使人权合法化。换言之，从制度性权利方法的角度对公司人权责任的伦理论证，必须以公司权力和权威为基础。因此，下一节将更深入地探讨企业权力的本质。

6.1.3　企业权力和权威

关于企业权力的性质和范围的讨论由来已久，但令人惊讶的是，迄今为止，工商业与人权学者对此的研究很少。长期以来，企业被公认为是拥有非凡权力的机构。早在 16 世纪和 17 世纪，作为现代股份公司的前身，东印度公司或南海公司等著名的特许贸易公司是殖民地超级企业，它们垄断整个贸易路线，维持军队，并为政府作战。后来，在 20 世纪上半叶的现代股份公司时代，持批评态度的美国最高法院大法官路易斯·布兰代斯（Louis Brandeis）称企业为"弗兰肯斯坦式的怪物"（Frankenstein monsters），暗指企业的威胁变得太大，其权力太强大，甚至出现了无法被其创造者控制的情况（Ducker 1993：223）。彼得·德鲁克也赞同布兰代斯的观点，如前所述，德鲁克认为现代美国公司是他那个时代的主要机构，而当时美国企业不仅能够决定社会经济前景，而且在决定社会政治前景方面也日益处于最前列。许多人会说，这种情况至今都没有改变，甚至可能变得更加明显。此外，一些人可能认为这是美国独有的问题——美国社会学家查尔斯·德伯（Charles Derber 1998）所称的"企业国家"的出现——这种情况如今在全球范围内越来越多。新自由主义经济政策在全球的传播使企业摆脱了许多限制，并增强了其全球流动性，这使它们能够逃避国内法规的约束。世纪之交带来了一个启示。大企业在规模和权力上首次超过了民族国家。根据企业收入与国民生产总值的比较，世界上大多数最大的经济体现在都是企业实体（Anderson & Cavanagh 2000）。

当然，企业收入的多少不一定能很好地反映企业的权力大小。虽然它可能是众多指标中的一个，但定义和理解企业权力的性质和范围是一件更复杂的事情。一般来说，权力指的是一种塑造和影响结果的能力，这种能力使自己的偏好优先于他人的偏好（Strange 1996：17）。基于此，我们通常将权力分为两种：直接的关系性权力和间接的结构性权力。

- 关系性权力是指在行动者之间的直接关系中行使权力。这是韦伯对权力的经典定义，即一个行动者让另一个行动者做他们本来不会做的事情的能力——也就是说，影响、强迫或胁迫某人依据别人的偏好工作，即使可能会违背他们自己的利益。关系性权力是企业权力最直接可见的表现形式。一个明显的例子就是企业游说。企业在游说和影响政界人士，让他们采取有利于企业的立场，在减轻企业监管负担方面取得了压倒性的成功。这种权力也被称为"工具性权力"，暗指直接和有针对性地使用资源作为影响关系的手段，以便将自己的偏好置于他人之上（Fuchs 2007；Ruggie 2017）。

- 结构性权力是战略性的，而非工具性的。它主要不是源于对资源直接、相关的使用，而是源于企业在全球经济结构中的地位，这些结构满足了企业的利益，并服务于这些企业的利益。苏珊·斯特兰奇（Susan Strange 1988）特别指出，我们必须把权力理解为控制和塑造其他参与者（包括国家）在全球结构中运作和互动的能力。一个例子是跨国公司在全球税收结构中的地位，这让它们能够通过在不同的税收制度之间转移利润，逃避数十亿美元的税收。类似的情况是，通过内化的方式，跨国公司已经从公共机构的有效治理体系中撤出了大量的国际贸易，转而获得了对全球贸易结构本身的巨大控制权（Ruggie 2017：8-9）。

除了关系性和结构性权力之外，企业还行使一些人所说的话语性权力（Fuchs 2007；Ruggie 2017）。

- 话语性权力是一种更微妙但更普遍的权力形式。它是影响公共话语、促进思想、塑造观念和身份、设定社会和文化规范及期望的权力，并确定人们认为什么是在社会上可接受和正常范围的力量。尤其是通过其强大的公共关系和营销机制，企业成功地促进了物质主义和消费主义文化，在这种文化中，企业的影响力逐渐常态化。查尔斯·德伯（1998：119）称之为"企业的神秘感"，这是一套"珍贵的信仰和幻想"，或者是一种"意识形态"，它既伪装又美化了企业的权力。这一过程将企业权力转化为企业权威。权威通常被定义为权力的合法行使（Wettstein 2009）。如果权力在很大程度上不受挑战，它就会因为服从者的冷漠而被默认为合法。在当今社会中，企业权力的常态化导致产生了一种现象，即企业可以说是越来越多处于事实上的权威地位（Wettstein 2009）。

随着企业以一种关系、结构和话语的方式行使权力，很明显，这种权力不再仅仅是经济上的，而且是政治和社会上的。换言之，企业不仅在经济上，而且在政治和社会上都已成为强大的行动者。如今，企业具有的这种明显的权力和权威与对企业的认识不符，这种认识仍将企业在本质上视为私人机构，因而在很大程度上可以任意选择是否承担私人责任（Chapter 1.2）。我们需要改变观点，将它们真正代表的东西概念化，即承担公共责任的政治行为者。从机构权利的角度来看，将其确定为人权具有有效性的空间。从这一点来看，企业应该像其他拥有权力和权威的机构——其中最典型的是政府——那样遵守人权。

这里提出的论点是哲学上的，它根植于社会科学的企业权力概念。因此，它特别不同于涉及人权诉讼案件的控制问题。特别是在母公司责任案件中的归属问题取决于母公司是否对据称侵犯人权的子公司实施了有效控制（Chapter 12.5.2.3）。只有当母公司对子公司的运营实施了有效控制，子公司的违法行为才会归责于母公司。然而，法院是否认为这是事实，可能与跨国公司的整体实力没有多大关系。正如许多这类义务案件所显示的那样，即使是最强大的跨国公司，也常常可以辩称，它们对子公司缺乏足够程度的影响和控制，以减轻子公司侵犯人权的影响或防止侵犯人权情况的发生。

6.2　保护人权作为企业的法律义务

上一节概述了公司人权义务是伦理争论。然而，特别是早期工商业与人权讨论的核心问题，一直是评估是否有足够的法律依据将人权义务扩展到企业。正如道德义务的归属需要道德能动性一样，法律义务的归属也以相关行为者的一定法律地位为前提。更具体地说，企业法律义务的前提是企业在法律上被承认为法人。法律学者对公司法律人格的含义和解释进行了持续的讨论，并因此发展了不同的理论（Blair 2013）。以下各小节将简要介绍在国家和国际两个层面关于企业法人资格的讨论。

6.2.1　国家层面的法律人格

与将公司理解为道德主体类似，公司法人资格意味着公司被法律承认为独立于自然人的人，如作为公司实体一部分的员工、经理或所有者。这使得组建公司的个人可以作为一个实体或一个法人行事（Blair 2013：789）。承认并将某些集体或"团体代理人"视为法人的做法并不是什么新鲜事，可以追溯到古罗马法（Garthoff 2019）。这种情况后来仍然很普遍，而且在中世纪时期得到了加强和扩展，教堂、修道院、市政当局或大学等也被视为法人。这使得这些机构能够持有财产，作为独立的实体运营，并防止资产转移给运营和控制它们的人的继承人（Blair 2013：789）。因此，法人身份允许"永久延续"（Blair 2013：789），即在曾经负责这些组织的个人死亡或被取代后继续存在。在整个 17、18 和 19 世纪，法人概念发生了进一步的扩张（Garthoff 2019）。这包括特许贸易公司的出现，它们演变并最终转变为现代股份公司（Blair 2013；Garthoff 2019），后来在 1886 年的圣克拉拉诉南太平洋案（*Santa Clara v. Southen Pacific*）中，美国最高法院辩称，第十四修正案对"个人"的保护也适用于企业（Blair 2015：421）。这种强化法人地位的趋势一直持续到今天。最近一个最引人注目的扩张发生在 2010 年美国最高法院对联合公民案（*the Citizens United case*）的判决中，该判决将对企业在政治言论上的任何资金支出限制均视为违宪。这本质上意味着，企业可以随心所欲地在政治广告和其他形式的政治表达（但不包括对政治竞选的直接捐款）上花钱，尽管这可能对民主选举产生高度扭曲的影响。

法人地位的结果是，公司在法律上有一定的权利和义务，类似于自然人。一方面，它们受制于法律和法律权威，因此要承担义务，这意味着它们可以根据法律被起诉。另一方面，它们也受到法律的保护（Garthoff 2019），这意味着它们拥有某些可以主张的权利，这些权利应该受到保护，例如拥有财产或签订和执行合同的权利。然而，作为法人，企业仍然是"虚拟"人。它们显然缺乏自然人的一些决定性特征，例如承受痛苦或感受情感的能力，这就是为什么它们的道德地位以及给予它们的保护必须不同于自然人。企业法人的四个核心功能可以区分开来（Blair 2013：785）。第一，公司法人资格通过确保合同关系和财产与企业作为一个实体联系在一起，而不是与特定的个人挂钩，从而提供连续性，因此即使在人员变动的情况下，也可以无缝地延续。第二，它有助于在内部和外部利益攸关方之间建立认同感。它产生了一个"可识别的人"，即商誉、声誉和品牌等重要无形资产的持有者（Blair 2013：798）。第三，它将属于企业的资产池与属于参与企业的个人的资产池分开。第四，它为某些企业或商业活动的自治提供了一个框架。

与企业道德主体类似，企业法人人格的功能、形式和性质仍然受到持续的讨论和批评。当人权义务扩展到企业时，事情变得更加复杂。因为企业的法人地位不仅与国内法有关，而且与国际法有关。

6.2.2 国际层面的法律人格

与承认国内法规定的企业法人权利和义务类似，目前正在讨论企业在国际法下的地位。更具体地说，问题是跨国企业除了在国内一级具有法人资格外，是否也具有国际法人资格，因而它们是否也是国际法的主体。国际法只能将义务强加给具有国际法人资格的实体。反过来说，被国际法施加义务的任何实体都应当被视为国际法的主体（Gaja 2003）。因此，国际法人资格要求企业承担国际法规定的义务。

除了民族国家之外，谁是或可以成为国际法的主体一直是一个有争议的话题。传统上，国际法的职能是管理国家之间的关系。因此，国家被视为国际法的唯一主体（Bernaz 2017：86）。

> 国际人权法的发展使国家在技术上成为人权义务的唯一承担者。这些义务来自条约法和国际习惯法。根据对该制度的保守解读，企业甚至跨国企业都不是国际人权法的主体，因此没有遵守人权条约的法律义务（Bernaz 2017：81）。

最近，人们开始接受，联合国也是一个具有国际法律人格的国际法主体，否则它就无法履行使命。红十字国际委员会（ICRC）和其他一些国际组织也是类似的情况。此外，个人也具有国际法律人格。

不愿扩大国际法所承认的国际法人范围的一个原因是担心这将"导致国

际法可能的起草者范围的扩大"（Clapham 2006：58）。因此，在具有国际法人资格的实体中列入跨国公司的想法受到强烈抵制（Clapham 2006：76）。然而，一些评论家认为，跨国公司在现有国际条约下已经拥有的权利和义务实际上可能意味着企业有"充分的国际法律人格来承担义务，就像行使权利一样"（Kinley & Tadaki 2004：947）。克拉彭（Clapham）建议，通过承认他所谓的"有限国际法律人格"来解决这一困境。

> 当人们重新定位这个问题，简单地断言企业的国际法律人格是有限的，而不是假装跨国公司具有国际法上隐含的适格/主要的主体"地位"，这些担忧就失去了许多痛苦。只要我们承认个人在习惯国际人权法和国际人道主义法下拥有权利和义务，我们就必须承认，法人也可能拥有享受其中一些权利所必需的国际法人资格，反过来，企业也可能因违反相关国际义务而被起诉或追究责任（Clapham 2006：79）。

关于公司潜在的国际法律人格的讨论显然和工商业与人权的讨论密切相关，这可以从两个略有不同的角度来看待。一种做法是认为，跨国公司属于应被视为国际法主体的实体之一。在此基础上，人们可以阐明它们的人权义务应该是什么。另一种办法是表明跨国公司已经根据国际法承担了人权义务，这意味着它们的国际法律人格是隐含的。关于工商业与人权的大多数讨论都是基于第二种方法。因此，跨国公司是否属于国际法主体的问题与其说是构成性的，不如说是衍生性的。这就是为什么工商业与人权学者通常不会在分析跨国公司应被视为国际法主体的原因时进行冗长的阐述。更普遍地说，人们越来越认识到，国际法的主体和客体之间的界限是可渗透的和流动的，这使这些类别的分离显得越来越无益和微不足道（Clapham 2006：62）："学者们越来越多地拒绝接受主体的整个概念，并暴露出一个事实，即似乎没有商定的规则来确定谁可以被归类为主体。"作为一种选择，一些学者建议不关注主体性，而是关注是否参与国际法（Bernaz 2017：87）。总之，尽管这些讨论仍在进行中，远未解决，但仅仅指出跨国公司所谓的缺乏国际法律人格已不再是反对工商业与人权的有效论据。关于国际法人资格的各种立场，特别是关于企业的国际法人资格的各种立场，为公司作为人权义务承担者的各种理论留下了充分的空间。

6.2.3 尊重、保护和实现人权是企业的法定义务

公司是否具有或能否具有国际法人资格的问题类似于先有鸡还是先有蛋的难题。一些人认为，由于公司不具有国际法人资格，国际法不能被解释为有利于公司的人权义务。但另一些人则认为，由于国际法包括应将人权责任归于公司的基础，因此企业必须至少在有限的意义上被赋予国际法律人格。本小节详细论述了第二条论点。值得关注的是，国际法可能已经为赋予企业人权责任提供了不同的依据。安德鲁·克拉彭（2006：28-29）认为："人们可以接受国际法主要是由民族国家之间公认的过程产生的，但仍然拒绝接受普遍的假设，即……国际义务的承担者仅限于所谓推定的国际法'主体'。"这强化了一种主张，即关于企业是否具有国际法人资格的讨论正在完全失去意义。

以国家为中心的国际（人权）法并不意味着国际法无视企业能够而且确实侵犯人权的事实。相反，它传统上认为，这种侵犯人权行为不是企业本身的直接和主要问题，而是国家未能履行国际法规定的人权义务，保护人类免受企业侵权行为的侵害。各国必须通过国内政策、立法和法规确保企业至少在本国领土上不会侵犯人权（Joseph 2004：9）。因此，国际法至少间接地对第三方的行为产生影响，这种情况被称为第三方效力（Bernaz 2017：93）。因此，根据这一逻辑，企业可以说至少负有国际法所隐含的间接人权义务。国际人权的这种"横向"适用在一些条约中有明确规定，并得到各种法院案件的支持（Joseph 2004：9；Bernaz 2017：94-95），并在《联合国工商业与人权指导原则》（Chapter 10）中重申。国家保护人权的义务是否也延伸到企业的域外行为，这一点存在争议，稍后将进行讨论（Chapter 12.2）。

作为对国家保护人权义务的回应，大多数国内司法管辖区在其有关企业的国家立法和法规中规定了各种人权条款。例如，保护工人的健康和安全、

产品安全和义务以及反歧视法。一些评论家甚至将国家保护人权不受企业侵犯的义务解释为——或接近于（Kamminga & Zia-Zarifi 2000）——是一种衍生的、直接的企业尊重人权的义务，这种义务同样植根于国际法（Ratner 2001；Bilchitz 2013：112）。

　　然而，在占主导地位的国家中心主义学说中，企业被认为只能承担从国际法直接派生出来的非常有限的人权义务。充其量，企业有义务根据习惯国际法和某些条约，不触犯《国际刑事法院罗马规约》（Chapter 3.2.2）定义的构成国际罪行的违法行为（Joseph 2004：9；Bernaz 2017：81）。人们普遍认为，至少在涉及这类最恶劣的侵犯行为方面——包括奴役、战争罪、灭绝种族罪、危害人类罪、失踪和酷刑——个人也要承担相应的国际义务（Clapham 2006：29）。国际法是否也适用于个人尚不清楚，有待讨论。然而，虽然国际法向企业的延伸可能不会立即显现，但也不能否认这样做的可能性。

　　关于将直接人权义务扩大到企业的真正争议不是与国际罪行有关，而是与更"普遍"的侵犯人权行为有关。然而，对国际人权法作出进一步的解释，也可以提供在更普遍意义上将义务扩大到企业的可能性。企业人权义务的倡导者喜欢提到《世界人权宣言》的序言，其中明确指出，不仅国家，而且"每一个人和社会机构都应努力……促进对这些权利的尊重"。因此，企业不能排除这种责任。《世界人权宣言》不是一份具有约束力的文书，但它至少为质疑过于狭隘的以国家为中心的解释是否充分体现了国际人权制度的精神和初衷提供了基础。此外，《世界人权宣言》第30条规定："本宣言的任何条文，不得解释为默许任何国家、集团或个人有权进行任何旨在破坏本宣言所载的任何权利和自由的活动或行为"。这一措辞在两项具有约束力的国际公约第5条中作了轻微修改。此外，这两项公约不具约束力的序言，重申不仅国家，而且"个人对其他个人和他所属的社区负有义务，有义务努力促进和遵守本公约所承认的权利"。因此，总的来说，《世界人权宣言》关注的与其说是界定个人与国家之间的特定关系，不如说是宣布属于所有个人的固有权利。《世界人权宣言》中规定的大多数人权都没有针对特定的义务承担者进行定义（Clapham 2006：34）。

有些人可能会说，人权显然被定义为专门适用于国家的权利，但没有任何国际术语来说明这一点。事实上……《世界人权宣言》是精心起草的，以避免暗示国家有特定的义务，权利是以"人人有权"的形式书写的。重点是对权利与生俱来的享有，以及对社会、国家、团体和个人的义务的提及（Clapham 2006：40）。

这种论点类似于上述基于道德权利的伦理论点：如果我们首先将人权理解为所有人类的基本（道德）权利，那么似乎不可避免地，人权给每个人也带来了义务，而不仅仅是对政府。因此，根据这一逻辑，一些法律评论家一直认为，根据《国际人权宪章》，企业确实也具有尊重人权的义务（Frey 1997：163）。

以国家为中心的国际人权法传统解释范式，可能不如普遍认为的那样直观。至少，它不是绝对的，并为非国家行为者，其中包含商业企业，在特定情况下承担人权责任留下了空间。虽然公司人权责任的国际法律基础既不明确，也不是毫无争议的，但是有一些看似合理的论点支持它们的存在。因此，企业人权责任问题是范围问题，而不是责任是否存在的问题。此外，人们经常试图通过制定具体的约束性文书和框架（Chapter 2），在国际法中建立和阐明这种责任的基础。在最近的一次尝试中，人权理事会于 2015 年开始了关于工商业与人权条约的新谈判（Chapter 13.2.3）。此外，最近有各种国内法律倡议直接参照国际人权法，在立法中规定企业的人权责任（Chapter 12.4）。因此，将人权义务扩大到企业的基础还在国际和国家两级继续发展。

6.3　企业人权义务的务实视角

虽然学者们可能仍然对人权义务的概念基础和细微差别持不同意见，但对大多公众而言，将人权术语直接与企业行为和义务联系起来已经变得司空见惯了。这种关于企业和人权的公开讨论的变化，恰逢许多民间社会组织越来越多地倡导公司人权责任、各种国际企业责任标准和纳入人权要求的倡议，尤其是越来越多的企业从人权角度界定企业责任，并在其业务中采用人权政策和程序。因此，虽然不一定就人权义务的道德和法律基础达成一致，但与企业行为有关的人权实践正在迅速改变。正如克拉彭所指出的：

> 当然，声称人权遭受侵犯并不会在法律上产生人权义务；但是，"人权"一词所产生的意义和重要性，已经超出了国家所承担的国际法律义务的范畴……一些政府可能希望限制"人权"一词的含义或理解，但通过限定"人权"一词的"定义"、"本质"或"原始意义"来排除非国家行为者的任何义务是无法令人信服的。（Clapham 2006：41）

随着人权实践越来越多地将企业视为人权领域的相关行动者，有关企业人权义务更务实的论点最近开始流行起来。这种实用主义的论点涉及并迎合了社会以及商业本身不断变化的话语。基于不断变化的公共话语的论点强调将所谓的"社会经营许可证"作为企业人权责任的参考点，而诉诸私营部门管理话语的论点则指的是企业人权责任的所谓"商业案例"。以下段落将更深入地探讨这两种论证方式。

6.3.1　社会经营许可证

前联合国秘书长特别代表约翰·鲁格（方框2.2）在制定《联合国"保护、尊重和补救"框架》（以下简称《联合国框架》）和《联合国工商业与人权指导原则》时，并未将法律或道德作为企业尊重人权责任的基础。相反，他是从不断变化的社会对工商业的期望中获得灵感的。根据鲁格（2008：5）的说法，尊重人权的责任是"社会对企业的基本期望"。尊重人权已经成为一种社会规范，被理解为一种集体意识，即什么构成了一个社会行动者适当和预期的行为（Ruggie 2013：92）。因此，正如鲁格继续说的那样，"尊重责任的更广泛范围是由社会期望定义的——有时被称为公司社会经营许可证的一部分"（Ruggie 2008：17）。

"社会经营许可证"一词和概念起源于商业实践，尤其是采矿业，尽管不仅如此，采矿业的经营往往对当地社区产生直接不利影响。因此，企业与社区关系在该行业内往往是紧张的，甚至是对抗性的。该术语暗指企业在其所在的更广泛社区中的活动所享有的默许和接受。因此，它表达了企业活动更广泛的社会合法性（Demuijnck & Fasterling 2016：675）。一家企业如果不按照既定的社会规范行事，不履行其预期的行为——例如，污染环境，浪费稀缺资源，兼并公共土地或对社区关切置之不理——那么它迟早会失去这种认可，并面临很多抵制和反对，这可能导致抗议、内乱、冲突和暴力。尽管仍然持有当局颁发的继续经营的合法许可证，但这样的公司已经失去"社会经营许可证"，因此在受业务影响的人群中失去了合法性和认可。用鲁格（2008：16）的话来说，社会经营许可证不是在实际法庭上撤销的，而是在"舆论法庭"上撤销的。

从概念上讲，援引社会许可经营的实用主义论点能被置于真正的道德争论和企业人权责任更狭隘的"商业案例"之间（Chapter 6.3.2）。社会期望和合法性的援引使社会许可的争论明显超越了纯粹的商业战略考量。与"商业案例"的论点相反，这意味着企业应该遵守社会规范和期望，即使这种遵守不会带来直接的商业利益。

另外，道德合法性偏离了社会合法性，因为它将社会期望置于道德审查之下，而不是将其作为一个毫无疑问的参考点，从中得出可接受的行为。从伦理角度来看，《联合国工商业与人权指导原则》尤其受到批评，因为它完全依赖社会期望作为企业尊重人权责任的基础（Chapter 10.3.2.2）。社会期望被批评是模糊和不确定的。毕竟，是什么构成了"社会"，谁代表了"社会"，我们如何衡量社会的期望是什么（Deva 2014：109-110）？我们如何处理这方面相互矛盾或不正确的期望？如果某些特定的行为尽管与最基本的道德标准相冲突，但仍得到了广泛的社会接受，就像我们在历史上反复看到的那样，该怎么办？最后，哲学家和经济学家指出了适应性偏好的相关问题（Sen 1985）。人类倾向于根据自己所处的环境和背景调整自己的期望。因此，与生活水平较高的人相比，那些生活在赤贫中的人对企业和其他行为者的期望可能更低。因此，什么是适当的行为可能会有所不同，在绝望的情况下，企业的剥削和虐待可能会被社会所接受。此外，在世界许多地方，基于此类企业过去的不良记录，对公司行为的期望可能从一开始就很低（Bilchitz 2013：123）。然而，这并不意味着这种行为在道德上是正当的。总之，尽管社会经营许可已成为推动企业尊重人权的有力论据，特别是在缺乏法律效力的地方，但必须谨慎使用。特别是在歧视、边缘化和系统地侵犯少数群体人权的现象普遍存在的情况下，对社会接受的依赖可能会助长而不是揭露这种有害的做法。

6.3.2　企业人权责任商业案例

第二个实用主义视角旨在展示企业人权责任与追求利润的主导商业理论的兼容性。在实践中，基础话语可能会对推进企业人权责任产生反作用，因为道德和法律论点可能与企业运营的主导模式背道而驰。因此，企业可能会产生防御性的反应，或完全忽视它们。因此，这种观点认为，如果要在实践中取得真正的进展，企业的人权责任应该以商业的方式重新定义，并诉诸成本和收益的基本逻辑。因此，通过"商业案例"，我们指出企业为什么应该承担人权责任，这不是出于道德或法律原因，而是为了企业自己的经济利益。我们可以区分积极的和消极的企业人权责任商业案例（Paine 2000）。积极的论点强调尊重人权增加企业利润的可能性。消极的论点则强调与潜在的侵犯人权有关的代价和风险。

消极商业案例：从声誉方面考虑可能是构建企业人权责任商业案例的最常见方式。事实上，企业的人权行为既有正面的影响，也有负面的声誉风险。然而，就声誉而言，侵犯人权的企业可能会比那些以模范方式促进人权的公司损失更多。企业未能坚持人权标准——例如，在涉及受企业经营影响的工人和雇员或社区方面——经常受到倡导团体和非政府组织广泛、激烈和公开的谴责，并经常引起公众对企业的不满和强烈抗议。这会直接降低企业的价值，影响其市值，对于那些为消费市场服务的公司来说，会导致销售额下降，从而导致盈利能力下降。即使对于与消费市场没有直接联系的企业来说，不良的人权纪录也可能在经济上造成破坏。至少自《联合国工商业与人权指导原则》发布以来，一些政府已开始将企业人权责任纳入其采购政策（Chapter 12.3.2）。这意味着，如果企业未能有效实施企业人权政策和人权尽职调查程序，就有可能被排除在利润丰厚的采购投标之外。这一趋势在未来可能会继续下去，这意味着对于不积极关注其人权行为的企业来说，获得采购合同将变得越来越困难。在公共当局是主要购买者的各种部门，这种排除的影响可能会很严重，例如在能源、运输、废物管理、社会保护以及提供保健或教育服务领域（Baglayan et al.，2018）。

支持消极商业案例的另一组论据与采购密切相关。为了履行保护人权的义务，各国政府已开始对总部设在其管辖范围内的企业实施具有约束力的人权立法（Chapter 12.4）。如果不能及早跟上这一变化趋势，企业将在市场上落后，并在以后此类立法成为标准时承担越来越大的调整成本。与此相关的是，涉及侵犯人权的企业面临的诉讼风险越来越大。过去 20 年来，在越来越多的国家，针对本国母公司的诉讼案件数量稳步增加，这些案件涉及母公司的外国子公司涉嫌卷入侵犯人权事件（Chapter 12.5）。

积极的商业案例：如上所述，就声誉而言，侵犯人权的消极后果可能超过以模范人权行为领导的积极潜力。毕竟公司侵犯人权的行为经常被大肆宣传，但模范行为往往不被公众注意。然而，也有积极的经济理由支持人权责任，其重要性在未来可能会提高。造成这种情况的一个主要原因是内在的代际变化，所谓的千禧一代正在成为企业关键利益攸关方群体中越来越重要的力量。千禧一代出生于 1980~2000 年，占世界人口的 27%。人们普遍认为，他们这一代人不仅在私生活中，而且在职业生活中，都更加注重价值和目标。因此，与前几代人相比，可持续性、义务，尤其是人权方面的考量在他们的心中占据了更重要的位置。因此，90% 的千禧一代认为，商业成功不能仅以财务业绩来衡量（Deloitte 2016）。因此，企业必须应对这一转变的影响，因为这一代人在消费者、投资者和劳动力群体中所占的比例越来越大，它们不可避免地要依赖这些群体。未来的投资池清楚地说明了这种代际转移：计算表明，到 2020 年，估计有 24 万亿美元将传递给千禧一代，这是有史以来规模最大、速度最快的代际财富转移之一（Haefele et al. 2017）。然而，不仅在投资方面，而且在劳动力方面，在未来迎合千禧一代将是决定性的。据估计，到 2025 年，千禧一代将占全球劳动力的 75%（Winograd & Hais 2014）。一般来说，千禧一代的波动率很高。因此，企业留住员工的难度越来越大。这表明，千禧一代不太愿意在价值观上妥协，比如为了一份高薪的工作。一项大规模研究显示，56%的受访千禧一代表示，他们不会为价值观或行为标准不佳的组织工作。此外，49%的人愿意并准备好拒绝在公司内承担特定任务，如果这些任务违背了他们的个人价值观或道德（Deloitte 2016）。因此，越来越多的公司为其糟糕的人权纪录付出代价，这突出地表现为波动加剧和生产力下降（Baglayan et al. 2018）。

这些经济论点为企业和政府更认真地解决工商业与人权问题提供了主要动机和理由。对一些人来说，这使得探寻道德和法律基础，以及企业是否首先负有人权责任的问题，成为一项没有实际意义的工作。然而，盲目相信企业人权责任的商业理由存在明显的缺陷。最重要的是，任何这样的方法都有意或无意地暗示，只有在符合利益最大化目标的情况下，企业才应该考虑人权责任（Garriga & Melé 2004）。许多研究试图证明社会责任与不断增长的财务回报之间存在因果关系，事实上，在企业社会绩效的标签下出现了一个完整的子领域，它以企业财务和企业社会绩效之间的联系为中心展开。然而，这些研究提供的证据是矛盾的（参见如 Orlitzky, Schmidt & Rynes 2003；Rost & Ehrmann 2017），这种相关性的方法和一般概念的合理性经常受到质疑（参见如 Vogel 2005）。即使在数据清晰的情况下，比如在公共采购中，这种商业案例的主张也具有高度的情景依赖性（Paine 2000）。如上所述，虽然公共采购在某些部门至关重要，但其他部门对它的依赖程度较低。同样，采掘业面临的诉讼风险很高，而其他行业尽管人权纪录不佳，但远离公众的视线。因此，虽然商业案例讨论在某些情况下解决企业人权行为方面非常有效，但它们很难全面发挥作用，因此不能取代对企业人权责任的基础和合法性的彻底论述。因为取代基础话语的风险在于，所有可能不容易转化为商业机会的紧迫性工商业与人权问题都没有得到解决。

方框 6.1　简短案例：耐克在供应链义务方面从最差到最佳的案例

在蓝丝带体育用品公司的基础上，耐克于 1971 年成立。耐克公司开创了一种新的全球化商业模式；阿迪达斯和彪马等竞争对手在欧洲生产鞋子，但耐克将生产外包给了亚洲国家的一个低成本独立供应商网络（Hsieh, Toffel & Hull 2019：3）。

这种商业模式被证明是非常成功的，但在 20 世纪 90 年代，批评者开始发布耐克供应商及其分包商工厂不合标准的工作条件的图像和报告。1996 年，《生活》（*Life*）杂志发表了一篇文章，上面是一个孩子在缝制带有耐克标志的足球。这篇文章引起了公众的强烈反对，耐克成为全球化剥削和工人权利滥用的象征，当时的耐克首席执行官兼创始人菲尔·奈特（Phil Knight）指出："耐克产品已经成为奴隶工资、强迫加班和任意虐待的代名词"（Baker 2016）。凭借强大的国际品牌，该公司成为早期反血汗工厂运动的主要目标之一，面临抗议和消费者抵制。作为回应，该公司开始努力建立一个更负责任的供应链。耐克成为第一家公布完整供应商名单的公司。它建立了供应商参与准则，并建立了工厂监控系统（Baker 2016；Hsieh, Toffel & Hull 2019：4）。2002~2004 年，它开展了 600 多次工厂审核（Nisen 2013）。最终，它减少了供应商的数量，并转向建立在长期关系而不是短期交易基础上的模式（Hsieh, Toffel & Hull 2019：8-9）。这并不意味着该公司没有经历任何进一步的挫折。与 1996 年类似的事件使该公司在 2006 年召回足球时损失了 1 亿美元。但这也表明，该公司准备在关键时刻将原则置于利润之上。如今，耐克被广泛视为负责任采购领域的领导者，并在负责任排名中始终名列前茅（Baker 2016）。

讨论题

（1）有针对性的非政府组织活动和由此产生的消费者反弹是耐克在企业人权义务方面从落后者转变为领导者的决定性因素。这种"点名和羞辱"运动（Chapter 9.4.3）在更广泛地为人权责任创造商业案

例方面的潜力是什么？它们的局限性是什么？还有哪些潜在因素促成了耐克的"成功故事"？

（2）耐克从与许多供应商的交易关系转向与少数供应商的长期合作，这是其供应链责任战略的关键组成部分。你认为这样的策略有什么优势？它的风险是什么？你会在第十四章第四节第三小节中找到关于这个问题的见解。

（3）耐克扭转局面的一个重要因素是公开承认而不是否认它们在工厂中面临的挑战（Nisen 2013）。为什么你认为这样的公开承认在今天仍然很少？可以做些什么来改变这种情况？

6.4　常见的反对意见

尽管将人权责任扩展到企业的想法根植于道德、法律和务实的论点，但并不是每个人都同意上述观点。因此，本章总结了一系列常见的、相互关联的反对意见和相关回应。

责任重叠：国家有义务保护人权，其中包括有义务确保企业等私人行为者的行为方式不会妨碍或削弱个人享有这些权利的机会。因此，有人可能会辩称，如果国家履行了保护人权的义务，那么将尊重人权的责任交给公司将是多余的。这代表了传统的以国家为中心的人权义务观。在一个理想的世界里，国家也许确实能够保护每个人免受人权侵害。然而，不幸的是，世界并非理想之地，政府的权力和影响力是有限的，人权受到侵犯是无数人日常现实生活的一部分。如果我们不仅考虑理想中的世界应该是什么样子，而且考虑现实中的世界是什么样子，那么仅仅依靠国家来保护人权似乎是有问题的。此外，政府保护人权的责任是一种行为标准，而不是结果标准。它要求各国采取适当措施，以最佳方式保护人权，但并不要求绝对保护。因此，国家有一定的余地来决定采取何种措施，以确保达到合理的保护程度。事实上，完全保护的理想可能与开放社会的自由主义理念背道而驰，因为它本质上意味着要建立一个警察国家，在这个国家里，持续的监视、对自由行动的限制以及对我们个人自由的进一步限制是使我们免受伤害所要采取的必要手段。政府全面保护的理想世界似乎并不那么美好。而在一个非理想的世界里，责任必然是共同承担的，在这个世界里，自由成为可能。

取代政府：第二个反对意见与第一个反对意见密切相关。如果我们将人权责任扩大到企业，这可能导致政府推卸自己的责任。我们越是要求企业对其人权行为直接负责，我们就越是促使政府退出某些人权保护领域。因此，反对意见认为，我们不应将责任转移给企业，而应专注于加强国家义务基础上的执法机制。当然，这触及了一个真正的问题，因为作为国家义务基础的执行机制确实充满了重大漏洞。然而，可以提出三点回应。第一，正如上文所指出的，国家义务本应得到更好的执行，因为国家义务中包含了防止企业滥用职权的责任。因此，这样一个制度必须确保，各国在其保护人权的职责范围内，找到有效让企业对其人权行为负责的方法。因此，执行国家义务并不排除企业的人权责任，而是需要企业的人权责任。第二，加强作为国家义务基础的执法机制的主张，本身并不意味着我们不能同时致力于改善企业问责制度。它不是要改善其中一个，而是要同时改善两者。第三，许多人权挑战已经变得太大、太复杂，任何一个政府都无法单独解决。这些挑战不仅依赖政府间的合作，也取决于包括企业在内的不同部门的各种行动者之间的建设性合作。如果我们要解决当今全球社会所面临的紧迫的人权挑战，那么在寻求整体解决方案时，我们就不能把最强大的行动者之一——企业——排除在外。因此，在这种合作努力中，公司的人权责任根本不是取代国家行动。相反，它要利用国家的行动。

使权力合法化：从政治角度来看，人权的核心职能之一是使国家权力合法化（Chapter 3.1.4.2）。因此，一些人认为，将人权责任转移给企业同样意味着将企业的权力合法化，从而巩固了企业的权力。这也是一个合理的担忧。然而，值得注意的是，工商业与人权运动不仅要求将人权责任扩大到企业，而且要求强化这方面的企业问责制。因此，虽然人权可以提供合法性的依据，但同时它也是对权力的关键限制。正如克拉彭（2006：53）所指出的："我们也可以看到，否认人权法对强大的非国家行为者的适用性，就是否认伴随人权主张而来的赋权。"企业权力已成为当今社会的现实。不将人权责任扩大到这些强大的行为者，就意味着庇护它们免于承担责任，从而任由它们逍遥法外。

　　如果说人权曾经在个人与国家之间的垂直关系中为个人提供了免受国家压迫的盾牌，那么它现在也成为人权遭受私人侵犯的受害者手中的一把利刃。也许我们必须把人权从内到外利用起来，承认它可以用来对付其他人权持有人（Clapham 2006：56）。

关于将人权义务扩大到私人行为者的基础和理由的争议可能会持续一段时间。然而，随着世界继续朝着多极化的方向变化，国家成为参与国际政治和全球治理的众多行动者中的一员（Chapter 9），以国家为中心的人权话语范式最终将被削弱，基于人权考虑评估私人行动者将成为新常态。

◇ 学习题

1. 企业作为道德主体的责任必须满足哪三个条件？
2. 企业道德能动性理论的支持者和反对者引用了哪些论点？
3. 什么是法律人格？说企业是法人是什么意思？
4. 从工商业与人权的角度来看，企业是否具有国际法人资格很重要吗？
5. 什么是社会经营许可，多久需要"续期"？这个概念与"商业案例"的论点有何不同？
6. 为什么千禧一代在企业人权责任方面的作用变得越来越重要？你能举几个例子吗？

◇ 思考题

1. 企业人权义务的负面商业案例和正面商业案例之间有什么区别？在你看来，这样的商业案例论点有多可信？他们对推进工商业与人权有多重要？

2. 根据道德代理人理论，谁应该承担道德义务——公司、个人，还是两者兼而有之？两者之间是否能够达到平衡？

3. "企业是负有公共义务的政治行动者。"你同意还是不同意这种观点？支持和反对这种立场的论据是什么？

4. 反对企业人权义务的一个理由是，这可能会激励国家将自己的义务"外包"给公司。在你看来，可以做什么，而且应该做什么来防止这种情况发生？

第七章　企业人权责任的本质与内涵

上一章概括地说明了企业人权义务的正当性，本章进一步界定其性质和范围。首先在具体讨论人权义务之前，以一般的方式区分不同的责任类型来处理这个问题。进而将详细讨论与人权相关的三方责任制度，以及解释这三种类型的人权义务——尊重、保护和实现人权的义务——怎样适用于企业。

7.1　基本义务的类型

权利的一个基本特征是它们与义务相关，如果某人对某事享有权利，其他人对该人就要承担义务。从伦理的角度来看，这种权利和义务的不可分割性是工商业与人权（BHR）话语比传统企业社会责任话语更必要的主要原因之一。企业社会责任通常与基于慈善和善意的自愿行动联系在一起。而工商业与人权是以权利和义务为基础的。因此，工商业与人权的思维背后有不同的、要求更高的规范性。

有不同类型的义务与权利相关。一个典型的区别是消极义务和积极义务之间的区别（Pogge 2002：197；Wettstein 2012c：41），基于作为义务承担者的需求类型：

- 消极义务是指不违反或不侵权的义务。在这方面，消极的人权义务是不侵犯人权的义务，或者更一般地说，是不造成伤害的义务。这通常等同于尊重人权的义务。《联合国"保护、尊重和补救"框架》（以下简称《联合国框架》）和《联合国工商业与人权指导原则》

（以下简称《指导原则》，Chapter 10）将尊重人权的责任定义为"不侵犯他人权利"，或"简单地说，不伤害他人"（Ruggie 2008：9）。

- 积极义务是提供援助或常常做善事从而改善特定状况的义务，它和消极义务相反，消极义务的目的只是不使特定状况恶化（即不造成伤害）。因此，积极义务总是要求义务承担者积极地做一些事情或作出一些贡献，以履行他或她的义务。仅仅不造成伤害是不够的。

除了积极义务和消极义务之外，还有主动义务和被动义务的进一步区分（Wettstein 2012c：41）。这种区别是基于为实现义务而需要采取的行动（或者不作为）的类型：

- 被动义务要求义务承担者为了不侵犯人权而避免采取某些有害或破坏性的行为。通常，被动义务本质上是消极的。被动消极义务要求义务承担者避免采取任何可能造成损害的行动。
- 主动义务则要求义务承担者为履行其义务而采取某些具体行动。主动的义务可以是消极的，也可以是积极的。主动的消极义务要求义务承担者从事特定的活动，以防止其行为伤害他人。例如，一家企业必须积极调整其政策和流程，以确保其招聘行为是非歧视性的。主动的积极义务要求义务承担者开展帮助他人或改善现状的具体活动。例如，一家企业可以制定平权行动政策，以积极促进多元化，而不仅仅是"不歧视"。

根据义务承担者的范围和领域进一步区分义务类型：

- 一般或普遍义务在任何时候都平等地适用于每个人。消极义务，至少是被动的那种，通常是一般的或普遍的义务。每个人都可以而且应该避免作出有害的行为，除非在特殊情况下有正当理由采取行动，否则不得采取行动。在生命受到严重威胁的情况下进行自卫就是这种例外的典型例子。
- 特殊或特别义务仅适用于特定主体。通常，这种特殊义务具有积极的性质，源于这些主体的特定能力或特定的社会、专业作用。例如，律师或医生在职业角色中有义务为其客户的最大利益服务。同样，父母有义务对其子女提供特别保护。然而，某些情况需要承担特殊的消极义务，这些义务同样可以附加在特定的社会或职业角色上。再次以律师为例，他们对自己的客户负有特殊的保密义务，这通常不会发生在专业角色之外。

最后，我们可以区分完全义务和不完全义务，这种区分通常与康德（1996〔1797〕）的道德哲学有关：

- 完全义务：如果有三个明确的要素可以很好地识别，义务被认为是完全的，从"完整"的意义上理解。这些是（a）义务的实质，（b）义务承担者，以及（c）与义务承担者相应的权利持有人。完全义务通常属于消极类型的义务，但也包括某些明确定义的积极类型的特殊义务（Wettstein 2009：124）。

- 不完全义务：如果上述三个要素中的一个仍未明确，则义务是不完全的或不完整的。一般来说，不完全义务是指不清楚对谁负有义务的情况。这些义务中最常见的是所谓的慈善义务。例如，我们可能同意企业有慈善义务为减轻贫困作出贡献。然而，由于企业很难单枪匹马地解决问题，这种义务只能用普遍的术语来定义；它不属于任何特定的个人，而是属于整个贫困群体，甚至是整个社会。从权利人的角度来看，有一种稍微不同的解释。既然他们的权利受到侵犯，就有义务对他们进行补救。然而，虽然可以清楚地确定这一义务的承担者，但在具体情况下谁负有这一义务却不清楚。我们在这里讨论的不是行善的义务，而是不完全的正义义务（Wettstein 2009：127−134）。

为了理解和批判性地评估企业的人权义务，这种一般性区别很重要。以下部分将重点介绍三种类型的人权义务，在下文中，可以从特定的工商业与人权视角对其进行分析。

7.2　特别的人权义务

如第三章第三节第一小节所述，事实证明，对积极权利和消极权利的一般区分过于简单化。相反，每一项权利的完全实现总是需要履行多种积极和消极性质的义务（Shue 1996：52）。亨利·舒以拒绝积极权利和消极权利的二分法而闻名，他提出了一种三要素的义务类型，所有这些义务都与每一项基本权利相关，从经典的"消极"自由权利到"积极"社会经济权利：

- 避免剥夺的义务与尊重的义务相对应，即不侵犯人权。尊重人权的义务是一种消极的义务。舒本人以被动的方式将其表述为"一种责任，就是不采取剥夺他人手段的行动，如果不是因为自己的有害行为，就会满足自己的生存权或使自己能够满足自己的生存权利，而这种情况下，行动不一定要满足自己的基本权利，而且这种受到威胁的手段是唯一可以实现的手段"（Shue 1996：55）。如前一节所述，消极义务可以是被动的，也可以是主动的。

- 保护免遭剥夺的义务与保护人权的义务相对应。人权保护是指确保权利不因第三方的行为而受到侵犯。保护人权的义务是一项积极的义务，因为它与义务承担者自己的行为无关，而是与潜在的第三方肇事者的行为有关。根据舒的观点，保护义务包括两个层面的内容，一个是直接的，另一个是间接的：直接保护本质上是关系性的。它意味着直接阻止肇事者造成伤害。间接保护本质上是制度性的，涉及间接设计及支持制度和机构，这些制度和机构可以在其自身运行过程中或者使它们的实施者降低侵犯人权的可能性（Shue 1996：60）。

- 援助被剥夺者的义务对应的是履行人权或对其进行补救的义务（在先前发生侵权的情况下）。履行或补救人权的义务是一项积极的义务，因为它总是需要采取某些措施来帮助那些需要帮助的人，并改善特定的状况。

舒的三种义务模式大体上也反映在人权的法律结构中（Joseph 2004：9），它同样也是《联合国框架》和《指导原则》（Chapter 10）的基础，这两个文件自发表以来塑造了工商业与人权运动。

7.3　企业尊重、保护和实现人权的义务？

第六章更普遍地表明，企业可以说是基于道德、法律和务实的理由承担人权义务的。在确定了人权的三重性之后，下一步是评估这三类人权义务如何具体关联和适用于企业。

7.3.1　企业尊重人权的义务

不伤害的义务是一项普遍的义务，是对每个人、由每个人在任何时候都应承担的义务。这种义务必然包括人权，因为侵犯人权是可以对人类造成的最大的伤害之一。如第四章所述，不侵犯并因此尊重人权的义务包括避免直接和间接侵犯。此外，它要求被动地禁止有害活动，并在必要时采取积极的预防措施，防止潜在的人权风险成为现实。

这是企业人权义务中争议最小的一类。作为一项一般义务，它应该适用于任何人，包括企业。近年来出现了一种广泛共识，即企业至少应该尊重人权。这一正在形成的共识与 2008 年《联合国框架》和 2011 年《指导原则》的发表有很大关系。《指导原则》已成为全球最权威和最广泛认可的工商业与人权标准，明确规定了企业尊重人权的责任。联合国人权理事会一致通过这份文件，表明各国对企业的这一最基本的人权责任达成了广泛的共识。

尊重人权至少是企业的一项道德义务。《指导原则》将这种义务建立在社会期望的基础上，但并未将其确立为一项法律规范。这种义务是否可以从法律中衍生出来，或者是否应该由法律来确定，无论是国际或国内，或两者兼而有之，都是有争议的。然而，作为一项消极的一般性义务，尊重人权的义务是这三类义务中最有可能被写入法律的。因此，目前通过国内立法和政策直接管制企业人权行为的努力主要集中于要求企业尊重人权（Chapter 12.4）。将这种授权扩大到包括企业保护、促进和实现人权的积极义务，可能会面临难以克服的阻力。早在 2003 年，围绕联合国《跨国公司和其他工商业在人权方面的责任准则》（以下简称《责任准则草案》）的讨论说明了这一点，当时试图为企业建立全面的消极和积极的人权义务，但遭到了企业和西方政府的阻挠（Chapter 2.2）。正是围绕《责任准则草案》的这种斗争，使得约翰·鲁格在起草《联合国框架》和《指导原则》（Chapter 10.1）时，专注于企业尊重人权的责任。

　　无论我们在纯法律的角度之外采取什么观点，似乎都很难反对企业承担不伤害的基本义务，同样明显的是，这种伤害包括人权所涵盖的基本要素。坚持这种义务包括真正的人权义务至少有两个原因。首先，人权具有一种道德紧迫性，这是其他道德主张所缺乏的。虽然伤害的责任从来不只是慈善或慈善事业的问题，而是一种道德义务，但在提供适当的应对措施时，这种与人类尊严有关的伤害应最优先考虑。其次，将尊重人权的义务与不造成伤害的一般义务区分开来，对于企业在特定行业背景下的解释和说明而言，是有意义的。原则上不伤害的含义是明确的。然而，在各种行业复杂、高度具体和不断变化的背景下，往往不太清楚哪些活动会造成或促成伤害，以及以何种方式造成伤害。以谷歌等信息通信技术企业为例，在谷歌与其员工的直接关系中，"不伤害"的含义可能是显而易见的。然而，当涉及今天的互联网使用如何与伤害联系在一起，以及谷歌作为一家信息通信技术企业可能以何种方式为其提供便利的问题时，可能就不太清楚了。因此，企业运营的复杂且经常演变的环境不断提出新的、尚未探索的问题，即产生伤害的机制以及它们如何与企业运营联系在一起。从道德的角度来看，人权框架有助于将这种情况下出现的新情况和问题概念化，并为管理人员提供一个框架，使各自的已有工具能够发现和确定这种伤害并对其作出适当回应。

7.3.2　企业保护人权的义务

　　保护人权意味着努力防止或阻止第三方侵犯他人的权利。它不是关于一个主体自己的有害行为，而是关于第三方的有害行为。这使得保护义务基本上是一项积极的义务。作为一项积极义务，保护义务不是一项一般义务，而是一项特殊义务。它只适用于在特定角色和特定情况下的特定主体。本小节旨在阐明产生这种义务的关键要素和背景。

保护人权的义务通常只与国家有关。根据国际法，各国政府负有这样的义务，正如上文所指出的，这项义务还包括保护人民免遭企业伤害的任务。《指导原则》重申了国家保护人权的义务，同时将企业的责任限制在尊重人权上（Chapter 10）。然而，所有这一切并不意味着除了不侵犯人权之外，企业的人权义务就没有合理的理由。虽然政策制定者和立法者将着眼点放在更狭隘、可强制执行的尊重人权的义务上，但道德要求很可能有助于企业承担更广泛的义务，包括保护人权的义务。为了评估这种情况在多大程度上是正确的，舒对直接保护和间接保护的区分是有帮助的；这两类保护确实也可能与企业有关。

7.3.2.1　直接保护：关系背景

直接保护发生在关系背景中，也就是说，潜在的肇事者和义务承担者之间存在直接关系。因此，义务承担人直接介入第三方的活动，以防止第三方侵犯他人的权利。在许多情况下，企业可能为了保护人权而进行这种干预。但他们有义务这样做吗？如果有，在什么情况下？例如，如果员工在冲突中成为准军事部队的目标，企业是否有义务保护他们？企业是否有义务保护其行动附近的村民免遭政府军的暴力？它是否必须保护人民免受家门口的侵犯人权行为，即使这种侵犯行为与它自己的商业活动完全无关？

大多数（即使不是全部）工商业与人权领域的国际软法倡议和标准，包括《指导原则》和联合国"全球契约"，都同意在某些情况下，企业面对侵犯人权行为的不作为可能会产生问题，并使企业自动成为侵犯人权行为的共谋（Chapter 4.3.2）。正如这些倡议通常建议的那样，为了避免出现沉默的共谋局面，企业应该"对当局进行干预，以防止或制止侵犯行为的发生"（International Council on Human Rights Policy 2002：133）。然而，试图通过积极干预肇事者来防止和制止侵犯行为，通常与保护人权而不仅是尊重人权有关。因此，沉默的共谋"表明非参与者意识到存在侵犯人权行为，尽管它具有一定程度的行动能力，但既不选择提供保护，也不选择帮助受害者，仍然满足于不造成（直接）伤害的最低道德要求"（Kline 2005：79）。因此，如果企业违反了保护义务，即使有能力也不干预肇事者，就会出现沉默共谋的情况。

这种沉默共谋的具体情况表明，从一开始就将企业人权义务限制为消极不侵犯人权是有问题的。《指导原则》将企业的责任限制在尊重人权上，同时将沉默的共谋作为适用于企业的相关罪行，二者似乎是不一致的（Wettstein 2013）。大多数国际政策文书和软法倡议普遍接受沉默共谋，这似乎至少隐含地表明，在某些情况下，企业可能承担（帮助）保护人权的某些义务。

一些学者用更广泛的术语来定义这种情境。他们认为，在企业对犯罪者具有一定影响力的一切情况下，企业都有保护人权的义务。无论原则上是否同意保护人权的义务，作为一项特殊义务，它是以满足某些条件为基础和条件的，这一点很清楚。也就是说，它始终是一种有条件的义务。通常，那些主张企业有义务保护人权的人认为，以下条件是必要的（Santoro 2010；Wettstein，2010，2012c；Wood 2012）：

- 权力/影响力：不侵犯人权的义务适用于任何行为者，无论是弱者还是强者，与此相反，保护义务只能由对局势具有足够的权力或影响力的人或肇事者履行，以防止或制止侵犯行为。权力是代理人履行保护人权义务的必要条件，但不是充分条件。正是由于这种情况，传统的人权思想将保护义务完全赋予了国家。然而，如第六章第一节第三小节所示，企业越来越多地在具有实质性政治权力和事实上权威的地位上运作，这可能导致企业在特定情况下承担保护人权的义务。

- 联系：认为企业应该在它们有可能和有能力这样做的任何地方干预和保护人权，这不仅会在道义上加重企业的负担，还会破坏它们本应实现的制度目标。因此，虽然保护义务并不以企业直接参与或促成侵犯人权为前提，但为了使这种义务存在，企业必须与受害者、肇事者或正在造成的伤害在道义上有重大联系。例如，壳牌公司处于 1995 年逮捕和处决肯·萨罗-维瓦的抗议活动的旋涡中心（Chapter 2.1），这一事实使壳牌公司在道义上与这起谋杀案有着重要的联系，并且可能与这里列出的其他条件一起，确立了壳牌公司公开反对和干预对肯·萨罗-维瓦的任意拘留和处决的责任。

- 规范负担/合理性：任何义务都必须满足合理性的条件。履行一项潜在的义务不能以不合理的成本，甚至不利于义务承担者为代价。什么被认为是合理的或相称的取决于什么是至关重要的。认为搭救一个溺水的人会毁掉一件昂贵的新衣服，当然不能成为被人接受的一个足够重要的理由。然而，如果营救他人而将自己的生命置于严重危险之中，那么由此而失去生命可能会变得不合理。关于规范责任的问题包括潜在肇事者可能实施严重报复的风险。那些干预肇事者以阻止他们侵犯人权的人有可能成为报复的目标。因此，承受或吸收潜在报复行动的能力通常被视为保护人权义务的相关条件的一部分（Santoro 2010；Wood 2012）。

- 严重性：那些支持企业保护义务的人往往会将这种义务产生的相关背景限制为严重和系统的侵犯人权行为（Wettstein 2012c；Wood 2012）。企业缺乏民主合法性，这使得对公共机构的干预本身就存在问题。因此，企业应该只在受到广泛谴责的侵犯人权行为以及在社会普遍期望它们确实参与的情况下，才动用自己的影响力和作用。此外，企业离不开民间社会组织和其他具有相关人权专门知识的机构的充分支持。

正如最后一点所表明的那样，能否切实成功地履行保护人权的义务，关键取决于伙伴关系与合作。只要有可能，企业应在尽可能广泛的联盟中运作。这种联盟应包括面临同样问题的其他企业，以及具有足够专业知识并在此类问题上有行动和宣传记录的民间社会组织。它们还应与本国的政府和大使馆保持密切联系。与其他志同道合的行动者一起采取行动有两个目的。首先，它有助于建立对肇事者的影响力并增加对肇事者的压力，同时保护企业免受潜在报复的全面影响。其次，这种联盟范围越广，特别是将民间社会行为者包括在内，其行动的合法性就越强。企业不是一个人权机构，在单独行动时可能缺乏足够的专门知识来作出正确的反应。将这些决定和行动建立在来自不同部门的行动者广泛和多样化联盟的观点之上，不仅可以提供保证，还可以获得更广泛的社会支持。

7.3.2.2　间接保护：结构性背景

在一个日益复杂、全球互联的世界中，越来越多的侵犯人权行为具有制度性根源。它们是大量结构上相互关联的行为者相互复杂作用的结果，而不一定是孤立和可识别的肇事者有针对性的恶意行为的结果，例如与贫困、营养不良、气候变化以及我们作为一个全球社会所面临的其他重大挑战有关的侵犯人权行为。

那些故意参与有害的制度结构的人可以说至少在结构上是此类侵犯人权行为的共谋（Wettstein 2009：304-305）。然而，他们自己的行为与不公正结构造成的伤害之间的因果关系往往过于复杂和模糊，无法确定某个特定行为者的责任程度，更不用说追究他们的责任了。此外，特别是在审视全球经济进程或气候变化的原因时，任何一个行动者都不可能完全退出这种结构。因此，我们需要对结构性条件下的责任问题采取不同的思考方法，以处理由此产生的侵犯人权行为。

已故哲学家艾莉斯·马利雍·杨（Iris Marion Young 2006；2011）提出的关于责任的"社会联系模型"是在结构性伤害条件下，将责任概念化的一个有影响力的方法。在这个模型中，杨认为，全球正义义务是基于根植于这种结构过程的人与人之间的社会联系产生的。社会联系模型的基本假设是，所有参与不公正的全球结构并因此对这些结构造成的伤害有所贡献的行动者，都有义务为保护受其伤害的人而努力实现转型。由于不能根据因果贡献来确定主体责任的程度，杨提出了四个参数，根据这些参数可以评估责任的程度和类型：

- 权力：权力或影响力也是扬提出的结构性责任的决定性因素。杨（2006：127）指出，主体在结构性进程中的位置通常对产生结果的过程具有一定程度的潜在或实际权力或影响力。这就是前面提到的结构性权力的本质（Chapter 6.3.1）。影响和改变不公正结构的责任落在那些有权力这样做的人身上。
- 特权：结构在一方产生不公正而总是在另一方产生特权。虽然一些人受到结构性进程的伤害，但其他处于更特权地位的人则从中受益。

可以肯定的是，如果没有人从中获得实质性的好处，目前的经济制度就不会存在。特权往往但并非总是与权力同时存在。例如，在服装行业的结构中，侵犯人权现象十分普遍（Chapter 14.4）。虽然全球南方国家的非正规低薪工人经常受到剥削，但西方的中产阶级消费者却受益匪浅（Young 2006：128）。然而，虽然他们处于特权地位，但他们个人通常没有什么权力。尽管如此，基于其相对特权，他们仍然负有责任。正如杨（2006：128）所总结的那样，"那些相对受益于结构性不公正的人有特殊的道德责任，来为纠正这些不公正作出贡献，不是因为他们应该受到谴责，而是因为他们能够适应不断变化的环境而不会遭受严重的剥削"。

- 利益：这是杨关于结构性责任的参数中最具争议的一个。这意味着那些对结构变革最感兴趣的国家有责任更有力地为此努力。从本质上讲，这意味着受害者本身有责任参与并合作进行结构变革，尤其是因为这些事业所需的大部分基本知识都是受害者掌握的（Young 2006：128）。这个参数经常招致批评。毕竟，在补救举措的讨论中缺少受害者的声音，并非受害者对此缺乏兴趣，而是控制这些过程的人没有履行确保受害者获得完全或充分代表的承诺。

- 集体的能力：由于不公正制度的转变只能通过集体行动来实现，因此行为主体为实现特定目标而组织和集体工作的能力也是责任方程中的一个参数（Young 2006：129）。例如，那些能够迅速采取行动的人，因为他们有机会接触到重要的网络，这些网络提供的有组织的支持可以产生真正的影响，他们各自有责任利用这种可能性。

基于这些参数，杨的社会联系模型不太关注归咎于责备和罪恶感，因此不太关注结构性伤害的事后责任，而更关注前瞻性的预防和保护责任。由于这种前瞻性的责任需要集体的组织和行动，杨将这种责任定义为政治责任。因此，将企业人权责任理解为政治责任，与将企业视为经济、社会和政治行动者的观点产生了共鸣，如前所述（Chapter 6.1.1）。

7.3.3　企业实现人权的义务

企业处于强势地位，在提供一些基本产品和服务以满足我们的基本需求方面发挥着关键作用。想想食品和饮料，制药和医疗保健，交通运输，还有银行和保险以及许多我们日常依赖的其他行业。这些强有力的职位伴随着各自的责任，这些责任可能超越"仅仅"尊重人权，甚至超越保护人权，进入实现人权的领域。实现人权意味着促进权利的真正实现，并在权利受到侵犯时提供补救。

秘书长特别代表将企业的人权责任限制在不侵犯人权的范围内，他承认在某些情况下，企业可能负有额外的责任——例如，当它们履行某些公共职能时，或者因为它们自愿承担了额外的承诺（Ruggie 2008：9）。然而，他没有具体说明这些责任或这些责任发生的背景。至少可以区分三种情况，范围从具体到一般，并在实现人权方面产生各自的共同责任。然而，必须强调的是，这三种情况只是增加了这种义务的可能性，它们的存在是有争议的。不过，对人权的任何解释似乎都必须考虑企业是否以及在什么情况下确实有义务积极参与人权的实现。这三种情况分别是：

企业救助的义务：有理由认为，如果这种困难足够严重，如果能够提供帮助的人能够立即提供帮助，并且没有同等重要的理由阻止他们提供帮助，那么每个人都有义务帮助处于严重困境的人。在许多司法管辖区，帮助处于极度危险中的人甚至是一项法律义务。因此，这种救助义务的背景是特殊和具体的，但责任是普遍的。如果情况满足，每个人都有这样的义务；企业在这方面也不例外。史蒂芬·伍德（Stepan Wood 2012：79）概述了实现这一目标必须满足的四个条件，以便产生这样的救助义务：（1）紧迫性，情况必须紧急，这意味着一个重要的基本利益必须受到严重威胁；（2）能力，潜在的义务承担者必须具备帮助遇险人员的能力，即知识、能力（包括资源）和经验；（3）机会，潜在的义务承担者必须在正确的时间、正确的地点提供帮助；（4）可负担性，潜在的义务承担者必须能够在不给他或她自己带来不合理成本的情况下提供帮助。虽然这种救助义务能够适用于企业的情况可能很少见，但不能排除。这种情况提供了一种背景，在这种背景下，无论在现实中发生的频率是频繁还是罕见，主张企业在不造成伤害之外承担人权义务的观点似乎是合理的，在概念上也是连贯的。

承担公共职能的企业：特别是在 20 世纪 80 年代至 21 世纪初新自由主义全球化的全盛时期，许多基本的公共服务，如水电、医疗、安全、电信和交通等公用事业，都部分或全部移交给了私营部门。希望私营部门能够更高效、成本更低地提供这些服务。其中许多服务与人们满足基本需求的能力密切相关，因此也与他们的人权密切相关。正是出于这个原因，私营部门的公共服务始终基于可负担性和平等获取的原则。仅仅是私营公司的参与和提高效率的期望并不能改变这些原则的首要地位。我们所说的此类服务的"私有化"并不意味着这些服务的提供应以私人利益为重，而是意味着私营公司应融入公共服务需要，因此应遵守其基本原则。因此，它们自然承担提供此类服务所附带的公共责任。我们对这类公司的全部期望就是它们不会造成危害，这种说法似乎很难站得住脚。相反，它们应该努力逐步扩大获得这些服务的平等机会，从而逐步实现人权。

合作义务：各国政府越来越依赖其他行动者——国际组织、非政府组织和企业——来实现人权，而不仅仅是提供"传统"的公共服务。企业是高度专业化的组织，拥有资源、能力、专业知识、网络和外联，可以在解决持续存在的人权问题上发挥关键作用。同样的逻辑也可以在国际层面观察到，像联合国甚至红十字国际委员会这样的组织已经意识到，为世界面临的一些最紧迫的人权和人道主义挑战提供整体解决方案需要包括企业在内的各种行动者的参与。私营部门加入红十字国际委员会这样的组织往往招致民间社会组织的批评，它们担心私营公司的利益可能会挤占这些组织的公共使命。因此，任何此类合作安排都必须有足够的保障措施来防止这种勾结情况的发生。然而，人们普遍承认，我们今天面临的许多问题和挑战已经变得过于复杂和多样化，任何一个行动者都无法单独解决；它们需要协作解决方案，让所有部门的行动者都参与进来。虽然这种积极主动的企业参与很难通过法律强制执行，但是它已成为社会对企业的广泛期望。早在 2009 年，爱德曼信任晴雨表的一项调查（Edelman 2009：3）显示，全世界年龄在 25～64 岁的人中，有三分之二认为，企业应该加强与政府和其他机构的合作，以解决全球问题。此外，正如报告所述，"几乎没有人认为企业在应对这些挑战方面没有作用"（Edelman 2009：3）。

人们很容易把企业积极参与实现人权的行为，仅仅看作在不造成伤害这一更基本的责任之上的"锦上添花"。然而，正如舒（1996：62）所指出的那样，"救助的义务往往具有最高的紧迫性，因为这些义务往往是由那些因未能履行避免义务和保护义务而遭受后果的人所承担的"。因此，在不同的职责类别之间建立等级制度可能无助于全面理解企业的人权义务。相反，我们应该确立这样一种观点，即企业在三个类别的每一个类别中都负有同等重要的责任，并且在一个类别中承担责任并不意味着它们可以免除在其他类别中承担的责任。

◇ 学习题

1. 什么是消极义务和积极义务？它们之间的区别是什么？你能给每一个义务举个实际的例子吗？

2. 什么是主动义务和被动义务？它们之间的区别是什么？你能给每一个义务举个实际的例子吗？

3. 亨利·舒认为义务的三种类型是什么？

4. 在支持企业保护人权的义务时，通常认为哪些条件是相关的？

5. 为什么艾莉斯·马利雍·杨在她的"社会关系模型"中重新定义了责任？她这么做背后的想法是什么？为什么她称其为政治责任的典范？你能说出并解释在她的模型中决定主体责任的四个相关参数吗？

◇ 思考题

1. 一些跨国公司已经成为非常强大的机构，有时甚至比民族国家更强大。他们是否应该利用自己的权力和影响力来保护人权？您认为这么做有哪些好处以及可能带来什么风险？

2.1995 年，壳牌公司因没有表明立场并敦促尼日利亚政府释放肯·萨罗-维瓦和其他 8 名奥戈尼族活动家而受到批评。在你看来，这种批评是不公正的吗？壳牌公司应当承担这样的责任吗？

3. 企业履行保护人权的义务能否与企业的利润动机协调一致，或者我们可否要求企业通过履行这一义务而成为慈善机构？

4. 一些批评人士担心，积极的企业人权义务可能会变得没有限度，因为企业可以做的事情总是更多。我们可以并且应该在哪里为这些义务划清界限？杨的"社会关系模型"是否足以说明这一点？

第八章　在企业层面运作和实施人权责任

在概念上讨论企业人权责任是一回事，在企业运营中有效实施人权责任则是另一回事。尤其是在《联合国工商业与人权指导原则》（以下简称《指导原则》）发布后，实施成为工商业与人权（BHR）领域的关注焦点。《指导原则》建议企业开展人权尽责，以确保尊重人权。因此，在《指导原则》的推动下，人权尽责已迅速成为评估企业实施工作的标准和基准。然而，尽管实践是以这种方法为导向的，但仅仅依靠人权尽责并不足以确保人权不被企业侵犯。本章首先将进一步探讨作为解决企业人权责任的标准工具的人权尽责，其次，反思企业在人权尽责之外还应该做些什么，以真正组织起来促进人权。

8.1　人权影响管理：人权尽责

人权尽责背后的核心理念是，企业在开展业务时应适当关注人权。它们应该尽其所能，避免通过自身行为侵犯人权或助长他人的侵权行为。简言之，它们应该通过识别、评估、监测和减轻其对人权的影响来做到这一点（Fasterling & Demuijnck 2013：801）。

《指导原则》引入人权尽责的理由是，一般而言，尽责对（国际）法律和企业实践来说都不是一个新概念。新的"仅仅"是它与人权的联系。因此，《指导原则》将一个企业以及人权律师和倡导者都认同的概念置于核心。

8.1.1　法律中的人权尽责

在法律上，尽责起源于罗马法，通常被理解为一种行为标准，其与过失侵权密切相关：尽责的对立面是疏忽（Bonnitcha & McCorquodale 2017：903）。疏忽意味着不小心或不努力地避免伤害他人。因此，有义务采取合理的预防措施来预测、预见和避免伤害（Bonnitcha & McCorquodale 2017：904）。联合国人权高专办在其关于《指导原则》的专门解释性指南中，对一般性尽责和人权尽责的定义如下。

> 在特定情况下，可以预期一个理性和谨慎的［人或企业］所具有的，并通常会表现出来的某种程度的谨慎、能动或关切；不以任何绝对标准衡量，而是取决于具体情况中的相关事实。在《指导原则》中，人权尽责是一个持续管理的过程，在此过程中，理性和审慎的企业应根据自己的情况（包括部门、经营情境、规模和类似因素），履行其尊重人权的责任。（OHCHR 2012：4）

作为公司治理的一部分，旨在更广泛地调整企业行为的尽责条款已在许多国内制度中有所发展。它们起源于证券法，可以追溯至美国大萧条后的金融监管（Martin-Ortega 2014：51）。在这种商业和金融背景下，尽责旨在"确认商业交易中涉及的事实、数据和陈述，以确定此类交易的价值、价格和风险，包括未来诉讼的风险"（Martin-Ortega 2014：51）。尽责条款通常也被用作企业的法定抗辩事由。根据这样的规定，企业可以在诉讼或刑事指控中为自己辩护，证明尽管它们已经采取一切合理的措施来防止此类伤害的发生，但被指控的违法行为还是发生了（Fasterling & Demuijnck 2013：806；McCorquodale et al. 2017：203）。

最近，一些国内法对企业人权尽责作出了更具体的规定（Chapter 12.4）。例如，在美国，《多德-弗兰克华尔街改革和消费者保护法》（以下简称《多德-弗兰克法》）第1502节要求企业报告供应链尽职调查情况，并披露冲突矿石是否来自刚果民主共和国（DRC）及其邻国（Chapter 12.4.2.1）；《加利福尼亚州供应链透明度法案》要求企业说明其如何应对供应链中的现代奴隶和人口贩运行为（Chapter 12.4.1.1）。同样，在英国，《现代奴隶制法》要求企业报告其在自身运营范围和供应链中采取的消除现代奴隶的措施（Chapter 12.4.1.1）。根据《法国警惕义务法》，大型企业必须公布它们的年度警惕计划，以避免在其运营范围和供应链中侵犯人权（Chapter 12.4.3.1）。

在国际人权法中，尽责也是一项公认的合理预防标准，通常被用作评估"国家在处理非国家行为者的行为时是否遵守国际人权义务"的标准（Martin-Ortega 2014：45）。这种评估国家对非国家行为者行为责任的尽责标准在国际法的其他领域也很常见（Martin-Ortega 2014：53）。国家应恪尽职守，防止、惩罚、调查或补救第三方造成的损害。因此，第三方侵犯人权的行为，即使不能归咎于国家，但如果国家没有尽职尽责地防止或应对侵权行为，则可能会引起国家的国际责任（Martin-Ortega 2014：54）。然而，就国家自身的行为而言，违反义务并不取决于国家是否采取了尽责措施（Bonnitcha & McCorquodale 2017）。

8.1.2 工商业实践中的人权尽责

在企业实践中，尽责作为评估金融和商业交易风险的程序和工具有着悠久的历史（Martin-Ortega，2014：49）。它最为人知的是在并购中被当作一种风险评估工具。在这种情形下，尽责通常需要对新项目、新商业伙伴或新收购可能对企业目标构成的风险进行彻底审查。因此，尽责通常被视为一项风险管理任务（Fasterling 2017：226），是"企业为识别和管理商业风险而采取的调查程序"（Bonnitcha & McCorquodale 2017：901）。

从20世纪90年代中期起，企业越来越多地利用尽责调查手段，来解决狭义的商业或金融交易之外更广泛的问题，如反腐败和反贿赂的努力（Martin-Ortega，2014：49-50）。最近，尽责已经被运用于非金融业务领域，特别是与可持续管理相关的领域。例如，企业开展社会和环境影响评估或健康影响评估，以了解新项目等产生的影响和风险（Götzmann 2017：89）。最后，

《指导原则》将尽责的适用范围扩大到人权领域，指出了人权尽责与企业现有的风险评估和管理程序的相似性。因此，《指导原则》是将尽责更为人所知的商业解释转化到人们不太熟悉的人权领域（Martin-Ortega 2014：51）。

人权尽责，正如《指导原则》所设想的那样，与传统的企业风险管理系统之间存在许多共同之处，尤其是在社会和环境风险方面（Fasterling 2017：229）。然而，一个根本性的区别在于，传统的企业风险管理系统旨在识别和评估企业的脆弱性（Fasterling 2017：230），而人权尽责处理的是受影响的权利人的脆弱性问题。这是人权尽责的三大关键特征之一。

- 权利人面临的风险：企业风险管理系统通常将"社会风险"理解为企业面临的风险，这些风险源于社会领域（例如，声誉风险，或者因抗议活动而造成的运营中断风险），而与人权尽责相关的人权风险是指企业运营活动对权利人带来的潜在或实际的负面影响（Fasterling 2017：230-231）。因此，人权尽责要求将视角从"企业的风险"转变为"权利人的风险"。这一观点具有重要的方法论意义，因为这意味着人权尽责流程有别于其他类型的尽责流程，并且不容易与更传统的风险管理系统兼容（Fasterling 2017；McCorquodale et al. 2017）。第八章第一节第五小节第二项将更详细地讨论这一观点。

- 实际和潜在的影响：人权尽责旨在识别和减轻商业行为造成的实际和潜在负面人权影响。如果确定了实际影响，企业应减轻和消除这些影响，并在必要时采取救济措施。如果发现潜在负面影响，企业需要采取适当的预防措施，以确保这种影响不会发生。

- 持续进行的过程：这是因为人权尽责也关注潜在影响，所以必须将其理解为一个持续进行的过程，而不是一次性的行动。企业运营的环境和背景处于不断变化之中。这也意味着，商业运营产生的潜在人权影响可能会随着时间推移而变化。因此，人权尽责要求企业持续评估和解决此类潜在影响。

在简要定义人权尽责并概述其一些关键特征后，下一小节将更深入地探讨《指导原则》所要求的人权尽责流程的关键要素。

8.1.3　人权尽责流程

《指导原则》定义的标准人权尽责流程包括四个连续步骤。它们是：
（1）评估实际和潜在的人权影响；（2）整合调查结果并采取行动；（3）跟踪响应；以及（4）沟通如何解决影响。甚至在建立人权尽责流程之前，企业还应当制定明确的人权政策。此外，在人权遭到侵犯的情况下，企业必须提供适当的救济。本小节概述了此类人权尽责框架。然而，此类流程的具体实施必须考虑企业经营的具体行业背景（Chapter 8.1.5.1）。

8.1.3.1　作出人权承诺：人权政策声明

人权政策表达了企业在运营中尊重人权的基本承诺。此类声明通常罗列企业对自身人权责任的立场和解释，以及作出这一承诺的基本理由。一些人权政策包含对特定标准的认同，如《指导原则》或者联合国"全球契约"，以便为企业的人权承诺提供更多实质内容。一般而言，人权政策是宽泛的规范性声明，通常不包括企业应该或将如何确保尊重人权的任何细节。

对于将《指导原则》作为人权政策标准的企业而言，原则17概述了对这一政策的五项基本要求：

- 最高管理层的认可：人权政策声明应得到最高级管理层的批准和认可。毕竟，这样的政策如果得到认真对待和实施，应该会改变一家企业的经营方式。然而，这样一项影响深远的政策只有当其信息被认为是直接来自高层时，才会被认真对待和实施。相反，如果一项人权政策被认为没有得到最高管理层的支持，它很可能不会对企业的日常运营产生任何真正的影响。

- 人权专业知识：人权政策应得到相关的内部和/或外部专业知识的支撑。起草这样一项政策需要商业和人权方面的专业知识。在参与人权事业的早期阶段，企业内部不太可能拥有丰富的人权专业知识。因此，大多数企业被建议将外部专家纳入这一过程。

- 第三方的期望：人权政策不仅应概述企业自身对人权的承诺，还应概述企业对员工、商业伙伴和其他相关方的期望。企业不可能既对人权作出一致承诺，又与不遵守相同标准的其他各方开展业务或建立合作伙伴关系。这样做本质上意味着该企业并没有致力于消除对人权的不利影响，而只是将其外包给第三方。

- 公共问责：人权政策应公开发布，并传达给内部和外部的所有相关方。企业如果公开声明其人权承诺和期望，任何对企业行为感兴趣的人都可以追究其责任。因此，采用人权政策声明的企业将接受公众的监督和问责措施。

- 整合与实施：人权政策承诺应当纳入业务政策和流程，并在整个企业中得到贯彻和落实。毕竟，要想让一项政策生效，它不仅要对企业的信仰产生影响，还要对企业的行为产生影响。

人权政策声明具有两项重要功能。一方面，它对内发出信号，表明必须认真对待人权，并将其纳入企业的流程和日常运作。另一方面，它对外表明，该企业已经做好准备接受人权承诺的衡量和问责。在这种背景下，政策声明可以而且也应该是雄心勃勃和充满抱负的，但与此同时，就企业能够实现的目标而言，它也必须是现实的。不过，显而易见的是，人权政策本身的价值是有限的。要使其行之有效，企业必须促进并确保领导层和员工的广泛认同，而且必须在整个组织内部贯彻执行并使之成为现实。一个包括内外部利益攸关方代表的包容性的起草和制定过程，可以在很大程度上实现政策的合法性、认同感和自主性。此外，制定人权政策的过程本身也是促进内部对话和与外部利益攸关方就人权问题进行接触的重要因素。因此，最终确定的政策固然重要，但实现这一目标的过程也同样重要（GBI 2017a）。

8.1.3.2　识别人权影响：人权影响评估

识别和评估实际或潜在的人权影响是人权尽责流程的第一步。一家企业可以因自身活动而直接卷入或因商业关系而间接卷入负面人权影响。为此，企业也可以且应当开展所谓的人权影响评估。

开展人权影响评估意味着评估谁受到企业运营的影响，受到何种方式的影响，以及这些实际和潜在影响与相关人权标准之间的关联。人权影响评估仍是一种新兴的实践，与环境和社会影响评估相比，关于人权影响评估的知识仍然较少（Götzmann 2017：88）。环境和社会影响评估均已成为关键的企业风险管理工具，环境影响评估在许多法域中甚至已经成为大型项目获得批准的法律要求（Götzmann 2017：89-90）。

大多数企业通过两个阶段实施人权影响评估（Graf & Iff 2017：124）。第一个阶段评估典型的与行业相关的人权风险，以及企业运营所在国家或业务区域的人权状况和背景。许多营利性和非营利性组织专门为企业提供此类信息。人权影响评估应当利用此类服务以及可用的报告、学术文章和其他信息，以此创建一个关于企业经营所在地的详细的人权风险概况。第一阶段主要包括案头研究。第二阶段是确定和评估企业业务对人权的具体影响。在此情况下，企业应当直接与潜在受影响的利益攸关方接触，以全面了解其运营活动产生了何种影响及对谁产生了影响。《指导原则》原则18直接规定：

第一，人权影响评估必须以明确的人权专业知识为基础。如果企业内部具备此类专业知识，企业则应该充分加以利用。然而，企业最好也利用独立的外部专业知识，这不仅是对内部专业知识的补充，也是为了加强流程的合法性。

第二，在适当情况下，企业应以有意义和建设性的方式与受影响群体和其他利益攸关方进行磋商。人权影响评估不能仅仅成为一种内部案头研究，而应当包括实地直接调研和与各类外部利益攸关方的沟通。然而，学者们指出，尤其是权利人的参与需要超越单纯的协商。人权影响评估需要在整个过程中为权利人提供实际的包容和参与，而不是将磋商视为该过程的一个阶段。这种全面的参与可以确保权利人对人权影响评估过程本身，以及由此产生的结果和影响具有真正的影响力。这种包容性的过程可以减轻企业和受影响社群之间的权力不对等，这种不对等可能会导致此类评估结果产生偏差（Götzmann 2017：99-100）。这就要求具有足够的透明度，企业应当允许权利人获取相关信息。这通常需要克服语言、文化和教育方面的挑战。

在（企业）人权责任的三方责任结构背景下（Chapter 7.2），重要的是要指出，人权影响评估仅侧重于识别和评估（之后是减轻和救济）消极人权影响。然而，它们并不是关于企业可能产生的积极人权影响的识别，更不是关于评估消极影响和积极影响之间的平衡，这可能涉及在一个领域用另一个领域的积极影响来含蓄地抵消消极影响（Götzmann 2017：98）。

8.1.3.3　应对人权影响：运营层面的申诉机制

如上文所述，人权尽责的第二步主要是针对人权影响评估识别的潜在和现实影响来制定和实施适当的回应措施。根据影响的不同类型——潜在的或实际的——有三类可能的应对措施：（1）企业应当防止已被识别的潜在影响成为现实；（2）企业应当减轻现实影响的后果；以及（3）企业应当对过去造成的负面影响采取救济措施。第三类应对措施——也就是，对既往侵权行为的救济——将在下文另行解释（Chapter 8.1.4）。就预防和减轻影响而言，《指导原则》仍然模糊不清。原则19要求企业在组织内明确分配责任，并以能够有效提供适当对策的方式构建决策程序、预算分配和监督程序。

所谓的运营层面申诉机制是一个具体的工具，通常在预防和减轻负面影响的人权尽责流程框架下予以讨论。运营层面申诉机制"是由企业自身（单独或与其他机构合作）管理的正式程序，用于解决受其活动影响的个人和社区的申诉"（Thompson 2017：56）。它们被用来建立一线的沟通和对话渠道，旨在使受影响的利益攸关方——工人、社区成员和其他受企业运营影响的人——能够表达他们的不满，并促使企业作出迅速有效的反应来解决这些问题（Kaufman & McDonnell 2015：128）。预防和减轻影响的终点和现实救济的起点并不总是一目了然的。因此，有关预防和减轻影响的措施与救济措施的讨论存在相当程度的重叠。很明显，《指导原则》原则29在救济的标题下讨论了运营层面的申诉机制。然而，原则29确实指出，这种机制应该允许提出任何投诉或申诉，即使投诉或申诉的事项（尚未）达到实际侵犯人权的程度。这类机制的根本目的是尽早发现和解决负面影响，以避免此后漫长而持久的救济流程。这使得运营层面申诉机制成为一种预防和缓解措施，而不是一种补救措施。事实上，它们经常被指责对具体救济措施的关注不足（Kaufman & McDonnell 2015：129）。

因此，这种机制的理念是在负面影响和潜在冲突升级，以及被迫启动更为复杂、昂贵和烦琐的救济程序之前解决争议问题（Graf & Iff 2017：12）。

它们的目标是在出现潜在冲突时尽早提供救济，并在可能的情况下提供解决方案（Ruggie 2013：116）。企业可以通过无数种方式建立这种申诉机制。例如，它们可以任命社区代表作为指定的投诉人，设立企业监察员职位，提供独立管理的电话热线，并建立其他安全有效的沟通渠道。无论企业采取何种组合方式，运营层面的申诉机制都应当满足一些关键要求。《指导原则》原则 31 列举了这些要求，这些要求也广泛适用于非司法救济机制。方框 8.1 总结了这些要求。

方框 8.1　文本：《联合国工商业与人权指导原则》

原则 31 规定的非基于国家的非司法救济机制的有效性标准

（1）合法性：确保获得所面对的利益攸关方群体的信任，并有责任在申诉过程中公正行事。

（2）可获得性：确保被所面对的利益攸关方群体知晓，并为在寻求救济时面临特殊困难的群体提供充分协助。

（3）可预测性：提供清晰和公开的程序，附带每一阶段的指示性时间框架，明确程序类型、可能的结果和执行监督机制。

（4）平等性：努力确保申诉方有合理的途径获得信息、咨询意见和专门知识，以便在公正、知情和受尊重的条件下参与申诉进程。

（5）透明性：确保申诉各方随时获知进展情况，提供充分信息，说明该机制如何建立对其有效性的信任及符合相关公共利益。

（6）权利兼容性：确保结果和救济与国际公认的人权相一致。

（7）有持续的学习来源：利用有关措施，汲取经验教训以改进该机制，同时，预防未来的申诉和损害。

（8）立足参与和对话：这项要求特别适用于运营层面的申诉机制。就机制的设计和运作与所面对的利益攸关方群体磋商，侧重以对话为手段处理和解决申诉。

运营层面申诉机制给企业带来了许多现实挑战。例如，在受众是文盲或者使用当地语言的情况下，向受影响的权利持有人和社区传达此类机制的宣

传单和信息表可能是无效的。此外，根据这些机制的设计，社区中的结构性歧视可能使妇女难以使用这些机制，或者有碍她们从这些缓解措施中受益（Götzmann 2017：100）。如果受影响的工人无法获得电信服务，电话热线则没有任何帮助。因此，对企业而言至关重要的是，要确保有多种接入申诉机制的方式以及多种应对措施（Shift 2014：9）。应当尤为注意让特别脆弱和边缘化的群体能够利用这些机制。

然而，一个更大的问题是，受影响的权利人普遍不信任企业自身管理的机制。这可能导致受影响的权利人不会使用这些机制，即使原则上他们可以使用。因此，建议企业让独立第三方参与其中，并在申诉机制中允许向外部机构寻求帮助（Shift 2014：5）。然而，也可能出现相反的挑战：申诉机制可能被过度使用，导致企业在处理投诉和申诉时负担过重，而这些投诉和申诉本应该由其他途径更好地解决。例如，如果企业缺乏定期的利益攸关方参与程序，所有利益攸关方的问题和关切最终可能会被界定为申诉并被移交至申诉机制（Shift 2014：9）。因此，界定此类机制的范围（谁有资格提起何种类型的申诉？）并相应地设计这些机制，是建立这些机制时的一个重要考虑因素（Shift 2014：7）。例如，就谁有资格提出申诉而言，是仅限于直接受影响的个人，还是每一个人？就他们能够提出何种类型的申诉而言，是仅限于人权申诉，还是也包括商业投诉（Shift 2014：19）？为了促进信任和有效性（方框 8.1），专家们呼吁建立"社区驱动型"申诉机制。此类机制应该让权利人尽早参与流程的设计（Kaufman & McDonnell 2015：128）。

8.1.3.4　跟进应对措施：人权绩效指标

根据《指导原则》，人权尽责流程的第三步要求跟踪对已确定影响所采取应对措施的有效性。对应对措施的监测和评估既可以通过对企业采取的具体措施开展针对性的评估来完成，也可以作为更新的人权影响评估和现有申诉机制的一部分来完成（Graf & Iff 2017：129）。监测和评估应对措施是将人权影响评估理解为连续不间断过程的重要原因。在采取了应对措施的情况下，负面人权影响和相关申诉应该会随之减少。因此，持续进行的人权影响评估应当考虑到这种减少的影响，除非应对措施没有发挥预期的作用。

工商业与人权

《指导原则》原则 20 要求企业编制一套适当的定性和定量指标，以跟踪
应对措施的有效性，并从内部和外部相关方，包括那些受企业影响的利益攸
关方，获取直接反馈。联合国工作组重申了工商业与人权绩效指标的重
要性：

> 制定可供利益攸关方用来鼓励申诉机制正常运作的绩效指标十分重
> 要，利益攸关方也可利用这些指标了解运营层面的申诉机制是如何运作
> 的，并追究企业的责任。（UNWG 2013：15）

近年来，关于人权指标、衡量和基准的实践及学术讨论日益增多，目的
不仅是为投资者、消费者、倡导团体和其他利益攸关方提供有关企业人权绩
效的重要信息，还使他们能够利用各自的手段对企业施加压力，追究企业责
任（Chapter 9.4）。这些指标可以跟踪企业在一段时间内的人权绩效并进行
同行比较。然而，衡量企业人权绩效的实践尚处于起步阶段，在依赖此类绩
效指标时，一般应谨慎行事。在这方面，有两个主要考虑因素需要指出。

1. 数据的质量：在收集衡量人权状况所需的数据方面存在现实挑战。例
如，由于受害者、证人和人权维护者在报告此类事件时经常会面临严峻风
险，企业侵犯人权行为通常没有被报告（De Felice 2015a：546）。因此，在
某些情况下，即使是企业自身可能也很难清楚地了解自身的人权状况。此
外，在某些情况下，企业收集的信息可能存在偏见。例如，当地代表可能表
示，他们已经就某个特定问题咨询了所有利益攸关方，但他们可能对谁与当
前问题相关或无关存在偏见。因此，他们可能会错误地将不完整的数据定性
为完整数据。

2. 估算的质量：评估人权绩效是一种使实际上无法衡量的东西变得可以
衡量的尝试。人权的实现是一项定性而非定量的工作，评估在一定程度上只
能是估算的。因此，如何设计指标，使其能够真正衡量所要衡量的东西，这
本身就是一项挑战。据此，在如何制定定量和定性指标方面有无数种可能。
通过申诉机制提起的申诉就是一个可能的定量指标。基于社区和侵犯人权行

为对企业提起诉讼的数量是另一个可能的指标。定性指标可以通过社区就应对措施的有效性进行咨询获得。因此，企业可以开展调查，要求社区成员对企业的某些举措进行 1~5 分的评级。不过，这些例子已经显示出这类衡量方法必然存在的一些局限性。例如，申诉数量的降低可能不是因为企业正在有效地解决影响，而是社区成员不了解现有的申诉机制或者对其不信任。诉讼的增加可能不是因为企业人权纪录变得更差，而是因为向国内法院提起诉讼的司法机制正在改善。早在 1975 年，管理学家史蒂文·克尔（Steven Kerr）就将这种通过测量得出的近似值所带来的危险描述为"奖励 A 却期待 B 的愚蠢行为"（Kerr 1975）。举例而言，一家仅凭借申诉数量衡量人权绩效的企业，实际上可能会激励组织内部人员对提高申诉机制的可及性感到沾沾自喜，从而用申诉数量的减少来掩盖人权绩效的缓慢降低。因此，建议至少以叙事形式提供的背景信息来对指标进行补充（De Felice 2015a：542）。

衡量企业的人权绩效还存在其他挑战（参见 De Felice 2015a：548-550）。例如，在比较不同行业的人权绩效指标得分时，侵犯人权次数较少的企业可能会被视为"表现良好"的企业，这隐含着对较低程度侵犯人权行为的常规化和宽恕。然而，尤其是在人权方面，应当避免任何不利影响。此外，通过量化指标的滤镜来看待侵犯人权行为，可能会导致对数字背后严重的个人伤害和痛苦故事的麻木不仁，从而降低而不是增加解决这些问题的紧迫感。

8.1.3.5　通报应对措施：人权报告

人权尽责流程的第四步，也是最后一步，涉及对企业影响和各项企业应对措施的报告。《指导原则》原则 21 要求企业对外通报它们如何处理人权影响，以提高透明度和问责性。根据《指导原则》，此类报告应当是经常性和可获取的；它应当为主要利益攸关方提供充足的信息，以评估企业应对措施的充分性；它不应当对受影响的利益攸关方带来进一步的风险，也不应与保守商业秘密的要求相冲突。

《指导原则》列举了各类可能的沟通渠道和平台。其中包括面对面会议、磋商和正式报告。可见，《指导原则》的报告要求相当低，一些工商业与人权倡导者呼吁将正式报告作为标准的沟通方式，这不仅包含影响和回应措施，也包括整个流程，遵循的方法论以及从中获得的结论（Götzmann 2017：104）。在此方面，企业人权报告至少应当（Mehra & Blackwell 2016：281）：

1. 描述人权如何嵌入企业运营，包括谁负责及谁监督。

2. 涵盖政策和实践，包括对人权尽责的详细说明。

3. 报告企业造成的结果和影响，并详细说明如何预防、缓解和应对这些结果与影响。

4. 揭示在确实发生侵犯人权行为的情况下采取了哪些救济措施。

一些倡议为正式报告企业的人权绩效提供了指南。在非财务报告领域最成熟和最为知名的倡议是全球报告倡议（Global Reporting Initiative，GRI）。它创立于1997年，是使用最广泛的可持续性发展报告的全球标准。虽然它的一般性报告标准不包括具体的人权视角，但全球报告倡议在2016年发布了一项专门用于报告人权影响的针对性标准。

2015年，由 Shift 和 Mazars 推动的人权报告和保证框架倡议（Human Rights Reporting and Assurance Framework Initiative，RAFI）发布了《联合国指导原则报告框架》（UN Guiding Principles Reporting Framework）（RAFI 2015），为依据《指导原则》进行报告提供了更具针对性的指导。该框架分为三个部分，由31个具体的问题组成，要求企业报告在尊重人权方面的治理结构（A部分），概述突出的人权问题和其他严重的人权影响（B部分），并展示如何解决和管理这些问题和影响（C部分）。详细的解释和定义以及一份实施指南构成了对该报告框架的补充。

近年来，越来越多的司法辖区引入了强制性非财务报告要求。例如，欧盟的2014年《非财务报告指令》（Chapter 12.4.1.3）要求企业披露其人权尽责以及对人权风险的考虑，这与《指导原则》的要求一致（Ewing 2016：288）。同样地，英国和澳大利亚的《现代奴隶制法》（Chapter 12.4.1.1）以及《法国警惕义务法》（Chapter 12.4.3.1）均要求企业报告其在人权领域的尽责工作。尽管越来越多的国家制定了此类法律，但这些强制性报告要求的标准仍有很大差异（Ewing 2016：284）。我们将在第十二章第四节第一小节中进一步讨论人权披露型法律。

8.1.4 对负面人权影响的救济

根据《世界人权宣言》（第 8 条）、《公民权利和政治权利国际公约》（第 2 条），以及许多其他国际人权文书，人权侵权的受害者有权获得救济（UNWG 2017a：6）。因此，相较于其他类型的影响评估，如环境和社会影响评估而言，人权影响评估的一个显著区别是：当人权受到侵犯时，必须提供救济。

《指导原则》区别看待获得救济和人权尽责流程，尽管获得救济被理解为企业尊重人权责任的一部分。因此，它至少可以被视为解决和应对人权影响评估和运营层面申诉机制所识别的负面影响的一种延伸。如前所述，预防和减轻负面影响及其救济措施之间的界限并不是固定的。例如，一些人将运营层面申诉机制视为预防和减轻负面影响的工具，而另一些人以及《指导原则》，则将此类机制视为人权救济的一部分。

提供救济措施的目的是使企业侵犯人权行为的受害人恢复到他们在负面影响没有发生时所处的状态，或者在不可能恢复到这一点的情况下——对于侵犯人权行为而言，这是常规而非例外——通过适当的手段对受害人予以相应的补偿（Shift 2014）。《指导原则》和更广泛的工商业与人权讨论将企业侵犯人权行为的救济机制分为三类，如下所示：

1. 基于国家的司法救济机制：国家应当确保受害人能够诉诸司法系统，以伸张正义。例如，这包括有机会对侵犯其人权的企业提起诉讼（Chapter 12.5）。

2. 基于国家的非司法救济机制：除了司法救济机制外，国家还可以提供其他手段和渠道来为企业侵犯人权行为的受害者提供救济。依据《经合组织跨国企业准则》设立的国家联络点（Chapter 11.1）就是案例之一。

3. 非基于国家的非司法救济机制：救济机制也可以在国家层面之下提供和管理，例如，多利益攸关方倡议或企业自身（在卷入或促成侵犯人权的情况下）提供和管理。比如，在受害人无法使用更正式的国家机制的情况下，企业可以提供赔偿，或者参与更广泛的社区发展项目，作为其救济努力的一部分。

《指导原则》将基于国家的救济机制作为国家保护人权义务的一部分，而企业层面的救济机制则是企业尊重人权责任的一部分（Chapter 10）。本章具体讨论非基于国家的非司法救济机制。此类救济机制是对国家机制的补充，但通常是为了在完全缺乏国家和司法救济机制的情况下提供救济（Kaufman & McDonnell 2015：128）。

救济措施可以包括多种形式。《指导原则》原则 25 的评注将"道歉、恢复原状、康复、经济或非经济补偿和惩罚性制裁（无论是刑事还是行政制裁，如罚款），以及通过禁令或不再重犯的保证防止伤害"列为救济措施的可能表现形式。因此，它不是非此即彼的，而是不同救济方式的组合——联合国工作组将其称为"一揽子救济措施"——以充分处理危害（UNWG 2017a：12）。当然，并不是所有这些都能由企业自身提供。一些令人发指的侵权行为和指称的国际犯罪则要求诉诸法院和司法救济。然而，《指导原则》原则 22 的评注明确呼吁在此类情况下，企业支持司法机制并与之合作，而不是潜在地规避和取代司法机制。

《指导原则》不仅呼吁企业参与救济程序，还呼吁所提供的救济措施是有效的。因此，企业仅仅提供某种救济机制的行为并不足以履行其责任。它们还必须确保建立的机制是有效的。然而，什么构成救济措施的"有效性"一直存在一些争议。显而易见的是，如果不考虑救济措施所涉及的受害者的声音，就无法回答这个问题。关于有效救济措施的两项广泛的程序性标准就源于这个观点。

1. 受害者的参与：受害人需要参与适当救济措施的确定以及申诉和救济程序的设计。他们的参与不能仅限于协商；受害人必须对程序和所提供的救济措施具有真正的影响，提供这种救济措施必须以双方协商一致为基础。然而，受害人的观点也是主观的，可能并不总是可以客观地评估情况。例如，众所周知，人类倾向于根据自己的生活环境和情况调整自己的观点和偏好。

因此，一直生活在压迫、赤贫和其他形式剥削中的受害人可能会同意采取远低于客观适当标准的救济措施。这就引出了第二项补充标准。

2. 独立第三方参与：企业和受害人之间的权力差异是运营层面申诉机制中存在的普遍现象。受害人所处的这种结构性劣势，以及上述适应性偏好和其他障碍——例如，可能缺乏关于自身权利的教育，或者缺乏获取关键信息的途径，仅此两个例子——足以导致对受害人的补偿不足。在这种情况下，救济机制内部缺乏制衡可能导致救济方案本身很难与人权兼容。因此，让独立第三方参与监测和调解对这些程序的合法性至关重要。

《指导原则》原则 31 列举了一些需要满足的额外关键标准，这些标准可以使企业主导的救济和申诉机制被视为是合法有效的。方框 8.1 概述了这些标准。

对这些标准的批评是，除了"权利兼容性"之外，它们过于关注程序，而忽视了救济结果的实质。正如联合国工作组在其 2017 年关于获得救济的报告中所指出的那样，"虽然救济机制的有效性和获得有效救济之间存在密切的相关性，但这是两个独立的方面，因为有效的过程可能并不总是产生有效的结果"（UNWG 2017a：4）。因此，联合国工作组在《指导原则》所列举的标准之外，增加了两项需要考虑的更为实质性的标准：

1. 对权利人不同经历的敏感性：不同的特别是弱势利益攸关方群体的不同伤害经历应反映在所提供的救济措施中。例如，与祖传土地有着深厚联系的土著社区可能不认为补偿或替代土地是流离失所情况下的适当救济措施，即使这些土地在客观上可能比他们的故土更有价值（UNWG 2017a：9-10）。

2. 可获得、可负担、充分和及时的：不仅仅是过程，结果也需要是可获得和可负担的。例如，如果无法获取资金，或者需要受害人付出不合理的代价才能获取资金，那么救济基金对受害人的作用微乎其微。此外，救济措施必须是充分的。联合国工作组强调，适当的救济措施不仅应解决目前的情况，还应当考虑受害人未来的长期需求。最后，至关重要的是，及时提供救济措施，不要拖延，同时铭记及时性也是相对于相关案件的复杂性而言的（UNWG 2017a：11）。

因此，在运营层面提供救济措施面临着现实和内在的挑战。然而，如果有效性与合法性标准得到充分遵守，运营层面申诉机制也可以提供一些独特优势。其中一个优势便是提供救济的速度；受害人不必经历漫长且不确定的法律诉讼，而是可以迅速直接地获得赔偿。与此相关，相较于法律或行政程序，运营层面提供救济成本更低。此外，在处理需要多个司法管辖区共同协作的跨境案件时——这一挑战在法律赔偿案件中往往会造成几乎无法克服的障碍，而企业层面的程序可以更为灵活（Chapter 12.4）。因此，运营层面申诉机制在速度、成本和有效性方面具有独特优势，在基于国家的机制不可用、不存在或失灵的情况下，运营层面申诉机制的可用性是至关重要的。

方框 8.2　简短案例：巴里克黄金公司波尔盖拉矿场的救济措施

加拿大矿业公司巴里克黄金（Barrick Gold）是世界上最大的金矿商，在全球范围内经营矿山。其中一个大型矿山是位于巴布亚新几内亚的波尔盖拉（Porgera）矿山，巴里克黄金公司自 2006 年以来一直在经营该矿山。巴里克黄金公司的私人安全部队多年来存在性侵、虐待和强奸当地妇女行为。巴里克黄金公司对这些事件的回应是建立了一项救济程序。该程序由一个独立的评估小组负责，共受理了 125 项索赔主张，产生了超过 100 万美元的赔偿方案。救济程序的范围非常有限，仅受理与对妇女的性暴力有关的问题；其他潜在的人权诉求并不在考虑范围内。赔偿方案包括不同的服务（例如，医疗保健、学费或商业培训），以及可供受害人选择的物品（例如，鸡或衣服）（Knuckey & Jenkin 2015：809）。救济措施还包括一项社区发展项目，通过该项目，200 位社区关系专家参与了旨在促进波尔盖拉山谷性别平等和妇女权利的各项活动（Henderson & Hsieh 2016：11）。

约有 90% 符合条件的妇女接受了提供的一揽子补救措施（Henderson & Hsieh 2016：11）。然而，并不是每个人都对"标准化"的救济措施感到满意，认为所遭受伤害的经历具有高度主观性和个性化，在某些情况下，救济措施并不能反映侵权行为的严重性（Knuckey & Jenkin 2015：

809）。并非所有女性都接受救济方案的原因之一是，接受该方案包括签署一份放弃声明，表示她们不会对该企业提起任何进一步的法律诉讼。11 位女性开始起诉巴里克黄金公司而不是接受一揽子补救措施，并最终在法庭外解决了她们的索赔主张。后来，有报道指出，她们获得的和解金额比通过救济机制给予其他妇女的和解金额高出 10 倍之多。作为回应，该企业随后增加了对所有妇女的救济措施（Knuckey & Jenkin 2015：809）。

讨论题

（1）波尔盖拉救济方案被一些人称赞为是迄今为止最有效的企业层面救济程序之一。其他人则对在司法系统之外对此类严重违法行为进行救济表示关切。您的观点是：用基于企业的程序来替代司法程序是否合法？在什么情况下合法？您对这些妇女为了获得救济措施而必须签署放弃法律诉讼的文书有什么看法？

（2）想象一下，您是负责设计波尔盖拉矿山救济程序的经理。您会怎么做？您将在流程中考虑哪些关键因素？您会把哪些人纳入流程？在设置流程时，您可能会遇到哪些挑战和障碍？

（3）有人批评巴里克黄金公司没有为受害人和当地社区提供足够的参与机会，而且这个流程是固定的，而非对话性的（Knuckey & Jenkin 2015：805-807）。您会在过程中的哪个阶段让权利人和当地代表参与其中，以及您会给他们多少决策权？

（4）波尔盖拉案例的根本问题不仅与羸弱的制度相关，如腐败和暴力警察部队、破碎的监狱系统和软弱的司法机构（Henderson & Hsieh 2016）。巴里克黄金公司能够以及应当做些什么来帮助改善这些系统？您能够为巴里克黄金公司这样强大的企业如何在不施加不当影响甚至完全接管国家职能的情况下建设性地参与其中提供一些建议吗？

8.1.5　实施挑战

　　一家企业最终是否尊重人权，不仅取决于该企业是否制定了人权政策和人权尽责流程，还取决于该政策和流程如何在日常运营中发挥作用。鼓励员工在日常工作中采纳和执行政策被认为是企业人权承诺方面最大的挑战之一。此外，确保这些政策在多个业务部门以及不同国家和地区业务部门中的一致性，以及向具有不同文化背景、教育、价值观、技能和能力的员工传达人权价值，都加剧了企业面临的困难（Obara & Peattie 2018：789）。另外，一些更进一步的挑战值得在以下各段落中更深入地阐述。

8.1.5.1　行业和企业特殊性

　　《指导原则》概述了一般性的人权尽责流程。然而，实施此类流程需要适应不同行业和组织的具体情况。人权尽责实践可能具有明显差异，这取决于企业所处的具体行业，例如，食品和饮料行业与银行部门的人权尽责实践具有很大区别。不同部门和行业面临的人权问题各不相同。利益攸关方群体、供应链的形态和复杂性以及侵权行为的种类都会因部门和行业而有所差异（Chapter 14）。这些差异必须被纳入考虑，并将其反映在旨在处理人权问题的工具和文书中。为此，各种组织已经着手开发了越来越多的特定行业指导文件。众所周知的例子包括由总部位于纽约的非政府组织 Shift 和总部位于伦敦的人权与商业研究所编制的《欧盟石油和天然气行业指南》（Shift & Institute for Human Rights and Business［IHRB］2013a）、《信息和通信技术部门指南》（Shift & IHRB 2013b），或者《就业和招聘部门指南》（Shift & IHRB 2013c）。人权与商业研究所还为商品交易行业编制了一份类似的指南（IHRB 2018）。

　　值得注意的是，由于资源、专业知识有限，以及缺乏能够实施人权尽责流程的现成架构，中小企业（SEMs）在实施人权尽责方面面临特殊的挑战。然而，中小企业也会侵犯人权且未被排除在人权责任之外。《指导原则》明确指出，有必要调整对中小企业的要求，但不允许在中小企业尊重人权的责任方面出现例外："与大企业相比，中小企业的能力可能更差，非正式流程和管理结构可能较多，因此它们各自的政策和流程将采取不同的形式。但一些中小企业可能会造成严重的人权影响，无论其规模大小，都需要采取相应的措施。"（Ruggie 2011a：14）

8.1.5.2　专门的与非特定的人权程序

人权尽责流程可以而且经常被视为企业风险管理系统的一部分。此外，人权影响评估与企业可能熟悉的环境和社会影响评估有许多共同之处。因此，许多企业都已经建立至少在一定程度上符合人权尽责流程要求的架构。因此，一个新的问题是，企业是否应当通过现有架构来考虑人权，如工作场所安全或劳工权利尽责程序，而不是建立专门针对人权的新架构。如上文所述，人权尽责需要从标准尽责或风险管理流程中转变视角：虽然标准流程旨在评估企业面临的风险，但人权尽责主要关注对权利人的影响。考虑到这一关键差异，人权尽责可能不是一个简单地将人权纳入现有尽责程序或风险管理程序的问题。事实上，将这两种替代性的人权尽责方法进行比较，可以明显看出这一点；采用专门的人权尽责流程，直接明确处理人权问题的企业在约80%的评估中发现了负面影响，而仅通过现有流程间接地考虑人权问题的企业仅在20%的评估中发现了负面影响。因此，如果"开展了专门的人权尽责，人权［影响］比执行非专门的人权流程期间更有可能被发现"（Mc-Corquodale et al. 2017：207）。

因此，在有效实施人权尽责时，人权语言至关重要。然而，由于人权语言的争议性和政治性，企业仍然不愿意使用人权语言，尤其是在其内部（Obara 2017；Obara & Peattie 2018）。在语言方面，让人权专家参与人权尽责程序也是一个关键因素。尽管近95%的企业在开展专门人权尽责时借助了内外部人权专家的力量，但只有25%的企业通过现有程序间接考虑人权问题（McCorquodale et al. 2017：213）。

在机构责任方面，大多数开展了专门人权尽责的企业都让其企业社会责任部门负责这一流程（McCorquodale et al. 2017：209）。事实上，企业的企业社会责任经验可以触发和促进企业的人权承诺，可以帮助企业组织、制定和管理人权方法（Obara & Peattie 2018：790）。同时，如上文所言，这种方法并非完全没有问题，因为它带来了企业将工商业与人权等同于企业社会责任，或者将其简化为众多企业社会责任问题之一的危险。因此，人权语言可能确实被避免使用，人权可能不会被当作必要的规范予以重视（Chapter 1.2）。

8.1.5.3 风险和影响的优先排序与权衡

一些跨国企业通过数百家子公司以及数千家供应商和承包商在许多不同国家开展业务。这使得全面人权尽责的设想成为一项艰巨的任务。这些企业几乎不可能同时以同样的紧迫性解决所有（潜在的）人权问题。但企业的重点应当放在哪里呢？企业应当优先处理哪些影响？一般而言，企业应在人权尽责中优先考虑高风险领域，这意味着它们应当首先关注人权影响最有可能和最为严重的领域。根据《指导原则》原则17，企业人权尽责的复杂性可能因企业规模、严重人权影响的风险以及其运营的性质和背景而异。在人权风险并非迫在眉睫、不太可能产生严重影响的情况下，尽责工作可以粗略一些。当人权影响评估识别出负面人权影响时，《指导原则》原则24要求企业优先处理那些最严重的影响，或者延迟应对可能会导致无法补救结果的影响。尽管《指导原则》允许企业确定应对措施的优先次序，但《指导原则》也明确要求企业必须处理所有负面人权影响。这一规定是受害人获得救济的权利的直接体现。《指导原则》原则14将严重性定义为影响的范围、程度和不可补救性。重要的是，在确定影响的严重程度时应当考虑受害人的感受（Götzmann 2017：105-106）。

8.1.5.4 社区参与

人权尽责在很大程度上取决于在实地、在受影响社区内以及与受影响社区一起进行的评估和调查。这就要求企业代表前往可能发生人权侵犯行为的地方，与潜在的受害者交谈，了解他们对企业运营的看法。然而，这一过程充满挑战。权利人和受影响的社区可能不信任该企业，并可能完全拒绝参与此类对话。还有一种危险是，将"社区"理解为一个单一的概念，从而低估了确保代表性问题的复杂性。指定的社区发言人和社区领导人可能无法充分代表社区内的所有声音。因此，可能无法充分识别对社区内部边缘化群体的影响，在设计应对此类影响的措施时可能没有考虑到特别脆弱的群体，救济措施可能永远无法惠及最需要的人。如果这些复杂问题得不到妥善处理，则有可能在社区内部引发冲突。应对这些挑战的最有效方法，或许也是唯一的方法，就是与其他利益攸关方合作，如人权团体和非政府组织，它们可以提供见解、建议和渠道。

8.1.5.5　有效协作

有效的协作，尤其是与民间社会组织的协作，是评估影响、跟踪应对措施以及更广泛的社区和工人参与的关键。当地组织与工人和社区建立了信任关系，可以提供专业技能、知识和见解，尤其是跨国企业可能没有的渠道。如果企业试图单独行事，受影响的权利人之间缺乏信任和拒绝参与可能会破坏全面的影响评估和有效的申诉机制。同样地，在更普遍的问题上，选择偏见和企业视角的某些盲点可能会带来不完整、有偏见或者扭曲的信息，并破坏企业的人权尽责流程。建立这种伙伴关系和协作需要时间和精力。这种努力的起点往往在母国；与跨国企业母国的非政府组织建立强大的伙伴关系，通常会为企业接触东道国潜在的当地伙伴并与之建立关系打开方便之门。行业层面的协作，有时也包括跨行业的协作，对企业而言同样重要，尤其是在制定明确的标准和预期方面。此外，企业还可以在信息的获取、创建和传播方面发挥协同作用，并允许开发通用工具和方法（GBI 2017b）。在价值链中开展协作能够提高人权尽责流程的效率和有效性。

更广泛地说，企业可以建立利益攸关方小组和外部合作伙伴网络，以测试它们的想法，并就日常活动和对具体挑战的处理定期获得反馈（GBI 2017c）。总之，人权尽责的核心必须被理解为一个协作的过程。如果没有一个国际合作者网络，人权尽责实践的影响必然有限。总体而言，多方利益攸关方的合作是全面应对企业人权挑战的一个关键因素。

8.1.5.6　供应商参与和审计

对供应商的工厂和设施进行审计是确保企业价值链中人权得到尊重的必要组成部分。例如，对影响评估或申诉机制而言，此类审计也可能是重要的信息来源。然而，审计所能实现的目标存在明显的局限性，近年来，它们作为管理供应商关系的过时"命令和控制"方法的代表，遭到了越来越多的批评。此类审计存在许多挑战。即使审计是未经宣布的,供应商也经常得到消息,并确保它们以最佳的方式展示自己的工厂;审计员往往缺乏足够的资格和人权专业知识;供应商的数量之多使得定期访问计划根本无法得到维持。因此,批评者更支持将协作参与模式视为具有前景的替代方案。这种模式建立在与供应商的合作之上,而不是对供应商的控制之上。例如,一家企业可以向供应商提供援助、资源和专门知识,以便与它们合作解决人权问题,并与它们建立长期伙伴关系。

8.1.6　对人权尽责的批评

人权尽责,正如《指导原则》所概述的那样,已经成为企业履行人权责任的标准方式。然而,正如有人对《指导原则》持批评态度一样(Chapter 10.3.2),也有人专门对人权尽责进行批评。

从法律的角度来看,邦尼查(Bonnitcha)和麦考克戴尔(McCorquodale)(2017)认为《指导原则》对人权尽责的表述是不一致的。具体而言,他们指出,《指导原则》采用了两种不同的尽责定义而没有澄清它们之间的关系。律师通常将尽责理解为履行义务的(预期)行为标准。从这个角度来看,企业必须开展人权尽责,以履行其尊重人权的责任。此外,对于工商业人士而言,尽责"仅仅"表示一种管理商业风险的程序。从这个角度来看,尊重人权可能以人权尽责进程为先决条件,但这本身可能是不够的。因此,如果确实发生了侵权行为,企业就不能仅仅通过援引人权尽责流程来主张其履行了尊重人权的责任。如果将人权尽责解释为一种行为标准,从而代表尊重人权的责任,那么情况就会有所不同。从这个角度来看,只要一家企业开展了适当的人权尽责,它可以侵犯人权,但实际上却没有违反尊重人权的责任。这会引起与《指导原则》相关的两个问题。第一,对人权尽责含义的混淆可能会强化一种有问题的观点,即开展人权尽责足以让企业履行尊重人权的责任。与此相关的第二点是,如果企业能够侵犯人权而在实际上没有违反尊重人权的责任,那么在这种情况下,受害者将不再拥有要求救济的有效主张。因此,根据国际法中普遍使用的尽责,邦尼查和麦考克戴尔(2017)指出,人权尽责作为一种行为标准，应只适用于第三方的行为，而第三方不能将其行为归因于企业本身。由于一家企业永远无法完全控制第三方的行为，我们所能要求的就是，该企业在与第三方接触时审慎行事。然而，一家企业应当对自己的行为承担严格责任，并且应当对造成的损害进行补救，即使它声称已经谨慎行事了。

也有人从伦理的角度提出了类似的批评。尊重人权的责任是一种完美义务（Chapter 7.1），人权尽责永远只能是一个不充分的近似值。人权尽责被理解为一个调查的过程，可能是企业支持尊重人权责任的适当管理工具。然而，将两者等同起来是有问题的，尤其是因为在实践中往往很难，甚至不可能评估人权尽责措施的真实有效性，这为机会主义企业行为者通过实施相当宽松的尽责标准来履行尊重人权的责任提供了可能性。法斯德林（Fasterling）和德穆因克（Demuijnck）由此得出结论，仅仅建立人权尽责流程并机械性地遵守，并不足以确保对人权的尊重（2013）。我们需要的是企业对人权更深层次的道德承诺。只有这样的承诺才能确保人权尽责流程不仅停留在纸面上，而且在日常业务运营中也能获得认真对待。因此，企业不仅必须投资设计适当的流程，还必须投资营造一种氛围和文化，以使这些流程能够真正产生影响（Chapter 8.2）。

从管理学的角度来看，将人权尽责视为一种风险管理工具会加剧这一问题。如上所述，企业风险管理系统的理念不是预防或减轻对他人的风险，而是避免或管理可能会给企业自身带来负面影响的风险。尽管《指导原则》明确表示关注的是权利人面临的风险，但这种观点的转变并不总是被企业采用。将人权尽责机制纳入现有风险管理系统的努力，增加了进一步削弱权利人风险首要地位的危险。可以肯定的是，如果权利人面临的风险演变成抗议、非政府组织的运动或针对企业的法律行动，这些风险往往也会构成商业风险。但这种企业人权责任的商业理由（Chapter 6.3.2）可能不适用于所有情况。只有当尊重人权成为决定企业战略关切的实际企业目标时，才会出现这种情况。在此情况下，任何人权风险都将同时是妨碍实现企业目标的风险（Fasterling 2017）。

8.2 超越管理影响：组织起来促进人权

上述批评性言论本应明确指出，仅仅依靠人权尽责不足以确保企业尊重人权。一方面，纸上谈兵的人权尽责进程和在实地有效实施这一进程之间存在重大的差异。另一方面，有效地实施人权尽责也取决于其他各种组织因素，这些因素必须到位。

其中一个关键要素，如上文所述，是企业的道德承诺；如果没有它，人权尽责就会形同虚设。这表明，正如正确的工具和手段一样，它也关乎正确的企业文化和思维方式。因此，人权尽责作为一种尊重人权的工具和程序能否真正有效，在很大程度上取决于一家企业是否成功地围绕这些程序建立一种尊重和诚信的文化。

文化对于组织而言，正如性格对于一个人那样；它通过隐含在组织或其下设机构内的共同规范，以微妙的往往是隐蔽的方式指导和约束组织的行为（Schein 2010：14）。企业的文化很隐蔽，也很难把握。正如著名的企业文化专家埃德加·沙因（Edgar Schein）所言，"文化作为一个概念最有趣的方面是，它向我们指出了表面之下的现象，这些现象具有强大的影响力，但却是无形的，在很大程度上还是无意识的"（Schein 2010：14）。他将企业文化定义为"一种共同认可的基本假设范式"，并被视为应对组织挑战和问题时，"感知、思考和感受的正确方式"（Schein 2010：18）。

根据沙因的说法（2010：23-33），文化分为三个层面，从有形和明显的表现到根深蒂固的、无意识的基本假设。第一个层面是他所说的"人工制品"（artifacts），这是人们可以观察到、听到和感受到的现象——比如互动中使用的语言，以及关于企业的传说和故事。可见的结构、组织图表和流程，包括已经发布的价值陈述，行为、仪式和典礼的具体模式，甚至组织成员互动空间的建筑和风格，以及他们穿着的衣服，也属于这些"人工制品"。第二个层面是被拥护的、时常明确表达的信仰和价值观，包括理想、目标和抱负。它们通常体现在意识形态或组织哲学中，并导致共同认可的合理化。

然而，一个组织明确信奉的价值观并不反映在人们所能观察到的实际行为中，这并不罕见。为了解释这种差异，我们需要深入到第三个层面，这是基本的潜在假设层面，即无意识的、理所当然的信念和价值观，这些信念和价值观塑造了行为、感知、思想和感受。随着时间的推移，根深蒂固的价值观和信仰可以在第三个层面被规范化且根深蒂固。这也表明，转变一个组织的文化是一个过程，它不随着采用价值声明的方式而结束，而是需要长期有意识地努力，以将变化内化于组织的观念。第三个层面的基本假设是企业文化的精髓，体现了一个组织的身份认同。

许多塑造文化的因素都与在组织中工作和为组织工作的人息息相关，比如他们的思维和行为方式，以及他们重视或不重视的事情。因此，履行尊重人权的责任在很大程度上与组织如何选择和雇佣员工、如何领导员工以及奖励或不奖励何种行为有很大的关系。据此，尊重人权的企业文化的一些基本组成部分包括以下要素。

价值观和愿景：一家企业的愿景及基本价值观构成了企业的核心意识形态（Waddock & Rasche 2012：56）。一家企业的愿景为员工提供了意义、目标和方向，而基本价值观奠定了追求目标的基础。如果员工和其他关键利益攸关方认为尊重人权的任务与企业的宗旨与核心价值观一致，他们将能够理解这一任务。如果他们认为核心意识形态与尊重人权的理念背道而驰，以及各自的人权政策和程序与企业的主张格格不入，那么他们就不会希望在日常工作中认真采纳和落实这些政策和程序。另外，仅仅拥有一个与权利兼容的愿景和价值观并不能改变一个组织。它需要有意识地努力将这些方面嵌入并内化于人们的日常活动和交往。领导力是这样做的关键因素。

负责任和真正的领导力：工商业与人权始于并止于领导力承诺。人权应该得到尊重的信息必须源自最高层，且不是一次而是多次。因此，最高管理层必须言行一致，树立并践行他们所倡导的价值观。真实性是负责任领导的关键要求。如果员工注意到最高管理层在自身行动中没有认真对待信息，那么信息本身就不会产生什么影响。这一观点有两层具体的含义。首先，承诺体现在各自的资源分配上。只有组织的预算相应地考虑人权问题，并且与人权相关的项目得到适当的资助,人权才能在组织中得到优先考虑。其次,当人权与组织的财务目标发生冲突时,真正的领导力尤其体现在管理者所做的艰难决策中(Paine 1994:112)。通过这些决策,一个组织的文化得以展现和塑造。

招聘和培训:企业对责任、诚信和尊重人权方面的期望也必须涉及招聘活动。建立诚信文化需要雇用相信这些基本价值观并共享企业愿景的员工。如果一家企业主要根据员工的"职能"资格和竞争力来雇用员工,那么它将很难获得足够广泛的认同,从而围绕道德承诺转变其文化。同样,如上文所述,人权尽责流程在很大程度上取决于人权专业知识的可得性,这种专业知识不仅源于外部,而且源于企业内部的培养。因此,企业必须积极参与整个组织的人权培训和能力建设。为了确保有效,此类培训必须针对企业内受训人员的职能,并针对他们的日常活动量身定制。这说明了前面关于资源分配的观点;认真对待人权培训不仅需要财务资源,还需要组织能力和时间资源。一家认真履行人权承诺的企业必须愿意在此类培训工作中投入大量资金。为了克服规模带来的挑战,一些大型企业首先培养一批培训师或支持者,然后由他们对各自地区和业务部门的员工开展此类培训(GBI 2017d)。

激励和薪酬:企业在实施人权政策和程序时,往往没有将其与奖励和激励制度挂钩。这种制度不仅可能与人权目标脱节,甚至可能与其背道而驰,破坏对人权的尊重。例如,如果采购经理根据与低成本和快速周转率有关的指标获得奖励,他们将增加供应商的成本和时间压力,而不是充分重视人权尽责,帮助供应商开展能力建设,以及建立值得信赖的长期关系,以促进改善工作条件的相互投资。如果一家企业希望供应链经理关注人权,它必须至少通过部分基于人权指标的奖励来充分激励员工。告诉员工和管理者努力尊重人权是一回事,但让他们的绩效评估、奖励和福利与尊重人权挂钩就是另一回事了。

◇ 学习题

1.《联合国工商业与人权指导原则》原则 17 列举的人权政策五项基本

要求是什么？

2. 从法律和商业的角度定义人权尽责。两者有哪些相同和不同之处？

3. 标准人权尽责流程有哪四个步骤？

4. 人权尽责和人权影响评估的区别是什么？

5. 为何量化人权是重要的？量化人权会带来哪些风险？

6. 在根据《联合国工商业与人权指导原则》和联合国工作组的要求提供救济措施时，企业需要考虑的四个关键方面是什么？

7. 您能够说出并解释提供有效救济的三项标准吗？

◈ 反思题

1. 运营层面的申诉机制是什么？它们的目的是什么？企业如何设计此种机制来有效地实现真正的利益攸关方参与？

2. 有效实施人权尽责取决于企业对人权的道德承诺。企业应当如何培养这种承诺？企业能够及应当做些什么以建立强大的尊重人权的企业文化？您个人如何在职业生涯中为建立这样的组织文化作出贡献？您能够采取哪些具体行动？

3. 您的企业是可可行业和进口巧克力的重要参与者。您的任务是对商业活动开展人权评估。您会如何行动？您的企业的重点应当是什么？哪些影响应当优先处理？

4. 您在一家跨国企业从事人权责任管理工作，您知道供应商遵守与本企业相同的标准至关重要。就此问题而言，您会如何与供应商接洽？您如何确保它们遵守您所要求它们遵守的标准？

第四部分

企业人权问责

第九章　跨国治理与企业人权问责：
先决问题与基础问题

本书前一部分阐述了企业的人权责任，本部分将讨论对企业进行问责的可能性与方法。本章将解释一些与跨国治理相关的基本问题，进而明确不同问责机制的运行环境。第十章至十三章将介绍更具体的问责方式和机制。

在此语境下，"问责"（accountability）一词指追究企业的责任，使它们为自己的行为以及履行（或不履行）责任承担后果。原则上来说，本书至此的关注点一直是企业人权责任，本部分主要分析企业如何落实人权责任，以及没有落实人权责任带来的后果。法律可能是最明显的问责机制之一。它可以强制企业承担人权责任，并于企业其不遵守规定的情况下施加法律制裁。然而，问责的驱动力也可能源于潜在的非法律机制，通常被称作"软"机制，例如消费者的购买行为、股东的投资决定，或者声誉风险。

对问责措施的密切关注是工商业与人权（BHR）讨论一直以来的典型特点，也是工商业与人权议题和更广泛意义上主要由管理层推动的企业社会责任议题（Ramasastry 2015）的关键区别（Chapter 1.2）。实际上，这一显著差别也贯穿工商业与人权讨论：传统上，工商业与人权领域的法律学者关注问责问题，非法律学者更关心企业人权责任的基础以及如何在工商企业组织内部落实这种责任。这是处于同一领域——工商业与人权领域——的法律和非法律学者总是关注不同问题、使用不同语言的原因之一。

本章首先介绍各种工商业与人权问责机制运行的更宏观的跨国治理背景，继而将问责方式区分为国际的和国内的、公共的和私人的、硬的和软的。最后，本章将研究一些特殊的利益攸关方在使企业对它们的人权行为负责方面所扮演的角色。

9.1　国际问责机制与国内问责机制

自从 1648 年《威斯特伐利亚和约》（The Peace of Westphalia）签订以来，威斯特伐利亚世界秩序一直以主权国家为中心。该世界秩序之下，国家对其领土行使主权，是国际社会主要的也是唯一的参与者。国家负责国内事务，并进行有限的国际交往。然而，过去三四十年间这种世界观发生了深刻的变化。全球化进程的加快预示着"后威斯特伐利亚"世界秩序的到来（Kobrin 2009；Santoro 2010），该世界秩序之下没有任何一个单一行为者能够完全掌控一切。在这个进程中，国家边界越来越模糊。国家间不仅存在相邻关系，不断增加的跨国经济和社会事务更是紧密地交织在一起。国际社会演变成跨国空间，在该空间中，国家依然强大，但已经成为众多参与者之一。包括跨国公司在内的各种非政府组织和超国家行为者运行其中，在国家政府的完全控制之外拥有相当大的自主权。由于缺乏中央集权的全球政府，跨国空间各职能领域的权力是分散的，一系列不同的参与者与国家一起履行各种治理任务。而国家权力不仅在跨国空间中受到挑战，在国内层面亦是如此。虽然国家至少在形式上保留着对其领土的控制，但是它们的政策空间——管理和约束各自国内空间的自主权——越来越受到跨国力量和相互间依赖关系的限制。

对跨国公司的监管就是一个很好的例子。对于国家来说，监管它们的跨国组织变得越来越困难。在国内，跨国公司已经获得巨大的影响力来挑战政府，给政府施压，使政府采取支持公司商业利益的政策、放弃实行新的监管。通常，这种压力甚至都不必公开施加；迫在眉睫的"退出威胁"，即跨国公司可能将业务转移到其他地方的潜在风险，一般就足以让各国在采取可能突破常规的政策时保持谨慎，例如税收政策或排放控制政策。东道国和母国都是如此。东道国，尤其是全球南方国家，往往缺乏监管跨国公司的能力，并且可能处于与其他工资低、社会和环境监管宽松的国家的激烈竞争中。在母国层面，政府同样不愿意监管跨国集团，担心这会使"它们的"公司相比于其他国家的公司处于不利地位。然而，尽管在全球化世界中，国内监管仅能实现有限目标，它仍然是最重要的。话虽如此，由于跨国力量对各国政府的限制，国家加强对企业问责的潜力往往未被充分挖掘。

全球范围内也存在类似问题。国际法是为威斯特伐利亚而非后威斯特伐利亚世界秩序设计的，目前的国际法结构不完备，往往不足以监管跨国公司（Chapter 6.2）。国内法和国际法必须采取新的方法来回应现在的这种跨国现实（Chapter 12）。然而，国际社会一直未能通过有约束力的国际框架监管企业的人权措施，各国也不愿将国内监管范围扩大到领土之外的"它们的"跨国公司，这说明了挑战的严峻性。2015年，人权理事会开始了一项新尝试，就具有约束力的工商业与人权条约进行谈判，但再次面临高度不确定的前景（Chapter 13.2.3）。

后威斯特伐利亚时期，跨国世界秩序的特点是通常所称的多中心治理，其中，公共的和私人的、国家的和超国家的各种行为者在不同的治理层次上扮演各自的治理角色，履行不同的治理任务。理想情况下，它们以互补、协同、一致的方式行事。但现实是，差距、不一致甚至冲突存在于不同治理层次和工具之间。这种多中心治理既是后威斯特伐利亚世界中工商业与人权问题的根源，也是解决方案。前秘书长特别代表约翰·鲁格将不同方法和工具拼合而形成的治理差距确定为工商业与人权挑战的关键根源（Chapter 1.1）。同时，最合理的解决方法不是放弃，而是强化多中心治理体系。这并不意味着完全摒弃国家。相反，政府对于实现有效的多中心治理仍然至关重要。例如，企业实施跨国标准的有效性以及这些标准在当地产生的影响在很大程度上取决于国内立法形成的有利环境。跨国治理不会使政府的国内监管变得无关紧要（Bartley 2018：31）。相反，它强调了其持续重要性。

因此，在这种多层次、多因素的治理体系中，应该确保同时建立国内和国际层面的企业人权问责机制。在东道国层面，这涉及对本地公司和跨国公司子公司的国内监管。然而，更具争议性的问题涉及母国对跨国公司海外业

工商业与人权

务活动的监管。母国采取措施规范跨国公司的域外行为已成为工商业与人权讨论的重点和主要争议点。因此，国家级问责措施的重点将是母国在政策、立法和司法领域寻求解决方案（Chapter 12）。然而，此类措施必须以国际治理工具为补充，从而提供指导，增强各种国内方法的一致性、全面性。这可以在私人的或公共的国际软标准和自愿倡议（Chapter 11）或基于国际法的领域（Chapter 13）贯彻实施。于是就引发了不同治理方式间的下一个重要区别，即公共治理与私人治理之间的区别。

9.2 公共治理与私人治理

传统上一般认为，治理任务主要（如果不是全部的话）是与国家相关的公共责任。国家拥有通过立法、政策或直接参与方式监管经济活动及其行为者的专属权力。然而，贯穿 20 世纪 80 年代和 90 年代的全球市场扩张主要通过监管权从国家机构等公共行为者向企业和非政府组织等私人行为者转移而实现。逐渐地，市场从政府监管的限制中解放出来，行业组织和公司被期望通过它们的私人治理计划和自我监管来填补随之产生的监管空白。"私人监管是指非国家行为者——无论是营利性公司、非营利组织还是两者的混合体——采用并在某种程度上执行针对其他组织（例如其供应商或客户）的规则的一种监管结构。"（Bartley 2018：7）私人监管机制的特点是，它们的力量不来自国家权力，也不对国家负责。私人监管采用各种不同的制裁机制，例如在不遵守规定的情况下将参与者从倡议中除名，或者通过利益攸关方施加压力、进行点名羞辱。然而，某些情况下，此类监管纯粹在自愿的基础上进行。因此，治理模式涵盖从较温和的强制到完全自愿的承诺。

如今，工商业与人权的多中心治理是公共和私人方式的混合体。虽然基于国家的公共监管在国内仍占主导地位，但由公共和私人行为者组成的私人和混合治理模式已在跨国监管中占据主导地位。尤其是数百个多利益攸关方倡议（Chapter 11.4）同时以特别和一般的方式解决了无数问题，并且私人治理和公共治理之间的界限也往往较为模糊。这种公私混合治理方式已成为

184

解决企业责任领域普遍存在的众多挑战与问题的首要跨国治理方法。第十四章将介绍此类举措相关的一些特定行业示例。

私人治理的迅速发展一直受到批评，尤其是针对仅有"纯粹"自我监管的特定行业或公司。批评者抱怨，此类监管往往过度迎合企业利益，标准较低，执行和监督机制薄弱。此外，他们指出，这些标准缺乏民主合法性，并认为它们可能仅仅是为了预先制止更广泛的公共监管（Abbott 2012：556）。所以，批评者担心公共领域的国家权力正在被缺乏适当公共问责的私人权力所取代。最后，私人标准和举措的涌现使监管变得越来越困难，无论是对于希望获得支持的公司，还是对于作为监督者以确保公司遵守承诺的利益攸关方和公众来说。特别是对于为众多大品牌生产商品的小型供应商来说，它们可能需要遵守不同的标准和要求，经营成本可能会高得令人望而却步。

另外，私人监管具有一些明显的优势。第一，私人治理可以解决难以达成公共解决方案的挑战和问题。因此，它可以填补可能持续存在的治理差距，例如，全球层面的国家间谈判可能陷入停滞（Abbott 2012：543）。第二，它们往往能成功地获得企业的鼎力支持，尤其是通过"使用行业用语"以及更好地承认并保证灵活性，以供企业解决实际面临的重大现实挑战。是否能获得支持对于所有形式的监管都至关重要，即使是那些基于法律授权的监管。法律也需要受监管主体作出某种程度的内在承诺才能有效，否则，合规将会变成纯粹的例行公事。使各参与者作出此类承诺是私人和混合监管机制的决定性优势之一。第三，企业的支持通常也会带来大量资源，从而增强影响力，以发挥这些措施的巨大作用。第四，私人监管能够高度针对具体问题或行为者，并且很容易适应不断变化的背景和形势。所以，私人监管往往比公共监管更通用，这在快速变化的环境中可能是一个关键优势。

然而，正是因为私人和公共监管方式有各自的优缺点，治理的有效性不在于采用哪一种方式，而在于如何有效地将两种方式结合起来。研究表明，私人监管的有效性在很大程度上取决于国内和国际层面强大且可信的公共机构的存在（Cafaggi 2011：41）。如上所述，跨国监管、国内监管、私人监管和公共监管都是密不可分、相互依存的。有效的多中心治理体系必须充分挖掘它们的互补和协同潜力。

9.3　硬监管与软监管

与私人治理和公共治理之间的区别相关的是硬监管与软监管之间的区别。硬监管通常是指使用"硬法"强制进行的监管。从更一般的意义上说，它可以指能够强制执行、具备制裁机制的那些更广泛的监管。而软监管是不能够强制执行，或只能够最低限度执行的监管，因此它们主要依赖企业的自愿承诺。一个经常使用的相关术语是"软法"。软法是私人或公共的类法律文书和规则，不具有约束力，通常不依赖政府执行机制（Abbott & Snidal 2000；Mena & Palazzo 2012：528）。国家和国际层面有各种各样的软法文书。《世界人权宣言》是公共软法的一个例子。然而，旨在规范某些问题的私人标准和倡议也通常被视为软法的一部分。

一般认为，硬法和软法是二元的。因此，工商业与人权领域内外一直在讨论这两种方式中哪一种更适合用来规范企业责任。支持硬法的人强调，硬法具有约束力和可执行性，并由此产生可预测性和公共合法性。他们批评能够自由裁量的软法为企业提供了展示其社会和环境承诺的平台，却无法强制企业在整个组织体系中遵循和实施这些承诺。支持软法的人则总是批评那些仅仅表面上关注硬法规定的问题的企业。他们声称，硬性监管可能会导致企业一门心思扑在合规性上，分散人们对潜在问题本质的关注。换句话说，企业只是确保它们勾选了法律规定的必选项，以避免因违法而面临任何罚款和声誉损失风险，但忽视了且并不关注这实际上能否产生任何积极意义。例如，企业可以通过制定人权政策和相关程序来履行人权尽责义务，却没有为该义务在整个组织内部的落实提供充足的资源、能力和培训。因此，此类程序可能仅是纸上谈兵，实际并没有改变组织内业务的开展方式。相比之下，一般认为，软法能够在实施方面提供更大的灵活性，更好地适应不同行为者的不同背景和情况以及它们潜在的多样化的利益、偏好和能力（Abbott & Snidal 2000：445）。

双方的这些担忧至少在某种程度上是有道理的。然而，应对这些问题时需要重点考虑以下两个因素：

第一，硬法方式和软法方式之间的选择不是二元的。相反，它们是由强制力和约束力不同的无数方式组成的连续统一体。即使是"软"法，它们也通常不是完全自愿的，而是利用各种问责机制来增加来自利益攸关方的压力。但并非所有"硬"法都被强制要求遵守。有些法律完全缺乏监督和执行机制，因此在落实方面可能比一些影响更深远的软法标准更为宽松（Chapter 12.4）。所以，任何针对软法或硬法本身的批评都容易忽略重点，因为它们的有效性很大程度上取决于具体情况下相应监管工具的特点和规范。

第二，硬法方式和软法方式不应被视为是相互排斥的。这两种方法都发挥各自的特定功能，可以相辅相成地结合起来，以加强对企业的问责。例如，硬监管往往会遭到被监管者的反对和抵制。较软的条款更容易达成妥协（Abbott & Snidal 2000：444-445），一旦达成协议，此类软法文书可以为未来更具约束力的规则铺平道路。软法倡议可以促进人们对某些规则和标准的接受，从而逐渐形成使硬监管变得可行的环境。关于软法这种"促进功能"（Schrempf-Stirling & Wettstein 2021）的一个典型例子是《联合国工商业与人权指导原则》（Chapter 10）。《联合国工商业与人权指导原则》推动企业尊重人权的责任被广泛接受，并将企业人权尽责确立为履行这一责任的关键工具。这创造了一种环境，在这种环境中，推动强制性人权尽责的各种民间社会运动能够获得支持——它们的要求不再被认为是不合理的，而是在《联合国工商业与人权指导原则》确立的新常态范围内。因此，越来越多的国家已经颁布了强制性人权尽责立法或正处于立法进程中（Chapter 12.4）。另外，国家和国际组织可以通过认可软法并将其纳入政策和法规（例如与公共采购相关的政策和法规）来使软法更具约束力（Chapter 12.3.2）。硬法可以参考或整合现有的软法规定，从而使其具有间接约束力，使越来越多的主体遵守软法文书。上述许多新兴法律强制要求针对一般问题或特定问题实施人权尽责，例如童工或冲突矿产。所以，它们带来了所谓的《联合国工商业与人权指导原则》的"硬化"（Choudhury 2017；2018），这意味着它们使《联合国工商业与人权指导原则》或其部分内容在特定情况下具有隐性约束力。

9.4　软问责机制：认证、标签与利益攸关方压力

私人治理和软治理不依赖硬法，因此在形式上是自愿的。然而，它们仍然可以通过利用替代问责机制获得一定程度的强制力。此类机制旨在通过提高公司行为的透明度引发来自各利益攸关群体的压力。虽然已经证明此类机制在某些情况下是有效的，但其潜力通常有限。所以，虽然它们在综合性的多中心治理体系中发挥重要作用，但认为仅通过利益攸关方压力就能迫使企业尊重人权是不切实际的。如前所述，硬的与软的、私人的与公共的、国内的与跨国的治理方式结合才能最终带来最有效的结果。接下来，我们将简要介绍三个主要的利益攸关方群体以及其通过自身行为加强企业问责的潜力。

9.4.1　消费者：认证与标签

消费者是重要的利益攸关方群体，可以通过购买决策敦促企业对人权行为负责。有两个变量决定消费者压力是否足以推动企业改善人权纪录。

有意识的消费：首先，这取决于消费者自身"开明"的思维观念和行为。消费者必须关心他们所购产品背后的企业人权行为，并将这种关切转化为实际的购买行为。尽管近年来消费者确实变得更深思熟虑，更有意识，倾向于喜欢可持续产品，而不是溯源有问题的产品，但他们的心态并不总是能够影响购买决策。这被称为意识-行为差距。它意味着，消费者虽然可能表达了负责任购买的意图，但并不总是在实际购买决策中贯彻这种意图（Car-rington，Neville & Whitwell 2014）。存在这种差距的原因有很多。其中之一可能是更可持续、更负责任的产品会产生溢价。消费者通常愿意为负责任的商品支付少量溢价，但他们这样做的意愿和经济能力是有限的。另一个原因是消费者很容易受到其他外部因素影响，例如折扣、同辈购买行为、时尚趋势等。虽然消费者可能理性上支持和喜欢负责任的产品，但他们的决策往往受

到这些因素的影响，可能会导致他们的想法与购买行为之间不一致。最后，消费者可能缺乏充分认知，不了解他们购买的产品。所以，他们可能缺少将购买决策与思维观念相匹配所需的信息。这就引出了第二个变量。

透明度：其次，负责任的消费很大程度上取决于消费者可获得的产品信息和公司的透明度。即使消费者准备好进行负责任的购物，如果产品缺乏透明度和相关信息，他们的购买决策也会受到严重限制。因此，私人标签和认证计划近年来如雨后春笋般涌现。它们的目标是向消费者表明产品满足某些预先确定的责任和可持续标准，所以他们可以"放心"购买。一个例子是海洋管理委员会（Marine Stewardship Council，MSC）。海洋管理委员会对符合其标准的渔场进行认证，这些标准针对的是海鲜生产的可持续性与过度捕捞问题。获得认证的渔场就有资格在产品上贴上海洋管理委员会的标签，向有良知的消费者发出信号，表明他们购买的产品经过了认证，符合相应可持续标准。

尽管作出了这些努力，但仍然存在许多挑战。缺乏透明度是一个长期存在的问题，识别海量的不同标签给消费者带来了挑战，这些标签展示了各式各样的标准，由各种不同的私人组织和倡议者发布。消费者可能无法概览所有，并疲于研究和找出不同认证背后的含义而产生了标签疲劳。各种标准和标签的数量也会分散消费者压力，从而削弱而不是加强消费者需求的影响（Abbott 2012：558）。此外，这些标签——以及更广泛的认证和消费者影响力——仅适用于服务消费者市场的行业。换句话说，对食品和饮料市场有效的方法可能对货物贸易和原材料贸易根本不起作用，因为这些市场几乎完全是企业对企业的市场。最后，即使是服务消费者市场的行业，消费者也往往缺乏充分的组织性和协调性，这意味着他们产生针对性压力的能力天然受限。所以，消费者的要求往往非常笼统，为企业留下了足够的空间进行"自私自利的应对"（Abbott 2012：557）。虽然社交媒体确实提高了有针对性的消费者运动的可能性，但很明显，仅仅依靠消费者压力实现的目标依然有限。

9.4.2 投资者：环境、社会和治理（ESG）投资

作为重要的利益攸关方群体，投资者在迫使企业尊重人权方面的作用正在迅速增强。近年来，负责任投资的份额以惊人的速度增长，已成为主流。在全球范围内，一定程度上考虑到环境、社会和治理标准的资产管理已达到 31 万亿美元，占资产管理总额的 25% 以上（Ruggie 2021）。在欧洲，这一比例甚至达到了 50%。随着女性在投资者中所占的比例越来越大，未来几十年内多达 30 万亿美元的资产将转移到千禧一代手中，这种增长还可能会持续下去（O'Connor & Labowitz 2017：5）。女性和千禧一代（Chapter 6.3.2）都被认为是更具有环保意识和社会意识的投资者（Rogers 2016）。

虽然在过去，主流投资者主要担心可持续投资的预期回报较低，但负责任投资组合的扩张和多元化几乎消除了这种担忧。负责任投资已经变得具有竞争力，现在通常表现得与传统投资一样好，甚至更好（Ruggie 2021）。尤其是对于长期投资来说（O'Connor & Labowitz 2017：8）。从工商业与人权视角出发，更大的问题是目前不同基金和资产管理公司缺乏统一的环境、社会和治理标准。批评者警告说，环境、社会和治理投资的主流化不可避免地导致某种程度的标准弱化。这种讨论并非投资领域独有，而是代表了与所有企业责任和可持续发展领域相关的共同讨论焦点：究竟是毫不妥协地坚持高可持续发展标准，从而使可持续和负责任的企业成为一种利基现象呢？还是应该降低标准，以使负责任的企业成为普遍现象呢？

已经有负责任投资原则（Principles for Responsible Investment，PRI）（Chapter 14.2.2）等倡议协调环境、社会和治理投资，但仍有许多工作要做。环境、社会和治理标准与指标及其在投资决策中的使用方式一直缺乏透明度，为漂绿提供了充足的机会（Ruggie 2021）。此外，虽然环境、社会和治理投资中的人权因素也在增加，但它们往往缺乏一致性（Ruggie 2021）。在这方面需要弥补的一个主要差距是提供基于人权的足够的数据和指标，使投资者能够利用这些数据和指标评估企业的人权风险和绩效，以进行投资筛选和决策（O'Conner & Labowitz 2017）。

方框 9.1　简短案例：贝莱德（BlackRock）的新人权措施

贝莱德是全球最大的资产管理公司之一，截至 2021 年 4 月，它管理的资产规模总计近 9 万亿美元。贝莱德在负责任投资领域保持良好的纪录，近年来在整合环境、社会和治理相关投资标准使其符合《联合国工商业与人权指导原则》规定方面作出了一些努力（Ruggie 2021）。2021 年 3 月，贝莱德发布了一项广受关注的人权政策，强调该组织承诺并优先考虑，与违反《联合国工商业与人权指导原则》的公司进行批判性接触（BlackRock 2021）。贝莱德持有标准普尔 500 指数（S & P 500 index）一半以上企业至少 5% 的股份（Rogge 2021）。

贝莱德的这份声明意义重大，不仅因为这是规模如此之大、声望如此之高的机构投资者首次将人权和《联合国工商业与人权指导原则》置于负责任投资战略的中心，还因为这一转变传达了潜在的信息。在美国，与许多其他国家一样，资产管理公司受到信托法的约束，这些法律要求它们将为投资者创造价值放在首位（Rogge 2021）。因此，贝莱德在新政策中明确表示，它认为人权并不是对"常规"投资活动的补充，而是信托义务的组成部分，因此也是保护客户并为其创造价值的使命的关键部分（BlackRock 2021；Rogge 2021）。对于贝莱德来说，放任不理的潜在和实际负面人权影响可能"使企业面临法律、监管、运营和声誉风险"，这些风险"可能表现为多种方式，从罚款和诉讼到可能损害企业在业务合作伙伴、客户和社区中声誉的劳动力和供应链中断"，并最终"使企业的社会经营许可受到质疑"（BlackRock 2021）。这就是为什么贝莱德在新政策中"要求公司识别、管理和预防对业务造成实质影响的负面人权影响，并对相关措施进行强有力的披露"（BlackRock 2021）。贝莱德宣布，将投票反对未能适当解决或披露人权风险的企业董事，并就其人权表现与企业领导层进行直接对话（BlackRock 2021）。

讨论题

（1）贝莱德已经确保它的人权政策与信托法义务保持一致。从工商业与人权视角出发，你认为这种方式的主要优缺点是什么？

（2）贝莱德选择与人权纪录有问题的公司进行批判性接触，而不是回避。从工商业与人权视角出发，你认为这种方式前景如何？

（3）你认为贝莱德的方式能够建立"新的"标准供其他公司效仿吗？在寻求将人权问题纳入投资决策主流的过程中，这一步有何重要意义？

（4）贝莱德如何进一步增强其政策的人权影响，以确保企业在这些问题上承担更大的责任？监管环境的哪些变化可以推动此类进步？

总而言之，近年来环境、社会和治理投资已从小众现象转变为投资主流。然而，还有更多需要做，特别是在将人权纳入环境、社会和治理投资的核心方面。环境、社会和治理投资有潜力成为确保企业承担人权责任的关键机制；大型机构投资者和证券交易各自的上市要求可以在这方面发挥重要作用。然而，为了挖掘环境、社会和治理投资在工商业与人权方面的潜力，也要重视监管。例如，在许多国家，信托投资法的框架很狭窄，并且仅允许在符合投资者利益的情况下考虑人权（如果有的话）（Rogge 2021）。但是，拓展此类要求的趋势很明显。负责任投资原则报告称，4%的国家已经制定或正在制定法律法规，允许甚至要求养老基金将环境、社会和治理标准视为信托责任的一部分（O'Connor & Labowitz 2017：6）。此外，为环境、社会和治理投资提供足够的信息关键取决于公司相关信息的披露。所以，环境、社会和治理投资作为一种问责机制不能单独发挥作用，只能与公共监管方法相结合。

9.4.3　民间社会组织：点名羞辱

"软"问责机制依赖公开宣传，以便主要利益攸关方群体借此施加压力。民间社会组织在通过所谓的"点名羞辱"活动进行此类公开宣传方面发挥关键作用。这些活动由充当"软"问责机制监督者的民间社会组织领导，点名并公开谴责那些从事不当行为或未达到其承诺标准的企业。因此，此类活动可能会造成企业声誉受损、消费者抵制或被负责任投资基金除名等后果。对于企业来说，重建受损的声誉是一个成本高昂、时间漫长且结果不确定的过程。所以，"点名羞辱"活动可以成为向它们施加压力的非常有力的工具，特别是对于强大的全球品牌来说，声誉和形象是成功的关键因素。

然而，与依赖消费者和投资者的方式类似，"点名羞辱"策略也有明显的局限性。对于民间社会组织来说，此类活动及其所依据的调查需要大量时间、资源和成本。此外，始终存在企业采取法律行动来抵抗这些活动的风险。被卷入的企业提起的法律诉讼可能会占用这些组织的资源，在某些情况下甚至威胁它们的生存（Chapter 12.6.4）。这意味着，这些组织活动的数量和范围通常会面临明确的硬性限制。因此，"点名羞辱"往往一次只能关注几个典型的、可能引人注目的案例，以提高公众对更大的根本问题的认识和敏感性（Abbott 2012：557）。此外，它们必须关注的是那些可能吸引公众关注、利益攸关方能够施加足够压力的问题和行业。这样一来，许多同样紧迫的问题可能很少受到关注，不为公众所重视。所以，虽然"点名羞辱"活动有效地解决了一些问题，但多数企业的不当行为仍然没有得到解决。总之，虽然民间社会组织确实可以在加强企业问责方面发挥关键作用，但将整个问责问题外包给它们，就忽视了它们运作时通常面临的严重限制。

◇ 学习题

1. 多中心治理指什么？你能够解释一下吗？该体系包括什么样的问责机制？

2. 硬法与软法之间的区别是什么？分别在什么时候使用，二者之间的关系是什么？

3. 在督促企业为其人权行为负责时，作为一个重要的利益攸关方群体，消费者的作用为何？消费者问责机制的局限性是什么？

4. "意识-行为差距"指什么？你能够以自己的购买行为举例吗？

5. "标签疲劳" 指什么？它如何影响企业人权问责？

6. 环境、社会和治理投资指什么？它和工商业与人权议题有什么关系？

◇ **思考题**

1. 至少指出私人和公共监管在确保企业人权问责有效性方面的两项优点与两项缺点。你认为确保企业承担人权责任的最佳方式是什么？你更倾向于私人监管还是公共监管？还是二者结合？请举例论证。

2. 你了解哪些与负责任商业行为有关的标签或认证机制？选择一个标签机制并思考其要求是否能够确保对企业进行问责。所选标签的优点和局限性是什么？

3. 鉴于纺织行业的工作条件较为危险，你的朋友问你在哪里可以购买负责任制造的服装。你会建议他们在选择企业时考虑什么标准？作为消费者，你如何负责任地购物？

4. 你认为究竟是应该毫不妥协地坚持严格的可持续发展标准，使可持续和负责任的企业成为利基现象呢？还是应该降低标准，使负责任的企业成为普遍现象呢？

第十章 《联合国工商业与人权指导原则》：基本内容、反思与评论

2011 年 6 月，《联合国工商业与人权指导原则》（以下简称《指导原则》）得到人权理事会的一致认可，标志着秘书长特别代表约翰·鲁格的任务正式结束。第二章第三节介绍了他的任务形式和设立的根本原因。本章将讨论由此产生的两个重要文书的内容，即《联合国"保护、尊重和补救"框架》（以下简称《联合国框架》）和《指导原则》。《联合国框架》于 2008 年发布，为《指导原则》奠定了概念基础。也可以认为，《指导原则》是《联合国框架》的具体落实。或者用约翰·鲁格（2013：81）的话说："框架解决了应该做什么；指导原则解决了如何做。"

10.1 《联合国"保护、尊重和补救"框架》

2005 年，当约翰·鲁格担任联合国秘书长特别代表时，他希望从头开始执行任务，因此宣布联合国《跨国公司和其他工商业在人权方面的责任准则》（以下简称《责任准则草案》，Chapter 2.2）正式失败——后来这一举动被他的批评者贴上"杀人罪"的标签，他们希望看到他复活该草案，而不是"扼杀"。三个特殊的争议点导致鲁格正式废除了《责任准则草案》，一个是形式上的，两个是实质性的。

第一，鲁格认为，具有法律约束力的框架不是让企业参与工商业与人权（BHR）议程最合适的方式。《责任准则草案》的失败表明需要采取更加务

实的方法，特别是为了获得工商界的充分支持。原则上，鲁格并不反对进行工商业与人权立法。毕竟，《指导原则》本身呼吁各国政府在必要和可行的情况下，利用立法手段强制执行其条款。此外，鲁格并不反对利用国际法推进工商业与人权议程。但是他认为国际法不适于建立一个包罗万象的总体框架。相反，他看到了具有约束力的条约在针对更狭义的、具体的工商业与人权问题和领域进行立法方面的作用。因此，鲁格采取了他所称的"有原则的实用主义"立场（Chapter 10.3.2.1）——原则上坚定不移地致力于推动企业尊重人权，务实地尽快采用能够产生重大影响的框架，从而真正改变那些权利受到工商业活动负面影响的人们的生活。

第二，实质性的一点，涉及《责任准则草案》的内容。鲁格认为，该草案对企业人权责任范围的界定过于宽泛。该草案规定，"跨国公司和其他工商企业在其各自的活动和影响范围内，有义务增进、保证实现、尊重、确保尊重和保护国际法和国内法承认的人权"（UN Sub-Commission on the Promotion and Protection of Human Rights 2013：4）。因此，企业被认为与政府在人权方面承担大致相同的责任，仅仅受到自身势力范围的限制。然而，正如鲁格所确信的那样，企业是具有"特殊责任"的"专门的经济机构"，"不能也不应该仅仅是国家义务的翻版"（Ruggie 2008：16）。所以，鲁格的目标是建立一种政府责任和企业责任"彼此不同但相互补充"（Ruggie 2008：4）而非重叠的框架，并更加清晰且狭窄地定义企业责任。

第三，《责任准则草案》定义了一组与工商业环境特别相关的特殊的人权。其中，包括享有平等机会和非歧视待遇的权利以及工人的具体权利等。因此，该草案的范围仅限于这些具体权利。相反，鲁格认为，将范围局限于人权的一个子集可能会适得其反。虽然某些权利确实可能特别容易在工商业环境中受到影响，但原则上企业活动可以影响所有人权。因此，没有任何一种人权能够超出企业责任的范围。所以，鲁格彻底颠覆了《责任准则草案》的逻辑：致力于针对所有人权建立有限的企业责任，而不是针对有限的人权预设广泛的责任。

简而言之，《联合国框架》采用了一种国家和企业之间的人权责任分配模式。它建立在三个支柱的基础上，反映了三个层次的人权责任体系（Chapter 7.2）：国家保护人权的义务构成了《联合国框架》的核心和首要支柱；企业尊重人权的责任被称为"支柱二"；"支柱三"是共同承诺改善企业侵犯人权行为受害者获得补救的情况。下面将简要定义和阐述三大支柱的概念基础。

10.1.1　支柱一：国家保护人权的义务

《联合国框架》的核心支柱是国家有义务保护人权免受第三方（包括企业）的侵犯。因此，鲁格并没有放弃传统人权思想的国家中心主义特征。不过虽然国家仍然是首要的责任承担者，但它们不再被视为唯一的责任者。

国家保护人权的义务是一项牢固植根于国际法的具有法律约束力的义务。因此，支柱一并没有建立任何新的规范，只是重申了已经确立的规范。然而，该义务的具体含义和细节尚不清楚。所以，《联合国框架》尤其是《指导原则》旨在阐明这一点。从概念来看，《联合国框架》提出的国家保护义务有三点特别重要。

- "机智组合"措施：一般来说，各国被要求充分利用可用的政策、立法和司法手段，以确保企业尊重人权（Chapter 1.2）。后来，《指导原则》提出了"机智组合"措施的概念，即各国应结合自愿与强制、政策与立法手段，以相互补充、相互支持的方式，最大限度地保护人权。

- 域外监管：《联合国框架》和《指导原则》都避免就国家保护义务是否延伸到所谓的企业域外活动和影响以及由此可能发生在国家领土之外的违法行为表达明确立场。相反，它们的立场相当模糊，即根据国际法，国家一般没有义务监管和裁决跨国公司的域外活动，但国际法也没有禁止国家这样做。关于域外监管和管辖权的问题已经成为目前工商业与人权议题的一个难点，第十二章第二节将进行更彻底的分析。

- 政策一致性：工商业与人权涉及广泛的问题，国家行动的各个不同领域均面临挑战。因此，国家保护人权免遭企业侵犯的义务不仅涉及某个特定的政府部门或部委，还一定会影响不同部门冗杂的各种政策。所以，国家采取一致的方法至关重要，不仅特定部门的不同政策要垂直一致，不同部门的政策也要横向一致。例如，政府应确保双边投资和贸易协定不与人权保护相悖，也不为企业规避其他政府部门制定的政策提供空间。因此，此类贸易和投资协定还应主动纳入工商业与人权条款，保证这些条款与国家保护人权的义务相一致（Chapter 13.1.1）。

虽然国家仍然是《联合国框架》中的首要责任承担者，但其重要创新在于企业也应该承担独立于国家保护义务的责任。《联合国框架》的第二个支柱确立并阐述了企业尊重人权的责任，下面将会介绍。

10.1.2 支柱二：企业尊重人权的责任

《联合国框架》的第二个支柱涉及企业尊重人权的责任。在一个理想的世界中，国家充分履行保护人权免遭企业侵犯的义务，就不需要这种企业责任。然而，我们生活的世界并不完美，政府缺乏充分保护人权的能力，有时甚至缺乏保护人权的政治意愿。因此，鲁格将企业尊重人权的责任定义为独立于政府保护人权义务的责任。这意味着，无论国家是否履行自己的义务，企业尊重人权的责任都成立。例如，企业可能在当地法律与人权标准相冲突的环境中运营，遵守此类法律不可避免地会发生侵犯人权的情况。这种环境并不能免除公司尊重人权的责任。尊重人权的责任"超越了遵守法律和法规"（Ruggie 2013：91）。在这种环境下履行尊重人权的责任意味着要么根本不进入当地运营，要么找到消除这种负面影响的方法。

鲁格以不侵犯的方式定义了企业尊重人权的责任，符合对人权用语的普遍解释："尊重权利基本上是指不侵犯他人的权利——简单来说，就是不损害他人。"（Ruggie 2008：9）尊重人权的责任是在各种情况下对所有企业的基本期望（Ruggie 2008；2013：95）。除了这些定义要素外，许多其他方面对于理解《联合国框架》规定的企业尊重人权的责任也很重要。

- 第一，企业尊重人权的责任没有国际法依据。虽然对于一些严重的违法行为，企业可能在国内法院面临诉讼（Chapter 12.5），但鲁格认为，企业的首要责任是尊重人权，这是一种基于社会期望的社会规范。他认为，社会规范表达了"对社会行为者预期行为应该是什么的集体理解"，声称企业尊重人权的责任几乎已经获得普遍认可（Ruggie 2013：92）。因此，在大多数情况下，不履行尊重人权的责任不会对企业产生任何法律影响。但打破社会规范和无视社会期望可能会导致信任受到侵蚀，并且用鲁格（2008：16）自己的话来说，可能"让企业受到公众舆论法院的审判"。最终，这可能会导致企业失去社会经营许可（Chapter 6.3.1）。

- 第二，鲁格将"责任"一词与"义务"区分开来，并明确区分了法律义务和"纯粹的"社会期望。国家负有具有约束力的保护人权的义务，这是国际法的基础，而企业"仅仅"具有尊重人权的责任，这源于社会规范和期望。

- 第三，为了履行尊重人权的责任，企业被要求实施人权尽责，将其作为识别、应对和报告对人权造成的负面影响的手段和程序（Chapter 8.1）。《联合国框架》引入人权尽责作为对《责任准则草案》"势力范围"概念的替代方案。"势力范围"概念最初通过联合国"全球契约"引入工商业与人权讨论。它建立在这种理解之上：企业的势力就像一组同心圆，越往外部势力越弱。随着势力减弱，企业的责任也随之变小。然而，鲁格认为势力范围概念十分"难以捉摸且不稳定"，无法作为企业人权责任的基础（Ruggie 2013：101）。鲁格担心这个概念很容易陷入战略博弈，可能导致各国将责任转移到企业身上从而进行逃避。此外，势力的解释不充分可能会扭曲对企业责任的理解，例如当势力仅仅视（地理）邻近性而定时。毕竟，企业的势力越来越少地取决于空间的接近程度。例如，互联网提供商和平台无须在违法行为可能发生的附近有任何实体存在就可以拥有很大的势力。因此，鲁格认为，决定企业责任的是其人权影响，无论是实际的还是潜在的、直接的还是间接的,而不是其势力。为了尽量减少负面影响,企业应该能够证明它们在所有业务中都合理谨慎行事。

总之,《联合国框架》与《责任准则草案》的区别在第二个支柱中最为明显。《责任准则草案》对企业人权责任进行了广泛的定义,但仅限于企业的势力范围,而《联合国框架》则从不侵犯的角度对其进行了狭窄的定义,但将其扩展到企业所有的实际或潜在影响。

方框 10.1　简短案例:刚果民主共和国的
手工采矿业:参与还是退出?

过去十年,在电子产品和电动汽车需求不断增长的推动下,全球钴消费量增加了 2 倍,预计 2030 年将增加 4 倍(Baumann-Pauly 2020:3;Calvão, McDonald, & Bolay 2021)。需求的增加引起了人们对刚果民主共和国的高度关注,该国钴产量占全球 70%以上。目前刚果民主共和国出口的钴有 20%~30%是由手工采矿者开采的(Baumann-Pauly 2020:3;Nkumba 2020:297)。

手工采矿是超过 200 万刚果民主共和国人重要的生计来源(Baumann-Pauly 2020:6)。与此同时,众所周知,这是一种不安全、危险、不稳定的工作,遍布人权风险,并且经常有儿童参与(Chapter 14.1.1)(Nkumba 2020)。因此,随着苹果和三星等许多世界上最著名的电子公司的供应链与刚果民主共和国的钴矿开采相关联,解决这一问题的压力越来越大,尤其是钴贸易公司。

为了应对这种压力,全球最大的矿产贸易商之一嘉能可(Glencore)决定完全放弃手工采钴贸易,转而专注于工业采钴。尽管该公司于 2020 年 8 月宣布将支持当地采取旨在使手工采矿更安全的举措,但它重申了不采购任何手工开采原料的立场(Biesheuvel 2020)。

另一家总部位于瑞士的大宗商品贸易公司托克选择了另一条道路来管理与手工采矿相关的人权风险。它与当地矿业公司切马(Chema)、手

工采矿合作社科米亚科尔（COMIAKOL）和某国际非政府组织合作，在切马的穆托斯（Mutoshi）矿区设立了一个安全可靠的手工采矿示范场地（Baumann-Pauly 2020；Nkumba 2020）。在现场，大约5000名注册矿工可以获得防护设备和培训，并获得维护安全工作条件的帮助。通过禁止18岁以下的工人进入矿场，消除了当地的童工现象（Calvão，McDonald，& Bolay 2021）。开采的钴出售给切马，并与工业开采的原料分开存放，以保持可追溯性。然而，为了收回部分项目成本，切马的价格低于公共采购仓库通常支付的价格（Baumann-Pauly 2020：10）。

讨论题

（1）你认为嘉能可最初为何选择退出策略？哪些因素可能影响其决策？为什么托克选择不同的策略？你会采取什么策略？为什么？

（2）如果你是穆托斯手工采矿项目的管理者，会采取哪些额外措施来尽量减少对矿工及其家人的负面人权影响？《指导原则》是怎么规定的？

（3）参与是否总比退出更好？如果不是，在什么情况下企业应该采取规避人权风险的策略？你能援引《指导原则》来支持自己的论点吗？

（4）你认为像穆托斯矿这样的例子是否可以推广？还是会必然成为一种小众现象而不被广泛采用？如何使此类项目"普及化"并将其转变为标准的商业实践？

10.1.3　支柱三：获得补救

国家保护人权的义务和企业尊重人权的责任都包括发生侵犯人权行为时提供补救的要求。

禁止某些企业行为的国家规定如果不伴之以对侵权行为的调查、惩罚和纠正机制就起不了什么作用。同样，企业的尊重人权责任要求其向主张受到影响的人提供将伤害事件引起企业注意并寻求补救的手段，而不影响可动用的法律渠道（Ruggie 2008：22）。

因此，国家以及企业，在参与加剧侵犯人权行为的范围内，必须提供充分和有效的补救措施。所以，第八章第一节将补救措施定义为企业人权尽责流程的一个组成部分。

《联合国框架》的第三个支柱是根据先前介绍的基于国家和非国家的补救机制之间的常见区别建立的（Chapter 8.1.4）。回顾之前阐述的区别，基于国家的补救机制可以是司法的，也可以是非司法的，而基于非国家的机制始终是非司法的。

《联合国框架》将刑法和民法视为提供司法补救的途径。司法机构和机制往往不够发达，特别是在企业侵犯人权行为发生最频繁的国家。因此，此类行为的受害者往往无法诉诸司法或任何补救措施，或者因为缺乏法律依据，或者因为法院缺乏资源和执行权力，或者因为糟糕的制度体系破裂和腐败正在破坏司法系统的独立性。许多东道国的受害者无法诉诸司法引发了一个问题：他们是否应该向跨国公司母公司所在国的法院求助。因此，域外管辖权的问题和挑战与第三个支柱尤为相关。受害者在试图向跨国公司的母国提起诉讼时仍然经常面临令人望而却步的障碍。《联合国框架》鼓励各国"设法处理这些诉诸司法的障碍，包括外国原告面临的障碍，特别是在据称的侵权行为未达到广泛和系统侵犯人权程度的情况下"（Ruggie 2008：23）。第十二章第五节将更详细地讨论这些问题。

对于基于国家的非司法补救机制，《联合国框架》提及了国家人权机构或《经合组织跨国企业准则》的国家联络点等。然而，必须完善国家联络点才能充分发挥这一作用；它们的程序和协议往往不足以充当补救机制，不仅缺乏足够的资金和资源，而且缺乏透明度、公平性和可预测性（Chapter 11.1.3）。正如方框 8.1 所指出的那样，这些因素是非司法救济机制应满足的关键有效性标准之一。

在企业提供非司法机制的情况下，至关重要的是，除了此类一般有效性标准之外，补救过程和特定补救结果都应基于对话，设计和监督的过程应该有受影响社区的参与。独立第三方的参与有助于确保企业不会同时充当被告和法官（Ruggie 2008：25）。

10.2 《联合国工商业与人权指导原则》

《联合国框架》阐明了国家和企业人权责任的基本性质与形式，以及它们之间的关系。然而，它对于国家和企业应如何履行各自责任的指导非常有限。关于每个参与者应该做什么来预防、减轻和补救企业造成或加剧的负面影响，以及它们应该如何做的信息很少。为了提供更具体的指导，秘书长特别代表及其团队针对《联合国框架》的落实展开工作，最终于2011年6月发布了《指导原则》。话虽如此，秘书长特别代表热衷于强调，《指导原则》无意成为"一个工具包，只需从架子上取下，接通即可"（Ruggie 2011a：5）。它们的实施仍然取决于环境和情况，并且需要针对特定行业和公司进行解释。

如今，虽然构建其概念基础的《联合国框架》至少应始终被理解为隐性的工商业与人权参考文献的一部分，但是工商业与人权讨论通常仅仅提及《指导原则》。因此，《指导原则》的基本结构反映了《联合国框架》的基本结构。它们根据三大支柱——保护、尊重和补救进行设计。针对其中每一个支柱，《指导原则》都制定了一系列原则，为政府和企业提供了关于各自责任以及如何履行的更具体的指导。每个支柱均由概述各自责任基本性质和目的的"基本原则"和将责任具体化的"实施原则"组成。每项原则都在文件的评注中予以阐述和澄清。

10.2.1 《指导原则》的内容

第一个支柱由两项基本原则和八项实施原则组成。基本原则重申了国家保护人权的义务，要求政府采取一切允许的预防和补救措施，以防止、调查、惩治和补救企业侵犯人权的行为，表达了母国对企业尊重国内外人权的期待。《指导原则》没有明确建议运用域外规制和管辖权，但指出了国际法对此是允许的。正如第十二章第二节所述，原则 2 的评注区分了具有域外影响的国内措施和直接的域外立法和执法。实施原则要求各国确保旨在要求企业尊重人权的法律的充分性并得到适当执行，并且其他法律不会限制、破坏工商业与人权相关进程。如果政府拥有或控制企业或为企业提供大量支持和援助（例如出口信贷），则需要采取额外措施来确保尊重人权。因为在这种情况下，国家自身的义务及其确保尊重人权的手段需要加强。同样，政府在将国家职能私有化或与私营部门进行商业交易时需要确保人权得到保护。应该特别关注冲突背景和政策一致性。在受冲突影响的环境中，各国应采取适当措施，确保企业不会成为严重侵犯人权的同谋。至于政策一致性，各国政府应确保政府部门和机构之间的一致性，并确保保留足够的政策空间履行人权义务，例如，在与其他国家签订贸易协定时以及作为多边机构成员处理涉企问题时。

第二个支柱由五项基本原则和九项实施原则组成。基本原则重申企业有责任不侵犯人权并解决其带来的负面影响。企业不仅应避免通过自身活动造成或助长侵犯人权行为，而且应该"努力预防或缓解经由其商业关系与其业务、产品或服务直接关联的负面人权影响，即使并非由它们造成了此类影响"（原则 13）。尊重人权的责任适用于所有企业，无论是小企业还是大企业、国内企业还是跨国公司，人权指的是《国际人权宪章》（Chapter 3.3.3）以及国际劳工组织《关于工作中基本原则和权利宣言》中所载明各项基本权利的原则阐明的那些权利。实施原则规定了企业确保尊重人权的方法。它概述了包括第八章第三节第一小节述及的公开的政策承诺以及人权尽责进程在内的模式。价值链长且复杂的大企业应在高风险领域优先展开人权尽责。应对负面人权影响的优先顺序应基于影响的严重程度和所需应对措施的紧迫性。企业需要确保利用足够的内部和外部人权专业知识，并在评估影响和风险时与受影响社区进行协商。此外，它们应该将解决负面影响的责任分配给组织内适当的级别和职能部门，并确保内部决策、预算分配和监督程序能够有效应对此类影响。作为人权尽责进程的一部分，它们应跟踪并通报应对措施，而且应该如第八章第一节第三小节所述"通过合法程序提供补救，或在补救问题上予以合作"（原则 22）。

原则 19 值得特别提及。如果企业本身并未造成负面影响，但通过其业务关系加剧了负面影响或与负面影响相关，则它们应该利用可用的影响力来消除或减轻此类影响。根据《指导原则》，"如果企业有能力使引致伤害的实体改变其错误行为，就认为企业存在上述影响力"（Ruggie 2011a：18）。订单占供应商年收入大部分的企业可能拥有相当大的影响力来促使供应商尊重人权。例如，它能够帮助进行能力建设，还可以采取更具对抗性的措施，威胁在不合规的情况下撤回其业务。如果企业没有足够的影响力，就应该想方设法建立和增强影响力。例如，它们可以通过与处于类似情况的其他公司或愿意提供支持的第三方合作做到这一点。无论如何，在此情况下寻求独立专家的建议都是明智的（Ruggie 2011a：19），尤其是为了增强此类措施的合法性。如果企业与侵犯人权行为有关联，但既缺乏对不法行为者的影响力，又没有建立和增强影响力的可能性，《指导原则》建议它们应考虑终止业务关系。然而，如果企业决定这样做，则必须适当考虑这一决定可能产生的人权影响，例如对可能失业的工人以及这些工人所居住的社区的影响（Ruggie 2011a：19）。

原则 19 关于影响力的规定是与《联合国框架》相比的一个独特之处，《联合国框架》在根本上对影响力作为企业责任的参数持怀疑态度。《联合国框架》的立场是，企业无法对它们可能具有影响力的每个实体所产生的人权后果承担责任，因为在一些情况下企业并非这些后果的始作俑者（Ruggie 2011a：19）。然而，通过将影响力作为责任的一个参数，将责任扩大到企业仅仅与侵犯人权行为有关联的情况，而不是企业造成或加剧侵犯人权行为的情况，《指导原则》正是这样做的——将责任扩展到企业不是始作俑者的情况。无论如何，这都是对《联合国框架》的一个明显且合理的超越，但从实践和道德角度来看，它具有潜在的重大影响。实际上，这引发了这样的问题：如何最好地利用影响力，以及企业在有争议的问题上表明立场可能会产生什么潜在影响甚至后果。毕竟，《指导原则》并没有具体说明企业应该对谁施加影响力。例如，如果一家企业就人权合规问题向其供应商施加压力，那么不会有什么争议。但如果是东道国政府呢？这就是一些关于合法使用和限制企业影响力的棘手道德问题出现的地方。我们之前已经讨论过与沉默共谋和潜在的企业保护人权责任有关的问题（Chapter 7.3.2）。第七章第二节中介绍的企业人权责任的三方责任结构及影响力的使用，尤其是在企业仅与侵犯人权行为有关联的情况下，再次表明尊重责任和保护义务之间的界限是不明确的，而且正如《指导原则》所建议的那样，可能很难将企业的人权责任仅限于某一类别。

第三支柱由一项基本原则和六项实施原则组成。基本原则定义了在国家保护人权义务范围内提供补救。实施原则要求各国确保国内司法机制的有效性，并减少任何可能阻止合法案件提交法院的障碍。原则 26 的评注区分了这方面的法律、实践和程序障碍。正如评注所述，当受害者"在东道国遭司法拒绝，又不能诉诸本国法院，无论案情如何"（Commentary to Principle 26），它们都面临法律障碍。所以，尽管《指导原则》对域外管辖权的立场模糊，但它们似乎认为这个问题并不完全取决于国家的自由裁量权。鲁格在其 2013 年出版的《正义商业》（*Just Business*）一书中对这一特定问题的详细阐述对于理解《指导原则》关于域外裁判的立场具有参考意义：

> 尽管如此，在与广泛的政府、其他利益攸关方和法律专家广泛探讨这一挑战后，我得出的结论是，目前政府之间不可能就此达成共识，而且我在《指导原则》中提出过于指令性的建议很可能会危及整个倡议，因为人权理事会的进程规定各国需要整体性接受或拒绝《指导原则》。（Ruggie 2013：117）

换言之，《指导原则》关于域外管辖权的模糊立场并非基于实质原因，而是出于务实的考虑，为了确保人权理事会各成员国政府的认可。另外，实践和程序上的障碍可能包括诉诸法院的高昂费用或获得法律代理人的困难等。除了司法机制外，国家还应提供非司法申诉和补救机制。即使在司法机构运作良好的体系中，非司法机制也可以发挥重要的补充司法机制的作用。

对于企业来说，它们应该建立或参与有效的业务层面的申诉机制（Chapter 8.1.3.3）。此类机制往往具有成本效益高、范围跨国、提供补救迅速等优点。重要的是，业务层面的申诉机制不仅适用于人权诉求。相反，它们应该尽早发现并处理申诉，最好是在它们演变为人权问题之前加以解决。此外，原则 29 的评注指出，业务层面的申诉机制可以补充但不能取代更一般的利益攸关方和社区参与进程。最后，如方框 8.1 所述，原则 31 包含非司法救济机制的有效性标准。

10.2.2　《指导原则》的问责机制

《指导原则》与联合国"全球契约"不同，并不是狭义的自愿性标准。企业如果明确签署联合国"全球契约"，就要受到这些原则的约束；相反，《指导原则》本身适用于所有企业，无论它们是否愿意。此外，至少在国家保护义务方面，《指导原则》重申了国际法中已经确立的内容。然而，在企业尊重人权责任方面，《指导原则》仍然较软，缺乏任何直接的执行机制。尽管如此，《指导原则》至少间接包含了问责制的概念。更具体地说，鲁格将执行困境交由政府自己解决，没有建议为此建立一个国际机制。原则 3 的评注建议，各国应"考虑采取一系列高明的国家或国际措施，或是强制性的，或是自愿的，促使企业尊重人权"，其中包括各国"执行直接或间接制约工商业尊重人权的现行法律"，以及"根据不断变化的情况审查这些法律是否提供了必要的覆盖面"。机智组合措施的理念极大地影响了《指导原则》的实施，并且对那些认为《指导原则》完全系属自愿的观点提出了挑战。正如鲁格指出的那样：

> 《指导原则》使我们摆脱了强制与自愿分歧造成的僵局。它们重申，国家保护人权的义务包括制定具有法律约束力的规则和提供有效的司法补救措施。（Ruggie 2013：125）

将企业尊重人权的责任与国家落实人权义务相结合，是《联合国框架》

和《指导原则》的一项关键创新；没有其他企业责任标准将企业责任和国家义务整合到同一个框架中。

然而，理论上看似明智的举动也必须在实践中发挥作用。毕竟，将企业人权责任的执行权委托给国家具有一定的讽刺意味，因为正是它们没有能力和缺乏政治意愿来处理这些问题而带来的治理差距促成了企业侵犯人权行为，《指导原则》正是被设计用来解决这些问题的（Wettstein 2015）。《指导原则》背后的问责制度仍然存在问题：政府是否有能力并愿意利用立法、政策和司法手段来强制企业尊重人权？如果政府做不到这一点，《指导原则》就有可能成为许多没有实际效力的软法举措之一。

10.3　批判性评估

今天，几乎没有人会否认，约翰·鲁格在担任秘书长特别代表期间果断地推动了工商业与人权议程的发展。然而，也有人对《指导原则》的制定过程、形式，特别是内容提出批评。因此，本节将根据已发表的赞扬和批评，简要回顾秘书长特别代表的工作，特别是与《指导原则》相关的工作。

10.3.1　关键成就

秘书长特别代表的任务对工商业与人权议题产生了重大影响。他取得了很多成就，但本简短评估将重点关注三个方面。

第一，2005 年当约翰·鲁格接任秘书长特别代表时，工商业与人权讨论陷入了一些评论家所谓的僵局。《责任准则草案》失败后，反对者和支持者的立场似乎都变得强硬起来，继续前进显得困难重重。然而，联合国已将工商业与人权升级为一个不可放弃的问题。因此，鲁格的首要任务是引导工商业与人权讨论走出明显的僵局，并再次取得进展。办法就是在讨论中创造一个"焦点"，使激进派和怀疑论者可以围绕这个焦点进行讨论，并促进建设性对话。毫无疑问，秘书长特别代表在该方面作出了贡献。《指导原则》提供了一个焦点，是推动讨论前进的巨大动力。

第二，或许也是最重要的一点，秘书长特别代表在很大程度上将举证责任从支持企业人权责任的一方转移到了反对企业人权责任的一方。虽然他没有独自一人推动这件事——而是包括许多人的努力和工作在内的长期进程的一部分——但他为期 6 年的任务对于促进就这一问题达成共识发挥了至关重要的作用，而且也确实将其纳入了主流（Wettstein 2015）。考虑到国家中心主义在人权话语中根深蒂固，这是一项巨大的成就。尽管如此，要将这一共识转化为对人权政策和商业实践的真正和切实的影响，还有很多工作要做。正如鲁格（2011a：5）本人所说的那样：《指导原则》不会结束工商业与人权挑战，而是标志着该问题发轫期的结束。

第三，秘书长特别代表的工作迈出了从单纯承诺向实际具体的政策与实践发展转变的决定性的第一步。尤其是《指导原则》在各国政府间创造了探讨并采取具体措施履行保护人权免遭企业侵犯义务的巨大动力。正如第十二章第三节第二小节中所讨论的那样，越来越多的政府已经通过或正在通过《工商业与人权国家行动计划》，此类行动计划概述了在国内推进工商业与人权议程的预期措施和活动。各国政府越来越多地将工商业与人权条款纳入采购和其他政策，以同时向公司施加压力和提供激励（Chapter 12.3.2）。许多国家已经针对工商业与人权或相关问题制定了具有约束力的法律，也有些国家已经开始围绕通过此类法律展开了具体讨论（Chapter 12.4）。此类进展仍处于早期阶段，影响尚未完全显现。因此，在评估《指导原则》的（预期）影响时应该谨慎，但考虑迄今为止取得的进展，我们有理由保持乐观。

10.3.2　主要批评

与任何倡议一样，秘书长特别代表的任务和具体的《指导原则》既得到了赞扬，也受到了批评。批评十分广泛，法律和非法律学者都提出了批评。下面讨论了其中一些较为突出的观点。

10.3.2.1　有原则的实用主义：迎合企业以达成共识？

一项持续存在且反复出现的批评是，秘书长特别代表为企业提供了过多的便利，同时又在使《指导原则》更有力方面妥协了。《联合国责任准则草案》失败的一个重要原因是私营部门的强烈反对。因此，要避免《指导原则》遭遇同样的命运，关键取决于能否获得企业和行业协会的足够支持。批评者认为，鲁格在这一前提下启动他的任务，从一开始就"对企业过于友好"。更普遍来说，批评者认为，为了就《联合国框架》和《指导原则》达成共识，秘书长特别代表选择自下而上的方法，允许私营部门和西方政府等强大的利益攸关方产生过多影响（Bilchitz & Deva 2013：8-9），同时给予弱势和边缘化利益攸关方群体（如受害者）的代表性和影响力太小，并且很少听取批评者的声音（Deva 2013：83）。这样做的后果是双面的。

第一，《指导原则》是使用软性且企业友好的语言制定的。人权话语中最常见最熟悉的术语被更迎合企业的术语所取代。例如第四章第一节所讨论的，《指导原则》没有提及人权"侵犯"，而是提及了负面人权"影响"或"风险"。同样，《指导原则》并没有提及侵犯人权的"受害者"，而是提及了"受影响的利益攸关方"。如上所述，势力范围概念被人权尽责所取代，也就是被工商业界早已熟知的术语取代。

> "影响"这个术语将关注点从"侵犯"概念中隐含的对义务的违反转移到单纯地对个人享有人权的能力产生负面影响的公司。此外，"影响"将人们的注意力从企业的越轨行为转移到受害者的命运上，而受害者的遭遇可能是多种因素共同作用的结果（Deva 2013：97）。

一些人认为，正是这种商业有关术语的使用使《指导原则》成为天才之举（Buhmann 2013；Jägers 2013）。然而，其他人认为，企业责任及其暗含的规范性的软化和淡化是有代价的，从长远来看，最终可能会破坏而不是推进工商业与人权进程（Deva 2013）。

第二，一些批评者认为，秘书长特别代表不仅通过采用企业友好的语言和概念来淡化《指导原则》的规范性，而且要么完全绕过有争议的问题，要么未能明确表明对这些问题的立场（Bilchitz & Deva 2013：16；Deva 2013：86）。因此，正如批评者所说，引导工商业与人权讨论走出僵局的方法是引导其远离有争议的问题，转向那些最有可能达成一致的问题。一个典型的例子是《指导原则》对域外管辖权的模糊立场，正如第十章第二节第一小节所述，鲁格故意这样做，以免破坏就该问题可能达成的共识。批评者主张，这是鲁格有原则的实用主义方法的另一面，有时只有根本不提及更具争议性的问题，才能迅速取得实际进展。

10.3.2.2 规范基础：社会期望还是伦理原则？

商业伦理学家和哲学家尤为（但不仅仅是他们）批评《联合国框架》和《指导原则》缺乏道德规范性（Arnold 2010；Cragg 2012；Bilchitz 2013；López 2013）。秘书长特别代表认为，企业尊重人权的责任不是建立在道德基础上，而是建立在社会期望的基础上（Chapter 10.1.2）。人们对该基础提出了两大担忧。

第一，社会期望被认为是不充分的规范基础，基于两个原因，一个是一般性的，另一个是具体的。一般来说，社会期望基于自然主义谬误，不能作为规范基础。当规范性描述来源于事实情况时，哲学家们称之为自然主义谬误——也就是"应该"来源于"是"。换句话说，不能仅仅因为人们期望企业尊重人权，就自动地认为企业确实承担这种责任。社会期望可能是非法的，即使很多人这样认为并毫不迟疑地接受（Chapter 6.3.2）。有无数例子表明，人们的社会期望是不合理的，甚至对他人而言是有害的和危险的。因此，为了展现社会期望的规范力量，它自身需要被证明是合理的。这意味着不是社会期望提供了所缺的基础，而是道德原则先证明了这些期望的合理性。具体到鲁格的主张，他认为，有一种"近乎普遍"的期望——企业应该尊重人权。相关批评不指向规范性描述来源于社会期望这一事实，而是指向现有的特定社会期望将企业责任局限于仅仅尊重人权这一假设。正如洛佩兹（López）指出的那样：

可以说，将企业责任限制为"尊重"权利在世界许多地方并不适用，在那些地方企业也被期望为权利的实现作出积极贡献（López 2013：67）。

事实上，世界各地绝大多数人认为，企业有责任通过协作努力主动应对我们今天面临的紧迫的全球挑战（Edelman 2009：3）。此外，正如稍后将要说明的，尊重的概念本身可以以不同的方式解释，因此不仅仅意味着不违反要求。虽然这一评论并没有否定鲁格的观点，即不侵犯人权的责任几乎得到普遍认可，但它确实质疑了他在一开始就将企业责任近乎绝对地限制在这种消极意义上，并将所有其他责任分配给各国政府的主张。之后将再次讨论这一点。一些批评者甚至对这种所谓的社会期望趋同表示怀疑，指出政府、企业和民间社会组织在关键的工商业与人权问题上存在广泛分歧。即使就尊重人权这一抽象的企业责任达成了共识，在该责任更详细的内容方面，意见也存在很大差异（Bilchitz 2013：122）。

第二，鲁格因过度依赖社会期望而受到批评。公司应该尊重人权，不是因为人权源于道德规范，而是因为不这样做就会危及其社会经营许可（Chapter 6.3.1）。不尊重人权可能会使它们受到"舆论法庭"的审判，并造成声誉和经济损失。所以，本质上，鲁格还是依赖商业理由来论证企业应该尊重人权，正如第六章第三节第一小节所指出的那样，这种商业理由具有明显的规范和经验缺陷，因此只能在非常有限的意义上作为企业尊重人权责任的基础。

10.3.2.3　执行机制：硬义务还是软责任？

秘书长特别代表坚持认为《指导原则》没有规定任何新的法律规则。国家的保护义务以及详细说明这一点的原则"仅仅"重申了国际法中已经确立的内容；此外，与企业尊重人权责任有关的原则是软法的一部分，并不意味着企业承担任何法律义务。如前所述，秘书长特别代表有意区分"义务"和"责任"两个术语，以强调这种区别。

针对秘书长特别代表关于企业尊重人权责任的软法性质的观点，有三种批评。

第一，毫不奇怪，那些迫切要求对企业进行严格人权监管的人批评鲁格放弃旨在建立具有法律约束力的框架的《责任准则草案》战略。他们认为，以前的软法方法相当不成功，并且没有兑现其在产生真正影响方面的承诺。

所以，对他们来说，现在是时候改变方法并通过国际法框架强制企业尊重人权了。

第二，批评者认为，企业是否真的负有法律上有约束力的人权义务的问题，一开始并不像秘书长特别代表认为的那么明确。事实上，工商业与人权讨论的很大一部分正是围绕企业是否具有此类法律责任，以及如果有的话范围多大的问题。这个问题不只是学术问题；越来越多针对海外公司侵犯人权的诉讼旨在逐步推动判例法承认此类义务。简而言之，企业是否负有有约束力的人权义务是一个正在讨论的问题。然而，《指导原则》将这个问题视为已解决的问题，可能会成为未来对国际法作更先进解释的障碍（Wettstein 2015）。

第三，通过让政府在落实企业尊重人权的责任方面发挥主导作用，鲁格将工商业与人权问题的根源转化为解决方案。正如鲁格所指出的那样，工商业与人权陷入困境的根本原因在于治理差距，而治理差距的存在很大程度上是因为国家无力或拒绝让企业承担责任。之所以需要《指导原则》，首先是因为各国没有履行这方面的责任。因此，《指导原则》将追究企业责任的职责转交给国家，似乎是让贼去捉贼（Wettstein 2015）。

10.3.2.4　角色与责任分配：清晰划分还是界限模糊？

最终，一些批评者对《指导原则》严格区分义务和责任承担者提出了质疑。《指导原则》提出的解决方案是将不同类别的责任分配给不同的行为主体。所以，鲁格认为国家和企业的责任是独立的而不是重叠的，是互补的而不是共同的。在此提醒，《责任准则草案》提出了一种相反的模式，即企业与国家分担一些相同的责任。在这方面，有两种略有不同的批评方式。

第一，虽然鲁格的模型在任务和责任的明确划分和分配方面简单明了且有吸引力，但它在规范和经验上可能存在缺陷。规范方面，企业责任是否确实可以简化为单纯地尊重人权尚不清楚。正如第七章第三节所述，有合理的论据支持企业承担尊重、保护和实现所有三种人权责任，特别是从非法律层面进行讨论时。正如同一章中所讨论的，沉默共谋就是一个恰当的例子，企业在保护人权领域的责任得到了广泛承认。如第七章第三节第三小节所述，

工商业与人权

许多人权问题需要动态非线性的复杂解决方案，这只能通过协作模式实现（Wettstein 2012b）。然而，在这种模式下，角色和任务可能并不总是完全分开的，为了使此类协作模式正常发挥作用，企业必须做的可能不仅仅是不侵犯人权。理解这种协作模式需要改变视角：目标不是让企业像鲁格义正词严地警告那样接管政府责任从而取代政府，而是让企业和国家在这种模式下合作以加强国家责任，发挥其作用。目标也不是破坏监管方式或基本公共产品的供给，而是通过有效合作推进这些方法。所有这三种企业人权责任都不应取代国家责任，而应被解释为加强国家责任的重要组成部分。正如我在其他地方论证过的那样：

> 这种合作模式本质上是动态的。它们被定义为非独立的共同责任。因此，工商业与人权的真正挑战不是如何分配责任，而是不同行为人和机构如何共担责任，但又不混淆和损害其各自的角色和目标。我们面临的挑战是在全球化时代应对这一新格局，而不是通过人为地制造不存在的二分法来消灭它。换句话说，工商业与人权的核心挑战是重新思考责任，以及承担责任的特定主体可能作出的贡献（Wettstein 2015：174）。

第二，责任类别本身可能是重叠的，而不是完全不同的。尊重和保护人权之间的界限尤其"脆弱和模糊"（Nolan & Taylor 2009：443），而不是清晰明显的，特别是在社会权利和经济权利方面。舒（1996：59）也确认，"避免义务（Ⅰ）和保护义务（Ⅱ）之间的区别在抽象意义上相对清晰，但在具体实践中却相当模糊"。尊重的概念不仅仅意味着不侵犯人权。它包括对人的积极认可、欣赏和关怀，并且要求人们不能对绝望和需要帮助的境况漠不关心（Karp 2014：64）。因此，尊重的责任本身可能对公司的要求就不仅仅是"不损害"。例如，一家制药公司能否袖手旁观，眼睁睁地看着贫穷国家发生健康危机？在这种情况下的消极和冷漠是否构成真正的不尊重？因此，在这种情况下，尊重的责任对公司的要求是否会比单纯不侵犯权利更高？这种对尊重的理解与保护人权之间的界限在哪里？（Wettstein

2015：172-173）

最后，在其任职期间，鲁格开始评估企业作为经济机构所承担的独特责任。然而，他在企业人权责任方面提出的观点似乎并不独特：相反，尊重的责任是一项普遍义务。我们都有责任尊重人权，无论我们是谁、做什么；个人有，非政府组织有，公司有，国家有。它既不是企业和企业责任的特征，也不是它们的定义。作为生产性组织，企业通过对社会作出积极贡献发挥独特的作用。因此，从这些独特的贡献着手探索企业独特的责任似乎是很直观的。然而，这将不可避免地、天然地使企业人权责任再次更加接近保护和实现人权的范畴。尽管企业确实有责任尊重人权，这是一项重要的、企业实际上承担的首要人权责任，但它可能不是唯一的责任。

◇ 学习题

1. 《联合国框架》/《指导原则》的三个支柱是什么？为什么每个支柱都很重要？列举出每个支柱的一条重要原则。

2. 哪个支柱对哪个行为者来说是有法律约束力的？《指导原则》哪个术语的选择表明了这一点？

3. 企业尊重人权的责任独立于国家保护人权的义务意味着什么？你能举例说明吗？

4. 秘书长特别代表决定重新开始他的任务而不是以《责任准则草案》为基础。他这么做的理由是什么？

5. "有原则的实用主义"是什么意思？为什么它与《指导原则》相关？

6. 《联合国框架》/《指导原则》关于域外管辖权的立场是什么？秘书长特别代表如何证明这一立场？

◇ 思考题

1. 《指导原则》被视为"软法"。企业尊重人权的责任不是一条法律规范，而且《指导原则》没有附带直接执行机制。你认为秘书长特别代表是否应该采取一种更有强制力的方式？

2. 秘书长特别代表所说的"机智组合"措施指什么？你认为现在大多数国家都采取了这种方式吗？如果你代表一国政府，你觉得"机智组合"是怎样的？

3. 秘书长特别代表曾经被批评过度迎合企业以寻求它们对《指导原则》的支持。也有人赞扬他成功赢得了私营部门的充分支持？你如何认为？秘书长特别代表是否让步太多？

4. 《指导原则》将企业人权责任限制在"不损害"的范围内。这样，就避免了企业负担过重，使事项在可控范围内。然而，有人批评这种模式没有充分回应人权挑战的复杂性。你的观点是什么？《指导原则》是否应该将企业人权责任界定得更加广泛？

第十一章　更多国际软法标准和自愿倡议

　　《联合国工商业与人权指导原则》（以下简称《指导原则》）是处理企业人权行为最重要的国际框架。但是除了《指导原则》，还有许多国际软法标准和倡议，它们影响着工商业与人权（BHR）的发展。这些标准的目的各不相同。例如，有些标准是以原则为基础的，故意规定得笼统宽泛。它们的目的是为公司提供指导，而不是规定它们应该如何运作。其他标准是基于过程的，对于公司需要落实哪些程序和法律文件来达到要求，它们的规定要详细得多。这些标准可能是解决所有公司面临的共同挑战的通用标准，也可能是范围更窄但更详细的针对特定问题和行业的标准。特定的行业标准和倡议将在第十四章讨论。本章介绍另外三个包含明显的人权因素的一般性国际标准。这三个标准对于工商业与人权专业的学生和学者来说很重要，因为它们会影响企业人权实践和更广泛的工商业与人权领域。这三个标准分别是：《经合组织跨国企业准则》、联合国"全球契约"和 ISO 26000。对它们的介绍将保持简短，并特别侧重于对人权问题的处理。在概述了每一个标准中与人权有关的内容之后，是一些关于如何执行这些标准的思考，以及它们面临的主要批评的总结。此外，本章的最后一节（Chapter 11.4）更全面地介绍了多利益攸关方倡议的作用和意义，它们已经成为更广泛的工商业与人权治理格局的重要组成部分。目前已有数百个或小或大的多利益攸关方倡议，它们涵盖了各种各样的问题、行业和特定挑战。所以，第十一章第四节将在更普遍的概念意义上讨论多利益攸关方倡议，而不是仅仅关注第十四章选择的例子。之后，第十四章将讨论一些特定行业的多利益攸关方倡议实例。

11.1 《经合组织跨国企业准则》

1976 年，经合组织发布了《经合组织跨国企业准则》。该准则是企业责任领域最早的最具影响力的国际软法标准之一，一些特征使其在当今的此类标准中独树一帜。虽然《经合组织跨国企业准则》经常被视为"独立的"软法文书，但它是《经合组织国际投资与跨国企业宣言》（OECD Declaration and Decisions on International Investment and Multinational Enterprises）的正式组成部分。该宣言是"加入国政府的一种政策承诺，以为国际投资提供公开透明的环境，并鼓励跨国企业为经济和社会进步作出积极贡献"［OECD n. d. (a)]。

11.1.1 内容

与《指导原则》相比，《经合组织跨国企业准则》解决跨国企业负责任商业行为问题的方式更加全面。人权仅仅是《经合组织跨国企业准则》包含的几个"其他问题"之一。更具体来说，《经合组织跨国企业准则》总共分为 11 节，前两节解决的是概念和原则以及一般性政策问题。剩余的各节包括信息公开，人权，就业和劳资关系，环境，打击行贿、索贿和敲诈勒索，消费者的权益，科学技术，竞争和税收问题。

《经合组织跨国企业准则》的内容随时间的推移发生了很大的变化。自 1976 年通过开始，它历经了 5 次修改——1979 年、1984 年、1991 年、2000 年和 2011 年。直到 2000 年，对人权的关注才开始凸显。一般性政策一节增加了一段关于人权的内容，鼓励公司"尊重其活动影响的人的人权"（Bernaz 2017：201）。2011 年增加了关于人权的一整个小节，具体说明并扩展了一般性政策中的内容。该小节以《指导原则》为蓝本，并在内容和语言上与其保持一致。也就是说，目前《经合组织跨国企业准则》要求公司根据《指导原则》制定人权政策，实施人权尽责，通过合法进程补救其活动造成或加剧的负面影响。公司应该努力运用其影响力防止或缓解经由其商业关系产生关联的影响，即使它们没有造成或加剧此类影响。人权小节的评注通过指出《联合国"保护、尊重和补救"框架》（以下简称《联合国框架》）和《指导原则》的规定，对相关建议进行了详细阐释和背景说明。

《经合组织跨国企业准则》最重要和最独有的特征之一是它得到了政府的认可。它们是"各国政府向在加入国境内或是以加入国为总部开展业务的跨国企业提出的建议"（OECD 2011：3）。换句话说，加入国政府在法律上有义务执行该准则。但是该准则对公司没有约束力（Daniel et al. 2015）。最重要的是，每个加入国政府都被要求为该准则建立一个国家联络点。国家联络点的作用是"进一步提高准则的有效性，为此需要开展宣传活动，提供咨询服务，促进解决特定情况下的准则实施问题"（OECD 2011：68）。因此，国家联络点是一种基于国家的非司法申诉机制实例，是《经合组织跨国企业准则》的实施机制和软执行机制。第十一章第一节第二小节将研究国家联络点的作用和运作方式。共有 48 个国家加入了该准则，其中包括 36 个经合组织成员国和另外 12 个非成员国。

11.1.2　问责机制

《经合组织跨国企业准则》本质上是自愿的，不具约束力。然而，正如第十一章第一节第一小节所指出的那样，通过要求各国建立国家联络点，它确实包含了一种软性的非司法执行机制，这使得它在企业责任领域的国际软法标准中脱颖而出。

国家联络点于 1984 年纳入《经合组织跨国企业准则》，并在随后更新的版本中不断强化，例如 2000 年版要求落实申诉机制，2011 年版要求分配足够的人员和财政资源以及制定更严格的透明度规则（Bernaz 2017：201）。国家在组建国家联络点方面具有相当大的灵活性，尽管《经合组织跨国企业准则》要求国家间一定程度上实现"功能对等"，也就是说国家联络点应该以类似的方式处理案件（Daniel et al. 2015：10），并且"能够公平地开展工作，同时对加入国保持适当的问责"（OECD 2011：71）。

国家联络点最重要的任务是受理申诉（被称为"具体实例"，specific instances）和协助解决因涉嫌未执行该准则而产生的问题。应分三个阶段处理跨国企业涉嫌违反《经合组织跨国企业准则》行为的申诉（Ochoa Sanchez 2015：96）：

- 初步评估：国家联络点确定所提出的问题值得进一步审查。
- 提供斡旋：国家联络点征求建议并推动以协商一致的非对抗性方式解决问题。
- 结论：国家联络点发布结果声明或报告。

重要的是，国家联络点应该公开争端解决程序的结果。本着这一精神，国家联络点（1）如果决定终止一个案件，必须发布一份包含问题描述和不进一步审查该案的声明；（2）在双方就所提出的问题达成协议时必须发布一份报告，如果双方都同意，该报告可以仅包括协议的具体内容；（3）在未达成协议或一方不愿参与程序时发布一份声明，在适当情况下该声明应包含未达成协议的原因以及落实《经合组织跨国企业准则》的建议。

一般来说，具体实例发生国的国家联络点负责处理相应问题，但也应咨询公司母国的国家联络点。如果问题发生在非加入国，母国的国家联络点应采取措施妥善处理该问题。鼓励并积极推动所有国家联络点之间进行信息交流和密切合作。

2011 年《经合组织跨国企业准则》与《指导原则》的趋同引发了工商业与人权领域对专门利用国家联络点推进工商业与人权议程的持续讨论（Nieuwenkamp 2014；Ochoa Sanchez 2015）。2011 年以来，人权小节一直是具体实例程序中最常被引用的（Nieuwenkamp 2014）。然而，提高国家联络点解决人权问题的有效性可能需要对它们的独立性提出更严格的要求，并加强执行力。尽管如此，伯纳兹（Bernaz 2017：203）指出，迄今为止，"使用国家联络点的具体实例程序仍然与企业侵犯人权行为的国际问责机制最相似"（方框 14.2）。

11.1.3 反思

《经合组织跨国企业准则》人权小节的内容与《指导原则》几乎一致，

所以相应的实质性批评也适用于此。其他相关批评均与作为《经合组织跨国企业准则》实施机制和软执行机制的国家联络点有关。国家联络点调解的各个方面都受到了批评；然而，因为国家联络点的具体结构因国家而异，所以并非所有批评都适用于所有国家联络点。以下段落将简要讨论最相关且最常提出的对国家联络点的批评，重点关注经合组织的著名非政府组织经合组织观察（OECD Watch）的汇编材料（Daniel et al. 2015）。

未能增加受害者获得补救的机会：作为基于国家的非司法救济机制，国家联络点有望为权利受到违反《经合组织跨国企业准则》的企业行为侵犯的人带来积极影响。然而，正如经合组织观察得出的结论那样，截至 2015 年，在总共提交的 250 起案件中，仅 35 起案件（14%）获得了包含若干补救措施的有用结果。大多数措施局限于改进公司政策或程序以及承认违法行为。但是没有一起案件涉及对伤害的实际赔偿，只有 3 起案件直接改善了受害者的处境（Daniel et al. 2015：19）。

缺乏可获得性：利用国家联络点调解的费用可能令人望而却步，尤其是对于贫困和边缘化的社区而言。例如，国家联络点可能会收取翻译费，并不总是愿意在受害者的母国举行听证，如果听证在这些国家/地区之外进行，也不一定愿意支付差旅费（Daniel et al. 2015：23）。据称还存在其他问题，包括申诉提交后评估阶段的举证标准过高；记录在案的一些案件中，申诉人受到公司骚扰，甚至面临诽谤诉讼。特别是对于资源有限的申诉者而言，所谓的反对公众参与的战略诉讼可以削弱他们获得补救的能力。国家联络点因未采取适当措施预防和减轻申诉人面临的此类风险而受到批评（Daniel et al. 2015：23-24）。

缺乏独立性：许多国家联络点隶属于一个单一的政府部门，仅由该特定部门的代表组成。这可能会影响独立性和公正决策，尤其是在该部门还担负促进商业利益的任务时（Daniel et al. 2015：33）。有记录在案的案件显示，国家联络点作出的决策严重依赖甚至只是简单地重述了公司以未公开的保密方式向它们提交的答复（Daniel et al. 2015：35-36）。从公正和独立的角度来看，理想的国家联络点应该跨不同政府机构设立，并由通过公开透明程序选出的各种政府官员和外部利益攸关方组成。

透明度：国家联络点面临的挑战是在透明度和保密性之间取得适当平衡。虽然透明度对于维持公众对问责机制的信心至关重要，但在调解过程中可能需要一定程度的保密性以促进流畅沟通（Daniel et al. 2015：37）。然而，国家联络点经常因采用过于宽泛的保密标准而受到批评，这限制了公众——有时甚至是参与调解的各方——获取调解程序和结果相关重要信息的能力。

资源配置和有效性：除了上述批评之外，国家联络点还因案件延迟、人手不足和资金不足，未使用其调查权，以及在双方未达成协议或公司拒绝进入调解的情况下未能公布不遵守《经合组织跨国企业准则》的声明而受到批评（Daniel et al. 2015；Ochoa Sanchez 2015）。此外，批评人士指出，国家联络点在说服不情愿的公司参与对话方面做得不够，也没有充分跟进通过调解达成的协议的执行情况（Daniel et al. 2015：25-28）。

11.2 联合国"全球契约"

联合国"全球契约"是一项基于原则的倡议，鼓励公司进行可持续且有益于社会的商业实践。它是由时任联合国秘书长科菲·安南于 2000 年发起并启动的。正如前面所指出的（Chapter 2.2），联合国"全球契约"是第一个真正将公司人权责任置于中心地位的高级别国际准则。虽然其具体影响尚待验证，但它对工商业与人权议程的发展作出了重要贡献，可以被视为该领域的一项关键举措。

联合国"全球契约"拥有来自 160 个国家的 13000 多个签署方，是最大的国际软法倡议。它向所有企业开放，限制很少。以下公司不能成为成员：受到联合国制裁的公司，因道德原因被列入联合国不合格供应商名单的公司，从杀伤人员地雷或集束炸弹的生产、销售和/或转让中获取收入的公司，从烟草的生产和/或制造中获得收入的公司［UN Global Compact n. d.（a）］。

最初，它是联合国内部一份"独立的"企业责任倡议，最近已与联合国 2030 年议程完全一致。因此，联合国"全球契约"的总目标是在可持续发展目标（SDG）（Chapter 15.1）的框架内，利用企业通过伙伴关系和创新带来积极变化的潜力为持久、可持续的世界经济变革作出贡献。在这次调整过程中，联合国"全球契约"变化很大。但是它的核心内容仍然没有改变。

11.2.1　内容

与《经合组织跨国企业准则》类似，联合国"全球契约"不仅涵盖人权，它还包括人权、劳工、环境和反腐败领域的十项广泛的规范性原则（方框11.1）。联合国"全球契约"发布时仅包含九项原则；4年后，即2004年，增加了反腐败要求。与其他企业责任标准相比，联合国"全球契约"具有普遍性和广泛性。它的十项原则是参加的公司需要遵守的基本承诺，但没有具体规定任何特定的实施程序。但是联合国"全球契约"为公司提供了各种各样的参与机会，以便与志同道合的组织合作并向其学习。此类协作参与围绕可持续发展目标（SDGs）和联合国"全球契约"十项原则相一致的重点领域进行。此外，联合国"全球契约"由无数的国家网络组成，允许签署公司之间进行定期的密切互动。近年来，作为可持续发展目标的关键要素，协作参与已成为联合国"全球契约"标志性的工作重点。公司通过首席执行官签字自愿承诺遵守联合国"全球契约"的原则，大公司每年还需要缴纳额外的费用。如此，公司承诺：（1）坚持联合国"全球契约"十项原则；（2）参与伙伴关系以更广泛地推进联合国的目标；（3）每年报告其在业务中落实原则的进展。联合国"全球契约"为签署组织提供不同级别的参与方式，从低级别支持（例如通过实施指引工具）到更积极的培训和咨询服务，再到参与协作倡议和高级别政策对话等。

方框 11.1　背景材料：联合国"全球契约"十项原则

人权

原则1：企业界应支持并尊重国际公认的各项人权。

原则2：保证不参与侵犯人权行为。

劳工标准

原则 3：企业界应支持结社自由及切实承认劳资集体谈判权。

原则 4：消除一切形式的强迫和强制劳动。

原则 5：切实废除童工。

原则 6：消除就业和职业歧视。

环境

原则 7：企业界应支持采用预防性方法应对环境挑战。

原则 8：采取主动行动促进在环境方面更负责任的做法。

原则 9：鼓励开发和推广环境友好型技术。

反腐败

原则 10：企业界应努力反对一切形式的腐败，包括敲诈和贿赂。

联合国"全球契约"将前两项原则用于人权。原则 1 要求签署企业"支持并尊重国际公认的各项人权"，原则 2 则要求它们"保证不参与侵犯人权行为"。因此，联合国"全球契约"遵循先前介绍的直接和间接侵犯人权行为之间的常见区分（Chapter 4）；原则 1 涉及直接影响，原则 2 则涉及间接影响。重要的是，联合国"全球契约"将人权承诺与原则 3~6 涵盖的劳工标准分开，这清楚地表明企业除了为其雇员和工人提供体面待遇之外还应承担人权责任。尽管这在今天很常见，但在联合国"全球契约"发布时，企业人权责任即使得到承认，通常也被认为仅限于工人权利问题。因此，联合国"全球契约"为促进对企业人权责任的更全面理解作出了重要贡献。

联合国"全球契约"的人权原则与 2011 年公布的《指导原则》大体一致，并直接引用了它们。然而，也有重要差别。首先，联合国"全球契约"超越了《指导原则》的要求。虽然联合国"全球契约"也要求企业实施人权尽责以避免侵犯人权，但它还鼓励企业采取行动积极促进人权而非仅仅尊重人权：

> 支持人权涉及对人权作出积极贡献，促进或推进人权。具有社会责任感的组织通常拥有更广泛的能力，并且往往希望在其影响范围内支持

促进人权，特别是通过与其核心业务活动战略性联系的方式。支持人权的商业理由可以与尊重人权的商业理由一样有力。同样，利益攸关方的期望往往延伸到这样的信念：组织能够而且应该在有能力的情况下为实现人权作出积极贡献［UN Global Compact n. d.（b）］。

联合国"全球契约"列出了公司在促进和支持人权方面可以作出积极贡献的4个常见具体领域。它们是（1）通过核心业务活动支持联合国的目标，（2）战略社会投资和慈善事业，（3）宣传和公共政策参与，以及（4）伙伴关系和集体行动。

原则2与《指导原则》对共谋的定义高度一致。尤其是，原则2不仅包括公司积极参与侵犯人权行为的情况，还包括公司仅通过其产品、服务或业务关系与侵犯人权行为有关联的情况。此外，联合国"全球契约"强调，共谋不仅指公司可能承担法律责任的情况，还适用于更广泛的情况，如公司可能从人权侵犯中受益。在这种情况下，联合国"全球契约"指出，认定公司发挥支柱作用可能是恰当的（参见 Wettstein 2012c）。因此，联合国"全球契约"区分了先前定义的直接共谋、获益共谋和沉默共谋（Chapter 4.3）。

如上所述，联合国"全球契约"将人权原则与劳工标准原则分开。然而，劳工标准原则与人权原则也直接相关。原则3要求企业维护工人的结社自由权和集体谈判权。这包括尊重他们在没有恐惧或恐吓的情况下，成立和加入工会的权利；不干涉他们履行工人代表的职责。原则4要求公司努力消除一切形式的强迫和强制劳动。强迫劳动的常见特征是未经同意和以惩罚相威胁；联合国"全球契约"提及不同形式的强迫劳动，如奴役、抵押劳动或债役。合法企业——联合国"全球契约"的成员被认为是合法企业——通常经由与供应商和其他公司的业务关系而与强迫劳动相关联。联合国"全球契约"建议公司在工作场所采取一系列措施抵制强迫劳动，例如禁止商业伙伴收取招聘费（Chapter 5.5.2）。除了工作场所之外，联合国"全球契约"还建议企业采取全行业方法解决这个问题，并让其他行业的参与者加入进来。要深入了解强迫劳动和现代奴隶制问题，请参阅第五章第二节第三小节。

原则 5 旨在切实废除童工（Chapter 5.2.1）。联合国"全球契约"建议公司在发现童工问题时提供可行的替代方案。这可能包括让孩子入学或为父母提供创收替代方案。然而，它不能简单地理解为断绝与受影响儿童的关系，因为这可能迫使他们陷入更加悲惨的境地［UN Global Compact n. d. (c)］。最后，原则 6 旨在消除就业方面的歧视。联合国"全球契约"指出，歧视，无论是基于性别、国籍、种族、宗教还是其他理由，都是一个人权问题，可能发生在获得工作机会和雇员在工作期间的待遇方面［UN Global Compact n. d. (c)］。联合国"全球契约"指出，歧视通常是间接的，"规则或做法表面上是中立的，但实际上导致了排斥"［UN Global Compact n. d. (c)］，并建议公司在更高级别上针对歧视和平等就业进行责任分配，以发布明确的政策，推动管理层和员工的培训等。

原则 7~9 涉及公司的环境足迹。要求公司针对其对环境影响采取预防措施（方框 11.2）。尽管如第五章第四节和第十五章第二节所示，环境退化和气候变化与侵犯人权相关，但这些原则没有明确提及人权。与反腐败有关的原则 10 也是如此：虽然这一原则没有以人权术语明确表述，但腐败以多种方式影响人权，例如，将公共物品和服务中的资金转移到私人口袋中，破坏公共治理和公共服务以及更广泛的法治，这些都是有效保护人权的关键要素。

方框 11.2　背景材料：预防原则

简而言之，预防原则意味着决策者不得利用缺乏关于环境和人权风险的明确和确定的科学证据为延迟采取有效和相称的措施应对此类潜在风险辩护（Shelton 2010：249）。换句话说，决策者在缺乏关于其决策影响和后果的充分信息和知识的情况下，必须谨慎行事。1992 年《里约宣言》原则 15 引入了预防措施，其中规定："遇有严重或不可逆转损害的威胁时，不得以缺乏科学充分确定证据为理由，延迟采取符合成本效益的措施防止环境恶化"［UN Global Compact n. d. (g)］。联合国"全球契约"原则 7 将预防原则应用于企业，指出企业应该采取预防措施应对环境挑战（方框 11.1）。

11.2.2　问责机制

2000 年联合国"全球契约"发布时，它完全基于对话和同行学习的理念，不包含真正的问责机制。不出所料，这招致了严厉的批评——尤其是来自非政府组织的批评。联合国"全球契约"回应了批评，增加了一个软性问责机制，该机制由三个部分组成。

学习平台和本地网络：联合国"全球契约"首先被认为是一个对话、学习和协作的平台。它为企业提供了一个分享良好实践和私下相互学习的论坛。同样，它还为其他领域的组织提供了多种与成员公司互动协作的机会，例如工会和劳工组织、政府机构和非政府组织。本地网络是该倡议一个不可或缺的组成部分；它们是国家级的独立、自治、自我管理的实体，希望"帮助企业了解负责任的商业在不同国家、文化和语言背景下的含义，并促进外展、学习、政策对话、集体行动和伙伴关系"［UN Global Compact n.d.(d)］。尽管可以说这几乎没有加强外部问责，但联合国"全球契约"提供的可靠空间可以引导公司以开放的建设性方式解决困境和问题，并且至少可以提供一定程度的同辈压力，加强内部问责。

年度进展通报（COP）：2003 年，联合国"全球契约"引入了新的要求，要求成员公司每年报告它们在实施十项原则方面取得的进展。进展通报的形式很灵活。但是它至少必须包括：（1）首席执行官的声明，表达公司对联合国"全球契约"的持续支持并重申维护十项原则的承诺；（2）对公司已采取或计划采取的实施十项原则的措施和实际行动的描述；（3）对结果的评估［UN Global Compact n.d.(e)］。报告应在联合国"全球契约"网站上公开，这增强了更多公众的问责能力，尽管对于许多利益攸关方而言，将报告置于相应背景下进行评估可能很困难。未能在指定的一年时间内充分报告进展情况的公司将被列入"未通报"名单。接下来的一年仍然未完成进展通报要求的未通报参与方，将被从联合国"全球契约"中除名（UN Global 2013）。联合国"全球契约"公布了被除名的公司名单，可在其网站上查看。

对话促进机制：联合国"全球契约"不会定期评估公司对十项原则的承

诺和遵守情况，也不会评估进展通报之外的这些原则的实施情况。但是，可以在联合国"全球契约"的对话促进机制之下发起针对特定公司未履行承诺的申诉。然后，联合国"全球契约"将鼓励公司和申诉人进行对话。申诉仅限于令公司承诺受到挑战的对联合国"全球契约"原则的系统性或严重滥用事项，例如严重侵犯人权行为［UN Compact n. d.（f）］。拒绝回应这种申诉的公司可能面临被列入未通报名单并最终除名的风险。

11.2.3 反思

尤其是发布的前几年，联合国"全球契约"经常受到严厉批评。联合国"全球契约"对许多问题作出了回应，采取措施解决这些问题。这并没有使批评完全消失，但缓解了一些针对联合国"全球契约"的更根本的反对意见。较为重要的针对联合国"全球契约"的反复批评包括以下内容。

"漂蓝"（Blue-washing）：尤其是在联合国"全球契约"通过的早期，人们担心企业责任纪录欠佳的公司会将联合国"全球契约"作为提升其公众形象的工具，从联合国"全球契约"宽松的治理和问责制度中受益，而它们实际的商业实践却几乎没有改变，今天这种担忧仍然存在。术语"漂蓝"暗指联合国的官方颜色，与更熟悉的术语"漂绿"用法类似。作为回应，联合国"全球契约"针对签署公司徽标的使用实施了一项政策。然而，这一批评背后更大的担忧是联合国系统的腐败。人们通常认为联合国"全球契约"预示着联合国与私营部门关系的范式转变。虽然在早期，联合国被认为对企业持批评态度甚至敌视态度，但联合国"全球契约"依赖伙伴关系措施，不基于自上而下的监管而是基于对话和相互学习。许多批评家认为，向私营部门打开大门越过了红线，使联合国很容易被强大的私人利益集团控制。

缺失牙齿：尽管联合国"全球契约"对问责机制进行了调整，但最常见的反复出现的批评是联合国"全球契约"仍然缺乏任何有效的机制来确保企业遵循并履行对十项原则的承诺。正如批评所说，宽泛的规范性原则为公司自己的解释提供了太多余地，因此无法有效执行。这增加了公司在没有任何明确改变其行为意图的情况下签署联合国"全球契约"的风险。联合国

"全球契约"的支持者往往认为这些批评是恶意的,有失公允,因为联合国"全球契约"从来就不是一个监管工具,因此其设计时并未考虑到不遵守情况下的执行和相应制裁(Rasche 2013)。

缺乏影响力和有效性:一些人认为,很多公司签署联合国"全球契约"是其成功的标志,但批评者指出,签署公司的数量与联合国"全球契约"对它们实际行为的具体影响之间存在差异(参见 Sethi & Schepers 2014)。虽然肯定有许多公司在实施十项原则方面作出了巨大努力,但关于联合国"全球契约"对加入公司整体政策和运营的影响有多大,以及它是否真正成功地普遍改善了商业行为,看法各不相同。

尽管批评从未完全平息,联合国"全球契约"仍可以说取得了许多成就。首先,联合国"全球契约"对个别公司的政策和行为的影响可能是有争议的,但它在千禧年之际引发了关于负责任商业行为的广泛持续讨论,有助于提高私营机构和广大公众对这一主题的认识。其次,联合国"全球契约"有助于恢复私营部门对联合国的信任,这种信任在《跨国公司和其他工商业在人权方面的责任准则》(以下简称《责任准则草案》)漫长而紧张的讨论中受到了损害(Bernaz 2017:180)。最后,联合国"全球契约"为塑造一个使《指导原则》等新的影响更深远的倡议再次成为可能的环境作出了贡献,尤其是在《责任准则草案》失败之后,这种贡献不容小觑。总体而言,联合国"全球契约"向更广泛的工商业与人权运动释放了关键信号:联合国不仅准备好并且愿意就企业的社会和环境影响与企业进行批判性接触,而且认识到企业与更广泛的人权运动的相关性,重要的是,它们对人权的意义超越了就业和劳资关系(Wettstein 2012a)。

11.3　ISO 26000

本章讨论的最后一个标准是 ISO 26000。讨论具体行业将涉及一些更具体的标准和倡议(Chapter 14),更广泛的可持续发展目标将在第十五章第一节中讨论。

ISO 26000 是国际标准化组织 (International Organization for Standardization, ISO) 的企业社会责任标准。国际标准化组织是一个独立的国际非政府组织，专门从事标准制定工作。它成立于 1947 年，目标是协调和统一国际行业标准，总部位于日内瓦，由 164 个国家级标准机构组成，是世界上最大的标准制定者。该组织已发布 22844 项标准和相关文件，几乎涵盖所有可以想象到的行业。该组织的标准通常具有相当的权威 (Henriques 2012：8)。

ISO 26000 是第一个全面解决企业责任和可持续发展问题的国际标准化组织标准。鉴于国际标准化组织在标准化"世界"中的影响力和重要性，它的推出意义重大，广受关注 (Henriques 2012)。经过 5 年谈判，ISO 26000 于 2010 年发布。它是由指定的社会责任工作组制定和起草的，该工作组由来自 80 个国家的 450 名专家组成，代表各种不同的利益攸关方群体（工业、劳工、消费者、非政府组织、政府、服务、援助、研究等）。每个国家标准机构最多可以提名 6 位工作组专家 (Hahn & Weidtmann 2016：104)。谈判中来自南半球的代表多于来自北半球的代表，这一点很重要，因为企业不负责任行为的影响在南半球最为突出，但也是因为缺乏南半球代表是过去国际标准化组织最常受到的批评。

11.3.1 内容

ISO 26000 不仅为企业提供指导，而且为各种类型的组织提供社会责任指导 (Henriques 2012：11)。它面向各种规模的、来自所有地理区域的、从事或专注于任何行业的组织。它涵盖 7 个核心主题：组织治理、人权、劳工实践、环境、公平运营、消费者议题以及社区参与和发展。每个主题被分为许多小问题，ISO 26000 为这些问题规定了某些预期行动和措施 (Henriques 2012：14)。

人权核心主题分为 8 个小问题：尽责，人权风险情况，回避或共谋，申诉解决，歧视和弱势群体，公民权利和政治权利，经济、社会和文化权利，工作中的基本原则和权利。与《经合组织跨国企业准则》或联合国"全球契约"类似，不同的核心主题和问题是相互依存、彼此交叉的。其他主题，例如劳工实践或环境，也可能以直接和间接的方式影响人权。因此，"尊重人权"也被列为指导所有核心主题相关行为的首要社会责任原则之一。其他核心原则是：问责制、透明度、合乎道德、尊重利益攸关方的利益、尊重法治以及尊重国际行为准则。

公司被要求通过以下步骤将社会责任融入整个组织：将社会责任融入其政策、组织文化、战略和运营；进行社会责任相关的内部能力建设以及内部和外部沟通；定期审查这些与社会责任相关的行动和实践（ISO 2018：17）。2018年，ISO 26000在114个国家/地区拥有约70000家企业成员（Idowu 2019），从数量上看ISO 26000是一个非常成功的标准。然而，该标准不包含任何可衡量的要求或指标，因此无法保证相关公司真正遵守该标准。

ISO 26000的人权章节与《指导原则》保持一致。值得注意的是，公司"势力范围"的概念和理念在该标准中仍然占据相当突出的地位，但秘书长特别代表由于认知上的模糊性故意将其从《联合国框架》和《指导原则》的用语中删除（Chapter 10.1.2）。约翰·鲁格确实敦促ISO 26000工作组在标准发布之前重新考虑该概念的使用；作为回应，工作组调整了它对势力范围的定义以与《指导原则》以影响力为基础的格局更好地保持一致。然而，ISO 26000对企业人权责任进行了更广泛更严格的理解，不仅限于不侵犯，还包括促进和保护人权的积极责任。一般性企业社会责任条款要求公司"尊重，并在可能的情况下促进"人权；人权条款呼吁它们促进并捍卫人权的充分实现，促进性别平等，为残疾人的尊严、自主权和充分参与社会作出贡献，推动对移徙工人的尊重，努力促进弱势群体的发展并消除童工（Wood 2012：71）。值得一提的是，第100条是关于企业政治参与的标准。根据ISO 26000，企业应避免控制政治人员或活动，否则可能会破坏政治进程；它们还应该避免参与虚假信息、恐吓或威胁活动（Wood 2012：71）。

总之，ISO 26000是另一个包括对企业人类责任更广义理解的标准，既有消极的也有积极的。虽然消极维度很大程度上对应《指导原则》和《经合组织跨国企业准则》提出的责任概念，但积极维度更类似于联合国"全球契约"提出的责任概念（Wood 2012）。从道德角度来看，这样一个更广义的概念肯定更符合第七章第三节概述的对企业人权责任的全面理解。然而，一旦考虑问责，尤其是对企业人权责任的法律认可，就会面临如何适当界定如此广义的概念的问题。ISO 26000 的问责机制反映了这一点——或者说，它根本缺乏问责机制——第十一章第三节第二小节将进行讨论。

11.3.2　问责机制

国际标准化组织因标准认证而闻名。认证由独立认证机构进行，验证公司是否符合某一标准，被认为提供了一种问责机制。但是，ISO 26000 没有认证程序，也没有提出用以评估是否符合标准的要求；这使得很难评估公司是否符合其标准（Henriques 2012：17）。因此，ISO 26000 不包含任何认证、监督，甚至执行机制。

虽然在 ISO 26000 制定过程的早期认证被列入了考虑范围，但后来由于利益攸关方在该问题上的立场不同，争取将认证纳入其中的目标就被放弃了（Balzarova & Castka 2012：267）。有趣的是，制定进程中的双方都反对进行认证。业界以成本为由提出反对，因为他们担心认证可能会导致一种习惯——遵守标准沦为走过场，而非以价值为出发点。现在国家层面新的工商业与人权立法也面临类似的担忧（Chapter 12.4）。此外，劳工组织对认证持怀疑态度，因为衡量社会问题本身就很困难；他们担心这可能会导致意外后果，即把利益攸关方排除在对这些有争议问题的评估之外，使这些问题沦为可以外包给不相关的咨询公司的纯粹技术问题（Henriques 2012：18）。

11.3.3　反思

一些人称赞 ISO 26000，认为它因不同利益攸关方群体和地理区域在专家组中的代表性而获得高度合法性（Hahn & Weidtmann 2016）。但是其他人认为，各种群体的广泛参与淡化了标准，使其变得模糊、不明确和政治化（Entine 2012）。相关文献通常讨论的批评有两点，这些批评至少部分源于人们认为的 ISO 26000 所具有的模糊性。

第一，如上所述，ISO 26000 不包含任何认证方案。与联合国"全球契约"一样，批评者认为，企业实际上不必改变它们的行为就可以标榜自己已经使用了 ISO 26000。缺乏认证机制可能会降低公司在标准实施方面投入足够努力的积极性；即使是那些想要落实 ISO 26000 的公司也可能会发现，如果不能说明认证的益处，就很难向股东证明它们确实做了事情（Henriques 2012：23）。另外，由于国际标准化组织以标准认证而闻名，人们可能通常不知道 ISO 26000 不包含认证机制，进而认为使用该标准的公司得到了国际标准化组织的评估和认证。

第二，ISO 26000 不像其他知名的 ISO 标准那样是一个管理体系标准。诚然，它列出了许多管理方式，可以帮助公司在整个组织中实施和整合企业社会责任，但它不包含正式的管理方式，而这在过去一直是 ISO 标准的标志性特征；也就是说，它没有解决如何系统地落实企业社会责任和可持续发展（Henriques 2012：15）。一些批评者认为（Henriques 2012：4），ISO 26000 没有落实标准的正式机制或管理体系，错过了一次良好的机会，效力也因此减弱。

更保守的批评人士认为，ISO 26000 以及其他类似标准是助长保护主义、阻碍创新和经济增长的工具。一些人还担心，像 ISO 26000 这样的自愿性标准会成为通往对跨国企业进行更严格的跨国和国内监管的途径（Entine 2012）。

11.4　多利益攸关方倡议的作用与宗旨

作为对全球化进程加速带来的日益严峻的治理挑战以及市民社会对公司自我监管机制日益增长的不满的回应，多利益攸关方倡议于 20 世纪 90 年代出现。由此，它们快速成为解决企业人权挑战不可或缺的工具。简而言之，多利益攸关方倡议是合作性倡议，把代表各利益攸关群体的不同领域的公、私行动者聚集在一起，展开合作，寻求解决对于单个行动者来说太过复杂多面的人权挑战。除了公司之外，参加的利益攸关方可以包括非政府组织、工会、行业协会、投资者、学术组织，以及政府机构等。所以，多利益攸关方

倡议的基础假设是，这种综合可行的方法只有在所有行动者共同行动且对如
何解决潜在挑战达成一致理解的情况下才是可能的。因此，多利益攸关方倡
议通常具有多样的功能，从业务指引到支持问责平台，再到成熟的治理
工具。

在业务层面，参加多利益攸关方倡议是公司承担人权责任的更广义的实施
战略之一。积极参加多利益攸关方倡议合作能够同时增强企业对人权挑战回应
的有效性和合法性，而且通常会使公司相互学习，分享最佳实践。因此，多利
益攸关方倡议不仅是学习和思考的也是辩论和解决冲突的重要论坛（Arenas，
Albareda & Goodman，2020）。此外，多利益攸关方倡议经常包括某些形式的
监督和问责机制，以确保参加者兑现他们的承诺。一种可接受的问责工具就
是，对那些承诺了业务标准并有效落实的公司进行认证。多利益攸关方倡议
可用的问责措施有很多，从较弱的、象征性的到较强的、有效的。然而，一
般认为，问责机制越强，一个利益攸关方倡议在更多公众面前就越合法。最
后，多利益攸关方倡议是对秘书长特别代表认定为工商业与人权领域关键问
题的治理差距的部分回应。通常，多利益攸关方倡议就如何解决具体问题和
挑战以及参加者应如何着手提供标准和指导。如此，它们在确定的领域实现
了重要的治理功能。

有各种各样的多利益攸关方倡议。它们可能在规模和形式、治理和问责
结构，以及关注焦点和宗旨目的方面大相径庭。例如，联合国"全球契约"
在本质上是一个规模巨大的多利益攸关方倡议。与此相对，也有多利益攸关
方倡议仅仅有几个参加者。所以，多利益攸关方倡议在企业参与方面也有所
不同。可以区分为 4 种不同层次（Mena & Palazzo）：（1）多利益攸关方倡议
为企业提供学习平台以进行对话、彼此学习、交流最佳实践以及传达承诺；
（2）多利益攸关方倡议为公司制定了指南、行为准则、标准和规则；（3）多
利益攸关方倡议规定了监督、审计和合规机制以确保公司遵守标准；（4）多利
益攸关方倡议也可能进行认证并颁发标签以确保并表明公司的合规性。

多利益攸关方倡议经常因解决具体的行业问题而设立，召集同一行业的
企业和其他来自市民社会和公共领域的行动者一起，就人权挑战的通用标准

和回应方式达成一致。这种特定行业的多利益攸关方倡议应该履行三项职能（Baumann-Pauly，Nolan，Labowitz，& van Heerden 2016：112）：第一，它们需要在特定行业语境下定义人权标准；第二，它们应该将标准变为可测量的基准，以评估成员公司的表现；第三，它们应该建立制裁不遵守标准的公司的程序并向受害者提供补救途径。因此，特定行业的多利益攸关方倡议可以在特定行业内围绕改进的标准创建公平竞争环境方面发挥重要作用。特定行业的多利益攸关方倡议实例将在第十四章讨论。

多利益攸关方倡议有几个明显的优点，但是也已经受到批评。多利益攸关方倡议的主要优点之一就是它们能够汇集来自不同行业的和参与者的重点专业知识，进而使解决方式更加全面，还可能受到各行业的更广泛支持。多利益攸关方倡议能够比公共监管赢得更多认同感，尤其是在公司之间。另外，这引发了此类倡议的采纳可能性和整体合法性问题。这个问题一会儿解决。多利益攸关方倡议的另一个优点是其设置通常具有灵活性，进而能够比监管和立法更快地适应不断变化的环境。因此，它们可以在相对较短的时间内发挥作用，并对正在发生的情况或危机迅速作出反应。尽管如此，多利益攸关方倡议不应被视作立法和监管的对立面。相反，它们的好处之一是可以以极具针对性的方式补充现有法规——例如，明确某些要求并提供操作和落实指导，普遍增强法规的实际影响力（Baumann-Pauly，Nolan，Labowitz，& van Heerden 2016：110；Schrempf-Stirling & Wettstein 2021）。

多利益攸关方倡议经常因代表性不足而受到批评。这主要涉及所谓的企业代表人数过多，而非政府组织和市民社会的代表人数普遍不足问题；尤其是，通常完全没有受影响社区和侵犯人权行为受害者的参与。公司常常为此类倡议提供大部分资金，进而在决定其建立、问责和监督结构方面拥有很大的权力。另外，非政府组织往往面临严重的预算限制，无法充分参与（Baumann-Pauly，Nolan，Labowitz，& van Heerden 2016：119）。此外，非政府组织可能担心，如果它们与企业合作解决人权问题，而不是把问题大声说出来，它们可能会失去独立性或在支持者中的可信度。因此，多利益攸关方倡议经常被批评容易因参与方之间巨大的权力差异而失去本来的作用，这会使其整体合法性受到质疑。所谓的缺乏确保公司落实承诺和倡议要求的监督和问责机制或相关机制不足使此类批评加剧。概括而言，多利益攸关方倡议作为没有民主授权、没有融入民主进程的私人治理机制，重要性日益凸显，这引起了一些批评者的不安和担忧。有人认为，为了克服这种民主赤字，多利益攸关方倡议必须确保让利益攸关方参与、审议程序公平、利益攸关方目标一致，以及倡议结构和进程的透明度（Mena & Palazzo 2012：536）。尽管（或者可能是因为）当前工商业与人权立法迅速发展，可以预见的是，多利益攸关方倡议在工商业与人权领域的重要性将会增强。所以，关于多利益攸关方倡议的适当作用、地位、合法性以及相应保障措施的讨论仍然具有现实意义。

◇ 学习题

1. 你能够陈述《经合组织跨国企业准则》与其他企业责任国际标准的三项关键区别吗？为什么《经合组织跨国企业准则》是独一无二的？

2. 什么是国家联络点？你能够说出国家联络点受到批评的四个方面并解释其相关性吗？

3. 联合国"全球契约"如何处理人权问题？为什么尽管联合国"全球契约"被批评为影响力有限却仍然在工商业与人权领域具有重要意义？

4. ISO 26000是公共标准还是私人标准？它是如何同时规定消极和积极企业人权责任的？

5. 多利益攸关方倡议是什么？它们对于工商业与人权的重要意义是什么？它们的优点和可能的缺点是什么？

◇ 思考题

1. 想象你最近被邀请提供关于《经合组织跨国企业准则》最新版本的指导。在目前的版本中，它如何与更广泛的工商业与人权讨论相关联？如何调整以更好地解决人权问题？

2. 如何加强多利益攸关方倡议问责？如果你已经设立一个多利益攸关方

倡议，你可以如何设计它的问责机制，如果有这种机制的话？如何确保充分的代表性？可以做什么以防止特定的利益攸关群体产生不当影响？

3. 你相信硬法和监管或者多利益攸关方倡议更有效，而且可能带来变革吗？

4. 联合国"全球契约"如何确保对其成员进行问责？你认为这些问责措施是否充分？如果答案是否定的，如何改善？

5. 想象你是一名工商业与人权顾问，一家公司正向你寻求建议。你建议公司采用三个一般性国际标准（《经合组织跨国企业准则》、联合国"全球契约"、ISO 26000）中的哪一个？你会建议公司三个都采纳吗？

第十二章　母国解决方案

国际倡议和标准是在追究企业人权行为责任时的重要参照。然而，这些倡议和标准往往最多只包含不具约束力的软法执行机制和问责机制。因此，近年来公司最重要的人权问责制度发展是在国家层面实现的，尽管其中许多进展都受到《联合国工商业与人权指导原则》（以下简称《指导原则》）的启发，并以其为参考进行框架设计。

鉴于国家在国际人权相关的政治和法律制度中的核心角色，其有义务确保经济行为者和经营过程不侵犯人民的基本权利。保护人权不受公司的侵犯是国家的根本义务，独立于并行的公司自身尊重人权的责任。确切地说，国家是工商业与人权（BHR）议程不可或缺且核心的组成部分。事实上，从管理学的视角分析工商业与人权会自然而然地关注公司，并将公司视为该议题的核心主体；然而，法律视角倾向于将国家及国家保护人权的义务置于该议题的中心。这是工商业与人权领域的法律和非法律讨论之间存在较大分歧的重要原因之一，导致从事工商业与人权研究的法律和非法律学者之间存在截然不同的对话，就像分别使用了不同的语言一样（Chapter 1.4）。

本章探讨了国家对其管辖范围内注册成立的公司产生的人权影响进行问责的义务。为此，本章直接关注母国对在国外经营的公司加强问责的义务以及可能采取的问责方法。虽然对公司在国家之内的行为监管具有同等的重要性，但工商业与人权话题中关键且有争议的问题主要与公司的域外行为有关。事实上，工商业与人权议题的标志性特征就是围绕"当事国解决方案"的讨论。因此，本章将首先从广义的视角探讨国家的人权保护义务，特别是国家保护人权的域外义务。继而将评估国家为了实现上述义务在政策、立法和司法领域运用的不同方法。围绕立法方法的探讨还将概述和评估许多国家近年来采取的具有域外效力的工商业与人权法律。关于司法手段的一节将简要介绍有关工商业与人权的诉讼，并概述近期各司法管辖区具有重大影响力的案件。本章结尾将讨论针对此类域外国家措施提出的若干批评意见。

12.1　国家保护人权的义务

国家通常被视为保护人权的重要主体和首要责任承担者。因此，它们对人权保护的三重结构，即人权的尊重、保护和实现负有全面的责任。从工商业与人权的角度来看，国家的关键义务是保护人权免受包括公司在内的第三方的负面影响和侵犯。这意味着国家有义务利用可用的手段确保私人主体尊重人权。它必须采取预防措施，以确保普遍存在的人权风险不会变为现实。此外，保护人权的义务包括在发生侵犯人权行为时追究犯罪者的责任，并使此类侵犯人权行为的受害者能够获得适当的补救措施（De Schutter 2014：427）。

国家保护人权的义务是《联合国"保护、尊重和补救"框架》（以下简称《联合国框架》）和《指导原则》（Chapter 10.1.1）的核心支柱，并且在条约法和习惯国际法中都有明确的规定（Ruggie 2013：84）。例如，《公民权利和政治权利国际公约》第2条（Chapter 3.3.3 and Chapter 3.3.4）要求各国既要避免直接侵犯人权，又要确保包括公司在内的其他社会行为者不侵犯人权（Ruggie 2013：84）。它重申了对上述国家承担保护义务的双重解释，即各国应采取预防措施，防止第三方侵犯人权（第2条第2款），并在发生此类侵犯行为时采取补救措施（第2条第3款）（Chirwa 2004：84）。其他核心人权条约，包括《经济、社会和文化权利国际公约》，以及主要的区域性人权公约，都包含类似条款（Chirwa 2004；Baughen 2015：8）。虽然传统的国家保护人权的义务主要是防止武装反叛团体作为相关第三方的侵犯人权活动，但"第三方"已经转变为更广泛的公共和私人行为者，包括近期纳入该范围的企业（Ruggie 2013：83）。

工商业与人权

国家的保护义务意味着在个人权利受到私人行为者威胁的情况下，国家不得消极不作为（De Schutter 2014：428）。因此，如果某些商业模式、情况或情境被视为对人权构成固有威胁，国家必须利用一切可用和必要的手段保护人权。这一基本义务是毋庸置疑的。这一观点认为，不论跨国公司是否为国际法的主体，本身是否承担基于国际法的人权责任（Chapter 6.2），通常与国家的保护义务无关。因此，通过关注国家的保护义务，工商业与人权并不要求我们放弃国家中心主义观点。这就是为什么工商业与人权领域的法律学者着重关注国家义务的详细内容以及如何在应然和实然层面恰当地履行国家义务。

然而，即使是国家也不可能保证在任何时候都充分保护所有人的人权。在任何时候均充分保障人权需要绝对的监视和监测，以及对所有潜在犯罪者的行为进行相应的严格限制。特别是在自由民主的国家，如此广泛的国家控制将与人们所应享有的基本自由相冲突。因此，需要权衡个人自由与国家能够提供的人权保护程度。国家保护人权的义务通常不会被解释为国家的一项绝对义务，而是一种行为标准。这意味着，虽然国家不能保证在任何时候都能保护个人免受所有潜在的威胁，但国家应该采取适当的措施预防、调查、惩罚这种侵犯人权的行为，并对其提供补救（Ruggie 2013：84）。换句话说，这被称为过程性义务，而非结果性义务（De Schutter 2014：477）。

国家保护人权的义务相当于国家对第三方在其管辖范围内或可能在其管辖范围外（Chapter 12.2）的行为负有尽职调查的义务（Baughen 2015：7）。正如美洲人权法院（Chapter 3.2.2）在具有里程碑意义的案件"贝拉斯克斯·罗德里格斯诉洪都拉斯"（*Velasquez Rodriguez v. Honduras*）中所述，如果国家未能履行尽责义务防止和应对违法行为，则国家应对私人行为者的违法行为负责（Chirwa 2004）。在这个特定案例中，国家被认定为负有责任，不是因为侵犯人权的行为本身归咎于国家——这种情况下应认定国家自身违反尊重人权的义务——而是因为国家没有履行尽责义务防止违法行为或对其作出充分回应（Chirwa 2004）。因此，仅仅发生了违法行为不足以认定国家违反了保护人权的义务；还必须证明国家未能采取某些合理的措施防止侵犯人权事件的发生（De Schutter 2014：428）。然而，这种合理的措施应该包括什么，以及何种程度的保护是适当的应具体问题具体分析，在讨论时尤其应依据国家可用的资源来决定。

作为行为标准，保护人权不受第三方侵犯的义务并不预先假定国家必须采取任何特定的措施。然而国家必须采取合理且正式的措施，并利用一切可用的有效手段来保护人权。这些手段包括立法、监管、政策和行政，可以将其结合运用，以实现效果最大化——这与《指导原则》建议国家采取的"智慧组合"措施相呼应（Chapter 10.2.2）。同样，各国可以利用司法和非司法机制追究公司责任并在人权受到侵犯的情况下提供有效补救措施。本章将更详细地检视政策、立法和司法领域一些可用于保护人权的措施与机制。然而，在此之前，我们需要解决一个有争议的问题，即国家保护人权的义务是否能在域外适用，或在多大程度上可以于域外适用，"域外"是指超越国家自身的领土边界。

12.2 国家人权保护的域外义务

毋庸置疑，国家有义务保护人权不受公司侵犯。然而，这种义务是否适用于域外情况，或是何种程度上可以适用于域外——即国家是否有义务确保"它们的"公司在国外不侵犯人权，是一个更具争议的问题。尽管各国在许多监管领域，特别是涉及打击恐怖主义、腐败、洗钱或贩卖人口等跨国犯罪时，采取具有域外影响的措施非常普遍（Zerk 2010）。各国对国家的域外人权保障义务存在争议，究其原因是由于国家主权原则是国际法的一项重要原则，而实施域外措施可能会干涉另一国的内政。

在国家尊重人权的义务这一问题上，情况更加明确。国家应该确保自己的行为在国内或国外均不构成侵犯人权。因此，国家尊重人权的义务也适用于域外。这些域外适用情形通常是从国家安全或在外国领土上的军事行动方面进行讨论的（Salomon & Seiderman 2012：459）。然而，国家保护人权的义务是否也适用于第三方的域外行为，在某种程度上仍然是一个悬而未决的问题，特别是当它涉及法人而非自然人时（De Schutter 2006）。

　　一般来说，国际法的一项原则是，国家对在其领土内及其控制下的领土内的第三方行为或不作为拥有管辖权。因此，本国机关通常只在本国领土内履行国家职能。在其本国领土之外、另一国领土内行使管辖权，是这一规则的例外（Bernaz 2013：495）。一些条约中的管辖权条款明确将国家的管辖权限制在一国领土之内。其他条约，如《经济、社会和文化权利国际公约》，则未做相关规定（Bernaz 2013：504）。经济、社会和文化权利委员会在几份一般性意见中指出，《经济、社会和文化权利国际公约》也衍生出了人权保护的域外义务。例如，在关于健康权的第 14 号一般性意见中，委员会指出：

　　　　为履行其与第 12 条有关的国际义务，缔约国必须尊重其他国家公民享有健康权，并根据《联合国宪章》和适用的其他国际法，通过法律或政治手段对第三方施加影响，以防止第三方在他国侵犯这一权利（Committee on Economic, Social and Cultural Rights 2000：11）。

　　因此，国家保护人权义务的域外适用至少在原则上是可能的。为了履行这一职责，国家必须对公司在国外侵犯人权的行为行使管辖权。这就引出了有关这种域外管辖范围的问题。为了确定这一范围，应辨别三种常见的管辖权（Zerk 2010：13；Bernaz 2013：495）：立法管辖权是指国家有权通过立法制定规范，认定合理的域外行为；司法管辖权是指国家有权在特定案件中依据本国法律裁定双方的权利；执法管辖权是指国家有权通过使用警力等方法确保法律的执行。因此，治外法权的合理性可以根据三种管辖权形式分别进行评估。因此，域外立法管辖权是指规范公司在国家领土以外行为的法律；域外司法管辖权是指国家在国内法院对在国外犯下的侵犯人权行为进行裁决；域外执法管辖权适用于国家直接在另一国领土上保障法律执行和遵守的情况（De Schutter 2006：9-10）。

　　然而，何种情况构成域外管辖并不总是显而易见。此处讨论的是一个范围问题，而非二元问题（Ruggie 2010：11）。为此，可以将国家实行的基本域外行为分为两类，这种区分也体现在《指导原则》中。

- "具有域外影响的国内措施"（Ruggie 2010：11；Zerk 2010）。严格说来，这些措施狭义上并不等于国家的域外行为。国家为国内行为者制定国内规范，目的是影响公司或其国外子公司的行为，而非直接监管外国领土上的外国子公司。这些措施有多种不同的形式，经常被国家用于特定的目的。将要在下文具体讨论的一个例子（Chapter 12.3），是关于政府将采购合同或出口信贷与人权标准相关联的。因此，为了从这些机会中获利，公司必须证明已制定充分的保护措施来防止公司在域外经营中发生侵犯人权的行为；反过来，政府可以对在侵犯人权的条件下生产的产品施加进口禁令（Zerk 2010：15）。另一个例子是采取监管措施，要求公司报告外国子公司影响人权的行为。虽然此类法律仅要求"国内"公司报告其行为，但意在通过提升透明度，促使这些公司对海外子公司实施更严格的控制和监督。有关公司报告义务的法律规定及其他具有域外效力的法律将在下文（Chapter 12.4）更详细地讨论。大多数有域外效力的措施都属于上述类别。正如这些例子所示，其中许多措施都是与规则的实施相关的。然而，域外措施的分类不仅限于域外立法管辖权，还可能包括域外司法管辖权或域外执法管辖权。

- "直接的域外管辖权"（Ruggie 2010：11；Zerk 2010）是指一国直接对行为人在外国领土上的行为采取措施。例如，如果公司侵犯了外国领土上外国公民的人权，受害者可能不会在侵害行为发生的国家（东道国）起诉公司，而是在公司或其母公司注册的国家（母国）提起诉讼。在这方面，如果国内法院判决的事项至少部分发生在另一国家的领土上，国家即行使了直接的域外管辖权（Bernaz 2013：495）。然而，如果此类诉讼仅涉及母公司在母国境内而非在损害发生国境内的行为或不作为，法院审理的是具有域外影响的诉讼，而非直接行使域外管辖权（Zerk 2010：14）。原因显而易见：国家对其国内行为主张直接管辖权，而不针对一个公司在另一国家的行为主张直接管辖权。

这种"域外直接责任"将在第十二章第五节详细讨论。

显然，随着从"具有域外影响的国内措施"转变为"直接的域外管辖权"，从只有域外立法管辖权转变为域外执法管辖权，国家域外行动变得愈加有争议。因此，特别是当涉及民事案件而非刑事案件时，直接实施域外司法管辖的作用、范围和合法性的问题已成为近年来工商业与人权领域的重要议题之一。

《指导原则》对治外法权问题持谨慎态度，指出国际法既没有要求，也没有禁止国家监管和裁决总部设在其管辖范围内企业的域外活动（Ruggie 2013：85；类似论述参见 De Schutter 2006）。德舒特（De Schutter 2006：22-24）区分了行使域外管辖权的四种经典且得到广泛接纳的基础，即国家可以在以下情况中对第三方的域外活动采取措施：

（1）在国家的领土内或对国家领土上的主体产生了实质性、直接且可预见的影响。

（2）侵犯人权行为的潜在犯罪者或潜在受害者是相应国家的国民，在第一种情况下，国家对其国民在域外的行为采取措施（主动人格原则），而第二种情况下则旨在保护本国在域外的国民（被动人格原则）。

（3）域外的人员、财产或行为对一国的根本利益，例如一国的安全或信誉构成威胁。

（4）在普遍性原则下，国际社会通常达成如下共识：针对十恶不赦的罪行可以由任何国家提起诉讼，不论这个国家是否与犯罪有关联。这一原则即通常所指的"普遍管辖权"。

国际法允许国家对本国公司在海外的行为行使域外管辖权的观点已得到广泛认可（Cassell & Ramasastry 2016：46）。然而，当公司的行为对人权产生负面影响且国家有能力采取措施的情况下，国家具有事实上的义务并至少应监管公司的域外行为。这一观点得到了联合国条约机构、联合国专家的广泛认同，这一认同也体现在更广义的工商业与人权话语当中（Salomon & Seiderman 2012：460；Cassell & Ramasastry 2016：46）。例如，经济、社会和文化权利委员会（《经济、社会和文化权利国际公约》的条约机构）（Chapter 3.3.3 and Chapter 3.3.4）对于国家保护人权域外义务的立场更加坚定。在众所周知的第 24 号一般性意见中，经济、社会和文化权利委员会声称，至少就《经济、社会和文化权利国际公约》所涵盖的权利而言，缔约国的义务并不局限于其领土范围内；若在缔约国控制之下的商业实体在域外作出了侵犯公约所规定权利的行为，特别是当侵犯人权行为发生国的国内法庭无法对受害人提供救济或提供的救济无法有效补偿伤害时，缔约国应采取措施防止侵犯行为继续发生并提供补救（Committee on Economic, Social and Cultural Rights 2017：10）。这明确要求公司尽最大努力确保其外国子公司、业务伙伴、供应商及其他受其行为影响的商业实体不侵犯公约规定的权利。为此，委员会建议各国对其领土或管辖范围内注册的公司施加尽职调查义务，并开展有效的跨境合作以加大问责力度并拓宽公司侵犯人权行为受害者获取救济的途径（Committee on Economic, Social and Cultural Rights, 2017：11）。事实上，委员会认为，"允许国家在以下情况下保持被动和不作为，与国家保护人权的义务是矛盾的……当在本国领土上和/或在国家管辖范围内，因而受其控制或管辖的主体侵犯了其他国家个人的权利时；或者此类主体的行为可能产生可预见的损害时"（Committee on Economic, Social and Cultural Rights 2017：8-9）。因此，委员会认为，如果国家可以通过采取合理措施来防止公约中规定的权利受到侵犯，但没有这样做，则违反了公约规定的保护人权义务（Committee on Economic, Social and Cultural Rights 2017：10）。《指导原则》在某种程度上也认可这一说法。虽然没有明确规定国家域外保障人权的义务，但"母国受到很强的政策性因素的影响，设定企业在域外尊重人权的要求"（Ruggie 2011a：7）。因此，国家更多地以渐进的方式，即至少包含一个域外要素的方式解释其保护人权的义务。然而，这一域外要素的包含范围有多广泛，或应该有多广泛，仍然存在争议。

12.3　政策措施

政府在众多领域发布有针对性的政策，以规范、指导和激励负责任的商业行为，这些政策涵盖工作健康和安全、产品安全、气体排放和污染控制等，政策的反对者和支持者之间经常会展开激烈的争辩。然而，政府利用这些政策的正当性在原则上很少受到质疑，更多的争议则围绕在国外产生预期人权影响的政策的合理性展开。国家不仅在负责任的商业领域，而且在其他领域也经常采取此类政策。同样地，国家越来越多地利用多种政策选择来激励和鼓励总部设在国家管辖范围内的公司在域外经营中尊重人权。本章的重点是具体讨论在工商业与人权领域具有域外效力的政策。以下各节将概述工商业与人权领域具有域外效力且广受欢迎的新兴政策选择。

12.3.1　工商业与人权国家行动计划

近年来，各国政府在工商业与人权领域采取的最重要的政策措施是国家行动计划。国家行动计划是其他政策领域已知的政策工具，在 2011 年《指导原则》发布后被应用于工商业与人权领域。国家行动计划与实施计划类似，目的是概述实施国家保护人权义务和政策承诺的优先事项与具体措施及行动（Methven O'Brien, Mehra, Blackwell, & Poulsen-Hansen 2016：118）。截至 2021 年 5 月，24 个国家已经就实施《指导原则》制定了国家行动计划；32 个国家正在制定国家行动计划或采取具体的措施朝制定国家行动计划的方向迈进，3 个国家已经在其国家人权行动计划中包含了工商业与人权的章节［OHCHR n. d. (c)］。国家行动计划在工商业与人权领域激增，主要是由于欧盟委员会呼吁其成员国制定国家行动计划，以便在《指导原则》发布后不久在国内实施（Cantú Rivera 2019：216-217；De Felice & Graf 2015：42）。2014 年，联合国人权理事会回应了这一呼吁（Methven O'Brien, Mehra, Blackwell, & Poulsen-Hansen 2016）。2013 年，英国和荷兰是最早发布国家行动计划的两个国家。到 2021 年，刚刚过半数的欧盟成员国，以及许多欧盟以外的国家发布了国家行动计划。此后，联合国工商业与人权工作组（以下简称"联合国工作组"）就工商业与人权领域国家行动计划的性质和要求提供了急需的指导（UNWG 2016）。根据联合国工作组的说法，国家行动计划是"国家根据《指导原则》制定的一项逐步演进的政策战略，旨在保护人权免受企业的不利影响"（UNWG 2016：3）。因此，国家行动计划提出了政府应对工商业与人权问题的战略态度，概述了政府应采取的具体行动（UNWG 2016：3）。作为这项任务的一部分，国家行动计划应识别当前人权保护基础设施具有的、需要政府采取进一步政策行动来提供或弥补的需求和差距（Cantú Rivera 2019）。根据《指导原则》，联合国工作组（UNWG 2016：ii）建议国家行动计划应概括地描述既包含自愿性也包含强制性、既包括国内也包括国际措施的"智慧组合"，使政府能够有效应对企业产生的不利人权影响。因此，重要的是国家行动计划不是直接处理公司侵犯人权的政策工具；相反，它们是政府行政部门的政策工具。

联合国工作组认为，国家行动计划作为政策实施工具在以下几个方面体现价值（UNWG 2016：1）：它们可以更好地促进政府内部的协调一致性；为确定有效的政策措施和优先事项提供一个包容性的过程；在政策流程中提供透明度和可预测性；引导对政策实施进行持续的监测、评估和衡量；为有关工商业与人权的持续多方对话提供一个平台；促进工商业与人权政策措施的国际合作与协调。为了达到上述要求，国家行动计划应该满足四个基本标准：（1）以《指导原则》为基础；（2）回应国家层面的具体挑战；（3）通过包容和透明的过程制定和实施；（4）定期审查和更新（UNWG 2016：3）。虽然国家行动计划首先关注政府如何应对工商业与人权在其领土之内的挑战，但联合国工作组明确指出，国家领土内的公司的域外行为也应纳入国家行动计划的考量（UNWG 2016：12）。

国家行动计划已被公认为有效促使政府承诺将工商业与人权纳入并保留在其政策议程之中的工具。确切地说，政府正在进行的国家行动计划制定、起草和更新过程，可以被视为保持 2011 年《指导原则》颁布所创造势头的关键因素。正如一些学者（Methven O'Brien, Mehra, Blackwell & Poulsen-Hansen 2016：115）所述："每个制定国家行动计划的过程都肯定了《指导原则》的基本宗旨，即人权适用于商业部门，并表明了国家保持其国内法律、政策和实践与《指导原则》相一致的政治承诺。"

然而，国家行动计划也受到了批评。迄今为止制定的大多数国家行动计划本质上都是宣言性的，主要概述现有的政策措施而非承诺采取新的措施（Methven O'Brien, Mehra, Blackwell, & Poulsen-Hansen 2016：118）。此外，尽管联合国工作组建议国家行动计划应概括性地描述包含强制性和自愿性措施的"智慧组合"，但各国政府一直不愿在其国家行动计划中正式承诺提出并遵循新的有约束力的硬性规定。因此，它们主要关注软性措施，而忽视了制定新法律的必要性。一个值得注意的例外是德国的国家行动计划，其中包含一项承诺，即如果到 2020 年自愿实施《指导原则》的公司数量未达到德国公司 50% 这一下限，国家将实施强制性人权尽责。2020 年，对公司执行《指导原则》基本情况的研究显示，达到规定实施标准的德国公司数量甚至没有达到总数的五分之一（BHRRC 2020）。因此，德国宣布将在 2021 年通过并实施强制性人权尽责立法。在政府不愿承诺采取一系列自愿性和强制性措施的情形下，工商业与人权领域一直存在如下担忧，即政府可能会利用国家行动计划作为烟幕弹，给人留下泛泛地承诺遵循工商业与人权议程的印象，但实则没有改变政策优先事项的任何具体内容。Cantú Rivera（2019）持不同观点，他认为国家行动计划可以成为提高工商企业尊重人权意识、促进横向政策一致性的有效政策工具。因此，国家行动计划至少在落实《指导原则》第 8 条规定时可以作为重要的执行工具。该条将政府行政部门当中不同部门之间的政策一致性作为人权保护的重要因素。然而，国家行动计划在履行国家在这一领域的实际国际义务方面存在不足，因此也不足以确保公司尊重人权。

12.3.2 公共采购

政府不仅监管市场，其自身也经常作为市场的参与者。公共部门的正常经营和运作依赖通过公共采购流程购买的大量商品和服务（Methven O'Brien, Mehra, Andrecka, & Vander Meulen 2016：9）。据估计，全球范围内政府每年用于采购商品和服务的金额达 2 万亿欧元。仅美国政府的采购支出每年就达 3500 亿~5000 亿美元，使其成为全球经济中最大的单一购买者（Stumberg, Ramasastry, & Roggensack 2014：4）。

方框 12.1　背景：国家行动计划的实践应用指南

丹麦人权研究所（DIHR）和国际企业责任圆桌会议开发了一个实用的工具包，可以指导国家行动计划的发展（Muñoz Quick & Wrzoncki 2017）。除了指导发展过程，如利益攸关方的参与或责任分配，该工具包还概述了关于国家行动计划的预期范围、内容和优先事项的六个实质性标准。

（1）处理《指导原则》当中的全部议题：国家行动计划需应对在执行《指导原则》时存在的所有主要差距，并说明所概述的措施是如何设法弥补这些差距的。

（2）涵盖一国全部的管辖权：国家行动计划应通过规范工商企业的行为，预防、解决和补救工商企业在国内及域外对人权产生的负面影响。

（3）确定行动的优先顺序以解决主要差距和挑战：国家行动计划应关注系统性基线评估（systematic baseline assessments）和利益攸关方协商中出现的相关主题或特定部门的人权问题。

（4）对边缘化和易遭受风险的群体给予特别关注：国家行动计划应确认此类群体，并概述应采取的避免工商企业对其造成负面人权影响的具体方法。

（5）包含明确、可衡量、可实现、有关联以及有时限（SMART）的行动要点：国家行动计划应根据《指导原则》解决相关问题；具体说明解决这些问题应采取的措施；确保解决这些问题的进展可以被衡量；包含问题解决的时间表，从而切合实际地分配解决这些问题的时间和资源。

（6）确保国家行动计划的行动要点与其他框架的连贯性：当政策框架和倡议能够推进《指导原则》的成功实施时，国家行动计划应参考这些框架和倡议；从另一方面来说，国家行动计划也可以为这些政策和倡议的采纳和实施提供帮助。

在经合组织成员国中，政府每年将国内生产总值的 12% 用于公共采购；在欧盟，政府每年将国内生产总值的 16% 用于公共采购，而国际上甚至将世界范围内生产总值的 20% 用于公共采购。毫无疑问，政府通过将保障人权的要求纳入采购政策和合同，能够施加相当大的影响力以推动和促进企业尊重人权，以及与其签订采购合同的公司中实施《指导原则》（Martin-Ortega 2018：76）。

然而，世界贸易组织（WTO）《政府采购协议》建立的国际公共采购制度，重点在于防止反竞争和歧视行为，而不是促进可持续发展的实践和尊重人权（Methven O'Brien, Mehra, Andrecka, & Vander Meulen 2016：16）。社会责任目标在狭隘的促进自由贸易和竞争目标之下仅得到了十分有限的考量（Marin-Ortega 2018：77；Methven O'Brien, Mehra, Andrecka, & Vander Meulen 2016：16）。因此，目前许多国家有关采购的法律和实践并没有推进相应的采购决策和过程，使其将人权考虑纳入其中；相反，这些法律当中还削弱了人权相关的考量因素（Methven O'Brien, Mehra, Andrecka, & Vander Meulen 2016：11）。然而，WTO 规则仅适用于那些明确选择加入的成员。近年来，许多司法管辖区新颁布的法律开始纳入社会责任目标，许多法律明确要求在政府的采购决策中考虑社会和可持续性标准（Martin-Ortega 2018：77f）。2010 年，欧盟委员会发布了第一版《公共采购中社会因素考量指南》（*Guide to Taking Account of Social Consideration in Public Procurement*）（European Commission 2021），鼓励成员国将人权标准纳入公共采购政策（Bernaz 2017：247）。2011 年，欧盟委员会出台的《企业社会责任建议性报告》（*Communication on Corporate Social Responsibility*）①，就重申了利用公共采购促进负责任商业行为的建议和呼吁（European Commission 2011）。2014 年，这些建议正式写入了《公共采购指令》（Directive on Public Procurement）。该指令要求成员国确保与其签订采购合同的公司遵守指令中规定的社会、环境和劳工义务。然而，该指令并未直接提及人权。在国内层面，英国《现代奴隶

---

① "Communication" 的中文译文尚不统一，有学者翻译为"建议性报告"、"非约束性政策文件"、"通信"和"指南"，此处采取第一种含义。

制法案》（Chapter 12.4.1.1）还要求公共采购方报告其防止供应链中存在现代奴隶制、人口贩卖和强迫劳动所采取的行动（Martin-Ortega 2018：78）。美国的《联邦采购条例》禁止强迫童工劳动和人口贩卖，并要求联邦政府与域外公司签订的合同当中规定提供公平的薪酬和安全的工作场所（O'Brien，Mehra，Andrecka，& Vander Meulen 2016：15）。又如，瑞士对公共采购条例进行了改革，于 2021 年生效的新条例为采购过程中纳入社会责任和可持续的因素和目标创造了更多空间。然而，总体而言，很少有区域性或国家采购条例明确提及人权，即使提及也往往只限于特定的问题，例如雇用童工或贩卖人口。同样，只有有限数量的国家行动计划（Chapter 12.3.1）将公共采购作为人权保护的政策优先事项（Methven O'Brien，Mehra，Andrecka，& Vander Meulen 2016：53f）。因此，这一政策选项的潜力远未得到充分挖掘，仍有很大的改进空间。

　　一般来说，在公共采购和采购决策中纳入人权尽责要求有三个基本理由。第一，《指导原则》规定了政府保护人权的义务，要求它们使用"所有可以采取的预防和补救措施"（Ruggie 2011a：7），以确保在其领土内注册或经营的公司尊重人权。《指导原则》的原则 6 直接要求政府"促进与其有商业交易的企业尊重人权"（Ruggie 2011a：10），并在相应原则的评注中特别提到了采购活动。考虑到政府具有巨大的购买力，及其通过采购决策产生的影响力，若政府没有利用这一"促进对人权的认识和尊重的独特机会"（Ruggie 2011a：10），可能会被视为与原则 6 的义务相冲突。第二，如果国家本身就是经济行为体，它们既承担保护人权不受第三方侵犯的义务，本身也承担国家尊重人权的义务。换句话说，作为经济行为体，它们同样肩负着尊重《指导原则》要求商业行为体承担的尊重人权义务。因此，确保政府采购决策与供应链中可能产生的侵犯人权行为无关，是政府人权尽责义务的重要内容。第三，由于大量的商品和服务通过公共采购购入，政府可以通过采购决策发出强有力的市场信号。正如一些学者所言（Methven O'Brien，Mehra，Andrecka，& Vander Meulen 2016：13），"在特定部门内，公共采购的规模可以创造或定义一个市场"。严格来说，政府可以在市场中对可持续商品和服务产生强大的影响,并且在实现工商业与人权从量变到质变的主流化转变方面具有关键作用。

12.3.3　出口信贷和投资担保

除公共采购之外,出口信贷是另一个政府对开展此类服务的公司具有重大影响力的领域。出口信贷机构通过向出口公司提供融资支持跨境商业、贸易和投资活动。它们"旨在帮助企业开展出口业务,保证企业投资生产、提供商品或服务后能收到货款,并在海外买家希望等待货物送达后再付款时提供信贷"(Bernaz 2013:500)。这些机构最初设立的目的是保障和支持贸易流动,并确保出口行业的就业机会,特别是在经济衰退期间的就业情况。因此,它们同样在 2008 年全球金融危机中维持贸易和投资流动方面发挥了关键作用(Evans 2011:64)。即使在金融危机之前,经合组织内部的出口信贷额每年都达到极为可观的 660 亿美元(Bollen 2011:61)。

然而,尽管出口信贷具有这些经济上的有益属性,但一段时间以来,出口信贷因产生的不利影响而受到审查。它们不仅经常被视为国家资助的、被扭曲的贸易形态,而且在 20 世纪 90 年代,非政府组织特别指出,出口信贷导致全球南方国家负债增加。此外,官方出口信贷支持的出口合同引发了可能与贿赂和负面环境影响相关联的担忧。因此,为了减轻此类影响,20 世纪90 年代开始经合组织采取措施,形成制定出口信贷法规的通用国际方法(West 2011:22-23)。随之而来的民间社会问题,特别是对申请出口信贷的项目和企业的环境筛查和评估,被认为是经合组织出口信贷议程最根本的转变(Crick 2011:64)。这最终体现在 2003 年经合组织出台的《对于共同环境方案和官方支持的出口信贷机构的建议》(*Recommendation on Common Approaches on the Environment and Export Credits*)(Crick 2011:65)。

随后,经合组织不断加强对成员国遏制贿赂行为的评估,并审查出口信贷活动对社会和环境的影响(Evans 2011:67)。2003 年出台的《对于共同环境方案和官方支持的出口信贷机构的建议》于 2007 年进行了修订,要求出口信贷机构筛查项目潜在的环境和社会影响,并将环境标准对标国际标准，如国际金融公司绩效标准（Chapter 14.2.2）（Evans 2011：68）。因此，特别是当出口信贷机构共同努力并采用共同标准时，出口信贷将愈发被视为促进负责任商业行为的有力工具（Evans 2011：67）。

在将环境和社会标准纳入出口信贷规定取得进展后，将基于《指导原则》的人权要求纳入出口信贷规则似乎是合乎逻辑的进一步措施。因此，约翰·鲁格呼吁经合组织将人权纳入《对于共同环境方案和官方支持的出口信贷机构的建议》，并呼吁出口信贷机构将人权标准纳入其评估。若公司实行了严重的侵犯人权行为，应将其排除在出口信贷计划之外（Evans 2011：69）。

2012 年，经合组织将建议更名为《理事会关于官方支持的出口信贷以及环境和社会尽职调查的共同方法的建议》（*Recommendation of the Council on Common Approaches for Officially Supported Export Credits and Environmental and Social Due Diligence*）。2016 年，经合组织最近一次更新建议的内容，在更广泛的基础上融入了人权要素 ［OECD n.d.（b）］。原则 4 的第四条建议支持者应"在项目或正在运营的商业潜在影响对人权构成风险的情况下保护和尊重人权"（OECD 2016b），并将人权作为出口信贷申请的筛选、评估和分类标准。如果产生负面人权影响的可能性很高，建议要求出口信贷机构开展人权尽职调查（OECD 2016b）。虽然这些建议没有约束力，但它们明确表示，将人权因素纳入出口信贷评估是遵守政策的国家的期望。

无论是附条件的采购还是出口信贷合同，此类政策选项的实施都对企业人权履行情况的评估和监测以及此类新任务所需的资源、成本和能力提出了实际的问题与挑战（Bernaz 2013：498）。然而，毋庸置疑，这些政策可能对企业行为产生重大影响。

12.4　立法措施

尽管许多政府在其国家行动计划中表示不愿引入具有约束力的工商业与人权措施（Chapter 12.3.1），但或许正因为如此，民间社会一直在推动具有约束力的工商业与人权立法。因此，越来越多的国家以不同形式制定了此类法律，或处于制定法律过程中的不同阶段。该立法的主要目的是增加对公司在其全球价值链中产生不利人权影响的问责。本章特别关注那些旨在解决公司人权行为域外维度问题的法律，简要介绍了此类法律当前最重要和最具代表性的例子。为此，可将工商业与人权立法分为三个类别。

1. 规定工商业与人权透明度和披露义务的法律：这些法律要求公司报告解决某些包括如现代奴隶制或童工等工商业与人权问题采取的流程和措施。然而，法律通常不规定公司以特定的、预先确定的方式解决这些问题；只要公司的经营是透明的，法律甚至不要求公司采取任何措施。这类法律的立法目的在于提高透明度，使公司面临更大的压力以采取严格的措施解决工商业与人权问题。作为此类规定工商业与人权报告和披露义务法律的示例，本章将讨论欧盟《非财务报告指令》、2015 年英国《现代奴隶制法案》、2019 年澳大利亚《现代奴隶制法案》以及美国《加利福尼亚州供应链透明度法案》。

2. 规定了人权尽责的信息披露法律：此类法律本质上也是规定了报告义务的法律，然而与前一类法律相比，这些法律留给公司的回旋余地较小。更具体地说，这些法律明确要求公司采用并报告某些特定的人权尽责机制和流程。大多数情况下，法律规定对没有建立并实施相应机制的公司进行罚款，因此它们不会让公司自行决定是否打算采取任何措施。作为这一类法律的示例，本章将研究《多德-弗兰克华尔街改革和消费者保护法》（以下简称《多德-弗兰克法》）第 1502 条、《欧盟冲突矿产法》（The European Conflict Minerals Regulation）和《荷兰童工尽职调查法案》（The Dutch Child Labor Due Diligence Law）。德国《供应链法》作为另一个例子，将在方框 12.2 中介绍。

3. 包含公司责任条款的国家人权尽责法律：这类法律并非全部包含前两类法律当中的披露条款；其重要特征是确立了包含责任条款的人权尽责义务。这意味着，如果侵犯人权的行为与公司未能履行人权尽责义务有关，则受到人权侵害的个人可以起诉公司。因此，虽然前两类规定披露义务的法律可能会预见对违反法律的行为实施制裁，但它们没有为受到人权侵害的受害者提供寻求救济的机会。目前只有一个例子完全属于这一类——具有开创性的《法国警惕义务法》。然而，随着此部法律中标准的设定，其他国家很可能在不久的将来效仿。目前，欧盟层面正在讨论相似法律的立法。

12.4.1 通过报告制度承担责任：包含透明度和披露义务的法律

透明度和报告义务要求公司披露解决某些非财务问题的信息，通常没有规定任何报告的具体措施、流程或政策。只要公司对不采取任何措施的行为保持透明，法律甚至不要求公司采取任何特别措施。近年来，越来越多的国家采用了这种非财务披露标准。这些国家制定的法律在范围和侧重点上均有所不同，虽然有些法律关注人权，甚至更狭义地关注和工商业与人权有关的特定问题领域（例如，现代奴隶制），但其他国家则更广泛地关注企业社会责任措施。这种规定报告义务的法律通常追求两个相互关联的目标。首先，它们旨在增强相关信息的透明度和可获得性，这些信息与企业确保尊重人权的努力相关。其次，它们通常追求通过集中规划规范社会未来发展和行为（social-engineering）的目标（Buhmann 2018）。因此，这种法律可能产生意外的结果，即从更实质性的角度塑造企业行为（Ewing 2016：291）。因此，这些法律是基于增强透明度可以推动问责制的假设而制定的。由于必须披露解决人权问题的方法，企业因而面临公众的监督和压力，这可能会促使企业改善它们的人权纪录（Sinclair & Nolan 2020：164），或至少通过履行报告义务开始第一次认真考虑经营产生的人权影响（Ewing 2016：291）。

政策制定者和公司通常更偏向于采纳此类规定披露义务的法律而不是更实质性的规范，因为它们对市场干预少，也更灵活。此外，管理者有更多的余地采取适合特定业务以及其经营所在的行业和背景的措施和方法。在他们看来，留有余地和采取量身定制的方法可能比严格的规定更有效。另外，规定披露义务的法律因缺乏实质性的规定且没有法律约束力，也受到了广泛的批评。尤其值得注意的是以下四类反复出现的质疑，其中一些质疑将结合下文分析的具体法律再次详细阐述。

- 针对要求披露信息的内容和种类，法律规定往往过于宽泛、缺乏具体指导。它们通常既没有详细说明需要披露的确切内容，也没有规定应该如何报告这些信息。因此，公司的报告内容通常含糊笼统，未能提供详细信息。

- 此类法律的执行机制效力通常较弱，即使有执行机制，在违规情况下也缺乏处罚机制。因此，企业的合规率通常仅处于中等水平。

- 此类法律的任务通常仅适用于信息的实际披露，而不包括此类信息准确性的验证，也不要求公司实际解决潜在问题（例如现代奴隶制）。换句话说，只要公司披露其不作为，即使它根本没有采取措施解决这一问题，也可以被认定为合法合规。同样，在人权保护问题上的不良表现（例如在价值链中存在强迫劳动情况的纪录）并不意味着公司不遵守法律。

- 因此，到目前为止，尚不清楚现有的报告制度是否对公司的实际人权义务的履行产生了积极影响（Buhmann 2018：26）。虽然它们对明确负责任的公司行为应包含的方面起到了重要的作用，并且可以成为制定更具深远影响的政策和法律的晋身之阶，但就其本身而言可能不会对公司实际履行人权义务产生较大影响。

在以下各小节中，我们将重点介绍工商业与人权领域规定披露义务的法律。这些法律大多关注特定问题或问题领域，如现代奴隶制和强迫劳动（英国和澳大利亚）或冲突矿产（美国和欧盟）。

12.4.1.1 英国《现代奴隶制法案》和澳大利亚《现代奴隶制法案》

奴隶制不是仅处于历史中的问题，目前仍然是一个规模惊人的全球性问题（Chapter 5.2.3）。为了应对这一持续存在的挑战，英国于 2015 年颁布了《现代奴隶制法案》，旨在巩固和扩大现有立法，将英国的现代奴隶行为定为犯罪并予以打击。该法案还增加了犯罪者的刑期，并委任了独立的反奴隶制专员，其任务是鼓励预防、侦查、调查和起诉犯罪以及识别受害者方面的良好做法（Mantouvalou 2018：1021）。

该法案全面介绍了现代奴隶制，其中有一个条款（第 54 条）专门针对公司供应链展开。第 54 条主要以 2010 年《加利福尼亚州供应链透明度法案》为参照制定。该条要求在英国开展业务且年营业额超过 3600 万英镑的英国公司和外国公司发布一份声明，详细说明为消除经营和全球供应链中的现代奴隶制和人口贩卖而采取的措施。声明必须由公司董事签署，经公司董事会批准并在公司网站上公开发布。据估计，符合该条款规定的公司约有12000家（Craig 2017：22）。

就内容而言，声明应描述公司为解决现代奴隶制和人口贩卖问题所采取的所有措施。然而，描述的形式和细节大部分可以由公司自行决定。此外，英国《现代奴隶制法案》仅规定了纯粹的报告义务，并不要求公司采取任何实质性行动来打击现代奴隶制：

> 该法案赋予公司自由裁量权，公司可以完全不解决其供应链中存在的强迫劳动或奴役问题。这是因为即使公司未采取任何措施预防或解决强迫劳动的问题，只要其发表声明就已经遵守了法律（LeBaron & Rühmkopf 2017：20）。

因此，英国《现代奴隶制法案》第54条既没有规定对可能产生的现代奴役行为承担的域外责任（LeBaron & Rühmkopf 2017：16），也没有为受害者提供救济措施（Mantouvalou 2018：1041）。相反，法案蕴含的基本原理是媒体报道和宣传的压力将促使公司采取适当措施改善人权保障的纪录，从而为公司留出足够灵活的空间，使其制定的战略紧密贴合经营环境。然而，批评的声音认为法案没有为实施这种基于报道宣传的方法设置关键条件。例如，没有列出所有应该发布现代奴隶制声明的公司，也没有对这些公司是否最终发布了声明进行监测，这使得监察机构难以识别和跟踪落后者。为了弥补政府缺乏监督机制这一问题，工商业与人权资源中心建立了一个"现代奴隶制法案登记处"（Modern Slavery Registry），负责将所有禁止现代奴役制的声明在同一地点收集并公布。此外，虽然发表声明的义务可以由国务大臣通过高等法院发布的禁令强制执行，但没有规定对未履行披露义务的主体进行制裁或处罚（LeBaron & Rühmkopf 2017：18；Mantouvalou 2018：1039）。

因此，工商企业对人权保障的遵守率一直很低（Mantouvalou 2018：1042），公司发布的声明往往相当笼统和肤浅。根据现代奴隶制法案登记处的统计，该法案范围内的所有公司中，仅有 23% 符合全部的三项最低要求（在公司网站上发布、由董事签署以及经公司董事会批准）；只有 62% 的公司在其网站上真正发布了声明 [BHRRC n. d. (c)]。此外，工商业与人权资源中心的一项评估显示，富时（FTSE）100 指数中的公司所做报告大多数没有显示它们实际上是如何应对现代奴役行为的（BHRRC 2017；Mantouvalou 2018：1043）。此外，还存在公司直接将报告任务外包，或没有涉及任何实质性事务，完全机械化地完成一项任务的问题（Mantouvalou 2018：1042）。另一项研究的结果与上述结论一致，揭示许多公司的声明每年几乎没有变化（Ergon Associates 2018）。因此，有学者（LeBaron & Rühmkopf 2017：23）提到，英国《现代奴隶制法案》到目前为止几乎没有改变公司的行为。然而，法案已经将现代奴隶制坚定地纳入了英国的政治议程，从而增加了参与人权保护运动的人士的影响力，并提供了进一步采取行动的基础（Craig 2017：17）。

2019 年 1 月 1 日，澳大利亚在经过近两年的公众咨询后，也实施了类似于英国的《现代奴隶制法案》（Sinclair & Nolan 2020：165）。澳大利亚《现代奴隶制法案》适用于在澳大利亚设立或经营的、年收入至少为 1 亿澳元的实体（包括民间社会组织和大学）。澳大利亚《现代奴隶制法案》是依照英国《现代奴隶制法案》制定的，相比于英国的法案增加了许多具体的强制报告标准，以提高不同实体声明的一致性和相似性。法案要求在联邦政府设立登记处，以收集和公布抵制现代奴役制的声明。然而，澳大利亚同样没有对不报告的行为实施经济上的惩罚。批评者担心公司对澳大利亚法案的遵守率会与对英国法案的遵守率一样低。此外，法案中没有具体表明哪些实体在法律范围内并因此应承担报告义务，这使得监督机构难以监督法案的遵守情况（Sinclair & Nolan 2020：167-168）。因此，虽然澳大利亚《现代奴隶制法案》纠正了英国《现代奴隶制法案》中的一些缺点，但其他问题没有得到解决，招致与英国法案类似的批判与质疑。

12.4.1.2 《加利福尼亚州供应链透明度法案》

《加利福尼亚州供应链透明度法案》于 2010 年颁布，并于 2012 年 1 月生效。其立法宗旨是向消费者和公众提供充分的有关大型零售商和制造商在供应链中打击奴役和人口贩运所做努力的信息。该法案假定，向消费者提供透明度高的信息会为其决策提供充足的信息，帮助其作出负责任的购买决策，这将使不透明且不负责任的公司处于市场劣势。该法案适用于在加利福尼亚州开展业务且年均全球总收入超过 1 亿美元的零售商和制造商。在法案范围内的公司必须在网站上向消费者披露其在供应链中打击奴役和人口贩运的行动及努力，使消费者能够清晰且方便地找到相关信息。该法案的范围仅包含供应链的第一层，不包含上游的供应商、承包商和分包商。公司必须报告其供应链验证方法、参与供应商审计的情况、认证供应商交付产品的情况、关于奴役和人口贩卖的内部问责制度的情况，以及对供应链管理直接负责的管理层和员工提供培训的情况（State of California Department of Justice 2021）。虽然公司必须在上述五类情况中履行报告义务，但它们可以自由决定如何应对这些情况。与英国《现代奴隶制法案》类似，《加利福尼亚州供应链透明度法案》不要求公司实际采取有效措施来解决奴役和人口贩运问题，也不禁止它们与接受强迫劳动并为其提供便利的供应商的当下合作以及未来持续的合作（Koekkoek, Marx, & Wouters 2017：524）。相反，公司只需披露它们为消除负面人权影响所做的努力即可。这也适用于——或许是特别适用于——尚未采取任何具体措施的公司。因此，与英国《现代奴隶制法案》类似，公司不能因为未采取任何有效措施就遭受起诉，因为该法阻止了私人公民提起民事诉讼。然而，许多公司因构成《加利福尼亚州供应链透明度法案》项下的提供虚假或不完整的信息，而卷入当事人根据《反不正当竞争法》（Unfair Competition Law）、《广告真相法》（Truth in Advertising Law）和《消费者法律救济法》（Consumer Legal Remedy Act）提起诉讼（Koekkoek, Marx, & Wouters 2017：525）。然而，这些案件后来均遭到驳回（Koekkoek, Marx, & Wouters 2017：525）。因此，该法的执行机制可以说非常薄弱（Prokopets 2014：364），缺乏对于不合规行为的处罚或提起民事诉讼的可能性。只有加利福尼亚州总检察长可以对应该披露信息但没有披露信息的公司提起民事诉讼并寻求禁令救济（Harris 2015：4）。

据统计，没有遵守法律要求的公司数量以及远超该法案要求的公司数量都很少。因此，法案义务的总体合规程度很高（Birkey et al. 2018）。然而，大多数公司只能满足最低要求，它们的报告以模糊和笼统的语言撰写，内容相当肤浅（Koekkoek，Marx，& Wouters 2017：525，527；Birkey et al. 2018）。因此，虽然该法案的原理是促使公司因设定的披露要求而开始更加关注奴役和人口贩卖问题，但公司对于投资者和客户看法的担忧反而导致公司经理以模糊和笼统的语言撰写声明（Birkey et al. 2018：828）。对于那些因供应链风险增加而尚未受到增强性审查的公司来说，上述观点尤其适用（Birkey et al. 2018：837）。因此，由于公司和消费者都没有显著调整运营模式和消费习惯，该法案并未使任何一方的行为发生重大变化（Koekkoek，Marx，& Wouters 2017：525）。此外，法案要求公司只需履行一次报告义务，无须像英国《现代奴隶制法案》规定的每年重复履行该义务，这更加剧了没有任何重大改变的事实。《加利福尼亚州供应链透明度法案》还因如下原因受到批评：未能确保公司提供的信息是真实可靠的（Koekkock，Marx，& Wouters 2017：526），以及此类信息的披露方式不可能成为客户作出购买决定的内嵌因素（Prokopets 2014：365-369）；此外，法案仅适用于规模非常大的公司，而许多中小型零售商和制造商则被排除在外（Prokopets 2014：358）。

12.4.1.3　欧盟《非财务报告指令》

欧盟《非财务报告指令》要求在欧盟注册或上市且员工人数超过 500 人的公共利益公司在年度报告中纳入非财务事项声明。公共利益公司是指具有重大公共关联的公司，包括上市公司、信贷机构和保险公司等。欧盟范围内约有 6000 家此类公司符合指令的要求（Buhmann 2018：28）。除了年度报告，公司还必须在网站上公开发表声明。该指令作为《欧盟会计指令》的修正案，于 2014 年被欧盟委员会采纳。它要求成员国实施必要的法律法规和行政规定，确保在 2016 年 12 月之前遵守该指令。该指令范围内的公司必须在 2018 年完成首次报告，报告中至少包含环境、社会和员工事项，尊重人权情况，反腐败和反贿赂情况以及董事会的多样性。报告还应详细说明公司的政策、风险和尽职调查流程以及这些领域的关键绩效指标，并提供有关公司价值和分包链的相关及相称信息。从管理的角度来看，这意味着为了合理地履行报告义务，公司应该在相应领域建立适当的管理和报告流程，即在理想情况下包括"收集、衡量和分析非财务数据的机制；识别、评估和管理与可持续发展问题相关的风险和机会的机制；引入政策、设定目标和实施适当措施的机制；以及提升技能和采取激励措施，以推动更好的决策、业绩、透明度和问责形成的机制"（Hallensleben & Harrop 2015：4）。

该指令的目标是双重的：首先，它旨在使公司对非财务事项的报告更具相关性、一致性和相似性。其次，与任何规定报告义务的法律一样，其背后的目标和预设是提高透明度将促使这些机制的持续改进，最终改变对实际情况能够产生真正影响的做法（Buhmann 2018：28）。收集有关人权影响和过程的信息并将其传达给外界的过程，是切实触发并维持组织内部学习的过程，这一过程推动了组织的变革（Buhmann 2018：39）。

该指令采取了"遵守或解释"的方法，即未在相应领域制定相关政策的公司必须对缺少政策的原因进行解释。此外，公司对如何解决和报告这些问题享有充分的灵活度和回旋余地。欧盟委员会已发布如何履行报告义务的指导方针，但这些指导方针并不具有约束力。因此经初步分析，发现公司报告的质量存在缺陷。关于人权，超过80%的公司报告了其制定的人权政策，但仅有22%的公司描述了人权尽职调查的过程，也仅有20%的公司描述了如何将人权纳入日常活动和运营。只有7%的公司承诺向侵犯人权行为的受害者提供补救。此外，虽然56%的公司报告了面临的人权风险，但只有27%的公司披露了旨在应对这些风险的政策，只有19%的公司报告了为应对此类风险而采取的具体措施和行动，也仅有4%的公司报告中阐释了应对和管理上述问题时采取的例子和指标。报告实际负面人权影响的公司数量同样较低（占总数的15%）（Alliance for Corporate Transparency 2019：18-19）。关于供应链，29%的公司报告了供应商审计，但只有20%的公司披露了审计结果，14%的公司报告了采取的后续行动（Alliance for Corporate Transparency 2019：20）。因此，批评者称公司的报告在很大程度上缺乏信息，指令赋予了成员国较大自由裁量权来制定不遵守指令的可能结果。尽管该指令旨在产生实际影响，但正如一些评论者指出的，该指令并未强调哪些流程可能真正激发组织变革，而是狭隘地关注公司应遵守报告义务。审计仅关注成员国是否提供了报告；成员国采取的制裁措施只有在未履行报告义务的情况下才能预见。公司在报告中所提供的信息是否一致、准确，或所报告的流程是否合理有效均不重要，因为这些信息将受到挑剔的公众的审查（Buhmann 2018：29）。因此，批评者怀疑仅要求公司履行报告义务，是否能真正推动商业行为的持久改变（European Coalition for Corporate Justice 2019：3）。

12.4.2 流程问责制：披露义务和强制性人权尽责立法

一些规定披露义务的法律对公司解决人权影响问题施加了更具限制性的义务，虽然"纯粹"的披露义务和透明度条款通常不要求公司采取任何特定措施来解决这些问题，但本小节讨论的法律明确规定了公司应完成人权尽责流程的义务。因此，并非要求公司仅仅披露其为防止现代奴役而采取的措施，公司还必须履行以下义务，例如遵循法律在不同程度上规定的人权尽责流程。因此，没有履行披露义务，以及没有实施人权尽责措施，均会受到法律的制裁。然而，与第十二章第五节讨论的法律内容不同，这些法律并不针对公司可能对人权造成的实际不利影响进行处罚，因此没有为侵犯人权行为的受害者提供任何寻求救济的可能性。

在《指导原则》颁布后不久，就出现了推动人权尽责的实质性立法趋势（无论是否囊括责任条款）。作为此领域最重要的进展之一，欧盟司法部长官宣布，欧盟委员会承诺引入强制性人权尽责的规范，包括对违规行为的处罚。正如他指出的那样，"没有追责处罚的法规不是真正意义上的法规"（引自 Burrow & Bloomer 2020）。这一通告是在其他几个欧洲机构此前呼吁支持强制性人权尽责立法之后作出的。

对强制性人权尽责义务持批评态度的人担心，此类法律可能会将公司内部的人权责任从公司社会责任部门转移到合规部门，因此质疑实质性地参与工商业与人权问题将转变为勾选方块的练习——仅仅因为法案规定这样做而做（Chapter 12.6.3）。无论他们在解决现有问题方面多么高效，公司律师不会确保基本问题得到充分解决，而是满足于实现法律的要求。另外，支持者认为，当公司很少面临公众审查，声誉风险也很低时，只有强制性规则才能保障大多数公司不会忽视人权。

以下各小节将讨论流程问责制类别中的三项标志性立法：《多德-弗兰克法》第 1502 条、《欧盟冲突矿产法》和《荷兰童工尽职调查法案》。

12.4.2.1　《多德-弗兰克法》第 1502 条及《欧盟冲突矿产法》

2010 年，为应对全球金融危机，美国颁布了《多德-弗兰克法》。法案以当时的参议院银行委员会主席克里斯·多德（Chris Dodd）和金融服务委员会主席巴尼·弗兰克（Barney Frank）命名，其中第 1502 条要求公司披露生产的产品或承包商生产的产品是否含有来自刚果民主共和国或与刚果民主共和国共享国际公认国界的任何国家的冲突矿产。不生产商品或承包生产商品的零售商不适用这一规定（Philips，LeBaron，& Wallin 2018：13）。该条款范围内的国家包括安哥拉、布隆迪、中非共和国、刚果共和国、卢旺达、南苏丹、坦桑尼亚、乌干达和赞比亚。冲突矿产包括钽、锡、钨和金（号称"3TG 矿物"）。第 1502 条背后的目的是激励公司对其产品中所含矿物的来源进行尽职调查，最终防止其采购的这些矿物助长和促成刚果民主共和国地区持续的冲突情况和侵犯人权行为。

在美国证券交易委员会（SEC）于 2012 年通过准许实施法案的最终规则后，第 1502 条才延迟生效。法案实施的最终规则规定，所有向美国证券交易委员会提交报告且为了满足产品的实用性使用冲突矿物的生产商，必须向美国证券交易委员会进行披露，同时在公司网站上公开披露这些冲突矿物是否来自法案中列出的上述国家之一。为此，它们必须进行"合理的原产国查询"，无法排除冲突矿物来自指定地区的公司必须向美国证券交易委员会提交一份"冲突矿产报告"（Taylor 2015：205），概述公司对相关矿产的来源和监管链进行尽职调查所采取的措施。从这个意义上说，法律包含附条件的尽职调查义务，这在法案实施的最终规则中进行了规定。冲突矿产报告要求独立的私营部门审计师进行认证。然而，即使公司确实发现其矿产来自刚果民主共和国或其邻国之一，第 1502 条作为一条仅仅要求公司履行报告义务的条款，仍不禁止公司继续采购这些矿产，若使用采购自刚果民主共和国地区的冲突矿产，也不承担任何责任或处罚（Philips，LeBaron，& Wallin 2018：13）。公司在披露尽职调查过程时，必须表明它们正在妥善处理从冲突地区购入的矿产，否则可能会激发消费者和投资者抵制其行为的潜在市场反应，或遭受更广泛的声誉受损。虽然公司不会因使用来自刚果地区的冲突矿产而被起诉，但它们可能会承担欺诈或虚假报告冲突矿产来源的责任（LeBaron & Rühmkopf 2017：18）。

多年来，《多德-弗兰克法》第1502条遇到了许多法律上的挑战。例如，在特朗普执政时期，美国证券交易委员会没有再执行这部法案。许多公司以及强大的投资者联盟进行了游说，反对暂时中止法案的实行。此举展现了企业的政治拥护行为和责任担当（Chapter 6.1.1 and Chapter 7.3.2.2；Wettstein & Baur 2016）。

关于第1502条的评价褒贬不一。一些观点认为，由于法案的出台，刚果民主共和国地区武装团体控制矿山的情况已大大减少，冲突矿产买卖的黑市也有所减少，这些黑市是冲突、暴力和侵犯人权行为发生的主要驱动因素（Whitney 2015）。然而，另一些观点强调法案对当地居民产生了经济上的负面影响（Taylor 2015：209）。他们认为，法案使西方公司对刚果民主共和国的投资完全推倒重来，这可能会使存在冲突的国家情况比以前更糟糕，并可能导致包括手工采矿者之间的走私活动等非法活动的增加。此外，完全杜绝黑市（Whitney 2015：191）并针对冲突区域矿产贸易实施事实上的禁运（参见 Koch & Burlyuk 2019：8-9），导致了许多人的生计受到负面影响。虽然几乎没有确凿的证据表明第1502条在实践中产生的总体影响，但上述不同的观点似乎体现出一种存在于武装团体放松控制的受益者与主要为西方对该地区冲突矿产需求放缓付出代价的人之间的巨大差距。然而，这场争论清楚地表明，任何法律都需要仔细评估可能改变管理者、当地人口、消费者以及其他国家监管者行为的各种方式，以及这种行为改变的潜在意外后果。

在美国《多德-弗兰克法》的引导之下，欧盟于2017年通过了针对刚果民主共和国矿产进行负责任交易的类似规定。该规定于2021年1月生效，包含国家的范围比第 1502 条规定的国家范围更广，但适用该规则的公司范围比第 1502 条更窄。由于欧盟规则仅针对冲突矿产本身，因此它不仅涵盖了刚果民主共和国地区，还涵盖了所有可能被视为受冲突影响或高风险的国家。欧盟法规包含了全球范围内的冲突国家，可以有效防止特定地区（如刚果民主共和国）被单独针对，以致处于不利地位（Koch & Burlyuk 2019：13）。然而，与《多德-弗兰克法》第 1502 条相反，欧盟规定并非适用于供应链所有环节的参与者，而仅适用于达到某一进口量标准线以上的、原材料的直接进口商。因此，以汽车制造商为例，只有当其直接进口原材料，而非进口包含此类原材料的已经加工成型的部件时，才受欧盟法规的管辖（Partzsch 2018：483）。严格来说，欧盟法规直接覆盖了欧洲各地的 600~1000 个进口商（European Commission 2020）。相比之下，《多德-弗兰克法》第 1502 条直接涵盖了约 6000 家上市公司（Koch & Burlyuk 2019：8）。

该立法要求欧盟进口商遵循《经合组织受冲突影响和高风险地区负责任供应链尽职调查指南》（*OECD Due Diligence Guidance for Responsible Supply Chains from Conflict-Affected and High-Risk Areas*，OECD 2016a）规定的五步尽职调查程序。从这一方面看，欧盟法规不仅要求公司报告人权影响，同时包含了超越这一报告要求的、具有约束力的尽职调查义务。然而，该法律的主要既定目标仍然是在进口商供应链中创造透明度高的环境（Nowrot 2018：23）。

就透明度而言，进口商必须就其采购冲突矿产的国家提供一份清单，清单上应列出在每一国家采购矿产的数量。它们还需要提供供应商的名称和地址。若矿产来自受冲突影响的地区和高风险国家，进口商还必须提供以下信息：矿产来源的矿山，矿产集中收购、交易和加工的地点，以及矿产采购支付的税收、特许权使用费和其他费用。法规由各成员国单独执行。然而，截至 2021 年，该法规没有为成员国处罚违规行为提供依据。因此，欧盟法规在执行效力方面弱于《多德-弗兰克法》第 1502 条，欧盟法规也因这一点受到了批评。另一个争论点是，法规只关注少数进口商，而完全忽略了价值链的其他部分，以及进口由冲突矿产制造的产品和产品零件的情况。欧盟计划在 2023 年首次审查该法规，并对其进行修订。

12.4.2.2 《荷兰童工尽职调查法案》

2019 年 5 月，荷兰上议院通过了《荷兰童工尽职调查法案》，规定其基本实施方式的政府一般性行政命令（GAO）正在制定当中。该法案最初计划于2020 年 1 月 1 日生效，但生效时间已经大幅推迟，预计生效时间为 2022 年。

法律要求受影响的公司进行尽职调查，以评估其供应链中是否存在使用童工的问题。若存在供应链中有使用童工现象的合理假设，公司必须拟定并实施行动计划来解决这一问题。法律的既定目的是避免荷兰消费者购买由童工生产的产品。然而，法律并不要求各公司的供应链中不存在童工。相反，公司必须证明其已经采取符合合理预期的行动解决这个问题（MVO Platform 2019）。

该法律适用于在荷兰注册的所有公司，以及每年向荷兰市场输送产品至少两次的外国公司。这些公司必须提交一份声明，宣布公司已经采取适当的人权尽职调查机制，并为解决价值链中潜在的童工问题提供一份行动计划。在撰写本文时，声明的内容和形式尚未确定，但该法律提到了国际劳工组织和国际雇主组织（International Organization of Employer，IOE）关于禁止雇用童工的指导培训工具（ILO & IOE 2015；MVO Platform 2019）。此外，解决童工问题的行动计划应符合国际准则，即《指导原则》和《经合组织跨国企业准则》（MVO Platform 2019）。预计政府的一般性行政命令将进一步明确上述要求。声明将在集中的公共登记处发布，与大多数规定公司年度报告义务的法律不同，荷兰法律要求公司每年出具一次声明即可。声明应于法律生效后六个月之内提交，未能履行尽职调查义务、提交声明或提交行动计划的公司，或者公司的声明或行动计划内容有缺失的公司，可被处以 4100～750000欧元或公司年营业额 10% 的罚款。如果第三方在向当局提出投诉之前直接向公司提出投诉，且公司未在规定时间内予以充分考虑，当局将根据第三方合理的投诉采取行动。五年内存在两次未遵守规定的公司可能面临刑事指控，公司负责人可能面临最高两年的监禁。《荷兰童工尽职调查法案》是第一部规定对违规行为进行刑事制裁的法律（Hoff 2019）。

在《荷兰童工尽职调查法案》准备出台的过程中，经常有反对声音批评约束性规则可能会破坏公司现有的自愿承诺。更具体地说，一些反对者批评这一法案破坏了荷兰《国际负责任商业行为协议》（IRBC 协议）。这一协议是各行业、政府、工会和民间社会部门围绕各行业的负责任经营原则达成的协议。值得玩味的是，包括雀巢荷兰、喜力、嘉吉和百乐嘉利宝等重要品牌在内的 22 家公司向议会议员写了一封公开信，支持《荷兰童工尽职调查法案》并反对针对法案的批评。它们认为，自愿倡议和自我监管需要得到具有法律约束力的框架的补充和支持，法律不会对公司施加任何不合理或无法实现的要求。这些公司展现出的政治责任（Chapter 6.1.1 和 Chapter 7.3.2.2）和领导力的确为铺平道路并促使法律的通过作出了重要贡献。

方框 12.2　背景：《德国供应链法案》

《德国供应链法案》（"Lieferkettengesetz"）于 2021 年 6 月由德国议会通过，并将于 2023 年生效。该法案规定了针对特定公司的人权尽职调查义务以及有限范围内的环境影响评估义务，这些公司包括雇用 3000 名以上员工的德国公司（2024 年要求的员工人数下限将降至 1000 名）以及在德国设有分支机构且员工人数同样为 3000 名以上的外国公司（Initiative Lieferkettengesetz 2021：4）。尽职调查义务适用于公司自身及其子公司的活动，还包括公司直接的一级供应商的活动。然而，除非公司有确凿证据表明间接供应商存在侵犯人权行为，否则尽职调查义务不要求公司系统性地将间接供应商纳入义务范围；在有确凿证据的情况下，公司需要越过一级供应商实施临时性的尽职调查（Initiative Lieferkettengesetz 2021：4）。尽职调查义务要求产生实际或潜在的人权负面影响时，公司应采取弥补措施，并向联邦经济事务和出口管制局（BAFA）报告。有人指出，通过限制公司对第一级供应商的尽职调查义务，《德国供应链法案》没有达到《指导原则》所要求的国家人权尽责义务。

这部法律使受到负面影响的各方能够给德国工会和非政府组织提供授权，要求其代表当事方根据现有法律规定向德国法院提起诉讼，但它没有规定新的民事责任条款。因此，侵犯人权行为的潜在受害者不能根据《德国供应链法案》起诉公司。该法案没有为此类诉讼提供更好的法律依据（ECCHR 2021），这意味着即使法律生效，受害者也很难在德国法院获得正义（Initiative Lieferkettengesetz 2021：4）。然而，受不利影响的各方可以向联邦经济事务和出口管制局通报由于公司没有遵守尽职调查义务而造成的实际或潜在的负面人权影响。在收到通报后，联邦经济事务和出口管制局必须调查这一事件，并命令公司消除负面影响（Initiative Lieferkettengesetz 2021：3）。若根据公司报告的内容认为有必要这样做，这一机构还可以主动进行基于风险的检查（ECCHR 2021）。若公司违反《德国供应链法案》，至少可能被处以175000 欧元和最高2%年营业额的罚款，且不允许参与公共采购（EC-CHR 2021；Initiative Lieferkettengesetz 2021：3）。

首先提出的跨党派提案预计将为该法案构建更加严格的问责制度，但商业协会和公司游说团体的压力导致议会选择了妥协，并采纳了效力较弱的一个方案。

讨论题

（1）以罚款为处罚手段的制裁体系，是否比基于民事诉讼的制裁体系更适合应对公司侵犯人权的情况？两种体系的优势和劣势各是什么？

（2）将小型和中型企业排除在《德国供应链法案》适用范围之外的正当理由是什么？支持和反对让中小企业受到法律约束的论点分别是什么？

12.4.3 依据产生的影响问责：强制性人权尽责和追究责任的法律

人权尽责法律通过规定披露义务和提高透明度解决现实当中的负面影响，或是通过制定相应程序来应对这一影响。而包含责任条款的实质性人权尽责法律不仅依靠上述两种方式产生的间接影响，还可以通过行政罚款或规定责任条款，使产生负面人权影响的主体本身受到制裁。

不出所料，公司的责任风险一直受到以私营部门和商业协会为主的机构持续的批评。它们认为，规避责任风险的认定可能弊大于利，将暗中破坏公司自愿解决相关问题的积极行动。责任条款可能使公司与受影响社区接触的风险极大地增加，从而导致现有的企业社会责任计划和举措无法继续执行，而非进一步扩大。另外，支持构建严格执行和问责机制的一方指出，几十年来公司自愿履行人权尽责的成效不大，并指出需要增加未能履行适当注意义务的公司应承担的成本。

本小节将更详细地介绍包含责任条款的第一部强制人权尽责法律，这部法律是由法国于 2017 年通过的。《法国警惕义务法》被认为是企业人权问责这一全球运动的突破性成果，并为其他国家正在实施的倡议提供了进一步的动力。

12. 4. 3. 1　《法国警惕义务法》

《法国警惕义务法》于 2017 年生效，该法由《法国商法典》中的两条新条款组成。这是全球范围内将《指导原则》的总体内容都纳入其中，对所有行业具有拘束力的第一部立法。120 名立法者对《法国警惕义务法》提出了法律上的质疑，但被法国宪法法院驳回。然而，法国宪法法院裁定，对不遵守注意义务的行为人进行民事罚款这一行为是违宪的（Cossart，Chaplier，& Beau De Lomenie 2017：318）。

该法律适用于在法国设立的、在法国国内雇用超过 5000 名员工或在全球范围内雇用 10000 名员工且与人权和环境相关联的公司。据估计，这些标准涵盖的公司数量在 100~300 家。《法国警惕义务法》为这些公司确立了具有约束力的义务，以识别由公司自身行为、公司控制之下的其他公司的行为或与其保持既定业务关系的供应商和分包商造成的人权侵害和环境破坏，并避免这些侵害和破坏的发生。法国的法律将"既定的商业关系"定义为"不依赖是否签订合同而存在的一种稳定的、常规的商业关系，这种商业关系包含一定数量的业务，并且双方均合理地期望这种关系会持续下去"（Cossart，Chaplier，& Beau De Lomenie 2017：320）。为此，公司应制定、有效实施和报告所谓的年度警惕计划。警惕计划及其执行情况报告应是公开的，且必须纳入公司的年度报告。根据《法国警惕义务法》第1条，警惕计划必须概括陈述以下内容：

> 公司应采取合理的警惕措施，以识别风险，防止对人权和基本自由的严重侵犯、严重的身体伤害、环境损害或健康风险。上述风险由公司或其在第 L.233-16 条第 II 款含义范围内控制的公司的经营直接或间接造成，以及在与其建立商业关系的分包商或供应商的运营之中直接或间接产生。

法律规定的合理警惕措施包括：（1）识别、分析风险和风险排序的行动方案；（2）定期评估与公司保持既定商业关系的子公司、分包商或供应商情况的程序；（3）采取适当行动补偿风险或防止严重违规；（4）收集报告的警报机制，这些报告与现有的或实际产生的风险相关；（5）跟进实施措施并评估效率的监测方案。本质上，法律要求实施《指导原则》中规定的强制性人权尽职调查。

未能根据法律规定制定和发布警惕计划，或未能有效实施警惕计划的公司可能面临两个阶段的执行机制。在第一阶段，任何利益攸关方都可以向公司发出正式遵守的通知。如果三个月后，公司仍未对警惕计划作出令人满意的调整，投诉人可以向管辖此案的地区法院提起诉讼。继而，法院可以命令公司履行义务，否则可能面临处罚（此类处罚不同于被裁定违宪的民事罚款）。截至 2020 年 1 月，共有五起案子是关于利益集团向公司发出正式通知；其中两起涉及石油公司道达尔（Total SA），该公司未能在三个月内作出适当改进，因此当事人向法院提起了诉讼。法院将不得不决定该公司是否在特定事件中履行了警惕义务，如果没有，法院将利用潜在的定期惩罚性罚款，要求该公司遵守这一要求（Brabant & Savourey 2020）。方框 12.3 更详细地概述了这两起案件。

除了这种执行机制，法律还包括补救机制。如果公司未能履行法律义务而造成了损害，受影响一方可以起诉公司要求赔偿。然而，赔偿的门槛很高：只有发生的损害与公司未履行警惕义务存在因果关系时，才能给予赔偿。法律要求受害者承担举证责任，在议会谈判过程中有人提出举证责任倒置，但被驳回（Cossart，Chaplier，& Beau De Lomenie 2017：317）。受害者很难证明这一因果关系，对公司来说，即使损害已经发生，若其充分履行了警惕义务也不会因此承担责任。警惕计划及其执行是否充分，必须由法官来裁定。

2018 年，受《法国警惕义务法》管辖的公司发布了第一批警惕计划。对已发布报告的一些初步评估（Renaud et al. 2019）显示，大多数计划内容不够充分，存在不精确、有漏洞，而且往往难以读懂的问题。在大多数情况下，风险识别方法和针对风险与机构关联的详细说明是不充分的。解决、减轻和预防不利影响的措施和行动往往缺乏解决已识别风险的具体细节和明确的关联。工商业与人权咨询机构 Shift 开展了一项研究，评估了公司在第二年提交的报告，得出了相似的结论（Shift 2019）。监督法律实施的非政府组织联盟"企业警惕雷达"（The Duty of Vigilance Radar）报告称，法律管辖范围内的所有公司当中，有四分之一的公司根本没有发布警惕计划（Sherpa，Terre Solidaire，& BHRRC n. d.）。如上所述，为数不多的几起案件触发了法案的执行机制，这些案件将显示该机制会产生怎样的效果，以及未来是否应更频繁地依赖这一机制。

在撰写本章节时，法国仍然是唯一一个通过并采纳第三类工商业与人权法律的国家。瑞士政府曾讨论并投票通过了一项类似立法倡议，但其责任机制与第三类法律不同。该倡议在 2020 年的全民公投中以微弱差距被否决，方框 12.4 将简要提及这一提案。

方框 12.3　背景：《法国警惕义务法》的诉讼案件——对道达尔公司的指控

目前，法国石油巨头道达尔公司正面临基于《法国警惕义务法》提出的两项诉讼。在第一个案件中，法国政府的 14 个部门和 5 个法国非政府组织声称，道达尔的警惕计划没有充分阐释气候风险的应对方案，也没有为公司将如何减少排放提供充分具体的信息［Brabant &

Savourey 2020；BHRRC n. d.（h）]。虽然这一计划的确涉及气候变化，但它是从一个概括性视角出发，而不是与公司自身的行为直接相关。因此，正如双方所争论的那样，警惕计划未能就道达尔公司对气候产生的不利影响给出适当的预防措施和补救措施，因此也未能与《巴黎协定》的目标保持一致（Brabant & Savourey 2020）。道达尔公司的温室气体排放量占法国排放总量的三分之二以上，也是全球前二十温室气体排放主体之一。由于《法国警惕义务法》没有规定哪一法院对案件有管辖权（Savourey 2020），道达尔公司对管辖权提出了质疑，要求将案件移交给商业法庭。为了保证在管理和商业事项中的公正裁决，法国的商业法庭由前公司董事组成（Chatelain 2021）。2021 年 2 月，民事法庭驳回了道达尔的诉讼请求 [BHRRC n. d.（h）]。在民事法庭审理此案的管辖权裁定被认为是原告的首次胜利。道达尔已宣布将对这一判决结果提起上诉。

2020 年 1 月，道达尔公司面临 2 个法国非政府组织和 4 个乌干达非政府组织提起的诉讼。诉讼指控道达尔公司的警惕计划未能恰当识别石油勘探和开采相关项目，以及乌干达的油气管道开发项目产生的人权、健康、安全以及环境风险。原告指出了项目对自然保护区造成的具体生态风险，还指出了与大规模土地征用需要重新安置和未给予充分赔偿相关的风险，以及对淡水资源和生物多样性造成的风险（Brabant & Savourey 2020）。经过初步审查，楠泰尔（Nanterre）民事法庭认定其对该案没有管辖权，并将案件移交商业法庭。原告对该决定提出上诉，但被上诉法院驳回，这意味着商业法庭将对案件的实质问题进行裁决 [BHRRC n. d.（i）]。然而，在原告进一步提出上诉后，法国最高法院最终裁定民事法庭有管辖权，将由民事法庭继续审理此案。如果民事法庭支持原告的诉求，可以通过施加经济处罚强制公司调整警惕计划，并命令其采取行动防止进一步出现人权侵害和环境损害 [BHRRC n. d.（i）]。

方框 12.4　背景:《瑞士负责任商业倡议》

2014 年,在请求瑞士议会引入强制性人权尽责法律未果后,由 120 多个非政府组织、工会和游说团体组成的联盟于 2015 年提出了一项民众倡议 (popular initiative),将强制性人权尽责纳入瑞士宪法。《瑞士负责任商业倡议》(RBI) 于 2020 年 11 月在全民公决中以微弱的差距被投票否决。虽然倡议赢得了民众投票,但未能满足民众倡议获得大多数行政区批准的要求。然而,120 多个组织和团体发起的强大运动促使议会制定了一项倡议的反对提案,若民众倡议未获通过则以法律的形式颁布。这一反对提案目前已经开始对大型瑞士公司起到强制作用,但效力比《瑞士负责任商业倡议》弱很多。这一反对提案包含对使用童工和冲突矿产事项的人权尽责的强制通报义务,但不包括责任条款。

另外,《瑞士负责任商业倡议》试图建立一个包含以下关键要素的更严格的问责制度:

(a) 要求公司在整个价值链中都遵守人权尽责的义务。这一范围内的公司包括大型瑞士公司和高风险行业或部门中的某些中小企业。

(b) 建议瑞士公司对自身违反国际人权规范或国际环境标准的行为,或在公司实际控制之下的公司的上述行为承担民事赔偿责任。因此,法律默认公司应对其子公司承担违约责任;在某些情况下还对通过合同关系控制的供应商承担违约责任。

(c) 包含免责条款,规定如果公司能够证明就算其已经适当履行人权尽责义务,还是会产生损害,则公司可以免除责任。

(d) 其中包含一项强制性优先规则,该规则将把《瑞士负责任商业倡议》条款 (例如瑞士法律) 默认适用于域外案件。

讨论题

(1) 你认为默认让母公司承担外国子公司行为产生的责任的做法是工商业与人权视角下的明智行为,还是考虑到公司法已经明确规定了母公司和子公司的责任分离，则这一条款是不合理的？支持这一条款和反对这一条款的理由分别是什么？

（2）一些观点认为，将适用人权尽责作为免除公司责任的可能条件，会为公司逃避责任留有太大的余地。另一些观点认为这是激励公司真正参与实质性人权尽责，而非仅仅装点门面行为的充分机制。你支持哪一方的观点？

（3）你认为《瑞士负责任商业倡议》条款是否能够为人权尽责法律的完善树立榜样？倡议的哪些要素应被广泛适用，其自身在哪些方面需要改进？

（4）在阅读第十二章第五节关于外国直接问责的内容后，你将会如何回答上述三个问题？

12.5　司法裁决措施：外国直接问责

国家保护人权不受公司侵犯的义务包括在发生侵权行为时提供救济的义务。存在争议的是，该义务是否具有或在何种程度上具有域外效力，以及母国是否有国际法律义务向外国的公司侵犯人权受害者提供国内法院救济的渠道。如前所述（Chapter 12.2），《指导原则》认为国际法允许域外管辖权的形式，但不会制定法律予以确认，而经济、社会和文化权利委员会则认为国家确实有保护域外人权的义务。

包含责任条款的强制性人权尽责法律（Chapter 12.4.3），为公司侵犯人权行为的受害者提供了在跨国公司母国提起诉讼的途径。随着这些法律的发展，可以预见此类诉讼将变得更加频繁。即使在专门法律之外，许多司法管辖区，特别是普通法国家的司法管辖区，一直在不同程度上允许对公司的域外侵犯人权行为提起民事诉讼，或某些情况之下提起刑事诉讼。然而，就算大多数案件通常被认定为工商业与人权案件，其在实质上和意图上都是补救侵犯人权的行为，但这些案件几乎未直接涉及人权或人权法，而是基于国内侵权法或刑法的个人伤害及财产损失提起诉讼（Bernaz 2017：257）。换句话说，"虽然这些案件可以通过人权视角来看待，但确切地说它们并不是真正的人权案件"（Bernaz 2017：283）。这一结论也存在例外，例如根据下文讨论的《外国人侵权请求法》（ATCA）提起的诉讼（Chapter 12.5.3）或基于上文讨论的《法国警惕义务法》提起的诉讼（Chapter 12.4.3.1）。这两项法律都允许与违反国际人权法的行为直接相关的诉讼。公司自身在国外的活动可能受到此类法律的约束，但更常见且从工商业与人权的角度更具挑战性的诉讼是针对正在从事或曾经从事侵犯人权行为的外国子公司之母公司提起的诉讼。

第十二章第五节第一小节将简要概述原告决定在母国起诉母公司，而非在东道国起诉当地子公司的理由。第十二章第五节第二小节将探讨这些诉讼在不同司法管辖区的一些共性要素，以便对域外人权诉讼的性质和形式有大致的了解。一般来说，不同司法管辖区根据本辖区内的侵权法和刑法，以及各自的断案历史采取不同的方式处理案件。然而，无论在哪个司法管辖区，所有这些外国直接问责案件都有许多共同的对概念的疑问，这些疑问通过外国直接问责案件进行商讨，同时描绘出这些案件的面貌。在解决这些问题之后，本章将概述不同的司法管辖区各自的法律和一些具有象征意义的案例，这些案例已经为外国直接问责确立了重要的先例，或对塑造外国直接问责的讨论起到了决定性作用。具体来说，它将涵盖美国、英国、加拿大和一些大陆法国家，如荷兰、德国和意大利。在简要阐述公司侵犯人权的刑事责任之后，本章将评估针对域外人权责任的常见批评意见，作为本章的结尾。

12.5.1 对母公司提起人权诉讼的理由

公司侵犯人权行为的受害者决定在母国起诉母公司，而不是在侵犯行为发生地起诉子公司的原因是多方面的。通常情况下，此类侵权行为发生在机构薄弱、失效或完全缺失的背景下，受害者几乎没有或完全没有获得法律救济的可能性。在这种情况下，对这些母公司在其母国的诉讼可能是受害者寻求正义的唯一可能机会。此外，东道国子公司可能资本不足，在东道国获得充分赔偿的希望渺茫。因此，可以通过与母公司达成和解，增加获得充分赔偿的机会。最后，母公司所在国的法院更有可能行使对母公司的管辖权，而非直接行使对外国子公司的管辖权。因此，如果原告决定在国外起诉，起诉母公司可能会有更大的胜算。但迄今为止，只有一起针对母公司提起的外国子公司侵犯人权的域外案例取得了部分成功（Chapter 12.5.6.1），大部分案件都被法院驳回或达成了和解。然而，最近的一些进展，特别是英国和荷兰的案件（Chapter 12.5.4 and Chapter 12.5.6.1）使人们对不久的将来能够作出更成功的判决抱有希望。这些进展与突破尤为重要，原因在于大多数情况下，公司与受害者之间的和解很难弥补受害者遭受的损失和伤害。例如，维瓦诉壳牌公司（*Wiwa v. Shell*）案件的当事人依据《外国人侵权请求法》（Chapter 12.5.3）在美国提起诉讼，双方达成了 1550 万美元的和解协议。同样，壳牌公司于 2015 年就尼日利亚博多（Bodo）社区向伦敦法院提起的诉讼与原告达成了 5500 万英镑的和解。当然，这些金额远比没有任何赔偿要好，但它们远不能代表在相应区域和社区对人权造成的巨大破坏与侵害。除了有限的赔偿外，公司通常不在和解过程中认罪，和解也因此成为公司摆脱漫长的和可能存在潜在风险的诉讼的方式。这一方式对公司有吸引力，且公司也能够负担得起。和解也是拖延法律发展的时间，并阻碍诉讼发展成为对侵犯人权优先问责的工具（Simons & Macklin 2014：255）。

然而，即使没有司法先例，许多案件也已在法院审理之前就被驳回，这种诉讼除了达成潜在的和解之外也有好处。事实证明，大多数面临诉讼的公司在法庭诉讼期间或之后不久开始采取措施承担人权责任。这些措施包括参与指定的多利益攸关方倡议，颁布责任标准和行为准则，以及为员工开展人权培训（Schrempf-Stirling & Wettstein 2017）。虽然这些措施在实践中的影响总是受到争议，但它们清楚地表明人权诉讼的影响已经超越法律层面。

12.5.2　共同的特点和挑战

在研究这一概念在众多司法管辖区内更具体的发展情况之前，本小节将从更为概括性的、涉及概念的角度分析外国直接问责制，无论这些案件将由哪个法庭受理，这一分析能够使读者更好地理解大部分案件所具备的特点和挑战。

12.5.2.1　管辖权

管辖权包含两个维度，一个来源于国际公法，另一个来源于国际私法（Zerk 2006：132）。从国际公法的角度来看，管辖权界定了国家监管权力的空间或地域限制。通常情况下，人们认为属地原则规定了上述地域限制。一般来说，这一原则禁止国家对海外公司实施直接监管，除非有例外情况。然而，近年来人们日益认识到具有域外效力的监管的必要性和重要性，工商业与人权领域也是如此。正如前述关于工商业与人权政策（Chapter 12.3）和立法（Chapter 12.4）的章节所示，各国越来越愿意通过对外国子公司的运营产生间接域外影响的方式监管跨国公司在国内的总部。因此，虽然人们传统上对属地原则和不干涉原则采取了限制性的解释，但目前对工商业与人权法规的解释正在迅速整合变化的观念。因此，此类监管的合法性并非仅根据属地原则予以衡量，还根据人权保护有效性的要求进行衡量。

从国际私法的角度来看，管辖权界定了国内法院对私法事项作出裁决的权力，例如私人当事人之间基于侵权行为的纠纷或合同纠纷。国际私法不遵循管辖权的属地原则；相反，管辖权是各种其他因素功能的集合。

> 广义上讲，公法的范围往往是从空间的角度来理解的，而私法领域的民事管辖权往往通过参考当事人、争议主题和国家之间的关联要素进行定义（Zerk 2006：113）。

国内法院在多大程度上对起诉跨国公司的民事诉讼具有管辖权，以及在特定的域外侵犯人权案件中适用国内法还是外国法依不同国家的情况而不同，还要依据各法院在具体案件中如何解释上述标准。在欧盟，管辖权规则已在《布鲁塞尔条例》（Brussels Regulation）中得到了统一。因此，当公司侵犯人权的受害者决定向母公司所在国的国内法院提起诉讼时，法院必须首先决定是否对该案件行使管辖权。一旦确立了管辖权，案件就可以进入审理阶段。然而，事实证明，确立法院对案件的管辖权本身就是一项艰巨的挑战，大多数案件从未进入庭审阶段。这表明了国际法为保护国家利益而设立的目标，与人权将个人置于关注焦点的基本目标之间存在根本冲突。即使这一目标有悖于为人权受到侵犯的个人伸张正义，管辖权规则的首要目的仍是保护国家领土主权。这种将国家利益置于个人人权之上的做法，不论通过伦理的视角还是人权法的视角来看都是存在问题的（Zerk 2006：135）。

12.5.2.2　不方便法院原则

即使一个法院原则上具有管辖权，也不一定能行使管辖权。一些普通法国家允许法院以不方便法院原则为由驳回案件，该原则认为另一个法院——最有可能是在损害发生国的法院——更适合解决这一问题。由于法官不会自行适用不方便法院原则，因此这一原则需要由被告提出（Joseph 2004：87）。美国是允许法院依据不方便法院原则驳回案件的主要国家，英国原本也准许使用这一原则，但在欧盟《布鲁塞尔条例》通过后被裁定与条例规定存在矛盾。英国脱欧是否会重启对于不方便法院原则的讨论，还有待观察。

不同国家对不方便法院原则的应用有所不同。在美国，法院适用两步走检验法来决定是否适用这一原则。第一步，法官评估美国境外是否有可替代的拥有充分管辖权的法院来审理案件。决定是否拥有充分管辖权的关键在于国家本身是否参与了所指控的侵犯人权行为。将案件提交给一个本身实施侵犯人权行为国家的法院是不合理的，特别是当一国的侵犯人权行为情节恶劣且具有系统性之时（Joseph 2004：91）。第二步，如果可以确定法院拥有充分的管辖权，法院将权衡支持和反对在可替代的法院中审理案件的双方当事人的私人利益和公共利益，以决定诉讼更方便且适合的地点（Joseph 2004：88；Zerk 2006：120ff.；Bernaz 2017：266）。

腐败、缺乏独立性或其他制度缺陷是认定替代法院没有充分管辖权的常见原因。替代法院被认为更方便或更合适案件审理的原因可能包括某些程序要素，如获取证据和证人的便利性或诉讼的一般支持和保障问题，也包括在某一国家的法院审理案件的公共政策和公共利益因素考量。一个有争议的公共政策原因是国际礼让。为了避免冒犯损害产生的当事国，法院可能会以

"不方便法院"为由拒绝管辖。其中包含的假设是，在跨国公司的母国审理案件可能被视为专断的"家长式作风"，或对两国关系造成压力。此外，法院也通常认为，在案件审理中东道国比母国具有更强烈的公共利益关涉。在英国，当不方便法院原则的实施仍较为普遍时，这种公共利益考量所起的作用较小；相反，验证替代法院是否适合管辖的重要因素为是否实现了实质性正义（Zerk 2006：124-125）。在澳大利亚，被告必须证明澳大利亚法院明显不适合审理案件，而不是除目前立案的澳大利亚法院外的其他法院更适合审理此案。这意味着即使其他法院更适合受理该案件，只要没有证据表明澳大利亚法院明显不适合受理，其仍然保留案件的管辖权（Zerk 2006：126）。因此，澳大利亚适用不方便法院原则的门槛更高，这为外国原告在澳大利亚法院审理案件提供了更好的机会。

与美国和澳大利亚相反，欧盟禁止成员国适用不方便法院原则。《布鲁塞尔条例Ⅰ》（方框 12.5）为欧盟成员国设立规定：居住在成员国内的个人，或注册地在欧盟成员国内的公司，不论损害发生在何处，也不论原告的国籍如何，必须在该成员国的法院提起诉讼。当然，当事人起诉还面临除此以外的其他管辖权挑战，但废除不方便法院原则极大地提高了原告的地位。毕竟，这一原则一再被公司用作逃避责任的有效法律策略，并且由于此类案件很少在替代法院再次提起诉讼，因此适用不方便法院原则往往会给受害者带来毁灭性的后果（Joseph 2004：88）。

方框 12.5　背景：《布鲁塞尔条例Ⅰ》（欧盟委员会第 44/2001 号条例）

2001 年《布鲁塞尔条例Ⅰ》及其 2012 年修订版（欧盟理事会第 1215/2012 号；布鲁塞尔 1 号新版）对欧盟内部针对居住在欧盟境内的被告提起的民事责任诉讼的管辖权规则达成了共识。该条例规定，对于居住在欧盟的被告，应在其居住国的法院提起诉讼（第 2 条）。对于公司而言，应在其注册地、中央行政机构所在地或主要营业地提起诉讼（第 60 条）。在具有里程碑意义的"奥乌苏诉杰克逊等人"

（*Owusu v. Jackson and Others*）一案中，欧洲法院于 2005 年裁定，欧盟成员国法院不得以"不方便法院"为由拒绝行使《布鲁塞尔条例 I》赋予它们的管辖权（Marx, Bright, & Wouters 2019: 34; Palombo 2019b: 61-63）

12.5.2.3　法律的选择

确定管辖权并克服被告可能提出的"不方便法院"挑战只是提起外国直接责任案件诉讼的第一步。一旦确立了国内法院的管辖权，接着就必须确定案件应适用哪种法律——外国法律还是国内法律。在欧盟法律和大多数国际侵权诉讼案件中，伤害、受伤或损失发生地的法律是最自然的选择。欧盟的《罗马条例 II》第 4 条第 1 款（方框 12.6）规定了如下一般原则（Bernaz 2017: 281）：

适用于侵权/违法行为产生的非合同义务的法律应是损害发生国的法律，而不论造成损害的事件发生在哪个国家，也不论该事件的间接后果发生在哪一国家或哪些国家（European Parliament & Council of the European Union 2007）。

方框 12.6　背景：《罗马条例 II》（欧盟委员会第 864/2007 号条例）

在欧洲的国际私法中，适用法律的问题受《罗马条例 II》的管辖。《罗马条例 II》规定，侵权行为的适用法律是损害或伤害出现国家的法律。因此，相关的是损害发生地，而非造成损害之行为的发生地（Palombo 2019b: 64）。该规定将环境损害作为例外，允许遭受环境损害的人选择适用损害事件发生地的法律。这为环境退化的受害者提供了额外的保护（Palombo 2019b: 65）。《罗马条例 II》的另一个例外是，如果原告和被告在损害发生时的住所位于同一国家，在此情况下应适用住所所在国的法律。此外，如果侵权行为与另一个国家的关系比与损害发生地国家的关系更密切，则应适用该国的法律。最后，当事人可以约定案件应适用的法律。若出现下列情形，法院可以偏离这一约定而适用法院所在地的法律：（a）国内法律的优先规定要求适用国内法（第16条）；（b）外国法律的适用明显不符合其公共政策（第26条）（Marx，Bright，& Wouters 2019：34-35；Palombo 2019b：63-66）。

因此，根据该规则，如果英国母公司在英国国内法院因在南非造成的损害而面临诉讼，则该案件将适用南非法律进行裁判。然而《罗马条例 II》第26条规定，如果外国法律的适用"明显与法院地的公共政策不符"，法院可以拒绝适用外国法律（Bernaz 2017：282）。美国同样规定，如果外国法律与法院地的重要公共政策考量相冲突，不应适用外国法律（Joseph 2004：75）。这些考量包括外国法律可能庇护公司免于对严重侵犯人权的行为负责的情况（Joseph 2004：75；Zerk 2006：129）。

一般来说，美国的情况要复杂得多，因为不同的州适用不同的法律选择规则。一些州选择适用与案件及其当事人关系最密切的管辖区的法律（Joseph 2004：74）。为此，除了损害发生地外，相应的法院还应考虑许多因素，如"国际体系的需求，利益相关国的监管政策，当事人的期望，法律适用的确定性、可预测性和统一性"（Zerk 2006：130）。其中一些因素的答案可能并不明确。例如，造成损害的侵权行为发生的地点可能不明晰；是依据特定公司政策在东道国的本地实施来判断，还是根据位于母国的公司总部批准这一政策的决定来确定（Joseph 2004：75）？如果美国其他州对案件结果感兴趣，它们仅适用法院所在地法律即可。而某些州综合运用了上述规则。总之，美国规制人权侵犯行为的法律选择是依据具体案件决定的（Joseph 2004：75）。

12.5.2.4 归因

一旦管辖权确立，且潜在的"不方便法院"诉由不成立，案件就可以由法庭受理。然而，由于大多数外国直接责任案件针对的是母公司而非外国子公司，因此原告面临另一个挑战：将侵权行为归因于母公司。管理的视角倾向于将跨国公司视为应该跨过管辖区管理的单一实体，因此这似乎是一个微不足道的障碍。然而，从法律视角来看，将子公司的活动归因于母公司在过去几乎是无法克服的挑战。究其原因，在于跨国公司的法律结构和公司与其股东分离的形式。这种分离的目的正是保护股东免于承担超出其初始投资的公司活动产生的责任，不论是个人股东还是公司股东都受到此种保护。这意味着，母公司通常可以免于承担其持有股份的子公司的行动产生的责任。将母公司与其子公司分离的法律形式通常被称为"公司面纱"。只有在特殊情况下才有可能破除这种分离。下文列出了克服归因挑战的几种不同方式，基本上可以归为两种主要类别。

1. 间接的母公司责任/企业责任。在这一类别中，子公司的行为依据母公司与子公司之间的关系而归因于母公司。我们可以称之为"间接的母公司责任"，因为母公司对子公司的行为承担间接责任。这种策略要求揭开或"刺破"公司面纱。也就是说，母公司与子公司之间的分隔将被消除，它们被视为一个单一实体。更严格来讲，母公司将根据它们之间的控制关系对子公司的活动承担严格责任（Zerk 2006：229）。同样，从管理的角度来看，这似乎是看待跨国公司的一种适当方式。毕竟跨国公司往往作为一个实体以统一的方式进行运营和管理。此外，这一观点也被运用在管理者所熟悉的竞争法和反垄断法中。然而，就公司的侵权责任而言，刺破公司面纱需要例外情况，并且会给诉讼当事人带来难以克服的障碍。独立法人原则与管理跨国企业经济现实之间的差异一再受到批评，有人认为类似于企业集团责任原则将更充分地体现当今跨国公司的性质（例如，参见 Joseph 2004：138ff）。本质上，企业责任要求母公司与子公司之间的关系非常密切，并且以具有全面的控制权为特征，以至于母公司可以被视为通过子公司行事，并将子公司变成一个没有自己身份的工具。法院极不愿意适用企业责任，因为揭开公司面纱被视为与公司法的基本原则相冲突。因此，这种做法实际上只有在下述情况中才可能实现：子公司应被视为虚假的，即仅为了逃避责任而虚假设立；并且这种安排出现了严重不公的情况（Joseph 2004：130）。

企业责任的一个特例是替代责任（vicarious liability）①，即基于子公司作为母公司的代理人并代表母公司行事，因此母公司对子公司的行为承担严格责任。许多司法管辖区将替代责任适用于雇主与雇员之间的关系，但很少将其扩展到母公司与子公司之间的关系。然而，至少美国一些州的法院已经接受将替代责任作为《外国人侵权请求法》项下对母公司提起诉讼的依据（Zerk 2013：46）。在替代责任中，直接责任和间接责任之间的界限是模糊的，一些法院可能更倾向于将其视为直接责任形式。然而，由于子公司的行为是代表母公司进行的，因此这些行为必然有部分归因于母公司，这超出了母公司单纯的注意义务范畴。

2. 直接的母公司责任。"直接的母公司责任"（Joseph 2004：134ff）是指母公司不对子公司的行为承担责任，如果其自身行为和疏忽与所发生的损害有关联，则母公司对其自身的行为和疏忽承担责任。在这种情况下，不需要将子公司的行为归因于母公司，因此公司面纱没有被揭开。文献中通常讨论的直接母公司责任有以下两个基础：违反注意义务，以及协助和教唆。

● 注意义务：目前国内法院对母公司提起诉讼的最常见方式，是根据母公司违反潜在的注意义务对其提起诉讼。为此，原告必须能够证明，被告公司通过自身行为违反了对受害者的注意义务，并且该义务源于其直接的运营影响和控制。这可能存在两种情况，一种是主动的，一种是被动的。

在主动情景中，母公司被视为子公司从事侵害活动的策划者。因此，它在与子公司积极互动和指导时忽略了应有的谨慎，这可以被视为造成侵犯人权行为的原因，或因果关系中的一环。在被动情景中，母公司没有主动介入侵犯人权的行为，而是忽视了子公司的有害行为，没有对其进行控制，即疏于对子公司的活动进行总体监督（Zerk 2006：218）。然而，一般来说，直接责任需要母公司采取积极的行动，从而需要母公司实质性地参与运营和进行控制。换句话说，母公司不作为，或基于母公司对子公司的战略控制而疏于干预，可能不足以确立注意义务（Joseph 2004：136-137）。同样，母公司通

---

① 亦被译为转承责任、雇主责任。——译者注

常不会只因为母公司的身份，而对子公司的员工负有注意义务。举个例子，子公司雇用"流氓"安保人员，并且这些人员参与侵犯人权的活动，母公司可能不会"仅仅"因为没有干预子公司的决定而被追责。然而，它可能因通过自己的行为积极推动这一决定而面临承担责任（Joseph 2004：138）。这可能导致的实际问题或悖论是，它会激励母公司恰好在侵犯人权风险最高且最需要母公司参与的情况下，采取不干涉的做法来避免责任风险。Zerk 将基于注意义务的直接母公司责任的相关情形总结如下：

> 总之，要成功地对母公司的外国附属公司活动造成的损害提起"首要责任"索赔，外国原告至少需要能够证明：（1）母公司对于相关活动、程序或技术造成的健康和环境风险有详细了解；（2）母公司十分密切地参与外国附属公司的日常运营；（3）在上述所有情况下，母公司未能尽到适当的注意义务；以及（4）这些过失是造成伤害或损失的直接原因，即使它们不是唯一的原因（Zerk 2006：222）。

• 协助和教唆：直接母公司责任的第二种形式，是 Zerk（2006：225ff；2013：47）所称的"母公司次要责任"（secondary parent liability）。在这种情况下，母公司协助并教唆子公司实施侵权行为。因此，次要责任既不预先假定存在注意义务，也不假定母公司的行为或不作为是侵权行为的主要原因。相反，次要责任需要证明母公司明知存在侵权行为还推进其进行，这种推进在某种意义上具有实质性，即如果没有母公司的协助，侵权行为不会发生。这一策略在美国的《外国人侵权请求法》案件中具有重要意义，但在其他司法管辖区尚未得到应用。因此，将在第十二章第五节第三小节第一项中对其进行更详细的阐述。

在概述了针对母公司的域外诉讼案件的一般特征后，以下各小节将更详细地介绍此类案件被起诉的主要司法管辖区。下文将对这些司法管辖区的一些特殊性进行讨论，以及介绍管辖区中超出上述一般特征的开创性案例。

12.5.3　美国：《外国人侵权请求法》

大多数向母国法院提起的有关工商业与人权域外诉讼的案件都发生在美国，这些案件都是基于名为《外国人侵权请求法》的特定法律提起的。《外国人侵权请求法》允许外国原告提起切实的人权诉讼，即涉及国际人权法的案件，而不必诉诸常规的国内侵权法。然而，下文将要探讨的两项美国最高法院裁决在一定程度上限制了《外国人侵权请求法》的适用范围，使其在大多数可能提起诉讼的案件当中不适用。因此，近年来其他国家有关工商业与人权的诉讼数量有所增加。

尽管如此，《外国人侵权请求法》是一部具有开创性的法律，其对工商业与人权运动的重要性无论如何强调都不为过，尽管事实上并没有任何母公司因在国外侵犯人权的行为而依据《外国人侵权请求法》被定罪。事实上，大多数依据《外国人侵权请求法》提起的案件在法院受理前就因不方便法院原则被驳回，或者在法庭外达成了和解。然而，尽管适用《外国人侵权请求法》的成功案例有限，但其使在母国法院第一次提起工商业与人权诉讼变为可能，并允许建立和发展起诉工商业与人权特定案件的相应实践和基础设施，这使其他司法管辖区也开始受理相关诉讼，并从实践和基础设施中获益。

12.5.3.1　主要特点

《外国人侵权请求法》允许外国公民就违反国际法的侵权行为提起诉讼，并寻求赔偿。该法由下述一个单独的段落构成：

> 地方法院对外国人针对违反美国法律或签署条约而犯下的侵权行为提起的任何民事诉讼具有初审管辖权。这一管辖权仅限于侵权行为。（28 USC § 1350）。

正如文字本身的含义，《外国人侵权请求法》最初并不是出于为工商业与人权诉讼提供依据而制定的。它于1789年颁布，目的是保护外交官免受违反习惯国际法行为的侵犯。然而,《外国人侵权请求法》在颁布后大部分时间处于休眠状态,几乎很少使用,直到两个世纪后的 1980 年在著名的案件菲拉尔蒂加诉佩尼亚-艾如拉案(*Filartiga v. Peña-Irala*)中重新启用。

在菲拉尔蒂加案中,两名居住在美国的巴拉圭居民提起诉讼,指控一名同样居住在美国的前巴拉圭警察局长对两位居民的家庭成员实施酷刑和谋杀。该案最初被驳回,但该裁决后来被上诉法院推翻。菲拉尔蒂加案表明,即使侵犯人权的行为发生在国外,《外国人侵权请求法》也有可能追究严重侵犯人权的个人的责任(Zerk 2006:207)。从工商业与人权的角度来看,同样具有决定性意义的是 1997 年的杜伊诉优尼科公司案(*Doe v. Unocal*),这是《外国人侵权请求法》首次适用于私营公司。在优尼科公司案中,一名缅甸村民指控优尼科公司共谋参与了军队和警察在涉及加利福尼亚州优尼科能源公司和法国公司道达尔的管道项目中实施的强迫劳动、强制搬迁、强奸和谋杀等侵犯人权的行为(Bernaz 2017:261-262)。虽然所有驳回该案的动议(例如基于不方便法院原则的动议)都没有通过,但最终还是在有机会得到法庭受理前达成了庭外和解。然而,联邦法院在优尼科公司案中首次承认公司可以在实际上违反国际法(Bernaz 2017:262)。此后,《外国人侵权请求法》主要成为起诉跨国公司人权侵害的依据。截至 2013 年,已有 130 件此类案件在法院立案(Bernaz 2017:262)。

需注意两条重要的规则:首先,"国家的法律"是《外国人侵权请求法》制定时习惯国际法的名称(Bernaz 2017:260)。《外国人侵权请求法》既指习惯国际法和强行法规范(Chapter 3.3.2),也指美国正式批准的国际条约。换句话说,公司可能因违反直接援引的人权法而被起诉,而不是"仅仅"基于违反一般的国内侵权法而被起诉。其次,公司可能由于三种原因受到牵连并对侵犯人权行为承担责任:(a)公司自身的行为违反了习惯国际法中直接适用于公司的规范。这种情况适用于少量的强行法规范。对于所有其他违反习惯法的行为,公司责任只能根据国家的参与来认定,这是指:(b)如果公司违反了基于"国家行为"的相关规范,以及(c)通过共谋的方式参与,即协助和教唆国家行为者。以下段落将简要阐释上述理由。

- 公司的直接违法行为：如前所述，国际人权法通常不赋予非国家行为者人权义务（Chapter 6.2），一些恶劣的国际罪行除外。这些罪行直接适用于个人，并可能适用于公司。因此根据《外国人侵权请求法》，公司可以直接承担国际习惯法包含的少数违法行为的责任，而不需要证明"国家行为"（见下文）或任何其他的国家参与形式。这些违法行为主要涉及强行法规范（Chapter 3.3.2），其中包括种族灭绝、战争罪、海盗行为、奴隶贸易和强迫劳动（Zerk 2006：211）。在此背景下，《外国人侵权请求法》针对公司作为私人主体实施的侵犯人权行为提起诉讼的案例很少。基于"国家行为"或"协助和教唆"提起的诉讼更为常见。

- 公司在"国家行为"之下的直接违法行为：对于没有被归为强行法范畴的习惯法规范，公司行为只有在与国家有关联时，即协助和教唆国家（见下文）或通过"国家行为"才承担责任。根据"国家行为"原则，公司的行为直接违反了所适用的规范，而不是像协助和教唆那样仅仅促成这一违反行为。然而，企业的行为是"打着政府授权的幌子"进行的（Joseph 2004：33），例如在实施官方的国家授权行为时发生违规行为，或者公司根据国家的具体指示行事。法院已经适用许多不同的"标准"来概述"国家行为"的范围和框架：第一，如果公司行使传统上专属于国家的公共职能（"公共职能"标准）；第二，公司是否受到国家的强制（"国家强制"标准）；第三，国家和公司之间的关系非常密切，以至于一方的行为可以算作另一方的行为（"关联"标准）；第四，如果双方都是有意地参与侵权行为的合伙关系（"共同行动"标准）；第五，如果公司对国家侵犯人权的行为行使控制权（"近因"标准）。

- 通过协助和教唆实施的公司间接违法行为：大多数依据《外国人侵权请求法》的诉讼是基于公司与腐败的政府之间的共谋而提起的，即基于企业协助和教唆东道国政府实施违法行为而提出的。直接共谋（Chapter 4.3.1）最有可能构成《外国人侵权请求法》中的责任，而被动形式的共谋，例如获益为目的的共谋和默示共谋则不太可能达到承担责任的必要标准。法院对认定《外国人侵权请求法》中的协助和教唆责任采用了多种标准。一些人依据目的标准（purpose standard），将其作为构成协助和教唆所需的心理要件，而另一些人则认为明知的标准（knowledge standard）是足够的（Chapter 4.3.3）（Dodge 2019：136）。前者假定公司的行为是以促进权力滥用为目的而进行的，而后者仅假定公司知道或应该知道滥用行为，但没有以促成权力滥用为目的或意图来行动（Bernaz 2017：271-273）。

如上所述，大多数《外国人侵权请求法》案件在根据案情进行判决之前已被驳回。不方便法院原则是驳回案件的最普遍原因，但不是唯一原因。以下情形中，法院同样可以否决对案件的司法管辖权：当案件涉及棘手的政治问题，法院没有能力解决，且这些问题由政府行政部门解决更为合适（"政治问题"原则）；当审理的案件涉及对外国政府的官方行为进行评判（"国家行为"原则），这可能会损害美国的外交利益，并对美国的国际关系产生负面影响；抑或当审理的案件违反了外国国家的合法政策利益（"国际礼让"原则）（Zerk 2006：213-214）。然而，直到美国最高法院对基奥波尔（Kiobel）和杰斯纳（Jesner）两个案件作出判决之前，《外国人侵权请求法》仍然是全球针对企业的人权诉讼最常用的依据，这两项判决严重限缩了《外国人侵权请求法》的范围，并让这一进程戛然而止。

12.5.3.2 《外国人侵权请求法》限制案例1：基奥波尔诉荷兰皇家石油公司案（*Kiobel v. Royal Dutch Petroleum Co.*）

美国最高法院对基奥波尔案的判决出人意料地重新定义了2013年《外国人侵权请求法》诉讼的规范。该案件由首要原告埃丝特·基奥波尔（Esther Kiobel）对荷兰皇家石油公司（壳牌）的尼日利亚子公司提起诉讼，指控其参与域外谋杀、酷刑、危害人类罪以及长期任意逮捕和拘留。埃丝特·基奥波尔是已故的巴里尼姆·基奥波尔（Barinem Kiobel）博士的遗孀，巴里尼姆·基奥波尔于1995年被阿巴查政府严刑拷打并处决。与肯·萨罗-维瓦（Ken Saro-Wiwa）和其他八名奥戈尼活动家（"奥戈尼九君子"）一起被处决（Chapter 2.1）。

该案于 2002 年在纽约州提起诉讼。2006 年，壳牌公司提起中间上诉，并获得联邦第二巡回法院的批准。上诉法院于 2010 年作出一个前所未有的判决，裁定《外国人侵权请求法》不适用于对公司的起诉。这一判决的依据是索萨诉阿尔瓦雷斯·马钱恩案（*Sosa v. Alvarez-Machain*）脚注 20 中模糊的表述，该表述旨在区分要求国家行动的规范和不要求国家行动的规范，但被法院解释为完全否定国际法当中规定的公司责任（Dodge 2019：132）。针对这一问题，原告随后于 2011 年 6 月向美国最高法院提交了调卷令申请（司法审查申请）。关于公司是否对违反国际法的侵权行为免于承担责任的口头辩论始于 2012 年 2 月。2012 年 10 月，美国最高法院决定对案件进行重新辩论，辩论的重点是治外法权。2013 年 4 月，最高法院作出判决，确立了《外国人侵权请求法》反对域外适用的推定，认为该法案的条文中没有"明确指出域外适用的范围"。这意味着外国人特别针对外国公司在美国境外实施的损害或伤害提起的诉讼被推定为不属于《外国人侵权请求法》的管辖范围，除非它们"触及美国领土或与美国领土相关……足以取代"这一推定。一家公司仅通过子公司在美国境内有业务，被明确规定为不足以取代这一推定。法院从本质上维持了上诉法院的判决，认定该推定适用于基奥波尔案。

这一判决对《外国人侵权请求法》诉讼实践的影响是巨大的。它推翻了长期以来在美国有业务的公司可以根据《外国人侵权请求法》被起诉的惯例。就本案而言，这意味着在这一判决之前，壳牌公司可能会因通过美国子公司在美国开展业务，而在美国面临针对尼日利亚子公司的行为的起诉。判决发布后，只有针对美国公司的案件与美国利益密切相关，并且足以克服域外管辖权的推定。然而，一些法院认为如果相关行为发生在美国境外，即使具有美国国籍，也不足以克服域外管辖权的推定（Dodge 2019：136）。因此，在基奥波尔案之后，依据《外国人侵权请求法》提起的、涉及在美国有业务的外国公司的大部分传统案件再也不可能在美国起诉。毫无意外地，大多数适用"触及和相关"标准的案件最终被驳回（Dodge 2019：136）。

壳牌公司因应对诉讼的法律策略而受到批评。据称，壳牌公司没有根据具体案件的事实为自己辩护，而是成功地削弱了基本法规，从而也削弱了无数侵犯人权受害者在其他案件中提起诉讼的基础。在关于基奥波尔问题的简报中，约翰·鲁格对壳牌公司的可疑角色进行了如下评论：

> 但是，在基奥波尔这样的案件中，企业尊重人权的责任都包含哪些方面？……当然，公司必须可以在法庭和其他地方自由地提出主张，其既遵守了法律，也遵守了尊重人权的更广泛的责任。但问题仍然存在：尤其当企业可以选择为自己辩护的理由时，企业尊重人权的责任是否应该完全脱离诉讼战略和策略？当存在其他法律依据来保护公司利益的情况下，诉讼策略是否应旨在摧毁整个司法体系以补救严重侵犯人权的行为？或者，负责任的社会责任承诺是否包含公司有义务指导其律师避免可能产生的且如此深远的影响？公司法定代表人的责任又是什么？他们是否有义务为客户列出诉讼策略所带来的全部风险，包括对客户的承诺、声誉以及对广泛的第三方的附带损害产生的担忧？（Ruggie 2012：6）

约翰·鲁格的观点清楚地表明，企业尊重人权的责任不应该仅仅从过于狭隘的关系意义上进行解释，还应该考虑到企业活动更大的政治影响（Chapter 6.1.1 and Chapter 7.3.2.2）。公司尊重人权的行为与破坏人权保护总体基础设施的行为并非用同一标准进行衡量，即使企业尊重人权的行为可能不会立即并直接地侵犯任何人的人权。

12.5.3.3 《外国人侵权请求法》限制案例2：杰斯纳诉阿拉伯银行案（*Jesner* v. *Arab Bank*）

虽然基奥波尔案确立的反对域外适用推定至少在原则上保留了起诉外国公司的可能性，但这一可能性在5年后，即2018年的美国最高法院另一项重大判决中被排除。在杰斯纳诉阿拉伯银行案中，美国最高法院裁定"外国公司不能作为根据《外国人侵权法案》提起诉讼的被告"。本案原告指控阿拉伯银行通过其纽约分行向以色列、约旦河西岸和加沙的恐怖分子输送资金。联邦地区法院驳回了此案，认为根据联邦巡回法院的先例，《外国人侵权请求法》不适用于公司，上诉法院也支持了这一观点（Dodge 2019：132）。最终，最高法院不得不在基奥波尔案判决中回避了该问题后，再次就这一问题作出决定。然而，只有少数人认为《外国人侵权请求法》不适用于所有公司，大多数人认为只有外国公司才不适用《外国人侵权请求法》。另一部分少数人的观点认为《外国人侵权请求法》既适用于外国公司也适用于美国公司（Dodge 2019：132）。然而，在杰斯纳案之后，原告现在必须能够证明，不仅所涉违规行为是由美国公司的行为产生的，而且在美国发生的行为充分满足基奥波尔案中确立的"触及和相关"要求。因此，虽然原则上企业仍然承担《外国人侵权请求法》下的责任，但起诉企业的门槛已经变得非常高了：

> 因此，虽然企业持续受到人权法的习惯国际法规范的约束，但在美国法院追究其违反这些规范的责任的前景几乎已经消失殆尽（Dodge 2019：137）。

美国最高法院对约翰·多伊一世等人诉雀巢公司等（*John Doe I et al. v. Nestlé et al*）一案的判决，证明了起诉公司的门槛确实已经变得很高了。该案件于 2005 年提起诉讼，2021 年 6 月根据反对域外适用推定这一理由被驳回（Chapter 14.5.1）。在此背景下，在基奥波尔案特别是杰斯纳案判决之后，原告将注意力转移到其他司法管辖区也就不足为奇了。虽然近年来美国对人权诉讼的限制越来越多，但在美国以外地区却出现了相反的发展。以下各小节将简要概述这方面的一些关键进展和里程碑。

12.5.4　英国：普通法的注意义务

随着美国对人权诉讼的限制越来越严格，近年来英国已成为对公司提起人权诉讼最有前景的替代管辖地。其中一个重要的原因是根据《布鲁塞尔条约 I》，"不方便法院"原则在英国不再适用。因此，英国为起诉者提供了普通法国家的优势，而不会增加"不方便法院"的障碍。

如果英国公司和外国公司在英国有业务，例如通过设立分支机构或作为母公司代理的子公司，则可以对英国公司和外国公司提起诉讼（Zerk 2006：118）。此外，提起诉讼可以依据下列两类法规：被采纳且成为英国普通法一部分的习惯国际法（Joseph 2004：115），或授予英国法院对国外侵权行为管辖权的《国际私法法案》（杂项规定）（Private International Law Miscellaneous Provisions Act）（Joseph 2004：115）。前者通常需要满足"国家行为"，这一标准在英国的适用比在美国的适用更严格（Joseph 2004：121）。因此，人权案件通常作为在国外犯下的侵权行为而被起诉。在这些情况下，母公司因涉嫌违反对于侵犯人权行为的受害者的注意义务而受到起诉。

在此类"注意义务"的诉讼中，母公司将在以下情形中承担责任：（a）英国法院确认对案件具有管辖权；（b）母公司对受害者负有注意义务；（c）违反注意义务造成了损害。然而，证明上述情形的举证责任标准过高，以至于迄今为止没有一家母公司在域外案件中被追究责任。然而，下面概述的最新案件标志着公司问责制的进一步发展。在讨论这些案例之前，将更详细地介绍上述三种情形。

（1）管辖权：在管辖权问题上，英国受《布鲁塞尔条例 I》（方框 12.5）的约束，该条例授予国内法院针对在英国注册成立的公司提起诉讼的管辖权。无论侵权行为发生在英国境内还是境外，均受此约束。如上所述，《布鲁塞尔条例 I》禁止以"不方便法院"为由中止诉讼程序。然而，迄今为止，英国法院审理的所有此类案件均已根据管辖权作出判决，或在审理案件的实质问题之前就已达成和解（Palombo 2019a：271）。将在下文中讨论的奥克帕比诉荷兰皇家壳牌石油公司案（*Okpabi v. Royal Dutch Shell Plc*），可能是就案件实质问题进行辩论的第一案。

（2）注意义务：母公司是否对侵权行为的受害者负有注意义务，通常根据卡帕罗工业公司诉迪克曼案（*Caparo Industries Plc v. Dickman*）以及钱德勒诉开普公司案（*Chandler v. Cape Plc*）确立的三个方面进行评估：

第一，损害是可预见的；第二，双方之间的关系足够近；第三，施加注意义务是合理的（Meeran 2013：387）。针对第二点，公司与受害者和实施侵权行为的子公司之间的关系往往是相关因素。在钱德勒诉开普公司案（*Chandler* v. Cape Plc）中，法院判定母公司与侵权受害者之间的接近程度源于母公司与实施侵权行为的子公司之间的接近程度。换句话说，母公司可以仅根据与子公司的关系质量对受害者承担注意义务（Palombo 2019a：273）。然而，母公司并非仅仅因为母公司的身份就承担注意义务。相反，问题在于它是否从事了暗指其承担注意义务的行为（Meeran 2013：390-391）。尚无一个固定的标准评估接近程度。在钱德勒诉开普公司一案中，法院裁定这种接近程度是基于多种因素的累积而产生的，例如母公司与子公司之间的信息交换，公司集团范围内各工厂生产石棉的实证研究，母公司对子公司的指导，以及母公司设立石棉业务并随后将其出售给子公司的事实（Palombo 2019a：274）。重要的是，开普公司雇用了一名负责监督整个公司集团健康和安全的医疗科学官员，这可以解释为母公司对子公司员工承担责任，从而产生了相应的注意义务（Meeran 2013：390）。钱德勒诉开普公司案具有开创性，因为它确认了母公司可以对子公司承担注意义务。然而，由于钱德勒诉开普公司案是专门涉及子公司员工作为受害人的国内案件，因此在以下两个方面的情形尚不清楚：首先，在跨国案件中是否会产生上述注意义务；其次，非雇员受害者是否可以且在何种情况下可以被认定与母公司具有足够接近的关系，从而产生母公司应承担的注意义务。最近，韦丹塔资源公司诉隆博韦（*Vedanta Resources Plc* v. Lungowe）一案的判决（详见下文）明确解释了这两个方面的问题。此外，该案还扩大了接近程度的标准，这可能导致母公司承担的注意义务远远超出钱德勒诉开普公司案所暗含的有效考量因素范围内的注意义务。

（3）损害：针对母公司的侵权案件，一般是基于违反注意义务而导致的过失行为造成的损害而提出的（Meeran 2013：379）。母公司的注意义务包含监督子公司并确保其不损害任何利益攸关方的尽职调查义务（Palombo 2019a：270）。因此，原告必须证明母公司因未履行尽职调查义务而违反了注意义务且造成了损害。为了证明母公司违反了注意义务，原告通常还必须证明实施侵权的子公司的责任（Palombo 2019a：270）。在这种情况下，英国法院不仅会审议针对母公司的案件，也会审议针对子公司提起的诉讼。韦丹塔资源公司诉隆博韦案就是一个很好的例子，该案将在第十二章第五节第四小节第一项中进行讨论。

12.5.4.1　韦丹塔资源公司诉隆博韦案

2015年，1826名赞比亚村民提请伦敦高等法院审理韦丹塔一案。该诉讼的依据是韦丹塔在赞比亚的子公司孔科拉铜矿（KCM）通过在恩昌加铜矿的采矿作业污染了当地的土壤和水源，导致村民出现了健康问题以及收入和生计的损失。原告主张韦丹塔资源公司应基于对孔科拉铜矿的控制采取足够的预防措施防止污染发生，但由于韦丹塔资源公司没有采取行动，因此对原告造成了过失侵权。

在韦丹塔案中，令人感到不寻常的是不仅英国的母公司在英国法院受审，赞比亚的子公司同样也在英国法院受审。正是基于此，被告以管辖权为由提出上诉，声称英国法院不是起诉孔科拉铜矿公司的适当地点。该案一直上诉到英国最高法院。最高法院原则上支持被告的观点，即赞比亚将是审理此案的合适地点，但声称由于缺乏财政资源和专业的法律知识，原告在赞比亚提起诉讼无法获得实质上的正义。因此，最高法院于2019年驳回了最终上诉，并裁定此案可以在英国法院审理。然而，在案件进入法庭辩论之前，韦丹塔资源公司和孔科拉铜矿公司同意于2021年1月达成和解。该和解是不承认责任的。虽然这笔和解可以被视为受公司活动伤害的社区一次宝贵而重要的胜利，但未将案件推进到案情实质阶段也意味着错失了可能就案件实质内容确立重要先例的机会。

然而，英国最高法院继续让英国法院审理此案的决定包含了许多重要含义。

第一，由于赞比亚子公司是本案的一部分，英国最高法院至少需要在原则上考虑韦丹塔资源公司是否对原告负有注意义务，即是否存在针对母公司的、可以进行论证的起诉索赔。这是因为，针对母公司的索赔将诉讼"锚定"在英国，如果没有针对韦丹塔资源公司的有效诉讼请求，就没有理由对国外子公司主张管辖权。外国子公司之所以可以在英国受审，首先是基于判决的一致性和效率。由于需要就母公司可能违反注意义务作出决定，法院必须评估子公司的行为，因此法院也可以对子公司主张管辖权，以避免在两个平行诉讼程序中作出不可调和的判决。继而，子公司被视为案件"必要和适当的当事人"，可以在英国法院受审。换句话说，英国最高法院必须在案件的初步管辖阶段考虑韦丹塔资源公司是否可能对赞比亚村民负有注意义务，并且至少在原则上英国最高法院没有拒绝承认这一可能性。这产生了两方面可能的结果。

第二，虽然可以依据钱德勒诉开普公司案得出母公司对受子公司活动影响的人负有注意义务，但韦丹塔案对于在跨国场景中提出该主张的有效性问题发出了重要信号。此外，它假定这种潜在的注意义务不仅适用于外国子公司的员工，也适用于受到子公司活动不利影响的第三方。

第三，最高法院采纳了与钱德勒案不同的意见，认为母公司承担注意义务并不以特殊情况为前提，而应根据侵权法的一般性原则进行评估。因此，最高法院判定母公司的注意义务可从更广泛的情境中得出，其中不仅包括母公司积极干预、接管或控制子公司相关活动的情况，还包括"仅仅"对相关业务的管理提供监督和建议的情况（Roorda & Leader 2021）。这包括母公司制定错误的集团企业政策，或给公众留下了行使对子公司控制权的印象，但实际上却未能做到的情况（Roorda & Leader 2021）。这一观点不仅降低了法院对管辖权问题的评估标准，而且扩大了针对未来潜在案件的实体问题作出判决的范围。

在具体案例中，韦丹塔资源公司主张，母公司不能仅仅基于发布了集团范围内的政策并希望子公司遵守这些政策而承担注意义务。最高法院驳回了这一主张，而且概述了集团范围内的政策确实会引发注意义务的三条总体"路线"，（Croser, Day, Van Huijstee, & Samkalden 2020：133），即现在所称的"韦丹塔路线"（Roorda & Leader 2021）。因此，如果母公司满足下列情况，则承担注意义务（Holly 2019）：

- 已制定集团指导方针，这些方针中包含对第三方造成伤害的系统性

错误；或

- 已采取积极措施在子公司的经营中实施指导方针；或

- 已表明其具有相关程度的监督和控制（即使事实可能并非如此）。

在国际上，似乎越来越主张基于集团责任政策来认定接近程度。同样地，在加拿大最近的一起案件——乔克诉哈德贝矿产公司案（*Choc v. Hudbay Minerals Inc.*）中，法院将公司的尽职调查标准和原则的公开声明作为认定母公司和子公司之间接近程度的一个因素（Redecopp 2020：29）。在另一起加拿大案件——加西亚诉塔霍资源公司案（*Garcia v. Tahoe Resources*）中，原告进行了类似的辩解，但在撰写本文时法院尚未考虑这一论点（Redecopp 2020：29）。这一趋势既可能对未来的案件产生积极影响，也可能产生消极影响。当越来越多的公司会对自愿作出的承诺负责时，人们将其视为积极影响；随之而来的风险是公司可能会在未来更加谨慎地与子公司密切合作，以履行企业责任。为了避免承担责任，它们可能会采取不干涉的方式，或者降低此类活动的透明度。

韦丹塔案已经开始影响后续的案件判决。在奥克帕比诉荷兰皇家壳牌石油公司案的一审裁决中，法院驳回了原告基于集团范围内出台的环境和安全政策要求认定母公司承担注意义务的诉求，但在 2021 年，最高法院根据韦丹塔案推翻了这一判决。因此，如下所述，奥克帕比案可以继续在英国法院进行审理。

12.5.4.2 奥克帕比诉荷兰皇家壳牌石油公司案

在奥克帕比案中，尼日利亚奥盖尔（Ogale）和比勒（Bille）社区的居民指责荷兰皇家壳牌石油公司及其尼日利亚子公司——尼日利亚壳牌石油开发公司（SPDC）未能妥善维护管道，以至于污染了当地的土地和水源。原告主张，荷兰皇家壳牌石油公司颁布、监督和执行集团范围内的健康、安全和环境政策及标准，因此承担注意义务（Roorda & Leader 2021）。与韦丹塔案一样，原告主张尼日利亚壳牌石油开发公司是该案"必要且适格的一方"，因此也可以在英国法院进行审判。

高等法院驳回了这些主张，理由是原告未能提出令人信服的证据，证明荷兰皇家壳牌石油公司为何对其负有注意义务。因此，争议案件不涉及作为母公司的荷兰皇家壳牌石油公司。依据钱德勒案的判决，高等法院认为本案不符合接近程度的标准，因为母公司与尼日利亚子公司的关系甚远。高等法院认为，荷兰皇家壳牌石油公司作为"纯粹"的控股公司，仅处理集团的财务事项，对石油勘探业务的运行没有专业知识（Aristova 2017）。因此，由于针对外国子公司提起的诉讼只有通过一个可论证的针对英国母公司的诉讼才能成功地在英国"扎根"，针对尼日利亚壳牌石油开发公司的案件也必须被驳回。上诉法院维持了这一决定，认为即使荷兰皇家壳牌石油公司设计、实施和监督集团范围内的环境和安全政策，也不足以确立能够满足接近程度标准的子公司控制水平（Bernaz 2018）。

原告向最高法院提起诉讼，最高法院于 2021 年 2 月推翻了上诉法院的判决。最高法院根据韦丹塔案的裁决，认定原告确实对荷兰皇家壳牌石油公司提出了存在争议的诉讼，因此该案件可以在英国法院继续审理。此外，最高法院批评了下级法院为评估这一问题而进行的调查的程度。在最高法院看来，在确定案件的管辖阶段发起实际的"小型审判"是不合适的，特别是公司的重要内部文件不应在此阶段进行披露。由于原告在案件的初步阶段不能依赖披露规则，如果法院在管辖阶段对案情进行大范围的评估，他们就可能无法提供全部证据（Bernaz 2018），这使原告处于不利地位。因此，最高法院认为只有在案件明显不真实或无法支持的情况下，才应在管辖阶段驳回此类案件（Roorda & Leader 2021）。学者们也提出了类似的观点，他们批评上诉法院的裁决混淆了"有争议"的案件与"可胜诉"的案件。在他们看来，法院应避免在管辖阶段过于深入地涉及案件的实质问题；法官的任务不是评估原告的论点是否能够赢得诉讼，而仅仅是评估原告的观点是否有足够合理可行的理由在法院进行审理（Bernaz 2018）。

总之，奥克帕比案从两个方面体现了外国直接追责诉讼的另一重大进展。首先，它重申并确认了韦丹塔案中针对母公司注意义务适用的更广泛视角，这既促使原告在案件管辖权确认阶段针对外国子公司提起的诉讼更有前景，又促使了原告在案件实质阶段证明存在注意义务更有前景。其次，通过明确否决法院在实际上进行"小型审判"这一不当做法,在管辖权确认阶段减轻了原告的举证责任。

> 最高法院明确表示,法院不能于审判前在母公司责任认定案件中向原告施加不切实际的举证责任,因为提供大量证据取决于获取公司内部文件,而这些文件只有在披露后才能获得。证明母公司对子公司行使了足够的控制因而承担注意义务,需要深入了解公司内部结构、决策程序和治理框架的知识,以及如何在实践中应用这些知识。因此,只能通过披露程序获得的公司内部文件对于一个案件的判决至关重要(Roorda & Leader 2021)。

更关键的一点是,奥克帕比案再次证实了这一判决"激励"了母公司与子公司不保持密切的关系,也不积极参与子公司事务的意想不到的后果,这存在很大问题。虽然母公司应该对附属公司施加影响和控制以确保其遵守集团范围内的人权和环境政策,但诉讼风险的增加可能会导致母公司不采取此种做法(Bernaz 2018)。根据设计的不同,强制性人权尽责法律(Chapter 12.4)可能是解决这一困境的方案,既可以防止母公司自行随意决定是否对子公司施加影响,还可能加入一项规定,即如果母公司能证明事实上合理地参与了子公司的事务,则允许母公司免除责任。

12.5.5　加拿大:注意义务的责任(续)

作为另一个普通法的司法管辖区,加拿大的工商业与人权诉讼案件数量虽然不多,但稳步增长(Simons 2015:199)。其中一个原因是加拿大拥有相对较多的、在加拿大境内和境外开采金属和矿物的采掘公司。与英国的韦丹塔案和奥克帕比案一样,加拿大在近期也有突破性案件,加拿大最高法院已允许该案进入审判阶段——阿拉亚诉耐森资源公司案(*Araya v. Nevsun Resources*)。然而,与韦丹塔案一样,耐森资源公司案最终也达成了庭外和解。下文将提供关于此案的更多细节。

　　一般来说，加拿大工商业与人权诉讼的经验与英国相当。为了克服管辖权认定阶段的障碍，原告必须能够证明案件与案件审理地所在的省份存在真实且实质性的联系（Simons 2015：199-200）。一些加拿大省份承认必要性法院原则（forum of necessity），即允许法院在未满足上述联系的情形下确立管辖权。若原告无法在其他法院中寻求救济，即可以主张上述的必要性法院原则（Simons & Macklin 2014：251）。由于加拿大位于欧洲以外，其与英国的一个显著区别是《布鲁塞尔条约 I》不适用于加拿大，因此不方便法院原则在加拿大具有不可撼动的地位。

　　与其他司法管辖区的法院一样，加拿大法院不愿意在针对母公司的人权诉讼中揭开公司面纱。只有在极个别情况下，例如子公司充当母公司的代理人，或子公司完全受到母公司控制成为欺诈行为的挡箭牌时，才能够刺破公司面纱（Simons 2015：233）。因此，通过违反注意义务向母公司追究其外国子公司犯下的侵犯人权行为的责任，可能是在加拿大起诉最有希望的途径。与英国类似，原告必须证明母公司承担注意义务，违反该义务造成了伤害，以及子公司的疏忽行为没有破坏因果关系链（Simons & Macklin 2014：253-254）。加拿大法院采用了源自安斯诉默顿伦敦自治市议会案（*Anns v. Merton, London Borough Council*）（1977）确立的所谓"安斯标准"来评估母公司是否承担注意义务。安斯标准要求母公司对子公司的行为有一定的接近程度和合理的可预见性。基于此，法院判定是否有充分的理由不施加这样的注意义务（Redecopp 2020：26）。在 2013 年加拿大具有里程碑意义的乔克诉哈德贝矿产公司一案中，法院在确立管辖权阶段指出，显然，对于损害的可预见性、当事人之间的接近程度以及限制责任的理由缺乏政策性考虑的主张未能成立，因此允许该诉讼继续进行。截至撰写本文时，案件还在审理当中（方框 12.7）。

　　加拿大普通法体系的一个有趣特征是，其普遍接受习惯国际法并作为法律体系的一部分。也就是说，习惯国际法虽然迄今为止在针对私人行为者的案件中不经常使用，但可以直接就违反习惯国际法规范的行为提起诉讼，而不必以国内侵权法为依据。阿拉亚诉耐森资源公司案在这方面确立了一个重要的先例。因此，这起案件的重大意义不仅体现在其通过了管辖权认定的阶段，而且体现在其诉由至少有一部分是基于习惯国际法提出的。更值得注意的，也许是耐森在庭审中主张的习惯国际法不适用于公司的论点及随后提出的驳回案件中相应索赔的申请被相应的上诉法院驳回，继而也被加拿大最高法院驳回这一事实。下文将对该案件的重要性进行进一步研究。此外，方框12.7中简要概述了加拿大另外两起重要的案件：加西亚诉塔霍资源公司案以及乔克诉哈德贝矿产公司案。

2014年，3名厄立特里亚难民和前矿工对设在不列颠哥伦比亚省的耐森公司提起诉讼，指控其在厄立特里亚的碧沙矿共谋侵犯人权，该矿是耐森公司与厄立特里亚政府合资开采的。原告以公司违反普通侵权法以及涉嫌违反习惯国际法规范为由提起诉讼，这些习惯国际法规范包括已经成为加拿大国内普通法一部分的强迫劳动、奴役、酷刑、不人道或有辱人格的待遇和危害人类罪等。耐森公司提出了驳回原告起诉的三个理由：（a）不方便法院原则；（b）国家行为；以及（c）习惯国际法不适用于公司的行为。不列颠哥伦比亚省初审法院①和不列颠哥伦比亚省上诉法院均拒绝将这三个理由作为驳回案件的有效理由。耐森公司进一步向加拿大最高法院提交了（b）和（c）项抗辩，同时放弃了不方便法院原则这一抗辩，因为不列颠哥伦比亚初审法院和上诉法院均认定在厄立特里亚没有可以进行审判的法院（Redecopp 2020：32）。在2020年2月的一项具有里程碑意义的判决中，加拿大最高法院维持了不列颠哥伦比亚省上诉法院的判决，允许该案进入审判阶段。该案最终于2020年10月在庭外和解，因此法院没有对案件实质问题作出裁决。

加拿大最高法院的判决中最重要的一点是，确认了习惯国际法可以作为对耐森公司提起诉讼的依据。它首先确认，习惯国际法作为国内普通法的一部分，是可以针对违反习惯国际法规范的行为在国内法院提起民事诉讼的；其次，对个人有约束力的习惯国际法规范对公司也有约束力（Yap 2020）。

---

① 在加拿大不列颠哥伦比亚省的法院体系中，British Columbia Supreme Court 是初审一级的法院。——译者注

因此，虽然仍需审议原告首次提出的诉求中的实质问题，但最高法院至少确认了这些诉求并非毫无根据，而且很有可能在审判阶段胜诉。关于耐森公司所称的习惯国际法仅适用于国家的说法，最高法院表示：

> 毫无疑问，在根据习惯国际法提起诉讼时，原告面临着重大法律障碍，包括各国对于礼让原则和平等原则的合理担忧，以及司法体系不同于立法体系的角色。然而，在这种情况下认定禁止酷刑这一习惯国际法规范作为提供某种私法救济的基础，并不一定会导致整个国际法体系崩溃。……正像法院所建议的那样，如果这一领域的法律发展是循序渐进的，可能发展的第一步实现了固定模式的递增是符合这一情况的（阿拉亚诉耐森资源有限公司案，第 196 段）

方框 12.7　背景：加西亚诉塔霍资源公司案以及乔克诉哈德贝矿产公司案

加西亚诉塔霍资源公司案和乔克诉哈德贝矿产公司案是加拿大两个涉及域外的工商业与人权案件，它们克服了管辖权和程序阻碍，在加拿大法院进行了审理。

加西亚诉塔霍资源公司案：2014 年，7 名危地马拉村民对加拿大矿业公司塔霍资源提起诉讼，这些村民抗议在塔霍资源公司位于危地马拉东南部的圣拉斐尔拉斯弗洛雷斯（San Rafael de Las Flores）的埃斯科瓦尔（Escobal）银矿作业时遭到枪击并且受伤。枪击事件由塔霍资源公司的安保人员发起，并由公司的保安经理下令实施，保安经理后来因此在危地马拉受到刑事指控，但在进入诉讼程序之前逃离了该国。原告认为，这起枪击事件是有预谋的，目的是压制当地对该矿产项目的抵制，该公司应该为自己在预防和阻止事故方面的疏忽负责，尽管该公司知道，当地安保人员经常违反该公司公开承诺的规范和标准。因此，与英国的韦丹塔案和奥克帕比案类似，原告主张塔霍资源

公司关于现场监督和采矿标准的公开声明，以及该公司采纳的例如《安全和人权自愿原则》（Voluntary Principles on Security and Human Rights）等多项软法倡议创造了一种接近度的标准，基于这种接近度可以确立母公司的注意义务。

2015 年，不列颠哥伦比亚省初审法院最初同意塔霍资源公司的请求，以不方便法院原则为由驳回了案件。该法院拒绝行使管辖权，辩称危地马拉是审理此案的适当地点。原告向不列颠哥伦比亚省上诉法院提起上诉，该法院于 2017 年推翻了这一判决，强调在目前的情况下，存在危地马拉法院不可能进行公平审判的危险性。公司再次就这一判决提起上诉，但加拿大最高法院拒绝受理上诉，这意味着该案可能会进入审判阶段。2019 年，该案在塔霍资源公司被泛美银矿（Pan American Silver）收购后达成和解，泛美银矿还向受害者和社区进行了公开道歉。

乔克诉哈德贝矿产公司案：该案件是三起相关诉讼的代表性案件，阐述了哈德贝矿产公司安保人员在危地马拉前菲尼克斯（Fenix）矿场（该矿场于 2011 年被售给一家俄罗斯公司）实施的多种侵犯人权行为中角色的问题。安吉莉卡·乔克诉哈德贝矿产公司案（*Angelica Choc v. Hudbay Minerals Inc*）是关于社区领袖阿道夫·伊奇·查曼（Adolfo Ich Chamán）被公司安保人员残忍杀害的案件；杰尔曼·查布·乔克诉哈德贝矿产公司案（*German Chub Choc v. Hudbay Minerals Inc.*）是关于杰尔曼·查布·乔克被公司安保人员枪击，导致其瘫痪的案件；玛格丽塔·卡尔·卡尔诉哈德贝矿产公司（*Margarita Caal Caal v. Hudbay Minerals Inc.*）一案中，公司安保人员在强制驱逐村庄中的一名妇女时将其轮奸。2010 年和 2011 年，这些案件的当事人向安大略省联邦高等法院提起诉讼。

哈德贝矿产公司最初辩称此案不应在加拿大审理，但于 2013 年放弃了这一辩护，同意在安大略省审理此案。随后，安大略省法院裁定，哈德贝矿产公司确实应该为指控的侵权行为承担责任，为案件进入审判阶段扫清了障碍。与此同时，哈德贝矿产公司在菲尼克斯矿场的前安保主管迈诺·帕迪拉（Mynor Padilla）在危地马拉被捕并在刑事法庭接受审判。最初，帕迪拉被判无罪，但这一判决被危地马拉上诉法院推翻，将案件发回重审。2018年，为了进行和解谈判，安大略省对哈德贝矿产公司主动提起的诉讼被短暂搁置，但于2019年又重新恢复。在撰写本文时，上述三起诉讼案件仍在进行当中。

耐森资源公司案的判决意义重大，不仅因为它是迄今为止为数不多的进入审判阶段的案件之一，而且向加拿大的公司发出了一个重要信号，即在未来认定其在海外经营产生影响的责任之时，人权规范确实会直接相关（Yap 2020）。因此，尽管最终达成了庭外和解，耐森资源公司案对更广泛的工商业与人权运动仍有着重要的影响，因为该案可以被视为朝着更广泛地承认直接的公司人权义务缓慢迈进的另一迹象。虽然《指导原则》（Chapter 10）将此类责任至少确立为软法规范，但硬法和诉讼领域的发展也明确体现出承认这项义务的轨迹。虽然这尚未在一项未来可能出台的关于工商业与人权的新条约中明确展现（Chapter 13.2），但在起草阶段关于条约是否包含公司直接义务的讨论清楚地表明，国家在人权责任方面的排他性至少不再是一个神圣不可侵犯的原则。

12.5.6 大陆法系的多种司法管辖区

迄今为止，大多数工商业与人权的域外案件都是在普通法司法管辖区内提起诉讼的，其中绝大多数案件是在美国基于《外国人侵权请求法》提起的。然而，各个大陆法系国家也有许多相关的诉讼。此外，随着新的工商业与人权法律的实施，以及随着《外国人侵权请求法》重要性的降低导致在美国提起诉讼的吸引力降低，工商业与人权诉讼的案件数量以及大陆法系司法管辖权的相关性可能会增加。以下各小项将简要介绍荷兰、德国和意大利的一些相关发展。虽然法国出台的新的《法国警惕义务法》为人权诉讼提供了一个新途径（Chapter 12.4.3.1），但到目前为止，新法之外的大多数案件都是基于刑事指控提起的，这将在第十二章第五节第七小节讨论。

12.5.6.1　荷兰

在荷兰，既可以通过刑事诉讼也可以通过民事诉讼对公司提出人权索赔。刑法不区分自然人和法人，并允许对公司的所有犯罪行为提起诉讼。然而，并非所有侵犯人权的行为都可以依据刑法进行起诉：只有被荷兰法律定义为犯罪程度的侵犯人权行为才可能被起诉。这明确包括已被编入荷兰法律的如下国际罪行：种族灭绝、危害人类罪、战争罪和酷刑等。上述犯罪的共谋形式也可能产生（或许是首先产生）刑事责任（参见 International Commission of Jurists 2010：6-9）。因此，尽管荷兰的域外刑事案件管辖权非常狭窄，但此种管辖权在追究上述国际罪行方面具有广阔前景（International Commission of Jurists 2010：20）。荷兰民法的一项条款十分值得注意，其中规定若一方违反正当社会行为的不成文法律规则，则可以对其提起民事诉讼。这一规则主要由法院进行解释，为对公司提起人权诉讼提供了一条可行途径（International Commission of Jurists 2010：12-15）。

荷兰审理了少数工商业与人权领域的民事责任案件，其中 2 起案件特别相关并具有重要意义。它们都涉及荷兰皇家壳牌公司：4 名尼日利亚农民及荷兰地球之友诉壳牌公司（*Four Nigerian Farmers and Milieudefensie v. Shell*），以及基奥波尔诉荷兰皇家石油公司。第三起案件是开创性的气候诉讼案件——地球之友等诉壳牌公司（*Milieudefensie et al. v. Shell*），将在第十五章第二节中详细阐述。

4 名尼日利亚农民及荷兰地球之友诉壳牌公司：本案是 3 个不同的尼日利亚村庄围绕同一事件提起的 3 起独立诉讼的代表性案件，这 3 起案件分别是弗里德·阿尔弗雷德·阿克潘诉荷兰皇家壳牌公司（*Friday Alfred Akpan v. Royal Dutch Shell*）、菲德利斯·阿约罗·奥古鲁诉荷兰皇家壳牌公司（*Fidelis Ayoro Oguru v. Royal Dutch Shell*）以及奥古鲁和奥凡加诉荷兰皇家壳牌公司（*Oguru and Ofanga v. Royal Dutch Shell*）。2009 年，4 名尼日利亚农民和非政府组织荷兰地球之友向海牙地区法院提起了针对荷兰皇家壳牌公司及其尼日利亚子公司尼日利亚壳牌石油开发公司的诉讼。与英国韦丹塔案类似，母公司及其尼日利亚子公司都是这起诉讼的当事人。原告指控尼日利亚子公司对管道和油井维护不善，对泄漏和溢出处理不当，导致其土地、水源和渔场受到污染，而母公司则存在过失，未能确保子公司正常安全运营。壳牌公司否认这些指控，主张泄漏是人为破坏造成的，且它们已经尽其所能防止此类行为的发生。由于荷兰皇家壳牌公司在荷兰注册成立，荷兰法院根据《布鲁塞尔条约 I》（方框 12.5）确立了强制管辖权。此外，若针对 2 名被告的案件有足够的一致性并且合并审理案件是合适的，即使其中 1 名被告不在管辖范围内，《荷兰民事诉讼法》也允许将 2 起案件合并审理，（International Commission of Jurists 2010：24；Roorda 2019：148）。与韦丹塔案类似，被告辩称针对荷兰皇家壳牌公司提起的诉讼缺乏依据，仅仅是为了巩固针对尼日利亚壳牌石油开发公司的案件而提起诉讼。法院驳回了这一主张，认为这 2 起案件之间存在充分的联系，因此针对尼日利亚壳牌石油开发公司的诉讼并非完全无意义，并通过适用尼日利亚法律为审理该案件扫清了障碍。法院于 2013 年就案件的实质问题作出了判决。

法院认为，原告以钱德勒案为蓝本（由于适用尼日利亚普通法，因此可以将英国的先例作为法律依据），围绕认定荷兰皇家壳牌公司的注意义务提出的诉讼没有得到充分支持，主要是因为其业务与尼日利亚壳牌石油开发公司从事的日常石油勘探业务不同，甚至可以说相去甚远。因此，法院驳回了针对荷兰皇家壳牌石油公司的诉讼。然而，法院支持了其中一项针对尼日利亚壳牌石油开发公司的主张，认为虽然泄漏可能确实是由于人为破坏而非缺乏维护造成的，但尼日利亚壳牌石油开发公司在可能预见该情况时没有采取合理预防措施，应对由此造成的过失负责。法院裁定，该条件也适用于阿尔弗雷德·阿克潘案，同时驳回了其他所有的诉求（Roorda 2019：150）。被告和原告均对地区法院的判决提出了上诉。

上诉法院在 2015 年的中间判决中驳回了被告关于管辖权问题的上诉，并推翻了地区法院驳回 2 起案件的裁定，认为根据尼日利亚法律，尼日利亚壳牌石油开发公司应该对相应的漏油事件造成的损害承担严格责任（Roorda 2019：150-152；Roorda & Leader 2021）。此外，法院认为尼日利亚壳牌石油开发公司安装泄漏检测系统本可以使公司更快地采取应对措施，因此尼日利亚壳牌石油开发公司在应对漏油事件上存在过失。针对这一点，上诉法院还认定荷兰皇家壳牌公司对受害者负有注意义务，并命令公司在一年内安装检测系统。然而，法庭否认了母公司在造成漏油事故和未能充分清理漏油方面负有注意义务（Roorda 2021；Roorda & Leader 2021）。这一判决的影响远远超出了荷兰：这是欧洲首次对外国直接责任案件的实质问题作出可强制执行的裁决，也是首次发现母公司对第三国原告负有注意义务（Roorda 2021；Roorda & Leader 2021）。

基奥波尔诉荷兰皇家壳牌公司案：依据反对《外国人侵权请求法》域外适用的推定，美国最高法院驳回了埃斯特·基奥波尔在美国提起的针对壳牌公司的诉讼（Chapter 12.5.3.2）。2017年，该案在荷兰重新起诉。原告指控荷兰皇家壳牌公司共谋参与了尼日利亚政府暴力镇压抗议者和处决肯·萨罗-维瓦及其8名追随者的行动，这8名追随者中包括埃斯特·基奥波尔已故的丈夫巴里尼姆·基奥波尔博士。与"4名尼日利亚农民"案一样，基奥波尔案也牵涉了荷兰皇家壳牌公司的尼日利亚子公司——尼日利亚壳牌石油开发公司。在该案中，荷兰皇家壳牌公司以管辖权为由提出异议，但荷兰法院再次发布中间裁决，认为针对母公司提起的诉讼是确立起诉子公司管辖权的依据，而针对母公司的起诉并不一定最开始就会失败，且案件之间有足够的联系，有理由将2起案件一同审理。随后，法院确立了对荷兰皇家壳牌公司、其子公司尼日利亚壳牌石油开发公司和2家位于英国的壳牌子公司的管辖权。在本案中，双方也同意适用尼日利亚法律。然而，在考虑了案件的案情后，法院只支持了原告的一项诉讼请求，其余全部驳回。法院认为，公司共谋参与处决"奥戈尼九君子"的指控尚未被充分证实。原告声称壳牌公司与检察官保持非正式联系，贿赂证人，并且未能利用其影响力保护"奥戈尼九君子"等。在这些指控中，法庭只支持了一项关于荷兰皇家壳牌公司涉嫌贿赂证人的指控。法院要求双方在审判继续进行之前提供更多有关该指控的证据（Roorda 2019：153-154）。该案件的一个有趣特征是，原告指控荷兰皇家壳牌公司在"奥戈尼九君子"的处决中默许共谋（Chapter 4.3.2），认为该公司本应采取公开的立场反对处决，并利用其权力对审判施加影响。法院驳回了这一主张，认为壳牌公司没有义务在沉默的手段之外施加这一影响（Roorda 2019：153-154）。这表明了第四章第三节第三小节所述的被动共谋案件不太可能被法院受理。然而，法院否认沉默共谋并不意味着荷兰皇家壳牌公司不存在道德上的过错。

12.5.6.2　德国

德国并不是就公司涉嫌在境外侵犯人权提起民事诉讼的主要法域之一。然而，2015 年针对德国服装零售商基克（KiK）提起的诉讼引起了国际社会的关注，因为该案件作为"示范诉讼"（test case），为德国法律中责任的范围划定了界限。

贾比尔等人诉基克纺织公司案（*Jabir and others v. KiK Textilien*）：该诉讼由 2012 年欧洲宪法与人权中心（ECCHR）和巴基斯坦卡拉奇巴尔迪亚（Baldia）纺织厂火灾的 4 名受害者对基克纺织公司提出，这场火灾导致了 260 名工厂工人丧生、32 人受伤。原告声称，作为该工厂主要客户的基克纺织公司应对其供应商工厂中缺乏消防安全设施承担责任，否则将违反其供应商协定的准则。法院于 2016 年根据《布鲁塞尔条约 I》受理此案。与此同时，国际劳工组织安排基克纺织公司向受害者及其家属赔偿 515 万美元，并于 2018 年开始以养老金的形式每月支付［BHRRC n. d.（d）］。当基克纺织公司一直否认对火灾承担任何责任时，对该公司的诉讼最终于 2019 年因超过诉讼时效而被驳回。这是由于法院适用了巴基斯坦法律，其中规定的诉讼时效是 2 年，而德国法律中规定的诉讼时效为 3 年。

在撰写本文时，另一个有关气候诉讼的案件正在审理当中。然而，它可能对人权诉讼产生影响。方框 12.8 简要介绍了该案件。

事实证明，在德国很难提起域外人权诉讼案件，就目前而言，2021 年通过的新的人权尽责法律也不会显著改善这种情况（方框 12.2）。

方框 12.8　背景：柳亚诉莱茵集团案（*Lliuya* v. *RWE AG*）

2015 年，秘鲁农民索尔·卢西亚诺·柳亚（Saul Luciano Lliuya）在德国法院起诉德国能源公司莱茵集团，指控莱茵集团对气候变化的影响威胁了他的居住地。他的住宅建在帕拉科查湖的洪泛区，该湖由两座迅速融化的冰川供水。莱茵集团是全球主要的二氧化碳排放者之一。柳亚认为，莱茵集团发电厂的温室气体排放导致了安第斯山脉地区的气温升高，这使他的财产可能受到洪水和山体滑坡的破坏（Agence France Press，2017）。柳亚对莱茵集团提起诉讼，要求赔偿他为保护房屋免受洪水侵袭所承担的部分费用。该部分费用与评估得出的莱茵集团造成全球气候变暖的历史排放值相对应。这一评估基于气候责任研究所（Institute of Climate Responsibility）的统计。这一诉讼于 2016 年被驳回，柳亚在 2017 年提起上诉。随后，上诉法院认定本案存在法律依据，宣布将审理此案并咨询专家来衡量莱茵集团的气体排放在多大程度上具有产生洪水的风险［BHRRC. n. d. (e)］。截至撰写本章节时，该案件仍在审理当中。

讨论题

（1）此案是否可以定性为人权案件？柳亚的人权是否受到侵犯？莱茵集团导致气候变化的行为和侵犯人权是否存在关联？

（2）在本案情况下，莱茵集团承担的责任是什么？从法律角度和道德角度来看，责任的确定取决于哪些参数或标准？

12.5.6.3　意大利

在意大利，涉及瑞士埃特尼特公司（Eternit）的一系列与石棉有关的案件在工商业与人权领域引起了广泛关注。埃特尼特的前首席执行官斯蒂芬·施密德海尼（Stephan Schmidheiny）于 2019 年被判犯有过失杀人罪，并在意大利最高法院推翻了前述多个判决刑期更长的裁决之后，被处以 4 年监禁。由于该案件是基于对该公司首席执行官的刑事指控，并且不是发生在埃特尼特公司的母国，而是发生在东道国，因此并非本小节关注且感兴趣的内容。

然而，迄今为止意大利已经发生一起涉及埃尼石油公司（ENI）的域外民事诉讼案件。这是意大利首次出现此类案件，也许能够为未来的诉讼指明道路。

奥多多·弗朗西斯诉埃尼集团和尼日利亚阿吉普石油公司（NAOC）案 [*Ododo Francis v. ENI and Nigerian Agip Oil Company（NAOC）*]：2017 年，尼日利亚伊凯比里（Ikebiri）社区针对埃尼集团提起诉讼，并得到非政府组织地球之友的支持。其起诉理由是 2010 年，埃尼集团的子公司尼日利亚阿吉普石油公司运营的管道破裂，导致石油泄漏，污染了溪流、鱼塘和树木。阿吉普石油公司最初向伊凯比里社区提供了 450 万尼日利亚奈拉（2017 年约为 14000 欧元）的赔偿，但伊凯比里社区向法庭寻求 200 万欧元的赔偿（Friends of the Earth Europe 2018）。审判原计划于 2018 年开始，但为了使双方有更多时间协商并达成和解而被推迟。最终，双方达成协议，埃尼集团同意更换伊凯比里社区的发电机组，翻修其卫生中心，修建一条 2.5 英里（约 4 公里）的混凝土道路，并直接向社区供电（Friends of the Earth Europe 2019）。

12.5.7 公司刑事责任

基于刑法确立公司侵犯人权的责任，可以作为上述民事诉讼的替代方案。此类刑事案件之下的责任通常被定性为协助和教唆产生的责任，但也可能因违反注意义务或存在过失而承担刑事责任（Ryngaert 2018）。无论哪种形式，针对公司提起侵犯人权的刑事案件仍然罕见，工商业与人权领域的刑事责任通常没有民事侵权责任的讨论充分。一些司法管辖区——例如德国——甚至不允许追究公司的刑事责任。若刑法没有规定企业的刑事责任，它至多只能用于起诉代表公司的个人，例如董事或高级管理人员。其他司法管辖区可能允许企业承担刑事责任，但仅限于几个特定的罪名，或施加了其他的限制。例如，瑞士法律规定只有在无法对公司个人代表的特定犯罪提起诉讼时，才会产生公司的刑事责任（Stewart 2014：21）。2013 年对瑞士黄金精炼厂阿尔戈尔·贺利氏（Argor Heraeus）的刑事调查就符合上述情况，这是首批适用国内刑法追究公司涉嫌域外侵犯人权行为责任的案件之一。该公司因洗钱行为而受到调查，该洗钱行为与从刚果民主共和国掠夺的黄金有关。但由于缺乏证据表明该公司知道黄金的来源与犯罪相关，调查于 2015 年结束［BHRRC n. d. (f)］。

当刑法适用于公司行为时，举证责任往往高于民事诉讼案件。民事诉讼除了举证责任要求较低外，其决定性的优势在于受害者可以自行提起诉讼，而刑法则完全取决于提交刑事起诉状后，政府是否愿意起诉公司。另外，刑事诉讼也存在优点。作为公法中的应对手段，它不依赖原告是否有足够的资源提起诉讼。此外，在刑事诉讼中，原告与公司之间的权力不平衡得到缓解，一方是公司的权力，另一方是国家的权力，二者相互匹配（Clough 2005：8-9）。另一个优点是，在大多数司法管辖区，国际刑法当中界定的国际犯罪直接被纳入国内刑法，因此与公司的行为直接相关（Stewart 2014：40）。此外，一些学者提出针对严重的侵犯人权行为，基于侵权法追究公司的责任可能无法为严重的伤害提供公正的补偿（Stephens 1997；Stewart 2014：53-54）。虽然对受害者来说非常重要，但民事诉讼程序中仅强调赔偿金可能会允许公司"花钱购买自身大规模的侵犯人权行为"（Stewart 2014：54）。因此，这导致侵犯人权的行为转变为单纯的成本效益计算或做生意的成本。相比之下，在处理极其恶劣的虐待和暴行时，基于刑法的惩罚和谴责以及由此带来的耻辱感可能更为匹配。因此，此处的根本问题是一个深刻的道德问题：我们是否只想给企业侵犯人权的行为贴上价格标签，还是将其定为刑事犯罪以更充分地回应这些恶劣的行为？

近年来，刑事诉讼作为民事诉讼的替代方案已经受到关注，这主要是由于《指导原则》明确鼓励各国政府建立一个"不论犯罪发生在何处，都允许依据犯罪者国籍进行起诉的刑事制度"（Smith & Lepeuple 2018）。迄今为止，各个司法管辖区已经出现一些起诉公司的刑事案件。大多数案件都被驳回，但有些案件在撰写本章节之时仍在进行中。然而，到目前为止，未曾有一个公司因相应的刑事指控而被判有罪。最有可能判定公司负有刑事责任的案件是正在法国进行审理的拉法基公司案，如方框 12.9 所述。

方框 12.9　背景：拉法基（Lafarge）公司在叙利亚的行为

2016 年，法国某非政府组织、欧洲宪法与人权中心以及 11 名拉法基公司前员工，向法院提交了针对法国水泥公司拉法基［在 2015 年与瑞士水泥公司霍尔希姆（Holcim）合并之后，该公司正式更名为拉法基霍尔希姆（LafargeHolcim）集团］的刑事起诉，指控其子公司拉法基叙利亚水泥公司（Lafarge Cement Syria）向伊斯兰国（IS）以及其他武装组织输送资金，以防止在遭受冲突毁坏的国家被迫停止经营。据称，公司总共支付了 1300 万欧元，以换取员工和产品的安全通行［BHRRC n. d.（g）］。巴黎检察官以资助恐怖主义为由展开调查，拉法基集团、其叙利亚子公司、2 名公司高级管理人员和前首席执行官于 2018 年被正式指控共谋犯有危害人类罪［BHRRC n. d.（g）］。这是全球首次正式起诉母公司共谋犯有危害人类罪（ECCHR 2018）。巴黎上诉法院后来决定撤销这一特别指控。法院认为，犯罪共谋责任不仅依靠是否知情的标准来确定心理要件（Chapter 4.3.3），而是要求被告有参与犯罪的意愿，但在本案中不存在该意愿。然而重要的一点是，法院维持了对拉法基集团资助恐怖组织、蓄意危及叙利亚员工的生命安全以及违反贸易禁运的指控。除了对拉法基集团母公司的起诉书，法院还对公司的 8 名前高管提出了指控，包括拉法基集团前首席执行官。原告对上诉法院关于危害人类罪的判决提出上诉，案件来到了法国最高法院［BHRRC n. d.（g）］。2021 年 9 月，法国最高法院推翻了巴黎上诉法院的判决，这意味着法院可能会恢复关于危害人类罪共犯的指控。

讨论题

（1）上诉法院不予考虑危害人类罪指控的判决被最高法院的判决推翻，在你看来，最高法院的决定是否正确？上诉法院适用了比单纯的知情标准更具限制性的标准来确定犯罪意图，你认为是否正确？

（2）如果你是拉法基霍尔希姆集团的人权经理，你会采取什么措施来防止类似情况再次发生？你会实施哪些程序和手段，且将如何实施这些程序和手段？

12.6　母国的解决方案：批评与回应

近年来，工商业与人权的许多关键发展都涉及跨国公司母国的政策、立法或司法的域外适用。然而，这些域外适用并非总是得到认可。虽然这一方法的支持者对此表示赞赏，一些人也将他们对跨国公司改善人权尽责的大部分希望寄托于此，但批评者认为这些做法适得其反且不合法，并拒绝适用。本节将介绍并简要评估针对公司人权问责的母国解决方案的主要批评意见。

12.6.1　帝国主义

一种经常被提及且反复出现的批评意见，是域外的母国解决方案构成了西方国家对全球南方国家的一种新形式的帝国主义势力扩张。批评者感叹，通过将法律、政策和裁决扩展到本国领土之外，西方国家正在将自己的价值观和法律制度强加于其他国家，因此侵犯了它们的主权以及侵犯了它们自主设计能够刺激本国经济增长的政策和法规的能力。针对此种质疑，人们通常提出两种回应：

人权的普遍性。上述批评忽略了以下问题：母国解决方案的核心是旨在保护人权，而人权是国际公认的普遍有效的标准。人权概念背后的关键提议是，国家主权应该受到限制。因此，首要原则是自治和自决应该始终在尊重和保障人权的范围内予以解释。事实上，人类的自治和自决首先取决于人权得到尊重。因此，这并非将一国国内的法律和价值观强加于外国，而是利用国家法律、监管和裁判工具促进对国际标准的问责。

母国公司：母国解决方案旨在监管或裁决在母国注册成立的母公司的行为。这并非告知其他国家应该如何对待自己的公司，而是母国为本国的公司承担责任，并确保它们在国内和国外的经营中都采用可接受的标准。若非如此，将会破坏母国法律体系的完整性，这本质上会使跨国公司以双重标准进行经营。虽然人权在国内必须得到尊重，但在国外，公司却可以自行决定是否忽视人权。

这提出了如下问题，即上述解决方案是否为一种为了遏制帝国主义，而非促进帝国主义的工具。帝国主义是指发源于跨国公司的不受限制的经济扩张和剥削。当面临侵犯人权的情况时，保护公司免于处罚似乎比为外国原告打开国内法院起诉的大门以追究这些公司的责任更符合帝国主义叙事。

12.6.2　意外后果

抨击母国解决方案的人通常认为，虽然这些措施可能是善意的，但它们对当地实际的影响可能与法律或政策的意图恰好相反。例如，一种观点认为目前讨论的法律和政策可能会增加公司在世界某些地区开展业务的声誉或诉讼风险，这就是上述法律和政策可能导致它们完全从某些地区撤出的原因。这一情况反过来可能导致当地居民的处境变得比以前更糟糕，因为他们失去了工作，也失去了基础设施、商业机会和其他与跨国公司的存在有关的积极外溢效应。此外，有人认为一旦公司退出某个地区，其他进入该区域的企业可能会有更糟糕的环境和社会责任纪录，因此情况可能比以前更差。此类质疑主要与上文《多德-弗兰克法》第1502条的内容相关（Chapter 12.4.2.1）。

支持者回应称，人权的意义正是在于确定一个最低的标准，为了经济利益而不惜违反这一标准的行为是不可容忍的。即使某项法律的出台导致外国直接投资减少，以人权为代价维持经济发展也不是一个合理的选择。此外，当然可能出现更不负责任的公司填补空白的危险。但就其本身而言，这并不意味着公司可以对自己的环境和人权纪录感到自满。公司不能仅仅以自身规则比行业中最糟糕的侵犯人权规则更好作为标准。

此外，撤出投资和撤出业务也为其他愿意承担风险并在相应区域建立更可持续商业模式和市场的公司提供了机会。例如，尽管有些人批评企业因《多德-弗兰克法》中的冲突矿产条款（Chapter 12.4.2.1）而从刚果民主共和国地区撤出经营，但其他人指出这将促进可持续矿产出口的增加。

12.6.3 合规优于参与

与前一点相关，主张自愿遵守倡议而非制定强制性法律和政策的人经常指出后者会增加公司真正与当地社区和其他受影响方接触的风险，因为一旦出现问题，公司的密切接触、积极参与和互动可能会导致它们被起诉。上文中已经提到，在一些例如韦丹塔案（Chapter 12.4.5.1）的诉讼当中，法院可能会将公司责任政策和参与解释为影响力和接近程度的体现，将导致母公司面临更大的被诉风险。因此，公司可能会停止参与且更多地专注于最大限度地减少自身的合规风险。正如它们所主张的那样，重点将从评估实际影响转向初步遵照合规要求中必要的条款执行，以降低不合规的风险。

虽然这种风险似乎确实存在，但这一主张并不一定反对立法和监管本身。相反，它反对的是没有仔细考虑意外后果的立法。事实上，专项设计的法律会降低而不是增加公司避免实际且有效参与的风险。例如，一项免责条款允许母公司在满足以下条件时免除责任：母公司需要能够证明尽管其遵循了适当的注意和谨慎义务，但仍发生了特定的事件和产生了违规行为；涉及"参与"时，还需证明可以设定激励母公司参与，而非反对其参与的措施。公司的参与越广泛，就越能说明其已经尽所能避免侵犯人权的观点是合理的。因此，这种批评并非质疑立法和监管本身，但应该得到希望制定正确激励措施的立法者和政策制定者的认真对待。

12.6.4 无意义的诉讼

对工商业与人权法律，特别是包含具体诉讼条款的法律最常提出的批评是：它们将导致大量诉讼案件涌入法院，尽管企业几乎或根本不存在过错，这些法律将使公司面临被任意卷入法庭诉讼的风险。上述批评往往是由商业协会或公司自身提出的。人们的假设是，精通商业的律师可能会在起诉公司涉嫌侵犯域外人权的案件中找到利润丰厚的新收入来源，这可能会导致为了提升律师事务所的利润而提起无意义的诉讼。因此，即使起诉公司案件的获胜概率很小，公司也会长年累月陷入成本高昂、消耗时间和资源的法律程序。此外，急剧增加的诉讼风险将对公司承担风险的意愿造成负面影响，同时会对企业创新和进行披露产生负面影响，这将在急需经济发展的领域扼杀经济的发展和增长。

针对这一批评有两种回应。一方面，任何规定公司对人权影响负责并提供问责途径的法律不应仅仅停留在纸面上，而是必须在实践中进行实际的法律诉讼。法律的目的就是当公司侵犯人权时对公司提起诉讼。因此，仅仅认为公司可能会受到更多起诉的主张并不是反对，而是支持此类法律，因为这似乎表明了法律的必要性。另一方面，如果确实仅为潜在的无意义诉讼而担忧，过去 20 年的人权诉讼实践似乎没有证实这种趋势。即使是长期以来一直作为任何司法管辖区对跨国公司提起人权诉讼的唯一和最有效法律依据的《外国人侵权请求法》，也没有导致批评者所警告的"滥诉"情形。支持这类诉讼需要大量资源，在过往也没有被证明是批评者所称的利润丰厚的业务。因此，大多数诉讼仍然是在非营利组织的支持下提起的，这些组织没有能力和资源提起任意且无意义的诉讼。相反，它们往往被迫关注最恶劣的案件，而其他公司侵犯人权的行为由于缺乏资源得不到解决。

然而，近年来我们看到的却是一种相反的趋势：公司战略性地起诉非政府组织和人权捍卫者，目的是恐吓他们、将他们卷入法庭诉讼，从而有效地让他们保持沉默。这种所谓的公众参与的战略诉讼已经成为臭名昭著的——有人会称之为无价值的——工具，大型和影响力巨大的公司利用这些工具报复批评它们的人权捍卫者。正如工商业与人权资源中心在关于该主题的报告中指出的：

> 公众参与的战略诉讼会耗尽目标对象的资源，经常造成严重的财务压力和心理压力。诉讼可能会持续数年，失去存款或房屋的挥之不去的威胁可能是毁灭性的。由于人权捍卫者转向应对公众参与的战略诉讼的威胁，他们工作的影响力受到损害。应对公众参与的战略诉讼通常伴随诽谤活动，这些诽谤活动破坏了人权捍卫者的声誉，并在"舆论法庭"上判定他们有罪，同时使人权捍卫者的同事因害怕成为攻击的目标而产

生与他们交往的恐惧。应对公众参与的战略诉讼还为公共资源带来了巨大的压力,迫使国内法院将时间和资源浪费在多余的法律程序上(Zorob 2020:3)。

工商业与人权资源中心报告称,2015~2019 年,全球发生了 2152 起针对人权捍卫者的袭击事件,其中 40%构成司法骚扰。此类案件以每年 48%的平均速度增长(Zorob 2020:3)。换句话说,无意义的诉讼对人权捍卫者来说确实成为一个问题,但未对公司构成挑战。

◇ 学习题

1. "国家保护人权的义务是一种过程性义务而不是结果性义务"的含义是什么?请举例说明。

2. 根据联合国工作组的规定,国家行动计划是什么,它们必须满足的四个基本标准是什么?国家行动计划对于工商业与人权的作用是什么?

3. 工商业与人权法律的三种常见类型是什么?请分别举例说明。与其他工商业与人权法律相比,《法国警惕义务法》有何独特之处?

4. 为什么越来越多地针对在母国注册的母公司提起人权诉讼?依据这个答案,请解释直接的母公司责任和间接的母公司责任之间的区别。

5. 什么是不方便法院原则?它在过去的工商业与人权诉讼中扮演了何种角色?

6. 什么是《外国人侵权请求法》,它对工商业与人权行动的重要性是什么?基奥波尔诉荷兰皇家壳牌公司以及杰斯纳诉阿拉伯银行两个案子如何改变了依据《外国人侵权请求法》提起的诉讼?

7. 什么是无意义的诉讼?什么是公众参与的战略诉讼,为什么这种诉讼会引起工商业与人权运动的关注?

8. 韦丹塔资源公司诉隆博韦案在哪一方面可以被认定为一起具有突破的案件?它如何推进工商业与人权的诉讼?

9. 奥克帕比诉荷兰皇家壳牌石油公司一案对处于管辖权确立阶段的工商

业与人权诉讼有何重要意义？

◇ 思考题

1. 工商业与人权报告的法律规定经常被质疑为无效。你将会如何设计这部法律，使其更具影响力？

2. 请描述《法国警惕义务法》的执行机制和问责机制。该机制的优点是什么，潜在的缺点是什么？为了提升其有效性，你会对法案的哪些方面进行更改？

3. 一些法律学者提出了"企业集团责任原则"，以克服母公司责任认定中的一些棘手问题。这一原则将解决什么问题？你赞成还是反对这种解决方案？

4. 有人担心工商业与人权诉讼可能导致公司不再对某些高风险地区进行投资，这可能会对这些区域产生适得其反的影响。它还可能导致更不负责任的公司来填补空白。你是否同意这些担忧？应采取哪些措施减轻工商业与人权诉讼中的这些意外后果？

5. 一些学者提出了侵权法是否能够为起诉严重的侵犯人权案件提供充足渠道的问题，声称强调赔偿金具有将侵犯人权行为变成企业纯粹的成本效益计算的风险。你是否同意将企业侵犯人权的行为定罪是一个更充分的解决方法？支持和反对将刑法作为处理公司侵犯人权问题途径的论点是什么？

第十三章　基于国际法的解决方案

在前几章探讨了母国的企业问责机制和国际软法倡议中的企业问责机制之后，本章通过评估基于国际法的解决方案来结束本书的问责部分。虽然第六章第二节评估了国际人权法是否以及在何种程度上可以容纳非国家行为体，尤其是企业，但本章将评估超越现状的更具体的解决方案。人权理事会就一项具有约束力的工商业与人权（BHR）国际条约进行的谈判是这方面最重要的发展。本章将详细探讨这种具有约束力的法律框架的构想与前景。然而，在这之前，本章将评估国际法领域的其他一些潜在的问责机制，亦即，国际投资法和国际仲裁。

13.1　国际投资法和国际仲裁

国际投资法规定各国应当如何对待在其领土内投资的个人和企业投资者。目的是为国际投资者，通常是跨国企业，创造一个稳定和可预测的环境。国际投资法的主要文书，是所谓的国际投资协议（IIAs）。国际投资协议是国家之间就一国企业或个人可以在另一国投资的条款和条件达成的协议。此类协议可以具有国际性、区域性或双边性质。双边投资协议（BITs）是最常见的国际投资协议之一。它们是两个国家之间具有约束力的国际合同（即条约），涵盖了各自应如何对待其他国家的投资者。目前共有超过 3300份国际投资协议，包括双边投资协议和附带投资章节的自由贸易协议（Columbia Center on Sustainable Development & UNWG 2018：6）。

虽然保护财产和投资可以被视为保护法治和投资者权利的一个重要因素，但国际投资法由于优先考虑外国投资者的经济利益，而不是保护东道国民众，甚至是脆弱的利益攸关方的人权，因此遭受越来越多的质疑。这是因为各国更加依赖国际投资推动发展和经济增长。因此，各国往往愿意以社会和环境保护为代价为国际投资者提供有利的投资条件。所以，虽然国际投资协议给予投资者们大量的权利及保障，但很少对它们施加社会和环境义务。在过去，数千份国际投资协议中几乎没有任何一份对投资者施加任何在东道国尊重人权的义务（Simons & Macklin 2014：340）。直到最近，越来越多的协议开始将人权和可持续发展作为政策目标。然而，这种提及仍然不具有义务性，并且通常只规定在序言部分而没有上升为投资者的实际义务（Deva 2018）。

就投资者保护措施而言，大多数国际投资协议都规定了所谓的投资者-国家争端解决机制（ISDS）。这类机制允许投资者在认为东道国违反条约义务时，向临时仲裁庭寻求救济。从工商业与人权的角度来看，这种机制是有问题的，因为它可能会在东道国保护人权的义务和尊重签署的投资条约的义务之间引起冲突。例如，国家可能因实施新的社会或环境政策而被国际投资者提起仲裁，因为这些政策可能会限制投资机遇。在另一些情况下，跨国企业已经因其他事由起诉国家，例如，因为要求烟草产品采用朴素包装，法院判决企业对其运营造成的损害负责，或应对当地反对投资项目的措施（Columbia Center on Sustainable Development & UNWG 2018：6）。因此，东道国的政策空间遭到了国际投资协定附带条件极其严重的限制，进而可能在未来数年甚至数十年抑制出现进步的人权政治的可能性。有了投资者-国家争端解决机制，投资者就拥有了可以直接挑战国家措施和法规的工具。人们可能对此持反对立场，认为是东道国自由选择签署了这些协议，但这种反对低估了国家，尤其是贫穷国家，在参与资本和市场准入谈判时所面临的经济压力。国际投资协议各方之间的权力悬殊可能是巨大的，这常常反映在此类协议的单方主导条款和条件中。

关于解决工商业与人权问题可行路径的讨论中有两种方法和国际投资法

相关：第一种是将人权条款纳入国际投资协议；第二种是改变国际仲裁规则，使之为保护人权服务。

13.1.1 将人权纳入国际投资协议

将人权原则纳入国际投资协议是通过国际投资协议保护人权最显著和最直接的方式。寻求吸引投资的东道国应采取综合办法；它们不应该为了促进经济增长而狭隘地追求投资，而应该通过投资来建设更可持续、更公平的经济。这意味着，强大的投资者母国尤其不应当利用议价谈判能力削弱东道国保护人权能力的投资条约。《联合国工商业与人权指导原则》（以下简称《指导原则》）要求各国确保人权保护政策的一致性，这也应适用于国际投资协议的谈判。《指导原则》原则9甚至直接涉及国际投资协议。它要求各国政府"在与其他国家或企业追求与商业相关的政策目标时，例如通过投资条约或合同，确保足够的国内政策空间，以履行其人权义务"（Ruggie 2011a：12）。就将人权纳入国际投资协议而言，我们可以区分防守型和进攻型方案。

防守型方案确保政策一致性得以维持，确保国际投资协议与人权法保持一致，不与人权保障相冲突，并为各国政府实施社会和环境规制留下充足的政策和监管空间。例如，这意味着，各国不得将帮助投资者执行所谓稳定或排除条款的条文纳入国际投资协议（Columbia Center on Sustainable Development & UNWG 2018：16）。稳定或排除条款是投资者-国家合同中的条款，此类条款禁止国家在规定的年限内对投资者实施新的规定。通常，此类条款的谈判期限长达数十年。各国政府在谈判国际投资协议时应进行全面的人权影响评估，以评估其是否符合人权法（UNWG 2017a：22）。

进攻型方案旨在将投资者的人权责任直接纳入国际投资协议。例如，它们可以规定投资者应当如何开展人权尽责，或者如何为遭受其项目影响的当地社区设立申诉机制。它们甚至可以允许受到投资者负面影响的利益攸关方对投资者索赔。2016年，摩洛哥和尼日利亚签署了一项国际投资协议，其中明确规定投资者有义务尊重人权。这是世界上第一次在国际投资协议中明确规定投资者的人权义务，也是迄今为止唯一一项协议（Krajewski 2020：114）。更常见的是国际投资协议中的声明，即投资者应在自愿的基础上遵守人权和企业责任的国际标准（Krajewski 2020：118）。

联合国工作组根据《指导原则》三大支柱，概述了与人权相容的国际投资协议的三层内涵 [OHCHR n. d.（d）]：第一，在支柱一的基础上，国际投资协议必须为政府留出足够的监管空间，并在吸引投资和促进负责任的商业行为之间保持平衡；第二，与支柱二相一致，应包括并阐明投资者在所有投资活动中尊重人权的责任；第三，在支柱三的基础上，国际投资机构应为受到国际投资协议所涵盖的投资相关活动负面影响的个人和社区提供补救途径。

13.1.2 与人权相容的投资者-国家争端解决机制

上述目前解决国家与投资者之间国际投资条约争议的方法一直备受批评，主要是出于三个原因。

第一，它加剧了上述提及的政府政策空间缩小的问题，这不仅是因为它允许投资者（而不是它们的母国）直接起诉政府，还因为争端解决机制往往倾向于支持投资者的利益和主张。正如联合国贸易和发展会议（UNCTAD）所报告的那样，在过去的 30 余年中（1987~2019 年），61% 的争端解决案件作出了有利于投资者的决定（UNCTAD 2020：5）。它们索赔的平均金额为 5.04 亿美元。总体而言，投资者通过投资者-国家争端解决机制对各国政府的起诉已达 800 余次（Columbia Center on Sustainable Development & UNWG 2018：6）。

第二，与第一点紧密相关的是，仲裁员的选择和资格一直受到批评。在投资者-国家争端解决机制中，仲裁员通常由各方自己选择，这经常引起对仲裁员独立性和公正性的质疑，以及对潜在的无意识偏见和他们可能面临的利益冲突的质疑。如果同一名仲裁员在不同案件中被同一方当事人反复任命，或被"双重任命"，亦即，仲裁员同时在其他仲裁程序中担任顾问或专家，这一问题就会更加复杂。这个问题在国际投资仲裁中普遍存在（Giorgetti et al. 2020）。此外，尽管仲裁员们在商业冲突领域具有高度专业化的知识和技能，但在面对更广泛的国际法问题时，他们可能缺乏作出判断的能力。

第三，争端解决机制不允许在投资项目中遭到损害的第三方向投资者索赔或参与仲裁程序。第三方只能以提交法庭之友意见书的方式参与，并处理人权问题（Krajewski 2019：179；Steininger 2018：35）。

然而，如何接受和处理这些争端取决于仲裁员的自由意志，据此，他们对仲裁程序的影响总体上依旧是未知的（Kube & Petersmann 2016：91）。因此，受到负面影响的群体经常表达对投资者-国家争端解决机制的失望。例如，在一个涉及南美洲土著社区的未公开案件中，一家跨国矿业公司因采矿特许权被撤销而起诉某国政府。当地社区一直抗议该公司，他们的权利也一再受到侵犯，但他们没有机会参与仲裁程序并获得发言权，尽管他们的生活即将受到该仲裁结果的直接影响。

> 社区代表们对投资和争端解决过程感到沮丧，因为他们被排除在与土地和自然资源有关的每一步决策之外，即使他们将这些土地和自然资源视为自己的避难所、药物来源、祈祷场所，以及某种意义上，他们的生活（Columbia Center on Sustainable Development & UNWG 2018：9）。

由于第三方没有机会索赔，只有当投资者基于人权提出指控，或者更常见的情况是，东道国基于人权提出抗辩，或基于人权对投资者提出反诉时，投资仲裁庭才会在此类程序中考虑人权主张。此外，仲裁员可以在当事方没有主张的情况下提及人权，例如，在相关国际投资协议要求仲裁庭考虑"国际法的相关原则"来解释和适用国际投资协议时（Steininger 2018：46）。然而，尽管在国际投资仲裁中援引人权的趋势不断凸显（Steininger 2018：35），但这种情况仍然相当罕见（Krajewski 2020：121）。从过去提出人权要求的实践情况来看，投资法庭的立场通常被视为不愿意接受这种主张并适用人权文书（Hirsh 2009：109；Kube & Petersmann 2016：86）。投资法庭显著的私人性质及其对投资纠纷私人商业方面的重视被认为是这种不情愿的可能原因（Hirsch 2009：114）。具有代表性的是，投资法庭更倾向于接受投资者（主要是基于产权）提出的人权主张，而通常以缺乏管辖权或无法证明这些主张为由，拒绝援引被告提出的其他实质性人权（例如，土著人权利）（Steininger 2018：43；Kube & Petersmann 2016：93-94）。这证明了一种普遍的批评，即此类法庭倾向于将国际投资者的利益置于其他群体的利益之上。

因此，就目前而言，投资者-国家争端解决机制是一种优先保护投资者，而非其他方权利的工具。在此背景下，投资仲裁及其结果缺乏透明度和信息也受到批评，因为这使它们免受公共问责。虽然裁决最终仍会公开，但仲裁程序在很大程度上都是在不公开的情况下进行的（Columbia Center on Sustainable Development & UNWG 2018：17）。这是仲裁的内生性问题，因为保密性是使仲裁成为一种解决商业纠纷的标准机制的原因之一。

方框 13.1　背景：乌尔巴塞尔（Urbaser）公司诉阿根廷案（*Urbaser v. Argentina*）

在将人权适用于投资仲裁方面，乌尔巴塞尔公司诉阿根廷案是一个经常被提及并可能成为先例的案件，该案于 2016 年判决（参见 Kriebaum 2018：26-29；Krajewski 2019，2020）。乌尔巴塞尔公司是一家负责布宜诺斯艾利斯供水和污水处理集团的股东，乌尔巴塞尔公司起诉阿根廷政府，因为后者在 1998~2001 年阿根廷金融危机期间，终止了该集团的供水和污水处理服务特许权。阿根廷政府反驳了乌尔巴塞尔的指控，辩称乌尔巴塞尔未能对特许权项目进行必要的投资，这违反了阿根廷对水权负有的国际法承诺和义务（Krajewski 2020：123）。

仲裁庭确认了其受理政府反诉的管辖权，认为人权确实是处理争端的准据法的一部分，因为各自的双边投资协议都提及了"一般国际法原则"。此外，仲裁庭承认私营公司可能负有基于国际法的人权义务，这在未来的案件中可能会为类似的主张打开大门。然而，它否认这意味着乌尔巴塞尔在这一特定案件中有提供饮用水和污水处理服务的人权义务。因此，仲裁庭驳回了政府的反诉（Krajewski 2020：124）。

尽管如此，仲裁庭确实同意政府的主张，即特许协议的失败主要是由于乌尔巴塞尔未能进行足够的投资。因此，它拒绝了乌尔巴塞尔的损害赔偿要求（Schacherer 2018）。

克里鲍姆（Kriebaum 2018：29）认为，"本案是仲裁庭认定一国为保护当地居民免遭投资者侵犯人权行为而采取的措施没有违反投资保护标准的一个例子"，"在管辖权条款和准据法允许的情况下，仲裁庭可能会接受对投资者侵犯人权的反诉的管辖权"。一般来说，即使个人无法在投资仲裁法庭面前追究企业侵犯人权的责任，在某些情况下，法庭对此类违规行为的认定也可能导致拒绝适用投资保护，这可能是一种重要的威慑（Kriebaum 2018：39—40）。

通常认为有两种主要方案可以解决上述仲裁问题。第一种方案是彻底取消国际投资协议中的投资者-国家仲裁机制。巴西就采取了这种方法，它用国家-国家争端解决机制取代了投资者-国家争端解决机制。根据这种安排，投资者不再具有直接起诉各国政府的资格，只有它们的母国才有资格参与仲裁。第二种方案是改革现有的投资者-国家争端解决办法。尤其是要注意确保改革后的程序公开透明，并应允许权利遭受投资项目影响的第三方作为当事人发表意见并参与仲裁。要使投资者-国家争端解决机制和国际投资协议更普遍地与人权法相一致，还需要仲裁员具有足够的人权专业知识和资质。

在工商业与人权领域，国际仲裁最近也成为国际投资法之外的一个焦点。人们一直在讨论国际仲裁作为一种争端解决替代机制在提供补救方面的可能性。这种可能性将在第十三章第一节第三小节中简要说明。

13.1.3 投资者-国家争端解决机制之外的工商业与人权仲裁

国际仲裁已被认为是一种能够为工商业与人权主张和超出投资机制的争议提供非司法、非国家救济机制的可能方式。其观点是，仲裁能够为处理侵犯人权行为提供一种替代方案，尤其是在司法机制薄弱或不存在的情况下。一般而言，仲裁是一种非国家机制，通常但不专门用于解决基于合同约定通过仲裁解决争议双方之间的商业纠纷。与调解不同，仲裁的目的不是双方协商一致解决争端，而是由仲裁庭作出类似法庭的判决。仲裁裁决的跨国执行受到《承认及执行外国仲裁裁决纽约公约》的管辖。仲裁的一个独有特征是，当事人自己选择仲裁员，这就使仲裁对寻求解决商业纠纷的企业具有一个明显的优势：仲裁员在商业纠纷方面具有高度专业化的知识，而法官往往缺乏这一专业知识。此外，与冗长的法律程序相比，仲裁在成本和时间上相对高效。

从技术上讲，无论双方何时签订合同，他们都可以协商一致将仲裁作为解决潜在冲突和纠纷的主要方式。然而，正如上文在投资者-国家争端解决机制中所讨论的那样，现行仲裁机制的体制结构并不适合处理人权主张。经常提及的问题包括：透明度和保密问题；普遍缺乏与人权法的关联；仲裁员缺乏人权资质；或者是遭受损害的第三方无法成为合同当事人，通常无法在仲裁程序中发表意见。仲裁在很大程度上是为解决私人纠纷而设计的，而工商业与人权问题的公共性质显然与此格格不入。

为此，一个工作组起草了所谓的《工商业与人权仲裁海牙规则》(Hague Rules on Business and Human Rights Arbitration，以下简称《海牙规则》)，这是一套专门用于裁决与企业人权影响相关争议的替代规则 (Simma, Desierto, Doe Rodriguez et al. 2019：3)。因此，包括仲裁协议在内的任何行为者之间的任何法律关系（如合同）都可以指定《海牙规则》作为各自争端解决程序的基础。《海牙规则》以《联合国国际贸易法委员会仲裁规则》（以下简称《贸易法委员会规则》）为依据，但对解决人权相关争端方面的适当性进行了调整。具体而言，正如《海牙规则》序言所述，这些调整涉及：

(1) 与商业活动对人权影响有关的争端的特点；(2) 可能需要采取特别措施来应对受到商业活动人权影响的受害者的境况；(3) 在根据本规则发生的争端中可能出现的潜在权力失衡；(4) 解决此类争端的公共利益，除其他外，可能需要确保仲裁程序具有较高的透明度以及相关第三人和国家有机会参与；（5）具有适用于此类争端的专业知识并受高标准行为约束的仲裁员的重要性；以及（6）仲裁庭可能需要建立收集证据和保护证人的特别机制（Simma, Desierto, Doe Rodriguez et al. 2019：13-14）。

《海牙规则》旨在成为企业执行供应商或商业伙伴工商业与人权合同承诺的工具，但也是侵犯人权行为受害者获得补救的一种替代方案（Simma, Desierto, Doe Rodriguez et al. 2019：14）。

然而，即使作出了这些调整，也并不是所有人都认可仲裁为处理人权诉求提供了一个适当且充分的平台。其中一些人担心，在企业之间的商业纠纷中，当事各方之间通常可能存在权力平衡，然而，无论规则如何设置，工商业与人权仲裁中巨大的权力差异都可能普遍存在。另一些人则认为，根据人权的公共性质，其本身不应受制于这种私人争端解决机制，而只能在官方法院处理。

13.2　具有约束力的工商业与人权条约

关于追究企业侵犯人权法律责任的具有约束力的全球框架讨论从工商业与人权肇始阶段就存在并持续至今。然而，尽管有过许多不同的尝试，目前也没有通过具有约束力的法律文件。如前文所述，早在20世纪70年代，曾有过在国际层面通过一项具有约束力的准则以规制跨国企业的尝试，但20年后被放弃了。此后不久，联合国人权小组委员会提出了所谓的《跨国公司和其他工商业在人权方面的责任准则》（以下简称《责任准则草案》），但在2003年被联合国人权委员会否决（Chapter 2.2）。这两次失败都有一个共同的特点，那就是它们主要获得民间社会组织和全球南方国家的支持，但遭到西方政府和私营部门的强烈反对。然而，《指导原则》的通过所带来的势头促成了一种新的尝试，即制定一项关于工商业与人权的具有约束力的条约。2015年以来，人权理事会持续开展起草和谈判工作。

第十三章第二节第一小节将首先围绕潜在的工商业与人权条约可能的轮

廓进行一些关键讨论。然后，将探讨支持和反对工商业与人权条约的一些最常见的观点，并简要展望人权理事会正在进行的条约进程的前景。

13.2.1　具有约束力的工商业与人权条约要素

工商业与人权条约或将成为人权法中的新兴事物。人权条约通常规定了个人或弱势群体的权利，尤其是针对国家的权利。然而，工商业与人权条约可能不会为人们规定新权利，而是将企业作为非国家行为者进行监管（Bilchitz 2017：185）。

一项潜在的工商业与人权条约可能采取许多不同的形态和形式。有关讨论往往围绕几个关键因素展开。我们将简要讨论其中一些要素，大致可以分为与条约适用范围有关的要素和与制裁和执行有关的要素。

13.2.1.1　适用范围

在具有约束力的条约可能的适用范围方面，有三个要素通常被认为尤为重要。它们涉及条约义务主体、受规制的企业类型和涵盖的权利与违法行为。

- 国家或企业义务：一般而言，制定这样一项具有约束力的文书有两种基本的可能性。第一种更传统的选择是坚持国家中心主义，这是国际人权法的特点，即不会在条约中对企业规定任何直接义务。相反，条约将仅限于概述和具体规定国家保护人权不受企业侵犯，并确保企业对潜在侵犯人权行为负责的义务。这可以称为工商业与人权条约的"间接模式"（Bilchitz 2017：186）。虽然各国已经有义务至少在其领土内保护人权，但此类条约的任务是进一步明确规定这些义务，并特别解决和澄清政府的域外人权义务（Chapter 12.2），包括为域外企业侵犯人权行为的受害者提供获得补救的机会。第二种更为进步的可能性是放弃国家中心主义，通过条约对企业施加基于国际法的直接人权义务。工商业与人权条约的这种"直接模式"将从根本上解决一直以来引发工商业与人权讨论的一个关键问题，即国际人权法是否或在多大程度上对企业施加直接义务。

- 跨国企业或所有企业。关于条约适用范围的另一个关键问题是该条约是否应当适用于所有企业，无论大小、国内还是跨国；又或是只适用于跨国企业。后一种方案的理由是，工商业与人权条约的核心目的之一是纠正各国政府监管范围与跨国企业特有的跨国结构之间的不对称性问题。从这个角度来看，该条约的基本理由主要与跨国企业的跨国经营和特点有关。反对这一点的是前一种潜在方案，即不仅跨国企业，而且所有企业都可能侵犯人权，并且并非所有政府都愿意或有能力履行自己的义务以追究这些企业的责任。然而，就人权理事会目前的谈判而言，对这一问题的讨论是政治性的，而不是规范性的：全球南方国家倾向于将适用范围限制在跨国企业，因为担心其国内企业可能会被要求不合理地承担条约义务；另外，全球北方国家推动将所有企业纳入条约适用范围，因为跨国企业的总部主要位于这些国家的领土内（Deva 2017）。苏利亚·德瓦（Surya Deva）提出了一种混合方法，该方法将规制所有企业，但包括专门依据跨国企业特点而制定的特殊条款，例如国家有义务监管跨国企业的域外行为（Deva 2017：172—173）。无论选择哪种方法，任何关于工商业与人权的条约都必须特别关注跨国价值链及母公司在确保价值链尊重人权方面的作用。

- 哪些人权和侵犯人权行为？问题是，是将条约适用范围限制在特别严重的侵犯人权行为，还是将所有潜在的侵犯人权行为都纳入其中。支持缩小适用范围的一个理由是，这种方案更容易达成政治共识。反之，支持扩大适用范围的理由在于，仅关注恶劣和特别严重的侵犯人权行为会使许多企业侵犯人权行为超出潜在条约的适用范围。如果狭义地解释"严重违法行为"，即使是有企业参与的非常常见的侵犯人权行为，如为采矿和开发项目征用土地或强迫当地社区流离失所（Chapter 5.3.1），也可能不在适用范围之内（Deva 2017：174—176）。对严重侵犯人权行为的狭义定义也会限制相关人权清单的范围。更广泛的适用范围在原则上将涵盖所有人权。接下来的问题是，哪些人权文书应当作为解释广泛适用范围的参照点？这里的可选方案是，要么以《国际人权宪章》（Chapter 3.3.3）为焦点，要么关注所有人权条约，要么超越人权条约，将不具有约束力的宣言和其他与企业影响特别相关的人权文件都纳入其中，例如《联合国土著人民权利宣言》或国际劳工组织公约（Deva 2017：176-178）。

13.2.1.2　制裁与执行

如果追求的是一项具有约束力的条约，而不仅仅是一则关于企业人权义务的宣言，那么这些义务就应当得到执行（López 2017：316）。对不遵守条约行为的制裁有几种选择，既可以累积也可以单独适用。可能的方案包括行政处罚，但也包括民事和刑事责任，引起责任的原因包括（1）不合规，例如，未能遵守规定的人权尽责条款，以及（2）因不遵守规定而造成实质性人权侵犯。这种机制可能类似于《法国警惕义务法》的规定（Chapter 12.4.3.1）。

就不同层面的执行情况而言，通常会讨论如下的一些可能性。在国内层面，条约应当强调所有国家有义务对其境内的企业侵犯人权行为提供适当的问责机制。将强制执行权下放至国家层面最可能和最现实的选择是在条约中规定，各国有义务对违反条约规定的企业施加法律责任。然而，考虑到一些国家的制度软弱或不足，条约应当明确跨国企业母国的域外义务（Chapter 12.2）。如果没有这种母国机制（Chapter 12），对许多企业侵犯人权行为的受害者而言，补救措施将依旧是无法实现的；母国诉讼是目前唯一的现实选择，并且，即使能够建立国际机制，母国诉讼也将继续发挥重要作用。因此，条约必须包含让母公司在母国对其子公司和潜在供应商在国外犯下的人权侵权行为承担责任的条款（Stephens 2017：428）。为此，条约可以假定母公司对子公司的活动负有注意义务，也可以包括在母公司进行了充分人权尽责的情况下开脱罪责的可能性（Stephens 2017：429）。这类似于《瑞士负责任商业倡议》（参见方框 12.4）所设想的机制。此外，条约可以要求国内法律改革，以对严重侵犯人权的企业进行刑事诉讼，并要求各国为此类调查和起诉提供充分的资源（Stephens 2017：431）。

在国际层面，可以建立一个条约机构来监督政府和跨国企业是否履行条约义务，并接受第三方投诉的机制（Cassel & Ramasastry 2016：3032）。另一个经常被讨论的更雄心勃勃的选择是扩大国际刑事法院的管辖权，将对企业犯罪的起诉包括在内（Stephens 2017：432）。它可以明确需要刑事起诉的罪行，并澄清和协调对此类罪行的管辖权（Stephens 2017：431）。事实上，法国在国际刑事法院筹备之初就提出了这样的建议，但大多数国家反对扩大国际刑事法院的管辖权。也许更雄心勃勃的是努力建立一个全新的国际人权法院，该法院拥有调查和审理企业侵犯人权案件的权限和管辖权（参见方框13.2），或者一个特别关注企业侵犯人权行为的国际民事法院（Hamdani & Ruffing 2017：46；Stephens 2017：433），也就是一个特设国际工商业与人权法院（Cassel & Ramasastry 2016：32-33）。另一种选择是设立一个国际仲裁庭来解决基于条约的人权争端（Cassel & Ramasastry 2016：34-35；Stephens 2017：433）。由于国际法院和仲裁庭的能力必然有限，而且此类机制能受理的案件数量相对较少，因此与其说它们是一种替代方案，不如说是对国内管辖权的补充（Cassel & Ramasastry 2016：45）

方框13.2　背景：设立一个世界人权法院？

2010年，人权学者朱莉娅·科兹玛（Julia Kozma）、曼弗雷德·诺瓦克（Manfred Novak）和马丁·沙因（Martin Scheinin）为世界人权法院编写了一份规约草案。三位学者此举并非基于官方授权，这意味着规约草案主要是作为一场对话的触发器。由于目前人权法院只存在于区域层面（Chapter 3.2.2），设想的世界人权法院将通过把执行工作提升至全球层面弥补当前存在的差距。因此，法院的主要关注点仍然是改善各国的执法基础设施。然而，他们提案的一个重大创新是将法院的管辖权扩大到其他实体，如国际组织和某些非国家行为者，其中最受瞩目的是跨国企业。这些实体必须通过各自的声明承认法院的管辖权。由于该提案并非以一项工商业与人权条约为基础，不同实体的声明必须明确他们承认哪些人权条约对其行为具有约束力。因此，与传统国际法中的国家同意类似，法院的管辖权是由这些行为者自愿接

受的内容确定的 （Scheinin 2012：489）。该法院的运作方式与区域法院类似，在穷尽内部和国内救济措施的情况下，法院将受理个人、个人团体或非政府组织的投诉。"内部"救济是指非国家实体的内部救济机制。这将激励企业建立有效的内部补救措施，防止潜在案件被移交到法院 （Scheinin 2012：489）。

讨论题

（1）你对建立这样一个世界人权法院有什么看法？

（2）你对将该法院的管辖权扩张到跨国企业有什么看法？你认为这样做有什么好处和挑战？

（3）提议的规约草案没有以特定的工商业与人权条约为基础，你认真这样做的优点和缺点是什么？

（4）跨国企业将自愿接受法院管辖权的假设是否现实？哪些机制可以支持这一进程？

13.2.2 支持和反对有约束力的工商业与人权条约的观点

即便是在工商业与人权共同体中，对于制定一项具有约束力的工商业与人权国际条约的必要性和可行性也存在不同意见。一些最常见的支持理由包括：

- 支持具有约束力的条约最明显的论点是，仅凭自愿框架很难让企业对人权影响负责（Chapter 9.4）。正如西蒙斯（Simons 2017：65）所言，国际法的不平衡倾向于偏袒企业利益和权利，而不是受影响个人的人权。这种不平衡不能通过诸如《指导原则》这样的软法框架来纠正，而是需要在正式国际法层面制定相应的规则。尽管《指导原则》可能比以往任何一项软法标准都取得了更多的成就，但各国和企业对《指导原则》的接受程度仍远未达到应有水平（Simons 2017：61-63），例如，在德国国家行动计划背景下进行的一项调查清楚地表明了这一点（Chapter 12.3.1）。

- 企业侵犯人权行为的核心是一个全球性或跨国性问题，需要一种跨国解决方案。虽然国家能够应对领土范围内的企业行为，但它们的域外影响是有限的。此外，事实证明政府不愿意接纳这些措施，无论是因为缺乏能力，还是政治意愿不足。因此，一个完全建立在国内方法基础上的体系将不可避免地再次成为一个零散框架，并为企业逃避监管留下充足空间。一个全球框架可以直接规制跨国企业，或者至少可以确保所有国家都制定各自的规则和政策。它可以在国家和企业之间建立类似于相互保险一样的机制，消除利用对方承诺而搭便车的动机，并有效地创造一个公平的竞争环境。此外，它还可以在证据收集或判决执行方面建立一个国家间司法互助与合作体系（Deva 2017：163）。

- 一项条约不仅可以填补国际政策领域的空白，还可以协调不同的国家方法，从而在国家和国际层面创造政策一致性（Leader 2017）。例如，一项条约可以通过要求对国际投资协议进行解释时，必须考虑其对人权的潜在影响来解决上述国际投资法与人权之间的冲突（Leader 2017：82）。

然而，并非工商业与人权领域的所有人都支持一项具有约束力的国际条约。针对具有约束力的国际文书的警告通常包括如下内容：

- 反对工商业与人权条约，通常也是反对国内立法提议的一个普遍观点是，这种法律方法可能会破坏工商业与人权领域的自愿承诺和倡议（Chapter 12.6.3）。具体而言，在人权理事会当前的条约谈判中（Chapter 13.2.3），争论的焦点是，制定一项具有约束力的文书将阻碍《指导原则》在国家和企业层面的实施。批评人士认为，新的漫长谈判给各国和企业带来不确定性，它们实施《指导原则》的努力可能会因为即将出台的新规则而变成无用功。因此，它们可能会利用这种情况等待和观察情势，而不是通过新的国内政策和立法等方式推进实施《指导原则》。正如约翰·鲁格所警告的那样：

［各国］倾向于把正在进行的条约谈判作为不采取其他重大措施的

借口，包括在国内团体的压力下修改国内法——辩称它们不想抢先获得最终的条约结果。（Ruggie 2013：59）。

- 前秘书长特别代表约翰·鲁格认为，一项具有统领性和全面性的工商业与人权条约或许会由于过于宽泛而无法生效，进而不可避免地成为一种象征性举措。这并不是说他反对在国内或国际层面进行工商业与人权立法。然而，他认为国际社会不应当致力于制定一项包罗万象的工商业与人权条约，而应努力把国际法律文书限缩为"补充和增强现有制度能力的精确工具"（Ruggie 2007：839），并以工商业与人权领域的具体问题和治理间隙为靶向。他的观点是，这种方法将更有效，也更有可能获得各国的支持并形成共识。

- 最后，工商业与人权国际条约的反对者们通常认为条约无法强制执行。上文概述了一些可能的执行机制，但这些建议被认为是不切实际的，因为到目前为止，各国甚至还没有提出一个有效体系执行国际人权法（Ruggie 2013：62-65）。甚至由条约机构负责监督大量跨国企业也被认为是一项几乎不可能完成的任务（Ruggie 2013：64）。如果没有有效执行，这样的条约可能只会沦为表面文章，而不会在实践中引起任何实质性变化。

在分析支持和反对工商业与人权条约的一些主要论点后，本章将在结束时简要介绍人权理事会目前的条约谈判情况。

13.2.3　（当前）条约谈判的前景与未来

2014 年，应厄瓜多尔和南非联合国代表团的请求，并由玻利维亚、古巴和委内瑞拉共同发起，人权理事会通过了一项决议，建立一个跨国公司和其他工商企业与人权的关系问题不限成员名额政府间工作组（Open-Ended Intergovernmental Working Group on Transnational Corporations and other Business Enterprises with Respect to Human Rights, OEIWG，以下简称"政府间工作组"）。政府间工作组的任务是"制定一项具有法律约束力的国际文书，以规范国际人权法中对跨国公司和其他工商企业活动的监管"（UN Human Rights Council 2014：2）。政府间工作组的任务是在 2015 年和 2016 年召开的前两届会议期间就"未来国际文书的内容、范围、性质和形式开展建设性的讨论"，并在第三届会议期间"为具有法律约束力的实质性谈判文书草案拟定要点"（UN Human Rights Council 2014：2）。

政府间工作组于 2017 年公布了条约要素的汇编文件，预见了跨国企业将被施加广泛的直接人权义务。然而，2018 年的第一份完整条约草案——所谓的"零草案"中——这些内容被完全删除了。反对打破以国家为中心的国际人权法范式的做法呼声太高了。相反，该条约草案侧重于国家有义务要求企业对其人权影响负责。它既涉及国家在本国境内保护人权的义务，也涉及国家在海外监管企业人权影响的域外义务，以及为企业侵犯人权的受害者提供司法补救的途径。2019 年修订草案和 2020 年第二次修订草案保留了这一做法，没有提出直接的企业义务。

早期谈判的特征是在条约适用范围问题上存在激烈分歧。尽管欧盟坚定地以锁定并威胁阻碍谈判进程的方式主张将国内企业纳入适用范围，全球南方国家仍主张将范围限制在跨国企业。此外，对这一进程持保留态度和抵制立场的做法普遍存在，特别是在西方政府和工商业行为者中，他们担心这一进程会放缓并破坏《指导原则》的实施。前秘书长特别代表和《指导原则》的作者约翰·鲁格也表达了相同关切。

最新的条约草案侧重于所有企业，而不仅仅是跨国企业，它涵盖了《世界人权宣言》、国际核心人权条约、各国加入的国际劳工组织公约以及源自习惯国际法的所有国际公认的人权。各国必须确保企业充分履行人权尽责，不尊重规定的行为将受到制裁。此外，各国必须制定"在其领土或管辖范围内或以其他方式在其控制下，从事商业活动的法人和自然人对自身商业活动（包括具有跨国性质的商业活动）或商业关系可能造成的侵犯人权行为承担全面和充分法律责任的制度"（OEIWG 2020：Art. 8）。这既包括民事责任，也包括根据国际人权法、习惯国际法或国内法构成刑事犯罪的侵犯人权行为的刑事责任。

历经 6 年谈判后，潜在的工商业与人权条约的前景仍悬而未决。目前推动进程和拖延进程的各方之间的关系反映了以往倡议的经验：全球南方国家在很大程度上支持这一进程，而西方国家一直对此持批判态度，普遍不愿意建设性地参与。草案中几乎没有任何条款没有受到异议和争议的影响。因此，不同派别之间的分歧仍然主导这一进程，这使最终结果具有高度不确定性。尽管谈判进程仍在推进可以被视为一种成功，但它是建立在脆弱的基础上的。目前尚不清楚这一进程最终是否会产生一项具有约束力的条约，如果会，这样一项条约最终会具有多强的约束力也不得而知。

◇ 学习题

1. 为什么从工商业与人权的视角来看，国际投资法的结构存在问题？投资者-国家争端解决机制是如何导致这一问题的？

2. 解决上一题中涉及的问题有防御型和进攻型两种方法。你能解释一下这两种方法以及它们是如何处理人权问题的吗？

3. 投资者-国家争端解决机制正在损害政府的政策空间，这意味着什么？从人权角度来看，通常会对投资者-国家争端解决机制提出哪些批评？如何解决这个问题？

4. 你能解释一下工商业与人权条约"直接"和"间接"模式之间的区别吗？哪种方法更为传统？

5. 为什么前秘书长特别代表对一项统领性的工商业与人权条约持批评态度？支持和反对工商业与人权国际条约的三个常见论点是什么？

◇ 思考题

1. 仲裁是否为企业侵犯人权行为的适当补救机制？赞成和反对的论据是什么？

2. 潜在的工商业与人权国际条约是否应该包含企业的直接人权义务？

3. 在你看来，工商业与人权国际条约会对企业人权问责制产生什么影响？这取决于什么？工商业与人权条约是工商业与人权运动正在寻找的"银弹"吗？

第五部分

特定行业和新兴议题

第十四章 特定行业面临的问题与挑战

本书第三和第四部分澄清了企业人权责任和问责的概念基础，本章将重点关注不同行业面临的具体工商业与人权（BHR）方面的问题和挑战，以及不同行业如何应对这些问题和挑战，它们采取了哪些具体政策文件来解决这些问题。本章所提供的简要概述并非力求全面，而是简短介绍一些最容易遭受人权风险和影响的行业所面临的挑战及解决办法。

14.1 采掘业

就对人权的负面影响而言，采掘业可能是最具负面评论的行业。2008 年联合国秘书长特别代表开展的一项调查显示，在有记录的企业侵犯人权案件中，有 28% 的案件与采掘业相关（Ruggie 2013：25）。该行业包括开采矿产和金属及原油的企业，也包括大宗商品价值链下游的企业，如贸易商、冶炼厂和炼油厂。该部门中许多长期存在的人权问题直接发生在矿区，这就是为什么本节将主要关注与采矿和开采行为相关的人权挑战。然而，贸易公司、炼油厂和其他下游企业通过活动和商业关系与此类人权问题产生关联。它们有责任通过人权尽责流程识别这些影响，采取措施并利用其影响力，尽其所能地预防和减轻这些影响。

采掘业特别容易面临人权风险有各种原因。第一，采矿和石油开采是需要在东道国进行大量投资的长期项目，并有望带来收入、就业和经济发展。这种前景可能使政府肆无忌惮，例如，在清除当地社区的采矿点和平息对这些项目的反对时。第二，这些项目涉及大量资金和资本，并与授予特许权并制定采矿条款和条件的政府官员直接相关，这使得这些项目特别容易发生腐败和贿赂问题。腐败和贿赂会破坏民主治理、法治和各国全面保护及实现人权的能力。第三，资源丰富的地区经常遭受武装冲突和暴力，尤其是在谁控制资源的问题上。这种冲突环境为侵犯人权行为提供了温床，并使企业在不涉及或卷入冲突的情况下，根本无法在这些地区开展业务。许多电子消费产品、手机和汽车依赖的矿物，如锡、钨、钽和金，通常也被称为"冲突矿物"，因为它们特别容易来自冲突地区（Chapter 5.3.3）。同样地，围绕钻石矿物发生的臭名昭著的冲突导致很大一部分的钻石被称为"血钻"。

14.1.1 问题与挑战

采矿场占据了大片土地，对自然环境造成了严重破坏，往往会导致无法弥补的损失。土地、土壤、水和空气的破坏与大规模污染是该行业的通病，会严重影响当地居民的健康，并因破坏渔场和农业用地而对当地居民的生计造成负面影响（Chapter 5.4.1）。因此，采矿和提炼项目经常引起相关当地社区的抗议活动。此类抗议活动经常遭到政府军的暴力镇压，许多社区被强制驱逐和重新安置，以便为采矿项目腾出空间。在涉及土著社区时，强制驱逐的问题尤为突出（Chapter 5.5.1）。《联合国土著人民权利宣言》规定，任何对土著人民土地的使用都需要获得这些社区的自愿、预先和知情同意。在未经自愿同意的情况下，强迫他们离开自己领土相当于侵犯他们的人权。

尽管存在这些挑战，采矿项目也会为社区带来利益。它们提供了稳定的工作和收入，改善了当地的基础设施，如道路、医院或学校，并为当地商店和供应商繁荣发展营造了环境。然而，收益往往分配不均。虽然一些人受益于这些项目给当地带来的机遇，但另一些人则承受着严重环境损害的后果。这可能导致社区内部的不平等和冲突，并破坏他们的社会凝聚力。矿产企业对当地基础设施的投资也可能导致依赖性增加，削弱社区的自主权。除此以外，矿产城镇经常面临大量人口涌入，这不仅改变它们的社会结构，而且往往导致犯罪、暴力和其他相关问题的增加（Sovacool 2019）。

手工或小规模采矿（ASM）是采矿业面临的一个特殊挑战。手工采矿者是个人或个人组成的小团体，他们以非常基本的方式自行从事矿物开采，往往是通过在地下挖掘狭窄且不稳定的隧道获取矿物。他们经常在非正式，有时甚至是非法的环境中，在危险和不稳定的环境中且没有足够设备与安全装备的情况下从事开采作业。事故经常发生，而且往往是严重事故，尤其是隧道坍塌，矿工还暴露在对他们的健康有严重影响的灰尘和化学物质中。童工现象（Chapter 5.2.1）在手工或小规模采矿中十分猖獗。由于手工或小规模采矿主要发生在非正规经济领域，所以没有足够的保护，童工容易受到剥削并经常遭受暴力和虐待。对一些矿物而言，如黄金或钴矿石，手工或小规模采矿十分常见：世界黄金供应量的 12%~15% 是由 1000 万~1500 万名手工矿工开采的，他们之中有 400 万~500 万名妇女和儿童 [UNEP n.d.(a)]。总体而言，手工采矿为 120 多个国家的约 1.5 亿人提供了重要的收入来源（Much 2020）。考虑到手工或小规模采矿部门的规模和范围，研究人员和民间社会倡议者们一致认为，任何与该部门相关问题的可行解决方案都必须朝着将该部门正规化的方向发展，以使其更加安全稳定，而不是彻底消灭它。

14.1.2 行业标准与倡议

一系列标准和倡议专门针对采掘业的特定人权挑战和问题。这些倡议可以对更一般性的标准进行补充，如《联合国工商业与人权指导原则》（以下简称《指导原则》，Chapter 10）或《经合组织跨国企业准则》（Chapter 11.1），以便为这些具有行业相关特点的问题提供更为有针对性和具体化的指导。这些标准和倡议既针对铜或钴等特定商品类型，也针对采矿现场面临的问题。

经合组织（2016a）特别针对从冲突地区采购矿产的企业制定了尽责指南。《经合组织关于来自受冲突影响和高风险区域的矿石的负责任供应链尽职调查指南》（OECD Due Diligence Guidance for Responsible Supply Chains of Minerals from Conflict-Affected and High-Risk Areas，以下简称《经合组织指南》）是多利益攸关方共同努力的结果，包括政府、国际组织、行业以及民间社会，它特别强调了企业有责任确保其采购做法不会助长采掘现场的持续冲突。《经合组织指南》也是企业确保遵守有关冲突矿产法规的重要工具，如《多德－弗兰克华尔街改革和消费者保护法》第 1502 条或《欧盟冲突矿产法》（Chapter 12.4.2.1）。负责任采矿倡议（Responsible Mining Initiative）也有同样的目标，并为企业提供了工具，使其能够更负责任地从受冲突影响的地区采购矿产。尤其是，它为冶炼厂和炼油厂的采购实践提供第三方审计。一个具有类似目标，但特别关注冲突钻石贸易的早期倡议是所谓的金伯利进程（Kimberly Process）。它成立于 2003 年，并以一套认证方案为基础，该方案要求各国对毛坯钻石贸易实施一定的保障措施，并只与其他经过认证的合作伙伴开展此类交易。

一些其他标准涉及私营安保企业在采掘业中的影响。《安保与人权自愿原则》（*Voluntary Principles on Security and Human Rights*）要求使用私营安保服务的企业进行全面的风险评估，以确保它们的安保服务提供商不会侵犯人权。《私营安保服务提供者国际行为准则》（*International Code of Conduct for Private Security Service Providers*，ICoC）直接针对私营安保企业，要求它们在商业活动中尊重人权。因此，《私营安保服务提供者国际行为准则》更广泛地涉及私营安保部门，但也与私营安保部门和采掘业的交叉事项直接相关。

最后一项值得一提的倡议是《采掘业透明度倡议》（*Extractive Industries Transparency Initiative*，EITI）。虽然这项倡议没有直接涉及采掘企业的人权行为，但它要求企业和开采国对政府和企业之间的资金流动保持透明。通过提升采掘业资金流动的透明度，该倡议旨在发现和消除腐败，腐败是造成该行业糟糕人权纪录的主要原因。

14.1.3 解决方案与最佳实践

尽管有许多标准和倡议涉及该行业面临的问题和挑战，但该行业对人权的影响仍然存在问题。正如梅耶斯菲德（Meyersfeld 2017）所言，尽管采掘业承诺创造就业机会和基础设施，但在采掘作业期间，当地社区的生活条件往往会恶化。梅耶斯菲德称之为"采矿神话"。使采矿业更尊重人权、更有益于当地社区的核心驱动力之一是在项目实施前和实施过程中确保和增加当地社区的能动性，从而在当地社区和企业之间更平等地分配权力（Meyers-field 2017）。在矿场尊重人权方面，当地社区的有效参与是关键。这意味着，当地社区需要参与此类项目的每一步，并拥有真正的决策权，而不仅仅是就某些问题被征求意见。例如，他们必须在影响和利益协议的谈判中拥有真正的发言权，此类协议规定了采掘项目应该为当地人民带来的利益，他们还必须是完善和实施人权影响评估及申诉机制的组成部分（Kaufman & McDonnell 2015：129-130）。此外，有人认为，应强化人权尽责并提升敏感度，以便尽早发现和应对冲突动态，防止冲突升级以及随之而来的人权风险的相应增加（Graf & Iff 2017）。十分关键的是，社区必须保留对他们认为可能会引起麻烦和不受欢迎的采掘项目说"不"的权力。

　　然而，重要的是，解决与采掘商品相关的人权问题需要更广泛地关注采掘作业发生的背景。许多与矿物开采有关的侵犯人权行为的根本原因，特别是与手工矿工的情况有关，在于人们的贫困和往往绝望的生活条件，缺乏可行的替代工作形式，以及这些人口在社会和经济方面普遍面临的脆弱性。任何解决采掘业人权挑战的办法都必须解决这一问题，才能具有可持续性。这包括手工或小规模采矿的正规化，以及为手工或小规模矿工提供可行和安全的采矿方式。然而，为当地人创造采矿以外的谋生方式，从而减少他们对该行业的依赖，必须与直接改善矿山的工作和生活条件一样，成为解决方案的一部分。

方框 14.1　简短案例：推动刚果民主共和国手工采矿的

正规化——钴业总公司

　　在刚果民主共和国的整个历史进程中，采矿业对刚果人谋求生计至关重要。随着对电动汽车和消费电子产品需求的攀升，人们对钴的兴趣持续增加，近年来采矿业的重要性进一步增强（Chapter 14.3.1）。

　　据估计，刚果民主共和国钴总产量的20%是由该国200多万名手工矿工开采的，已经有大量行动努力使该行业正规化，以打击剥削，改善安全和人权纪录。最初，根据《刚果采矿法》（Congolese Mining

Code）设立了指定的"手工勘探区"（Zones d'Exploration Artisanales, ZEAs），以便使手工矿工可以在不适合进行工业勘探的区域合法采矿（Democratic Republic of Congo 2002）。然而，由于缺乏可进入的矿场，这一努力一直受阻。因此，手工矿工冒着被私营安保企业和警察报复的风险，继续侵入属于私人企业的矿区，或者在私人特许矿区工作，在那里他们不得不接受垄断钴采购的内部市场设定的剥削条件（Nkumba 2020：297）。

尽管 2018 年修订了《刚果采矿法》，对钴矿可追溯性和混淆手工开采与大规模开采的钴矿的担忧依旧存在。为了缓解这些担忧，钴业总公司（Entreprise Générale du Cobalt, EGC）于 2019 年 11 月成立，并于 2021 年 4 月作为国有矿产企业 Gecamines 的子公司正式运营，以支持刚果民主共和国负责任采购的手工开采钴的商业化 [Trafigura n. d.（b）；Entreprise Générale du Cobalt 2021]。钴业总公司的目标是购买、加工和销售刚果民主共和国所有手工开采的钴矿，以提高钴供应链的透明度和加强问责制（Entreprise Générale du Cobalt 2021）。为此，它将完全控制手工钴行业，并买断该行业生产的所有钴矿，并将其与负责任的采购标准挂钩（Home 2021；Reuters 2021）。钴业总公司的国家垄断旨在打击私人钴买家的剥削条件，并允许政府继续控制手工钴产量，从而防止钴价像 2019 年那样下跌（Home 2021）。为了完成这项艰巨的任务，钴业总公司与托克（Trafigura）和某国际非政府组织合作，托克和某国际非政府组织曾在穆托西（Mutoshi）矿场试行了一个类似的私人项目（方框 10.1）。钴业总公司执行能力不足是一个令人担忧的问题（Reuters 2021）。

讨论题

（1）您认为刚果民主共和国采取的推动手工钴行业正规化的方法有何潜力？您认为这种方法有哪些优势和风险？

（2）如果您负责成立钴业总公司项目，您认为需要落实哪些关键的成功因素才能使其发挥作用?

（3）您将如何推进手工矿工加入钴业总公司的议程?您将如何确保该国私营采矿和贸易企业的善良意愿?

14.2 金融和银行业

开展商业活动需要资本和资金。例如,采掘业（Chapter 14.1）需要大量资金用于重型器械、设备和材料、基层人员、安保和物流,以及与启动和维护此类项目相关的其他关键服务。买卖采掘商品的交易商也是如此。在世界各地通过陆运和海运运输大量原材料（如石油、矿产和金属）是一项艰巨的任务,不仅在运输方面,而且在材料的储存和保护以及船只的装备、人员配备和船舶保险方面都提出了复杂的物流挑战。另一个例子是由私营和公共机构运作的大型开发项目,如大型水坝项目,或风能和太阳能电场,这些都是高度资本密集型项目,从一开始就需要大量投资。此类项目、活动和商业模式只有在银行和其他金融机构的支持下,才有可能在项目启动阶段和整个生命周期内获得所需的贷款和资金。

近年来,金融部门的筹资活动因其人权纪录问题而受到越来越多的审查。虽然金融部门对侵犯人权行为的间接贡献和联系在过去往往被忽视,但人们越来越认识到,银行不仅在助长有问题的商业做法方面,而且在促进全面性、系统性的解决方案方面,都是关键机构。

14.2.1 问题与挑战

上述例子已经表明,银行和金融部门与可能发生在内部和外部的潜在负面人权影响紧密相关,这些影响可能发生在它们资助和支持的项目和企业内部。更普遍而言,根据《指导原则》（Chapter 10）,我们可以区分银行和金融部门造成、促成或者与其商业关系直接相关的侵犯人权行为。2017 年一个名为"图恩银行集团"（Thun Group of Banks）的银行联盟的一份工作论文引发了一些争议，该文章声称，银行通常不会通过金融服务促成客户运营中的侵犯人权行为。该文认为，银行充其量与这种影响间接相关（Thun Group of Banks 2017）。这引起了包括前秘书长特别代表约翰·鲁格在内的强烈反对回应。这种强烈反应最终使该组织重新思考了自己的立场，并相应地修改了工作文件，承认在某些情况下，银行的融资活动确实会助长侵犯人权行为。人权高专办（OHCHR 2017：7）认为，如果银行通过提供资金和金融服务为侵犯人权行为提供便利和激励，就会出现这种情况，并承认仅仅与侵犯人权行为有关和实际促成侵犯人权行为之间的区别往往并不明确（OHCHR 2017：7）。一般情况下，人们普遍认为，和任何其他企业一样，银行可以造成、促成侵犯人权行为，也可以与侵犯人权行为有关联。

银行可能在核心业务中或通过核心业务直接侵犯人权，例如，通过歧视性的贷款行为（De Felice 2015b；BSR 2020）。在不同情况下，人们被完全剥夺了获得信贷和融资的机会，或遭受基于种族、宗教或性别的掠夺性贷款做法的影响。例如，在后来演变为 2008 年全球金融危机的次贷危机期间，银行将无法长期承担贷款债务的边缘化群体列为放贷目标，这导致美国大量房地产被取消赎回权。银行贷款行为背后金融模型的算法偏见（Chapter 14.3.1）往往倾向于延续、加剧或掩盖这种歧视性做法（BSR 2020）。除了这种与商业相关的侵犯人权的核心原因外，银行还可能侵犯其员工的人权，例如通过虐待或歧视性工作及雇用行为（OHCHR 2017：5）。在此方面，银行与其他企业没有什么不同，也面临同样的侵犯人权风险。

如上文所述，银行和金融部门通过融资和贷款行为对人权产生负面影响的间接贡献和联系，可能比直接侵犯行为更为普遍。一个具体的例子是达科他州接入管道（Dakota Access Pipeline, DAPL）的融资，这是位于美国的一个 1172 英里（约 1886 公里）长的管道项目，它受到立岩苏族（Standing Rock Sioux）的强烈反对，因为该管道穿越了该部落的保留地。该项目可能会影响水源，并威胁土著圣地的完整性。据称，土著部落的自愿、预先和知情同意权未得到遵守。17 家银行已为该项目提供 25 亿美元贷款，从而相当直接地促进了管道的建设，因此促成了对与之相关的人权和土著权利的侵犯

（BankTrack 2017：4）。瑞士信贷（Credit Suisse）因参与管道融资而被投诉至瑞士国家联络点（Chapter 11.1.2）。方框 14.2 会简要概述该案件。

根据《指导原则》，当一家银行通过融资与侵犯人权行为联系在一起时，它有责任利用自身的影响力努力改善这种情况。银行通常被视为在此方面处于特别具有影响力的地位，因此在将贷款要求与人权标准挂钩时可能会产生重大影响（De Felice 2015b：331-332）。这也是近年来金融部门受到工商业与人权讨论高度关注的原因之一。

方框 14.2　文本：为达科他州接入管道提供融资

2017 年 4 月 24 日，瑞士非政府组织保护受威胁人民协会（Society for Threatened Peoples）向瑞士国家联络点（Chapter 11.1.2）提交投诉，针对的是瑞士信贷与涉及达科他州接入管道建设的企业之间的商业联系及为它们提供的金融投资（OECD Watch n.d.）。

近 40 亿美元的 DAPL 项目是连接巴肯页岩（Bakken Shale）油井——一个位于蒙大拿州东部和北达科他州西部的区域，通过水力压裂获得了数十亿加仑的新石油——与美国墨西哥湾沿岸、中西部和东海岸宝贵的消费市场的关键管道（Worland 2016）。该管道的设计目标是每天输送多达 57 万桶原油，它穿越立岩（Standing Rock）区域，该区域是土著立岩苏族人（Indigenous Sioux）的保留地（Society for Threatened Peoples n.d.）。该项目引起了关注，主要涉及对土著人社区主要饮用水源的威胁、油气泄漏时的严重环境损害以及对土著人圣地的破坏。它引发了大规模抗议，数千人聚集在一起，其中包括许多土著社区成员，以及水和气候活动家（Society for Threatened Peoples n.d.）。

保护受威胁人民协会在向瑞士国家联络点提出的投诉中指出，由于未能开展人权尽责并积极鼓励客户预防和减轻项目产生的负面人权影响，瑞士信贷与其客户的商业关系违反了其内部政策和《经合组织跨国企业准则》（Chapter 11.1）（OECD Watch n.d.）。

瑞士国家联络点认为具有处理该投诉的职责，因为案件的主要部分与瑞士公司总部发布的企业政策相关，但它也表示将与美国国家联络点密切协商并合作处理此案（OECD Watch n. d.）。在国家联络点的推动下，在历经瑞士信贷和保护受威胁人民协会之间两年的调解程序后，该投诉得到解决（Mair 2019）。该程序的结果是瑞士信贷同意根据国际金融公司关于土著人民的《绩效标准 7》（Chapter 14.2.2）的关键目标，更新关于石油和天然气、矿业和林业以及农业综合企业部门直接项目融资的内部方针，其中包括自愿、预先和知情同意原则（Chapter 5.5.3）。各方还同意，瑞士国家联络点将跟进，以确保瑞士信贷承诺得以履行（Mair 2019；BankTrack n. d.）。评论人士欢迎该协议，因为其朝着正确的方向迈出了一步，哪怕只是一小步。瑞士信贷的政策调整将对其未来的项目融资活动产生什么样的影响，还有待观察。

讨论题

（1）该国家联络点案件"针对"瑞士信贷的融资活动，而不是直接涉及 DAPL 项目的企业。您认为直接针对金融机构而非实地运营的企业有何优点及缺点？

（2）保护受威胁人民协会和瑞士信贷之间的调解程序促使后者同意将土著人的自愿、预先和知情同意权纳入其内部项目融资方针。如果在 DAPL 背景下正确地实施该原则，将会如何？

（3）人们对通过国家联络点调解程序达成的协议存在不同的反应。您对结果有何看法？您认为这是工商业与人权运动的成功还是失败？这份达成的协议揭示了国家联络点调解程序的哪些优势和劣势？

14.2.2　行业标准与倡议

银行和金融部门中最有影响力和最广为人知的标准之一是赤道原则（Equator Principles）。赤道原则专门关注通过银行的项目融资。它们涉及银行和金融业对人权影响最重要的领域之一。它们为银行提供了一个风险管理框架，用于评估和管理该领域的人权和其他社会风险，以及环境风险。然而，它们明确指出，银行的人权责任并不仅限于此，还包括业务的其他领域，而该标准并非要解决这些问题。赤道原则直接援用了《指导原则》（Chapter 10）和可持续发展目标（Chapter 15.1）。该原则特别强调社区参与、向本地社区和土著人社区提供咨询以及有效申诉机制（Chapter 8.1.3.3）的重要性。

国际金融公司绩效标准（IFC Performance Standards）也涉及项目融资。它们列举了国际金融公司的客户为获取国际金融公司的资金而必须遵守的社会和环境标准。国际金融公司是世界银行集团旗下的私营部门贷款机构。除此以外，国际金融公司绩效标准涉及尊重人权的责任，并制定了一些关于当地社区参与以及自愿、预先和知情同意权的最具深远影响的要求（Chapter 5.5.1）。这与国际金融公司对大型发展项目的关注直接相关，从人权的角度来看，自愿、预先和知情同意权和当地社区参与是这些项目的核心问题。由于其严格性，国际金融公司绩效标准也成为国际金融公司直接投资之外隐含的，有时也是明确的参照点。例如，私人或公共行为者在制定自己的政策或与供应商和战略合作伙伴的合作准则时，可以参照国际金融公司的绩效标准，也可以将其作为参考文献或解释性指南，以界定其他标准的范围和内容，如上述的赤道原则。由于具有广泛的用途，国际金融公司绩效标准已经成为更广泛地讨论负责任金融的重要参照点。

也许银行和金融业最广为人知的标准是负责任投资原则（Principles of Responsible Investment，PRI）。该原则是由联合国召集的一群机构投资者制定的。然而，这些标准是独立的，不是联合国组织的一部分。负责任投资原则由六项原则组成（方框14.3），旨在将环境、社会和公司治理（ESG）考虑纳入机构投资者的投资决策，并通过负责任投资原则的签署方网络促进此类负责任投资实践。因此，该标准并非专门关注人权，甚至没有明确提及人权，而是从一个更广泛的视角看待社会影响。然而，负责任投资已经成为工商业与人权议程的重要驱动力，它的重要性在未来几年也将进一步提升。截至 2020 年，已有近 3000 家签字方基于自愿签署了该标准（Principles for Re-sponsible Investment n. d.）。

方框 14.3　文本：负责任投资原则

原则 1：我们将 ESG 问题纳入投资分析和决策过程。

原则 2：我们将成为积极的所有者，并将环境、社会和公司治理问题纳入我们的所有权政策和实践。

原则 3：我们将寻求我们投资的实体就环境、社会和公司治理问题进行适当披露。

原则 4：我们将促进投资行业对原则的接受和实施。

原则 5：我们将共同努力，提高实施原则的有效性。

原则 6：我们将各自报告我们在实施原则方面的活动和进展。

14.2.3　解决方案与最佳实践

如上所述，负责任投资已经成为更广泛的负责任商业实践，特别是工商业与人权议程的重要驱动力（Chapter 9.4.2）。通常，负责任的投资者使用三种不同但相互补充的策略推动议程：

- 消极筛选：最基本的策略是将有害行业和企业排除在投资组合之外。例如，烟草、军火或色情行业通常会被列入负责任投资组合的黑名单。
- 积极筛选：积极筛选更进一步，只在投资组合中加入积极追求负责任的商业模式和策略，并在各自行业促进负责任商业实践方面发挥领导作用的行业或企业。
- 影响力投资：影响力投资比积极筛选更有针对性。其目的是为特定项目提供资金，通常是那些重点关注负责任实践的初创企业。与更普遍的积极筛选策略相反，影响力投资必须实现直接和可衡量的社会影响。影响力投资者通常会直接影响他们投资的项目和企业。

即便负责任投资在过去几年内已大幅增加且进入主流（Park 2018：

237)，具体的人权视角仍时常缺失。这可能意义重大，因为通过负责任和影响力投资产生的积极社会影响往往不能保证所有人权都得到尊重（Park 2018）。为了实现这一点，基于人权的具体评估框架是必要的。

银行和金融部门的负责任实践可能会对整体经济产生连锁反应，因为银行和金融部门作为中介为经济提供流动性、借贷和融资，因此具有通过与提供金融服务相关的标准和要求推动工商业与人权议程的重要杠杆作用。金融数据还可以为商业模式和实践提供独特见解，银行可以利用这些模式和实践开展有针对性的干预。例如，人口贩运和现代奴隶往往会留下明显的金融痕迹，这有助于发现这些行为并提起诉讼。工资支付信息可以成为识别现代奴隶和人口贩运的红色警报，这些工资往往首先转入受害人账号，随后从受害人账号转出。银行可以执行监测此类痕迹的系统，并培训员工，尤其是那些直接与零售客户打交道的员工，以寻找此类指标（Van Dijk, De Haas, & Zandvliet 2018）。然后，它们不仅可以采取措施防止自己的服务被用于为此类犯罪提供便利，还可以报告和打击此类行为。正如范·迪克、德·哈斯和赞德夫利特主张的那样（Van Dijk, De Haas, & Zandvliet 2018：105），"银行业在促进消除人口贩运方面处于独特地位"，因此有责任这样做。

14.3　信息和通信技术业（ICT）

如果没有数字技术的支持和整合，我们今天的生活方式将是不可想象的。它从根本上改变了我们互动、沟通以及组织个人、社交和职业生活的方式。虽然这项技术的出现为我们的生活带来了巨大的好处，但它造成的破坏也带来了严峻的挑战。例如，对信息的获取和流动的控制，以及对快速增长的用户数据的控制越来越多地掌握在科技行业的几家大公司手中。因此，谷歌和脸书等科技巨头已成为全球范围内异常强大的机构。三分之一的人使用脸书旗下的服务和应用程序。另外，谷歌约占全球搜索引擎使用量的90%。从人权角度来看，这也会产生潜在的重大影响。

近年来，经济总体上越来越受数据驱动。有关人们个人和社交生活的信息，关于他们的偏好、习惯或品位的信息，使企业能够设计更有效、更个性化的营销活动，打造量身定制的产品，甚至开发基于这些数据运行的整个商业模式。毫不奇怪，数据甚至被称为数字经济的"新石油"。它是越来越多的经济部门赖以运转的燃料。为了提取这些数据，企业越发广泛地进入生活。它们跟踪我们在互联网和社交媒体上的活动，为我们配备自我跟踪设备，例如手机、计步器或睡眠周期跟踪器，这些设备量化我们的生活，并为企业的商业化发展提供了基础。因此，人类被企业变成了纯粹的"数据主体"（Ebert，Busch，& Wettstein 2020：9），它们的商业模式不仅基于需求产品的消费者，还基于提供数据的相同消费者。将人们生活数据化的核心是为了商业目的而对人类进行微妙但深刻的工具化，这种非人性化有可能破坏我们的自主性，从而损害我们作为人的尊严（Chapter 3.1.4.1）。这引发了大量具体的人权挑战（Ebert，Busch，& Wettstein 2020：9）。

14.3.1 问题与挑战

与银行和金融部门（Chapter 14.2）类似，信息和通信技术在促进商业互动方面发挥关键作用。如今，基于技术和数据驱动的解决方案几乎支撑所有业务领域。因此，使用信息和通信技术可以促进并加剧某些与企业有关的人权影响；特别是新兴数字技术的使用和发展带来了全新的人权挑战，这些挑战往往难以识别，而制定适当措施以应对挑战的探索才刚起步。以下段落仅概述了可能与"大数据"的兴起和人工智能（AI）的出现有关的问题和挑战的一小部分。它们可以归纳为四大类人权挑战，涉及隐私权、言论自由、不歧视以及劳动和就业问题。

监控和隐私：隐私权受到《世界人权宣言》第 12 条和《公民权利和政治权利国际公约》第 17 条的保护。对隐私的威胁也许是经济数据化带来的最直接和最直观的人权问题。企业对我们活动的广泛跟踪，以及对我们数据的收集、存储、共享和交易，给我们的隐私带来了新的、前所未知的风险。所谓"剑桥分析丑闻"（Cambridge Analytica scandal）事件让我们看到了这一问题的严重性。剑桥分析公司从脸书获取了数百万用户的数据，以便向他们传递政治信息，从而影响他们在 2016 年美国总统选举中的投票行为。这一案例清楚地表明，未受保护的在线用户数据是如何被第三方获取的，以及这些数据不仅可用于谋取私利，还能以微妙的方式影响我们的思维和行为方式。隐私泄露的后果可能是灾难性的，这取决于谁将获得这些数据。新数字技术提供了识别、跟踪和监视民众的复杂可能性，为威权政府提供了新的机会，使其能够更加严密地控制民众。

然而，利用这种技术进行监控的不仅仅是政府。企业也越来越多地依赖更具侵入性的技术解决方案跟踪员工的工作表现和生产力，如持续监控键盘活动。在这方面，一些作者讨论一个"监控资本主义"时代的到来（Zuboff 2015，2019）。将技术用于此类目的给开发和提供技术的企业带来了新的挑战。例如，如果技术被用于有问题的目的，那么开发面部识别技术或其他跟踪设备的企业就可能与侵犯人权行为有关。因此，这些企业的尽责工作必须越来越多地考虑产品和服务可能被用于破坏人权和民主。

仇恨宣传以及言论和信息自由：社交媒体、消息服务和聊天平台已被用于传播歧视性和仇恨宣传、跟踪和网络欺凌，在某些情况下会造成致命后果。它们还助长了所谓"虚假新闻"的兴起和快速传播，即系统性的错误信息宣传，目的是破坏基于事实的政策和决策并使其失去合法性，以及在民粹主义宣传的基础上动员群众。此前，平台和社交媒体企业一直辩称，它们不对通过其服务发布和传播的内容负责。然而，这一立场受到越来越多的批评，因为不受监控和不受限制地使用这类媒体所带来的问题后果已显而易见。因此，社交媒体企业和平台加大了对内容的控制力度，但要控制的内容数量之大，带来了前所未有的挑战。此外，在限制有害和歧视性内容与干涉人们的表达自由之间，科技企业应该把握一条微妙的界限。至于这条界限应该划在哪里，没有标准答案；需要根据具体情况仔细斟酌。同样，这也对企业的能力、资源，尤其是人权专业知识提出了挑战。其中一些企业，如脸书，已经通过设立人权职位和人权监督委员会审查内容审核决定，以应对这一挑战。

偏见和歧视：然而，对人权构成挑战的不仅仅是将新技术应用于有问题的目的。基于人工智能技术的解决方案和应用往往是通过算法运行的，而算法包含系统性偏见，缺乏对人权考虑的整合。例如，用于支持法律实施和警务预测的智能技术试图确定犯罪趋势和开展预测，然而，这些技术可能是在历史犯罪数据集的基础上发展的，因此对某类人群具有系统性偏见。类似的偏见，例如，针对少数族裔或女性的偏见，可以嵌入支持企业招聘流程的软件（Ebert, Busch, & Wettstein 2020：12）。同样地，如果职业健康和安全措施的设计依据主要是与男性员工及其各自的相貌和健康特征有关的历史数据，则可能导致为女性提供的保护不尽如人意（Criado Perez 2019）。更普遍而言，基于历史培训数据运行的人工智能模型容易复制和巩固先前存在的不公正和权力失衡，从而可能延续而不是解决现有的人权挑战。

劳动和就业问题：与信息和通信技术部门有关的一个更广泛的问题涉及新技术对劳动和工作的影响。人工智能和自动化的发展为各行各业的企业创造了新的机会，使它们可以重组价值链和供应链，并有可能用自动化系统取代工人，特别是在劳动密集型行业。这威胁到数百万低工资工人的生计，特别是——但不仅仅是——全球南方国家的低工资工人。在所谓的"零工经济"（gig economy）中，技术驱动的劳资关系进一步破裂，使科技企业能够规避劳动法规，将工人指定为独立承包商，从而剥夺对他们的基本就业保护和福利。

最后，科技行业不仅在软件设计和使用方面，而且在硬件的生产和处置条件方面面临人权挑战。例如，大多数电子设备和电池含有钴，而钴的开采地主要在刚果民主共和国，开采条件处于不稳定和危险之中（Chapter 14.1.1）。因此，由于这些矿产和金属将被用于电子设备，大多数电子产品的供应链都与开采矿产和金属的矿区的人权问题存在内在联系。这类产品的处理也存在问题。"电子垃圾"通常被运往全球南方国家进行处理，被倾倒在巨大的垃圾填埋场中。当地人在拆解这些电子垃圾时发现了一个机会，那就是寻找其中的贵金属。在提取这些金属的过程中，他们会接触到有毒气体和物质，严重影响了他们的健康。

14.3.2　行业标准与倡议

目前已有许多标准和倡议用于应对信息和通信技术行业面临的具体挑战。最突出的无疑是全球网络倡议（Global Network Initiative，GNI）。还有一个值得一提的有趣倡议是人工智能伙伴关系（Partnership on AI）。最后，《经合组织人工智能原则》（OECD AI Principles）是第一个针对政府的人工智能标准。

全球网络倡议是一个多利益攸关方平台，于 2008 年成立，旨在应对科技企业在政府要求提供用户数据、审查内容或限制用户访问其服务和互联网方面面临的日益严峻的挑战。因此，全球网络倡议是一项行业倡议，旨在为负责任的企业决策制定全球标准，强调尊重数字权利和隐私，以及在具有挑战性的环境中促进言论自由。其成员包括一些规模最大、最具影响力的科技和社交媒体企业，以及民间社会和学术组织、人权倡导团体和投资者。全球网络倡议基于四大支柱：（1）促进问责制以建立信任；（2）提供一个框架以促成负责任的决策；（3）使学习能够塑造最佳实践；（4）赋予促进人权的政策的能力。该倡议的核心是《全球网络倡议原则》，其概述了企业在保护隐私、促进言论自由、负责任的决策、利益攸关方合作，以及治理、问责制和透明度等方面的责任。此外，全球网络倡议还为这些原则提供了更具体的实施指南。这些原则的实施情况由独立评估员进行定期评估（Samway 2016）。

方框 14.4　文本：全球网络倡议原则

（1）言论自由

● 参与企业将尊重并努力保护用户的言论自由，努力避免或尽量减少政府对言论自由限制的影响，包括对用户可用信息的限制，以及用户创造和交流思想与信息的机会的限制，无论国界或传播媒介如何。

● 当面临政府要求、法律和法规以不符合国际公认法律和标准的方式压制言论自由、删除内容或以其他方式限制对通信、思想和信息

的访问时，参与企业将尊重并努力保护用户的言论自由权。

（2）隐私

● 参与企业将在其运营的所有国家对个人信息采取保护措施，以保护用户的隐私权。

● 当遇到政府要求、法律或法规以不符合国际公认法律和标准的方式损害隐私时，参与企业将尊重并努力保护用户的隐私权。

（3）负责任的企业决策

● 参与企业将确保公司董事会、高级管理人员和其他负责影响言论自由和隐私的关键决策的人员充分了解这些原则，以及如何最好地推进这些原则。

● 参与企业将识别言论自由和隐私可能受到危害或促进的情况，并将这些原则纳入其在这些情形下的决策。

● 参与企业在实施这些原则时，将始终努力确保可能面临风险的企业人员的安全和自由。

● 参与企业将在拥有运营控制权时实施这些原则。当它们没有运营控制权时，参与企业将尽最大努力确保业务合作伙伴、投资对象、供应商、分销商和其他相关方遵守这些原则。

（4）多利益攸关方协作

● 参与者将采取合作的方式解决问题，并探索从多个利益攸关方那里集体学习的新方法，以促进言论自由和隐私。

● 参与者将单独和集体地与各国政府和国际机构接触，促进法治，采取保护、尊重和实现言论自由及隐私的法律、政策和做法。

（5）治理、问责和透明性

● 参与者将遵守集体确定的治理结构，该结构定义了参与者的角色和责任，确保了问责制，并促进了这些原则的推进。

● 参与者将通过以下制度承担责任：（a）对公众透明；（b）对这些原则的执行情况进行独立评估和评价。

人工智能伙伴关系是一个多利益攸关方倡议，汇集了科技企业、民间社会组织和学术机构，以促进和探索人工智能作为一个造福人类和社会源泉的潜力。该倡议并不特别关注人权问题，而是从安全、隐私、透明度和公平性等更广泛的角度出发。不过，该伙伴关系所涉及的许多专题领域和问题都以人权为核心。该倡议有四个具体目标：（1）发展和分享有关人工智能技术的包容性、公平性、透明度和一般道德规范方面的最佳做法；（2）通过思想引领和促进对话，提高公众对人工智能更广泛的理解和认识；（3）为多利益攸关方的讨论和参与提供一个开放和包容性的平台；（4）为实现社会公益目的，探索在人工智能领域具有远大目标的措施和仍待进一步开发的领域和机遇，并促进这些措施和领域的发展。

2019年，《经合组织人工智能原则》发布。与上述倡议不同，《经合组织人工智能原则》得到了政府的支持和认可。经合组织成员国以及一些非成员国都认可了这些原则。《经合组织人工智能原则》提倡尊重人权和民主价值的人工智能解决方案。更具体而言，这些原则要求各国政府促进公共和私人投资，发展可信赖的人工智能，创造有利于可信赖的人工智能发展的环境，促进人工智能生态系统的可及性，营造有利于可信赖的人工智能发展的政策环境，确保人们拥有合适的技能，并通过跨境合作，推进可信赖的人工智能发展。

14.3.3 解决方案与最佳实践

工商业与人权的讨论迟迟没有进入科技领域。然而，近年来，人们对该行业人权问题和人权风险的认识不断提高，导致讨论加速。因此，科技企业已开始应对与其业务相关的风险和积极潜力。

消除负面影响：为了应对信息和通信技术的生产和使用可能对人权造成的各种负面影响，科技企业应实施具体的人权政策和量身定制的尽责程序。重要的是，这种人权尽责程序必须涉及技术生命周期的所有阶段，从技术设计、开发、生产一直到使用，而且必须让受到严重影响的权利人参与技术生命周期的所有不同阶段（Ebert，Busch，& Wettstein 2020）。因此，丹麦人权研究所（Danish Institute for Human Rights 2020），以及 Shift 和人权与工商业研究所（Shift & Institute for Human Rights and Business 2013c）等机构为数字活动的人权影响评估以及在更广泛的企业、技术和创新部门实施《指导原则》发布了急需的定制指南。

释放积极潜力：新技术的开发、设计和使用不仅伴随工商业与人权的风险，而且为一些普遍存在的工商业与人权问题和挑战提供了潜在的解决方案，人工智能伙伴关系关注的焦点尤其表明了这一问题。例如，据说区块链技术有可能为提高复杂企业价值链的可追溯性提供新的有效解决方案。该技术可以提高追踪终端产品所含材料来源的可靠性，从而增加消费者对与此类产品生产相关的潜在人权影响的了解。虽然这些应用和解决方案仍处于起步阶段，但它们最终可能会为提高价值链透明度的难题作出贡献。例如，这可能有助于企业更有效地遵守人权尽责立法或最近的冲突矿产法规（Chapter 12.4），从而增强这些政策工具在当地的影响。

新的数字通信技术还使全球南方的农村社区具备获取关键信息、服务和市场的能力。例如，它们使移动银行服务或远程访问健康记录以及学习和信息成为可能（Shift & Institute for Human Rights and Business 2013c：8）。除其他外，有关天气模式的信息可使它们利用新的可能性提高农业产量和产出。提高农村社区的信息素养还能使它们更有韧性，更有能力在企业和政府的经济利益面前捍卫自己的权利。

14.4　服装和鞋类行业

20 世纪 90 年代，服装和鞋类企业是最早面对公众日益关注的企业对人权影响的组织之一。尤其是耐克公司，其海外工厂生产的带有著名旋风标志的鞋子和运动服装存在剥削性劳动关系，引起了公众的强烈不满。此后，耐克为解决和改善其供应链中的劳动条件做了大量工作，并在促进人权方面成为业内领先的企业之一（方框 6.1）。

然而，对该行业的剥削和严重侵犯人权行为的担忧依然存在。造成数百名工人伤亡的工厂火灾和建筑物倒塌事件仍时有发生，非政府组织的报告不断揭露大型时装和运动装品牌价值链中侵犯劳工权利的行为。2013年，孟加拉国拉纳广场工厂大楼倒塌，造成1000多名工人死亡，数百人严重受伤，这已成为困扰该行业的人权挑战的象征（方框14.5）。孟加拉国已成为低工资服装生产的主要"中心"，约有6000家此类工厂，雇用多达400万人。但其他东南亚国家和一些非洲国家，如埃塞俄比亚，也依赖服装行业，该行业一直是社会和经济发展的主要力量（Nolan 2016：279）。

这些问题的根源在于行业的商业模式和结构，这些模式和结构基于越来越快的时尚周期，加上利润率的下降和成本压力的攀升。时尚趋势以越来越快的速度变化，这增加了供应链的时间压力；这种现象被称为"快时尚"（fast fashion）。因此，全球品牌供应链第一级的供应商经常将订单传递给一个不透明的分包商网络，这些分包商在一个基本上不受监控和监管的空间中运营，因为这使他们能够承担比其生产能力允许的更多和更大的订单。这些分包商自己可能会将一些订单转包给另一层分包商，依次类推。换句话说，供应链变得越来越长，越来越复杂。通常，供应链较底层的分包商在不稳定的工作条件下以非正规经济的方式经营。与此同时，服装和鞋类品牌通过增加削减生产成本的压力来提高利润率。因此，供应商最终不得不以更低的成本更快地生产。这种压力最终会转嫁给工人，他们将在恶劣的工作条件下，以更长的工作时间换取更少的报酬。

14.4.1 问题与挑战

服装和鞋类生产充斥着人权挑战。此类侵权行为的结构性根源和系统性特征说明了工商业与人权问题的复杂性。该行业面临的人权挑战可大致分为两个阶段：第一，原材料生产；第二，加工，即服装和其他材料加工成服装和鞋类。

服装价值链始于棉田——例如乌兹别克斯坦、土库曼斯坦或阿塞拜疆的棉田——那里的采棉工往往长时间工作，在体力要求很高的条件下，以微薄的工资拾取一袋袋棉花。棉花生产通常会大量使用杀虫剂，这些杀虫剂会污染土壤和水源，影响工人和附近社区的健康。生物多样性也受到杀虫剂污染的负面影响。此外，棉花是最耗水的作物之一。灌溉往往需要改变水道的流向，这会影响社区和周围的整个生态系统。

方框 14.5　简短案例：拉纳广场工厂倒塌

2013 年 4 月 24 日，拉纳广场——一个位于孟加拉国达卡的工业综合体——倒塌，造成 1134 名服装工人死亡，约 2500 人受伤（Barrett, Baumann-Pauly, & Gu 2018：5）。这是自 1984 年博帕尔（方框 2.3）以来全球最严重的工业事故（Nolan 2016：27）。该建筑群内有 5 家当地成衣工厂，共 8 层，为 31 家西方跨国企业生产服装（Chowdhury 2017：938）。然而，尽管这一事件在全世界引起了轰动，但不幸的是，许多人对这一事件并不感到意外。

前一天，即 2013 年 4 月 23 日，拉纳广场大楼出现了巨大的结构性裂缝 [Clean Clothes Campaign n.d.（b）]。虽然低层的商店和银行立即关闭，但制衣厂的经理们无视警告，迫使数千名工人在第二天返回工作岗位 [Clean Clothes Campaign n.d.（b）]。就在他们返回几小时后，工厂就倒塌了，数千人被埋在瓦砾和废墟中，无数人因此遭受了毁灭性的后果 [Clean Clothes Campaign n.d.（b）]。

拉纳广场事件的严重程度和规模是前所未有的，但就事件的性质而言却并非如此。相反，它与孟加拉国成衣行业长期以来发生的与工作场所安全有关的悲惨事件紧密相关。仅在 5 个月前，估计有 12 名成衣行业工人在塔兹琳（Tazreen）工厂的一次悲惨事故中丧生（Nolan 2016：27），当时由于工厂管理人员在火警警报响起时阻止工人逃离，工人被困在着火的大楼内（Banerji 2019）。

尽管近年来已通过修改孟加拉国劳动法和制定若干多利益攸关方倡议，努力改善作为快时尚产业核心的成衣厂的条件，但在适当执行法规和支付赔偿方面仍存在许多挑战 [International Labour Organization n.d.（c）]。

讨论题

（1）根据上述案例，设想您是一家大型跨国快时尚零售商的企业社会责任负责人，您的任务是在孟加拉国选择一家新的供应商生产服装。为了确保工人的人权得到尊重，您在选择供应商时会考虑哪些标准？

（2）作为企业社会责任负责人，您在评估中发现，一些现有供应商的工厂安全纪录令人担忧。您打算如何处理这些问题？您将实施什么样的行动计划？

（3）1990~2016年，全球化兴起，孟加拉国的快时尚产业从400家工厂扩展到约6000家工厂，工人人数超过400万（Nolan 2016：27），孟加拉国服装行业发生的事故越来越多，暗示着潜在的结构性问题。在您看来，孟加拉国政府和时尚品牌的母国政府可以采取哪些措施改善服装厂的工作条件？

服装行业工商业与人权的重点通常放在生产阶段。该行业因服装和鞋类工厂剥削性的工作条件而臭名昭著。分包商往往将生产转移到非正规部门，很少或根本没有控制和监督。相应地，生产场所经常保持血汗工厂的条件（Chapter 5.2.2）；工人长时间轮班工作，通常不允许休息；他们的工资很低——贩卖人口和强迫劳动也经常发生——几乎没有休息时间，并承受巨大的身体和精神压力。工厂往往拥挤不堪、通风不良，工人在服装染色和着色过程中会接触到灰尘和有毒物质（Stanwick & Stanwick 2015：41）。工厂大门经常紧锁，工人无法外出。这在工厂火灾中造成了特别严重的后果，工人被困在里面无法逃生。由于缺乏对设施和设备的投资和适当维护，工厂在恶劣和不安全的条件下运营，工厂火灾和建筑物倒塌事件时有发生。

在一个大多数工人都是女性的行业里，歧视、骚扰、身体虐待和性虐待也同样常见。此外，在服装生产国，工会经常被禁止，并受到服装和鞋类制造商的积极反对和破坏。这本身就是对工人权利的侵犯，实际上使工人处于弱势地位，无法与雇主对抗并要求改变这种状况。

最后，污染是服装行业的一个大问题。碳污染和向环境释放有毒化学物质是生产阶段的大问题。服装和鞋类行业对全球气候的影响超过 8%，比所有国际航空和海运的总和还要多 ［Clean Clothes Campaign n. d. (a)］。此外，全球市场上销售的大部分服装都会在生产后一年内被丢弃，最终被填埋。这也是快时尚的通病之一。

14.4.2 行业标准与倡议

在拉纳广场工厂倒塌后，全球服装行业发起了两项大规模的多利益攸关方倡议，涉及企业、孟加拉国当局、工会、非政府组织和国际劳工组织，旨在改善孟加拉国服装行业的工厂安全标准和工作条件。主要位于欧洲的 170 多家服装企业加入了《孟加拉国消防和建筑安全协议》(*Accord on Fire and Building Safety in Bangladesh*)，该协议要求各品牌接受独立的工厂安全监察员对工厂的审计，并要求进行必要的翻新和维修，从而提高工厂安全性 (Stanwick & Stanwick 2015：41)。该协议的最初期限为 5 年。2018 年，这些品牌签署了《过渡协议》(*Transitional Accord*)，将期限延长至 2021 年 6 月，届时这项工作应该移交给由国际劳工组织支持的国家监管机构。2021 年 6 月，该期限又延长了 3 个月。在这 3 个月内，服装品牌和全球工会之间谈判达成了一项新协议，并扩展了协议的核心内容。这项名为《纺织服装行业健康与安全国际协议》(International Accord for Health and Safety in the Textile and Garment Industry) 的新协议于 2021 年 9 月 1 日生效。与此同时，20 多家美国品牌和服装企业加入了孟加拉国工人安全联盟 (Alliance for Bangladesh Worker Safety)，该联盟在很大程度上反映了《孟加拉国消防和建筑安全协议》的规定，但约束力较弱。该联盟的期限也是 5 年，并于 2018 年停止运作。这两项举措因在孟加拉国服装业产生真正影响的潜力而受到广泛赞誉。然而，也有人批评指出，这些举措只覆盖了孟加拉国的一小部分工厂，而那些犯下最严重罪行的工厂通常不在倡议的范围之内 (Labowitz & Baumann-Pauly 2014)。此外，这两项举措将为必要的翻新和维修提供资金的责任留给了工厂主，而他们通常无法拿出这样做所需的资金 (Labowitz & Baumann-

Pauly 2014：40)

公平劳工协会（Fair Labor Association，FLA）是一个多利益攸关方倡议，旨在解决大型零售品牌工厂的劳动条件问题。它被广泛誉为该领域最先进、最有效的倡议之一。它并非专门针对服装和鞋类行业，尽管它起源于对 20 世纪 90 年代该行业出现的血汗工厂和童工争议的回应。该组织成立于 1999 年，是当时服装行业合作伙伴关系（Apparel Industry Partnership）的监督和审计机构，其目的是确保签约企业的供应商遵守新制定的《工作场所行为准则》（van Heerden 2016：129）。该行为准则在不歧视、强迫劳动和童工、骚扰和虐待、结社自由以及体面工作条件等方面提出了要求。如今，公平劳工协会仍主要关注服装和运动服装企业，但也包括苹果和雀巢等其他行业的大企业。参与企业向公平劳工协会提交工厂名单，然后由公平劳工协会随机抽取 5% 的风险加权样本进行独立外部监测（van Heerden 2016：131）。企业必须与被审计的供应商合作，制定计划以弥补发现的不足。这些补救计划需要得到公平劳工协会的批准，企业还必须向公平劳工协会通报已实施措施的最新进展情况。反过来，公平劳工协会也会进行抽查，以核实进展情况，并在其网站上报告企业监督和评估结果（van Heerden 2016：131）。公平劳工协会还包含第三方投诉机制，通过该机制可以举报长期不遵守《工作场所行为准则》的情况。未能在规定时间内达到补救要求的企业将遭到特别审查，并面临被除名的风险。

清洁成衣运动（Clean Clothes Campaign，CCC）是一个由非政府组织和工会（但不包括企业）组成的草根网络。早在 1989 年，它就作为一个倡导团体成立，使命是游说企业和政府改善劳动条件，并向在服装和运动服装供应链中的工人赋权。因此，清洁成衣运动旨在提高人们对结构改革的认识，并动员人们在具体的侵犯人权案件中与企业对抗。1999 年，清洁成衣运动与荷兰的一个工会共同成立了公平服装基金会（Fair Wear Foundation），该基金会与 100 多家品牌合作，致力于服装行业的转型。公平服装基金会是一个多利益攸关方组织。其工作不仅基于对工厂的第三方检查，还基于对品牌的管理决策和商业行为的第三方检查，这些检查往往会产生压力，引发价值链上游的侵权行为。此外，该组织还直接与服装工人接触，并为他们提供投诉帮助热线，以寻求支持。在工厂一级，公平服装基金会为工厂管理人员和工人提供有关《公平服装劳动实践守则》（Fair Wear Code of Labour Practices）的培训。

14.4.3 解决方案与最佳实践

拉纳广场灾难发生后，至少部分基于品牌商留在孟加拉国的承诺，孟加拉国政府提高了服装工人的最低工资，并改善了其他劳动保护和安全法规（Nolan 2016：28）。然而，要实现可持续的变革，就必须从根本上解决和改变潜在的结构性问题，特别是全球品牌的采购行为。服装和鞋类供应链中侵犯工人权利的根本原因是快时尚周期，加上品牌成本压力增大导致利润空间狭小，以及全球供应链缺乏透明度。品牌通常采用所谓的"间接采购"。它们与采购代理商合作，由采购代理商派发订单，确保以最快的速度和最低的成本完成周转。因此，品牌很少能对供应链的详细情况有整体把握和了解。快速的周期导致承包商和分包商网络不断变化，这是根本无法控制，甚至无法理解的。

因此，提高该行业可持续性的关键是从"快时尚"转向"慢时尚"，同时从间接采购模式转向直接采购模式，即品牌直接与供应商合作，建立基于稳定、可预测的长期关系的价值链（Labowitz & Baumann-Pauly 2014）。这种长期关系将为供应商提供在设施安全、培训和劳动条件方面进行投资的前景和保障，并使品牌商能够在供应商工厂中开展能力建设。在目前这种不断变化的短期供应商关系模式下，品牌商和供应商都没有动力进行昂贵的能力建设投资。此外，建立在与供应商长期关系基础上的模式将减少品牌对工厂审计制度的依赖，而这种制度长期以来一直被批评是无效的（Chapter 8.1.5.6）。相互信任和参与，而不是监督和控制，可能是提高行业可持续性的关键。虽然一些品牌，如耐克等，已开始朝这一方向发展，但这种组织供应链的模式不仅适用于服装和鞋类行业，也可引导其他产品周期短、供应链长且复杂的行业走上更加透明和可持续发展的道路。

14.5 食品、饮料和农业综合企业部门

2015 年，瑞士食品巨头雀巢（Nestlé）公开承认，一项内部调查显示其在泰国的海鲜供应链中存在强迫劳动，从而上了头条新闻。对一些人而言，这一承认是对大型跨国企业不择手段和不负责任的商业行为的确认，也是当今全球企业运作方式所有错误的象征。但许多人权组织称赞此举是解决根本问题的第一步。像雀巢这样的大型跨国企业公开承认，尽管拥有资源和专业知识，但无法对其供应链进行全面监督和控制，这一事实在很大程度上说明了当前任务的复杂性。理解并承认这种复杂性，确实有可能为建设性合作提供可能，这可能是制定全面、可持续解决方案的第一步。从法律角度看，这种承认是有风险的，因为它们可能会引发新的诉讼，或被用于正在进行的庭审案件。这是企业不愿意公开解决供应链问题的一个主要原因，也说明了企业在实现持久改善的道路上所面临的主要困境之一：诉讼风险的增加不仅可能产生积极影响，也可能阻碍企业参与寻求全面、持久的解决方案。另外，诉讼是侵犯人权行为的受害者为自己的遭遇寻求正义和补救的一个重要途径，但总体而言，这种途径仍不发达，需要变得更加有效。

14.5.1 问题与挑战

我们经常食用的许多食物都不是本地种植的，而是从遥远的地方进口的，通常作为加工食品的配料。每天，来自世界各地的水果、香料、茶叶、肉类或海鲜被新鲜地运送到世界各地的杂货店。但是，水果必须经过种植和收获，海鲜必须经过捕捞，茶叶必须经过采摘；它们还必须经过长途运输和配送，才能出现在杂货店的货架上。各种食品和饮料供应链上的许多活动和阶段都存在明显的人权风险。甚至食品本身及其对潜在消费者的广告和营销也经常会引起人权问题。下面的讲解将区分在上游发生的风险和影响，即种植、收获或捕捞的地方，以及与下游活动相关的风险和影响，如产品的加工、广告、营销和销售。

　　童工和强迫劳动（Chapter 5.2）是发生在食品和饮料行业供应链上游最相关的人权风险之一。例如，如上所述，人口贩运和强迫劳动在东南亚的渔业和海产品行业十分普遍。移徙工人被发现在条件恶劣的公海船只上一次工作数个月，都不让返回大陆休息。他们的护照往往被雇主没收，因此没有机会离开；此外，他们为获得工作而支付的职业介绍费可能使他们欠下雇主债务，这些债务可能需要数年才能还清，这又会阻碍他们继续前行。暴力和虐待是这种工作条件的常见特征，安全措施往往不足以减轻这种职业的危险性。据报道，童工现象也特别普遍，例如，在科特迪瓦和其他国家的可可供应链中。根据联合国粮农组织（FAO）的数据，近70%的童工现象发生在农业领域，因此也发生在大型食品企业的供应链中，涉及全球约 1.08 亿名儿童（FAO 2021）。食品和巧克力企业在改善这种状况方面做得太少而被提起诉讼（方框 4.1）。2005 年，根据《外国人侵权请求法》（Chapter 12.5.3）提起的约翰·杜伊一世等人诉雀巢等一案于 2021 年 6 月被美国最高法院驳回。在该案中，雀巢美国公司和嘉吉公司被指控通过向科特迪瓦的可可种植者提供资金支持、培训和用具，协助和教唆奴役儿童（Dufresne 2021）。然而，美国最高法院裁定，该案不符合"接触和关注"的要求，因为几乎所有被指控的非法行为都发生在科特迪瓦，仅凭美国总部对此类行为的批准并不足以推翻基奥波尔案裁决中确立的反对治外法权的推定（Chapter 12.5.3.2）。

　　自然资源的使用是与食品和饮料行业相关的另一个大问题。例如，饮料公司被指控"抢水"，即为生产和销售饮料产品而耗尽当地社区的水资源，从而损害了获取清洁水的人权。同样，为了给农田和单一种植业腾出空间，砍伐森林的速度也在加速。棕榈油生产已成为全球人权运动关注的焦点，并提高了公众对这种生产模式后果的认识。砍伐森林会破坏自然栖息地并威胁生物多样性，而用于清除森林的大火会产生大量烟雾污染，对人类健康造成负面影响（Chapter 5.4.2）。掠夺土地进行大规模单一种植（Chapter 5.3.1），以及使用严重影响工人和社区健康的有毒杀虫剂，也是食品和饮料企业供应链中长期存在的问题。这些问题同样与大型农业企业有关，它们生产和推广化肥，但往往没有充分确保用户采取必要的预防措施来保护自己的健康。大型农业企业垄断种子市场、土地和水资源，损害小农利益的行为也受到越来越多的关注。

人权问题也发生在食品和饮料价值链的下游。高糖饮料和含有大量盐、糖、反式脂肪和防腐剂的超加工食品可能与肥胖有关，尤其是在儿童和青少年中，也可能与糖尿病和心血管疾病等其他非传染性疾病有关，这些已成为全球主要的公共健康问题（Buse, Tanaka, & Hawkes 2017）。这类风险和后果往往由于缺乏有关此类产品对健康影响的信息和透明度而更为严重。此外，激进且往往具有欺骗性的广告和营销活动——通常以儿童为目标——在没有充分告知消费者健康风险的情况下，创造了对这类产品的需求。雀巢在20世纪70年代对其婴儿配方奶粉产品进行的激进性和欺骗性营销就是这种做法的一个特别恶劣的例子。它们的营销活动说服全球南方国家的母亲放弃母乳喂养，转而使用雀巢的婴儿配方奶粉喂养婴儿。然而，她们中的许多人买不起这种昂贵的产品，为了扩大供应量，将奶粉冲得太稀，导致婴儿严重营养不良。还有一些母亲将配方奶粉与受污染的水混合在一起，因为她们无法获得清洁的水源。这对无数婴儿的健康造成了灾难性的影响。然而，操纵性和欺骗性的营销手段——例如将产品与消费者的欲望、理想或情感状态相联系——至今仍在继续使用。新技术和社交媒体（Chapter 14.3）使企业更容易以个性化和高效的方式锁定消费者。

14.5.2　行业的标准与倡议

食品和饮料行业的特点是不同价值链的多样性。咖啡、可可或茶叶等农产品需要应对各种挑战，这些挑战及其潜在的解决方案可能与海产品供应链等所经历的挑战截然不同。因此，管理该行业的标准和倡议也往往是具体的，并针对不同的价值链。因此，本小节将重点介绍几项较为通用的标准，这些标准涉及一系列问题和产品，并已达到一定的知名度。同样，在阐述时也会区分对待下游活动和上游活动的标准与倡议。

在食品和饮料行业，最著名的标准可能是国际公平贸易标准（Fairtrade International），该标准涉及多种产品和配料的一系列问题。国际公平贸易组织是一个非营利的多利益攸关方组织，通过 3 个区域生产商网络和 25 个国家的公平贸易组织开展活动。符合公平贸易要求的产品可以获得认证，并贴上著名的公平贸易标签。公平贸易的主要目的是确保国际买家与全球南方农民之间的贸易条件更加公平合理。该倡议包括支付足够高的最低价格，以支付可持续生产的平均成本；提供额外的溢价，可在社区一级投资于促进社会、经济和环境发展的项目；为生产者预先提供资金；促进长期的贸易伙伴关系，使生产者能够对贸易过程拥有更大的控制权；制定明确的要求，以确保生产和贸易条件是公平和负责任的（Fairtrade International n. d.）。这些标准包括有关童工和强迫劳动、性别平等、气候变化、工人权利和人权等问题的规定。对公平贸易运动的一个常见的批评是，支付给生产者的溢价会抑制他们朝潜在的更高价值产品、活动甚至经济部门的多样化方向发展。然而，这种批评忽视了这样一个事实，即这种变化对当地生产者来说是要冒很大风险和付出很大代价的，因为他们缺乏经济手段来实现这种转型。因此，实证结果表明情况恰恰相反，即获得公平贸易认证的生产者往往能够实现多样化，生产出更多高加工度的出口产品，这正是因为公平贸易体系为他们提供了投资和长期规划的稳定性和手段（Smith 2013）。

另一个知名的多利益攸关方倡议是雨林联盟（Rainforest Alliance）。雨林联盟旨在保护生活在全球南方农业和森林社区者的人权。它基于这样一种信念，保护森林、土壤和水道是保护当地社区的关键组成部分。它实施了一项认证计划，其基础是不断改进有关此类保护的商业实践。为此，由独立的第三方审计员对生产商进行评估。评估标准包括保护森林、气候、人权以及农村社区的可持续生计。除认证外，雨林联盟还为生产商提供培训、技术援助和可持续融资。

国际食品和饮料联盟（International Food and Beverage Alliance，IFBA）致力于解决与食品和饮料企业下游活动相关的一些人权问题。该联盟成立于 2008 年，成员包括 12 家业内最大的企业。其目标是通过减少钠或糖的成分，解决与超加工食品相关的公众健康问题，并促进负责任营销，尤其是针对儿童的营销。《悉尼原则》（Sydney Principles）也追求类似的目标。悉尼原则是世界肥胖问题特别工作组起草的一套指导原则，旨在加强对儿童的保护，使其免遭食品和饮料商业促销的影响。这些原则的依据是，此类营销行为是肥胖症流行的主要驱动因素。这些原则从根本上提倡以权利为基础的方法，对儿童食品和饮料的商业营销进行公共监管。

14.5.3　解决方案与最佳实践

每天消耗的食物中约有 80%是由全球超过 5.7 亿个农场生产的；其中90%的农场由个人和家庭经营。正如波斯纳（Posner 2016：173）所指出的，超过 10 亿人以农业为生。仅从这些数字就可以看出，全球食品和饮料品牌要对其全球供应链进行监督是一项多么艰巨的任务，更不用说确保尊重人权了，因为这些供应链往往延伸到地球上最偏远的角落。这些数字还表明，可持续的解决方案需要不同行为者之间的真正参与和合作。由于数百万人的生计依赖农场工作，全球食品和饮料品牌的脱离和退出不可能成为应对这些人权挑战的可行方法。童工挑战为该观点提供了一个具有说明性、被广泛讨论的例子。童工虽然有害，但往往也是全球南方贫困地区家庭的重要收入来源。因此，切断联系可能会使受影响家庭的情况更加糟糕，他们可能会失去一个重要的收入来源。更有建设性的是基于长远眼光的解决办法，既考虑到儿童的权利，又顾及家庭的最佳利益。从这个角度来看，解决童工问题的综合方法既能确保儿童接受教育，又能弥补家庭的收入损失。此外，这种方法的一个有效特点是承诺在儿童达到工作年龄后，就提供有保障的就业。因此，与服装和鞋类行业（Chapter 14.4）类似，此类合作解决方案必须以长期发展的信任关系为基础，而且与我们在采掘业（Chapter 14.1）中指出的情况类似，"一走了之"很难解决问题。

然而，在采取这些措施之前，企业必须意识到其供应链中存在的问题，并确定其商业活动和决策对供应链中的工人和社区产生的影响，以及它们计划采取的应对这些问题的潜在措施。因此，特别是在漫长而复杂的价值链中，如食品和饮料企业的价值链——建立有效的可追溯性和尽责系统，以确定采购商品的来源和自身业务活动的影响，是一个关键因素。然而，必须将其视为此类解决方案的起点，而不是解决方案的本质。

◈ 学习题

1. 什么是手工或小规模采矿？与之相关的工商业与人权问题和挑战有哪些？

2. 什么是赤道原则，它与哪个部门有关？国际金融公司绩效标准对工商业与人权有何重要意义？

3. 人工智能解决方案往往会加剧现有的不平等和歧视。为什么会这样？您能解释使人工智能解决方案易受偏见影响的机制吗？

4. 从工商业与人权的角度看，如何理解"快时尚"，它有什么问题？"快时尚"与服装品牌价值链中的分包有什么联系？

5. 您能描述全球食品和饮料企业供应链上游出现的一些工商业与人权挑战吗？下游会出现哪些问题？

6. 什么是公平贸易标准？公平贸易体系是如何运作的？

◈ 反思题

1. 图恩银行集团认为，银行充其量只是与客户潜在的侵犯人权行为有间接联系，而不会通过金融服务和产品促成这些行为。您同意还是不同意这一立场？您能否提出一个确切的论点，说明为什么您认为银行会促成或不促成这种侵犯人权行为？您能否将您的答案与方框 14.2 中讨论的瑞士信贷为 DAPL 项目提供资金的案例联系起来？

2. 越来越清楚的是，平台和社交媒体企业有责任对其网站上发布的内容进行审核，以防止仇恨宣传、虚假新闻和欺凌行为的传播。然而，限制内容和允许人们表达自由之间的界限在哪里，应该如何划清界限？它们应该建立什么样的机制来处理这些棘手的问题？

3. 众所周知，"快时尚"的结构会对人类和环境造成不利影响。您如何看待这些信息？它对您作为消费者的购买行为有何影响？您能改变时尚产业吗，将如何改变？

4. 食品和饮料企业经常辩称，在选择健康食品方面，消费者有能力作出"正确"的决定。它们认为，通过销售垃圾食品，它们并没有伤害人们，只是为其提供了选择。您同意这种说法吗？这种逻辑如何与工商业与人权的观点联系在一起？

第十五章 新议题与新叙事

工商业与人权（BHR）是一个快速发展的跨学科领域，随着时间的推移和新的分支学科出现，其关注点自然会不断扩大。这样的新议题往往出现在工商业与人权和其他领域的交汇处。最重要的学术创新往往发生在这类相互联系之中，并通过这类相互联系实现，这是学术研究的典型特征。本章简要概述了工商业与人权领域四个新议题，这些议题可能在未来几年内变得更加重要。

15.1 工商业与人权和联合国可持续发展目标

2000 年，联合国通过了所谓的千年发展目标，这是一个围绕 8 个具体目标协调可持续发展努力的框架，旨在到 2015 年消除极端贫困。继千年发展目标之后，联合国大会于 2015 年通过了可持续发展目标，作为其 2030 年可持续发展议程（以下简称 "2030 年议程"）的一部分（UN General Assembly 2015）。与千年发展目标相比，可持续发展目标更为全面，包括 17 项目标，总共 169 项具体目标以及一套旨在衡量进展情况的指标体系。可持续发展目标很快就成为一个强有力的叙事和有影响力的框架，用以协调各国政府以及其他公共和私营组织的发展努力。这些目标涉及可持续发展领域的各种问题，如消除贫困、减少所有相关方面的不平等、促进健康和教育、提供清洁水和卫生设施，以及应对气候变化。

方框 15.1　文本：17 项可持续发展目标

目标 1：在全世界消除一切形式的贫困

目标 2：消除饥饿，实现粮食安全，改善营养状况和促进可持续农业

目标 3：确保健康的生活方式，增进各年龄段人群的福祉

目标 4：确保包容和公平的优质教育，让全民终身享有学习机会

目标 5：实现性别平等，增强所有妇女和女童的权能

目标 6：为所有人提供清洁的水和环境并对其进行可持续管理

目标 7：确保人人获得负担得起的、可靠和可持续的现代能源

目标 8：促进持久、包容和可持续的经济增长，促进充分的生产性就业和人人获得体面工作

目标 9：建造具备抵御灾害能力的基础设施，促进具有包容性的可持续工业化，推动创新

目标 10：减少国家内部和国家之间的不平等

目标 11：建设包容、安全、有抵御灾害能力和可持续的城市和人类定居点

目标 12：采用可持续的消费和生产模式

目标 13：采取紧急行动应对气候变化及其影响

目标 14：保护和可持续利用海洋及海洋资源以促进可持续发展

目标 15：保护、恢复和促进可持续利用陆地生态系统，可持续管理森林，防治荒漠化，制止和扭转土地退化，遏制生物多样性的丧失

目标 16：创建和平、包容的社会以促进可持续发展，让所有人都能诉诸司法，在各级建立有效、负责和包容的机构

目标 17：加强执行手段，重振可持续发展全球伙伴关系

伙伴关系被视为实现可持续发展目标的重要手段。在此方面，可持续发展目标还将私营部门作为"关键合作伙伴"，赋予其突出和关键的地位，这不仅体现在提供必要的财政资源和投资方面，也体现在寻找创新的解决方

案，创造就业机会和经济增长、知识和技术转让等方面。可持续发展目标 17
特别呼吁企业参与可持续发展伙伴关系，并协助政府实现可持续发展目标
1~16（Buhmann，Jonsson，& Fisker 2019：390）。企业被要求"运用其创造
力和创新力解决可持续发展的挑战"（UN General Assembly 2015：29）。因
此，由于直接且明确地提及企业，可持续发展目标很快便成为影响和塑造企
业责任的第二份重要的联合国框架。这就引出了一个问题，即《联合国工商
业与人权指导原则》（以下简称《指导原则》）和可持续发展目标这两项备
受瞩目的倡议如何相互关联。人们尤其对它们之间的一致性，以及在它们之
中和通过它们分别制定的各项要求是否真正相互兼容提出了疑问。

　　一个主要争论点是，可持续发展目标阐述了企业作为发展的合作伙伴和
提供者的积极作用，《指导原则》则强调了企业通过其商业活动和关系对人
权产生负面影响的可能性。虽然一些人在这方面看到了这两个框架的互补潜
力；但另一些人担心，可持续发展目标可能会演变为对《指导原则》突出且
强有力的反驳。因为前者提供了一个具有替代性的、更宽松的框架，可能会
削弱《指导原则》的问责焦点。因此，可持续发展目标可能会为企业提供一
个展示积极贡献和举措的平台，同时有可能转移对隐藏在其价值链中的企业
侵犯人权行为的关注。可持续发展目标早期草案中提到的企业问责制及相应
的监管制度在随后的进程中被删除了，这一事实可能会加剧上述担忧
（Jägers 2020：165）。此外，越来越多的国际机构和倡议开始显著提及并整
合可持续发展目标，鼓励企业为其作贡献（Deva，Ramasastry，Wettstein，&
Santoro 2019：206）。例如，联合国全球契约组织已将可持续发展目标置于其
2021—2023 年战略的核心位置（Jägers 2021）。

　　虽然可持续发展目标将企业作为相关行动者，但它没有为任何行动
者——无论是企业还是政府——制定实现或促成可持续发展目标的具体责任
（Pogge & Sengupta 2016）。因此，它也不包含任何真正的问责机制（Zagelm-
eyer & Sinkovics 2019：44）。在这种情况下，可持续发展目标被认为提供了
太多的回旋余地，使不同的行动者在实施过程中可以随意选择（Ruggie
2016）。企业可以制定并展示针对特定目标的倡议和项目，这些计划或项目

可能只需花费很少的成本，或者具有良好的双赢前景（Chapter 6.3.2）；同时它们回避了其他需要更复杂、成本更高的合作伙伴关系才能实现的目标，而这些目标对企业来说几乎没有明显的好处。从表面上看，双赢的修辞在围绕可持续发展目标的讨论中占据突出地位，并被用作一种激励企业参与的手段。

为了解决这一问题，人权学者们不断努力，以表明企业人权问责不是实现 17 项可持续发展目标中任何一项目标的替代方案，而是实现这些目标的关键和必要条件。尽管 17 项可持续发展目标都没有明确提及人权，更不用说具体地提及工商业与人权。然而，联合国大会通过 2030 年议程的决议序言部分明确指出，实现所有人的人权是可持续发展目标的首要目标（UN General Assembly 2015）。因此，可以认为可持续发展目标至少暗含了人权原则并反映了人权语言。据此，它们的实施将极大地促进人权的实现。例如，致力于实现可持续发展目标 2 以消除饥饿与实现食物权直接相关。旨在确保健康生活和增进福祉的可持续发展目标 3 有助于实现健康权。丹麦人权研究所（The Danish Institute for Human Rights）指出，90% 以上的可持续发展目标可与人权和劳工标准联系起来（Morris, Wrzoncki, & Andreasen Lysgaard 2019：6）。因此，人权条约机构（Chapter 3.2.1）和其他人权组织已开始接受可持续发展目标，将其作为推进和促进人权目标的一种手段，并强调需要采用基于人权的方法实现可持续发展目标（Jägers 2020：154）。这与可持续发展目标的前身千年发展目标形成了鲜明对比，后者被认为至少在一定程度上与人权制度相抵触和背离（Jägers 2020：151）。然而，正如耶格斯（Jägers 2020：155）总结的那样：

> 目前仍无法确定处理可持续发展目标的议程与处理人权问题的议程之间是否存在真正的趋同性。虽然两者的利益和协同作用存在共同点，但必须谨慎对待关于可持续发展目标以人权为基础的说法。

工商业与人权学者特别指出，有必要确保涉及私营部门的伙伴关系必须建立在《指导原则》所述的尊重人权的基础上。联合国大会决议中顺带提到了《指导原则》，强调根据相关国际标准和协定以及这方面的其他现行倡议，如《指导原则》，保护劳工权利、环境和健康标准的重要性（UN General Assembly 2015：29）。然而，除此之外，人们的普遍印象是，可持续发展目标"似乎在很大程度上忽视了联合国层面关于跨国企业与人权之间联系的平行辩论"（Zagelmeyer & Sinkovics 2019：42）。另外，联合国工作组明确指出，企业和政府都必须将人权置于追求和促进可持续发展目标的中心位置，并表明企业能够为可持续发展作出的最有力贡献"是在其价值链中嵌入对人权的尊重"（UNWG 2017b：3）。此外，约翰·鲁格（2016）明确指出："企业要充分实现其对可持续发展的贡献，就必须将推动尊重人权的努力置于可持续发展中人的部分的核心位置"。如果这种整合真的发生了，那么可持续发展目标可以成为工商业与人权议程的重要催化剂（Morris, Wrzoncki, & Andreasen Lysgaard 2019：12-14）。它们可以为应对我们这个时代的重大全球挑战提供动力和紧迫感，并释放关键的新投资和资金；它们还可以为应对人权挑战提供另一种语言，例如，在人权受到怀疑的区域和地方，或者为那些在使用人权语言方面苦苦挣扎的企业提供另一种语言，因为一些企业仍然认为人权语言是相当抽象和概念化的（Obara & Pattie 2018）：

> 不熟悉或对人权的内涵有某种狭隘或政治化理解的行为者可能会发现，2030 年议程为引入人权概念提供了另一种途径。它提供了具有时限目标和指标的多个接入点，这些目标和指标对包括企业在内的所有行为者都是相关且易于理解的（Morris, Wrzoncki, & Andreasen Lysgaard 2019：13）。

尽管可持续发展目标框架和工商业与人权议程之间存在明显联系，但迄今为止，只有极少数政府明确将可持续发展目标和广泛的工商业与人权或更具体的《指导原则》联系起来。这一点在目前各国政府提交的关于可持续发展目标的实施和进展情况国家报告中显而易见（Jägers 2020：169-171）。因此，联合国工作组（UNWG 2017b：2）指出，"然而，要以符合国际人权标准的方式将可持续发展目标转化为国家和企业的行动，仍有许多工作要做。这包括确保涉及企业部门的伙伴关系活动以尊重人权为基础"。

15.2　工商业与人权和气候变化

气候变化的实际影响越明显，它就越被视为真正的人权问题。气候变化已经对人们的生活和生计产生了毁灭性的影响——特别是全球南方，但不仅限于此。正如人权高专办［OHCHR n. d.（b）］所评论的那样：

> 由于地理、贫困、性别、年龄、残疾、文化或种族背景等因素，已经处于不利境地的个人和群体不成比例地承受了气候变化带来的负面影响，而这些因素在历史上对温室气体排放的贡献最小。具体而言，生活在并依赖低洼沿海土地、冻土地带和北极冰川、干旱土地和其他脆弱生态系统以及处于风险领土上的个人、群体乃至整个国家，其住房和生存都面临气候变化的最大威胁。

干旱和洪水影响着农业用地，并有可能使某些地区无法居住。强度越来越大的台风和飓风造成了前所未有的破坏，野火摧毁了更大面积的土地，不断上升的海平面有可能吞噬整个岛屿和海岸线。因此，气候变化的影响是广泛的，并可能对人类福祉和发展、粮食和水安全、健康、有形基础设施和经济活动等产生同样广泛的影响（Tuana 2014：410）。克里斯蒂安·托夫特（Toft 2020：7）认为，"生命、自由和安全等基本人权受到威胁是不争的事实，这些权利当然与包括社会、经济和文化权利在内的更广泛的权利清单密不可分"。这些受影响的权利包括安全饮用水和卫生设施权、住房权、食物权、健康权和自决权［OHCHR n. d.（b）］。

从这一点来看，只需一小步就可以得出结论，气候变化不仅是一个人权问题，更具体地说也是一个工商业与人权问题。理查德·希德（Richard

Heede）指出，仅90家主要从事石油、天然气、煤炭和水泥行业的企业，即所谓的"碳巨头"企业（Carbon Major companies），就对造成气候变化的三分之二历史排放负有责任（Heede 2014）。仅雪佛龙一家就对其中3.5%的排放量负有责任。2015年，菲律宾人权委员会收到请愿，要求对50家"碳巨头"企业可能侵犯人权的行为展开调查。该委员会于2019年提交了调查结果，认为有明确证据表明，"碳巨头"企业对人为气候变化具有重大影响，因此应为由此造成的侵犯人权行为承担道德和法律责任（Center for International Environmental Law 2019）。据此，委员会建议建立适当的机制，让气候影响的受害者向国内法院提起诉讼，并在可能涉及妨碍、欺骗和欺诈的情况下对"碳巨头"企业提起刑事诉讼（Center for International Environmental Law 2019）。

在此背景下，近年来与气候相关的诉讼呈上升趋势也就不足为奇了（Macchi 2021：94）。2021年5月，在具有里程碑意义的Milieudefensie等人诉壳牌公司一案（*Milieudefensie et al. v. Shell*）的判决中，海牙地区法院命令荷兰皇家壳牌公司在2030年前使其全球碳排放量比2019年减少45%。该判决是根据6家荷兰非政府组织于2019年4月提起的集体诉讼作出的，该诉讼指控壳牌公司没有采取适当和充分的行动来减少碳排放，并在运营的可持续性方面误导公众（Macchi 2021：95-96）。法院在判决中援引了《欧洲人权公约》和《公民权利和政治权利国际公约》。此外，法院还援引了《指导原则》，将其视为具有权威性并得到国际认可的软法文书，认为其关于企业尊重人权责任的规定为所有企业提供了一个全球性的预期行为标准，无论企业在何处运营，也无论企业是否公开认可这些规定。正如法院所主张的那样，《指导原则》明确规定了企业应该采取哪些措施来防止和减轻人权影响。因此，法院采纳了原告的观点，即根据《指导原则》，企业必须在其人权尽责流程中考虑气候变化对人权的影响（Macchi 2021：95-96）。

对壳牌公司的裁决实质上扩展了早先荷兰政府诉Urgenda基金会一案（*State of the Netherlands v. Urgenda Foundation*）的结论，延伸适用至私人行为者（Macchi 2021：96）。2015年，Urgenda基金会将荷兰政府告上法庭，要求该国调整气候目标，因为根据气候科学的标准，这些目标被证明是不充分和不够雄心勃勃的，不足以为实现将全球平均气温升幅控制在 2℃ 以下的目标作出适当贡献。除其他法律依据外，该案提到了《欧洲人权公约》（Chapter 3.3.5），认为荷兰缺乏雄心勃勃的目标构成了对其人权义务的违反，特别是涉及《欧洲人权公约》第 2 条（保护生命权）和第 8 条（保护私人生活权、家庭生活权、住房权和通信权）的义务。该主张在 2018 年得到了海牙上诉法院的认可，并在 2019 年 12 月的一项具有开创性意义的裁决中得到了荷兰最高法院的确认，这意味着"气候法和环境法原则应被视为国家根据国际人权法所承担的尽责义务的组成部分"（Macchi 2021：102-103）。这一结论在 Milieudefensie 等人诉壳牌公司案中得到了充分回应。欧洲其他国家也面临类似的诉讼。在 2021 年 3 月的另一项历史性判决中，德国宪法法院裁定，德国的《气候变化法》没有充分明确 2030 年后的减排措施。因此，该法被认定与后代的基本权利不符，德国被勒令在 2022 年底前提交一份新的、改进的路线图，以减少温室气体排放。

另一起将气候变化与企业人权尽责相联系的针对企业的早期重要案件是依据《法国警惕义务法》（Chapter 12.4.3.1）起诉道达尔公司的案件。道达尔公司的温室气体排放量占世界总排放量的 1%，占法国排放的三分之二，该公司在诉讼中被指控对气候问题不作为。原告认为，识别气候风险和减少碳排放是公司警惕义务的关键部分，而该公司未能在警惕计划中纳入相应的目标和措施（Macchi 2021：96-97）。方框 12.3 对该案进行了更详细的描述。正如琪娅拉·马吉（Chiara Macchi）就当前气候变化诉讼和国家联络点案件所总结的那样：

> 这些案例（由司法和非司法机构受理）……尽管仍处于萌芽阶段，但是它们揭示了气候尽责这一新兴概念的一些特征，即要求企业评估和应对风险，还要将气候变化问题纳入警惕计划、企业报告、外部披露和投资决策（Macchi 2021：101）。

因此，气候变化与当前工商业与人权制度的关系，以及国家和企业应从中承担何种责任，正在成为更广泛的工商业与人权领域的重要讨论之一。《指导原则》没有明确提及气候变化。然而，这并不意味着与气候相关的人权影响完全未被纳入其中。《指导原则》的目标是处理企业通过活动和商业关系造成或与之相关的所有负面人权影响。这意味着，这至少含蓄地包括了企业加剧气候变化而产生的人权影响。因此，越来越明显的是，气候引发的侵犯人权行为不仅必须成为企业人权尽责流程的必要组成部分，也构成国家保护人权义务的必要构成，国家保护人权的义务要考虑企业对气候变化的贡献。这正是人权尽责的重点，即识别和应对可能不明显和不易察觉的人权影响。因此，与气候相关的人权影响需要企业的人权尽责程序进行审慎和具体的评估，气候目标应成为企业人权政策承诺的一部分（Macchi 2021：114）。

重要的是，与气候相关的人权尽责并不只是通过评估企业的碳排放量实现的，还包括评估工人、社区或人权维护者等权利持有人在与气候相关的具体影响面前的特殊脆弱性。企业的商业活动可能会加剧这些影响。例如，伐木和毁林可能会加速气候引起的侵蚀过程和荒漠化，加剧气候对当地居民生计的威胁。此外，金融机构可能会通过投资和融资活动（Chapter 14.2）与气候相关影响联系在一起，或促成气候相关影响，而自身并不会造成任何重大排放。这种间接联系和贡献当然必须成为所有严重影响评估的一部分。

从道德角度来看，企业补救气候造成的损害的追溯责任可能不仅取决于其贡献，还取决于其"应遭到谴责的知识"（culpable knowledge），以及其过去为抵消此类影响而采取的行动和承诺（Toft 2020：11）。换言之，这取决于企业在过去没有采取任何减缓措施的情况下，在多大程度上故意加剧了气候变化。与那些对有问题的做法保持透明并积极努力加以改进的企业相比，那些故意掩盖自身影响、逃避责任甚至压制批评者，而不是在行动和沟通中保持透明的企业，可能要承担更大的补救责任（Toft 2020：16）。然而，显而易见的是，应对当前的气候危机和避免地球的崩溃，需要政府和企业作出更多的努力，而不仅仅是不让现状变得更糟。虽然"碳巨头"等企业的个体贡献很大，可能需要承担责任，但对于贡献小得多的企业而言，追溯责任制度可能无法改变它们的行为。气候危机等大规模全球性问题的难点之一，恰恰在于这些问题是由众多行为者的微小贡献累积而成的。这些贡献可能不易量化。虽然追究主要贡献者的责任是整体解决方案的重要组成部分，但以整体方式应对此类全球挑战需要所有企业的积极参与，无论其各自的贡献大小。这种前瞻性责任可能并不取决于企业对气候变化的贡献大小，而是取决于其他参数，如企业影响气候变化未来轨迹的杠杆作用和力量（Young 2006；Wettstein 2012b；Toft 2020）。第七章第三节第二小节第二项更全面地阐述了前瞻性人权责任。

15.3 工商业与人权的性别视角

妇女和女童往往不成比例地遭受工商业活动的人权侵犯。此外，她们对负面人权影响的经历往往是不同且独特的。例如，水源污染会以两种方式影响妇女和女童。与社区其他成员一样，她们受到无法获得清洁水源的直接影响。此外，由于她们往往承担着取水的责任，这可能会迫使她们走更远的路才能到达最近的清洁水源，这会使体力消耗更大，也需要更多的时间。长期以来，工商业与人权领域一直没有充分重视工商业活动对特定性别的影响，也没有充分重视对由此造成的侵犯人权行为采取基于性别的应对措施的必要性。然而，近年来，人们越来越意识到性别视角对工商业与人权的影响，并就此展开了新的讨论。

与性别有关的问题可以分为两大类。第一类是专门基于性别原因对妇女和女童实施的侵权行为。这些侵权行为包括对妇女的各种歧视，例如在同工同酬、机会平等或一般工作场所条件方面的歧视。工作场所内外的身体、精神和性骚扰、虐待和暴力案件，以及对妇女影响尤为严重的人口贩运和强迫劳动也属于这一类。在遭受现代奴役的4030万人中，71%是妇女和女童，她们在强迫劳动（59%）、强迫婚姻（84%）和强迫性剥削（99%）中所占比例过高（Bryant 2017）。现代奴隶（Chapter 5.2.3）在家庭女佣中尤为普遍，她们中的许多人曾报告称，她们过度劳动、缺乏休息，遭受虐待和有辱人格的待遇，以及没收她们的护照，这使她们处于充满挑战和脆弱的境地。由于歧视性的社会规范、性别成见和男性主导的权力结构，妇女在日常生活的各个层面仍然面临广泛和普遍的不利地位、代表性不足并备受歧视的问题（UNWG 2019：50）。

第二类是更普遍的负面人权影响，但由于妇女在全球价值链以及受企业活动影响的社区中往往处于弱势的社会经济地位而加剧了这些影响。上文提到的水源污染就是一个例子。妇女在非正规部门中的人数也过多，该部门的特点是缺乏经济和社会保障，工作场所的安全状况往往很差，工作条件不达标，以及更容易受虐待和剥削。此外，她们在临时工和兼职工作中所占比例过高，并承担了大部分护理工作，例如照顾儿童和老人，而这些工作的价值往往被低估，所获报酬较低且得不到社会的认可（UNWG 2019：51）。因此，身处这些岗位的女性不仅不成比例地遭受负面影响，而且在获得可能的补救措施方面还会面临额外的障碍和壁垒。这两类妇女所处的不利地位可能因更多复杂因素而更加恶化。例如，有色人种妇女可能面临性别歧视和种族歧视，甚至在更大程度上受到边缘化和代表性不足的影响。因此，性别问题往往与基于种族、宗教、年龄、残疾、土著身份等其他形式的边缘化交织在一起。关于工商业与人权的性别视角需要充分关注这些交叉性问题，以避免因忽视性别类别内的多样性和差异而无意中使某些妇女和女童群体的处境变得更糟。

《指导原则》承认有必要特别关注工商业活动可能对妇女和女童产生的差异化影响［OHCHR n.d.（e）］：

- 原则 3 的评注呼吁各国就"性别、脆弱性和/或边缘化"问题提供适当指导。
- 原则 7 指出，在受冲突影响地区开展业务的企业具有"不断加剧的侵权风险"，尤其是"基于性别的暴力和性暴力"。
- 原则 18 的评注建议企业"特别关注对属于高危脆弱性/边缘化群体或人口的个人的任何特殊人权影响，同时注意妇女和男性可能面临的不同风险"。

- 原则 20 呼吁企业"作出特别努力，跟踪对属于高危脆弱性/边缘化群体或人口的个人产生的影响所采取对策的有效性"，并"在必要时使用按性别分类的数据"。

联合国工商业与人权工作组明确并深化了这些基于性别的建议。在其 2019 年的报告中，它提出了一个三步性别框架，即：（1）促进性别平等的评估；（2）转变性别观念的措施；（3）转变性别观念的补救措施。

> 评估应具有针对性：它应能够回应妇女人权所遭受的差异化、交叉和不成比例的不利影响，以及歧视性规范和父权结构。因此而采取的措施和补救应该具有变革性，能够改变歧视、基于性别的暴力和性别成见的父权准则及不平等权力关系（UNWG 2019：63）。

在此框架基础上，联合国工商业与人权工作组为《指导原则》的 31 项原则提供了针对不同性别的指导和建议（参见 UNWG 2019：8-45）。其中一项关键建议是，"工商企业应确保潜在受影响的妇女、妇女组织、女性人权维护者和性别问题专家有意义地参与人权尽责的各个阶段"（UNWG 2019：68）。然而，听起来简单明了的建议在实践中往往难以执行。例如，由于当地社区和文化的父权制结构，采掘企业在社区磋商中的女性代表比例往往很低。其结果是，即使"社区关切"得到了认真对待，但它们并不一定体现了这些社区中女性的经历，因此，可能无法为企业应对女性所遭受的独特人权影响提供充分的支撑（Götzmann, Kristiansson, & Hillenbrand 2019：14）。促进性别平等的社区参与的最佳做法包括对社区关系团队进行性别问题培训，确保现场社区关系团队的性别平衡，以及领导仅限女性参加的咨询活动，根据女性的具体日程安排调整会议时间和条件，包括在咨询期间提供托儿服务等（Götzmann, Kristiansson, & Hillenbrand 2019：15-18）。

尤其是在联合国工商业与人权工作组的努力下，工商业与人权，特别是《指导原则》的性别视角变得更加突出。然而，我们仍远未看到企业和国家层面在实施工作中采用全面的性别方法（Götzmann, Wrzoncki, Kristiansson &

Heydari 2018）。解决这一差距不仅对保护妇女权利至关重要，而且对整个工商业与人权议程至关重要，尤其是因为妇女对整个社区的福祉起着关键作用。更有效地保护她们的权利将有助于大大加强所有其他社区成员的权利。

15.4 （后）冲突和过渡司法背景下的工商业与人权

与企业相关的最恶劣的侵犯人权行为往往发生在暴力冲突背景下（Ruggie 2011b：3）。为了避免在受冲突影响地区开展业务时卷入此类侵犯人权行为，企业应开展强化的人权尽责（Paul & Schönsteiner 2014：80-81）。《指导原则》强调冲突环境对人权保护提出了更大的挑战，但它几乎没有对如何在该领域开展强化的人权尽责提供详细解释。为了填补这一空白，联合国工作组（UNWG 2014：14）建议将对冲突敏感的商业实践纳入人权尽责。这就需要对人权尽责采取一种更加因地制宜的方法，将视角从更狭隘的人权影响扩大到更广泛的社会动态，并更深入、更广泛地了解社会关系及其如何受到企业活动的影响（Graf & Iff 2017）。

然而，冲突背景不仅仅提出了企业在冲突地区开展业务时应如何避免成为侵犯人权行为的同谋这一问题。它们还提出了如何处理在过去冲突中参与系统性和严重侵犯人权行为的企业的问题，以及企业在过渡背景下的作用，即在从长期冲突过渡到更加稳定与和平未来的社会中的作用问题。《指导原则》没有提及这种后冲突或过渡时期，并因没有充分关注冲突和后冲突的总体环境而受到批评（Pietropaoli 2020）。因此，工商业与人权领域出现了关于企业与此类背景以及更具体的过渡司法相关的讨论，虽然此类讨论规模不大，但却在不断扩大。

在工商业与人权领域之外，自 20 世纪 80 年代以来，关于过渡司法的讨论已经有所发展（Pietropaoli 2020）。作为一种概念、实践和运动的过渡司法，通常被理解为专门用于支持一个社会正视其遗留下来的大规模和系统性侵权行为，并促进其从过去的冲突过渡到民主、法治和对人权的尊重的过程和机制。换言之，"过渡司法必须直面过去，同时思考未来，以决定如何构建未来"（Sánchez 2014：115）。因此，过渡司法机制通常旨在确保问责、确认受害者、开展和解及建立强大的民主制度和治理模式，以此避免倒退至过去的暴力时代。特别是，以全面的方式处理过去被视为创造和平未来的关键条件。这是过渡司法的一个关键定义要素，并产生了一套比常规司法环境下常用的更广泛、更多样的机制。一般而言，过渡司法方法有四个关键要素（Sandoval，Filippini，& Vidal 2014；Pietropaoli 2020）。

- 司法：过渡司法环境中司法机制的目的是调查和起诉肇事者，将他们绳之以法，如果被判有罪，则对他们参与过去暴行的行为进行惩罚。

- 真相：真相进程通常由所谓的真相与和解委员会执行，即全面调查，收集证据，并据此确定事实，揭露过去犯罪和暴行的真相。当强调和解时，受害者和施暴者的证词可能更多地旨在治愈创伤而不是事实调查——受害者和施暴者之间的会面可能是这种治愈过程的一部分（Haas 2014：130-131）。

- 赔偿：补救和赔偿有助于承认受害者状态，对他们所遭受的伤害给予补偿和补救。在过渡司法环境中，对赔偿通常采取更加全面的理解；除经济补偿外，赔偿通常还包括旨在使受害者得到更广泛康复的内容。

- 体制改革：体制改革进程旨在防止此类暴力模式再次发生。这可能包括军队和警察部队等安全基础设施的改革，以及更广泛的机构民主化和法治化进程。一个重要因素是所谓不再发生的保证，即向受害者保证此类暴力行为不会再次发生。如果这些保证不仅仅是一份声明，就必须伴之以体制改革。

有趣的是，虽然关于工商业与人权和过渡司法的讨论在 20 世纪 90 年代及其后都获得了关注，但直到最近，人们才开始探讨两者之间的联系（Michalowski 2014：1）。过渡司法机制和进程通常不处理企业作为暴力和侵权的推动者、促成者或煽动者的角色。它们几乎只关注国家行为者以及准军事团体和其他武装团体的成员。这可能会让一些人感到奇怪，因为经济行为者不仅被证明是过去冲突的外围参与者，而且经常在其核心中发挥关键作用

（Payne, Pereira, & Bernal-Bermúdez 2020：9-10）。然而，尽管存在这些关键性的参与，一些人认为，在实现和平与伸张正义的要求之间需要权衡利弊。从这个意义上讲，优先实现和平可能需要把重点放在只起诉那些犯有最严重违法行为的人身上。此外，和平需要经济稳定与繁荣，而对企业的全面起诉可能会破坏经济稳定与繁荣（Sandoval, Filippini, & Vidal 2014：15）。另外，正是这种脆弱的过渡背景助长了企业的不当影响，其目的是扩大企业参与冲突相关犯罪而不受惩罚的范围（Paul & Schönsteiner 2014：85）。尽管如此，正如米哈洛夫斯基和卡兰萨（Michalowski & Carranza 2014：254）所言，在存在过渡司法机制的情况下，重要的是在这些机制内而不是在这些机制之外解决企业在冲突背景下发生的犯罪和侵犯人权行为的问责问题。

事实上，就企业在过去的事件中发挥的作用而言，解决企业问责的尝试需要考虑到过渡司法进程的需求和特殊性，以防止企业问责措施与过渡司法的目标背道而驰，甚至可能破坏过渡司法的目标（Michalowski & Carranza 2014：254）。

因此，南非、利比里亚和阿根廷等一些后冲突环境中的真相委员会已开始思考，但只是边缘性地进行，企业在促进、延长或助长基于冲突的暴力方面的作用（Pietropaoli 2020）。因此，21世纪初出现了一场关于企业问责制作为过渡司法环境一部分的作用和理由的学术讨论。然而，与将企业纳入此类进程有关的大多数问题仍未得到解答。例如，企业参与和融入过渡司法进程与其他问责机制有何关系？企业参与真相进程是否会使其董事免于刑事起诉和责任？企业应如何从一开始就参与真相进程？是否应该有一个专门且单独的程序来处理企业共谋问题，还是应该将其作为"常规"真相程序的一部分来处理（Sandoval, Filippini, & Vidal 2014：18-19）？企业的私人申诉和补救机制与公共过渡司法赔偿程序有何关系，如何使用这些机制而不引发不一致和潜在的新分歧或冲突（Paul & Schönsteiner 2014：87）？另一个重要问题是如何处理企业参与长期暴行的历史责任，尤其是在相关企业的领导层和所有权在此期间发生变化的情况下（Paul & Schönsteiner 2014：88；Schrempf-Stirling, Palazzo, & Philipps 2016）。

在过渡司法背景下，赔偿程序也可能是独特和不同的。过渡司法环境往往涉及大规模的暴力事件，需要更大比例的赔偿以及更广泛的愈合和重建工作。因此，除了要求企业对其参与的对不同受害者群体造成明确损害的具体事件负责之外，还有一个问题是，就社区的物质和非物质愈合而言，在更普遍的社会性和社区性赔偿过程中，企业能够并且应该发挥什么作用。例如，有观点认为，企业应向特别赔偿基金捐款或缴纳赔偿税，以实现更广泛的国家重建目标（Sandoval, Filippini, & Vidal 2014：21）。例如，南非设立了一项企业信托基金，以支持和资助对种族隔离时期造成的损害进行赔偿（Sandoval, Filippini, & Vidal 2014：22）。

另一项建议是让企业参与提供象征性赔偿，如建立纪念场所、举行纪念仪式或提供官方道歉。象征性赔偿是帮助受害者及其家人应对创伤性过去，找到一种了结感并最终引导他们关注未来的重要手段。然而，象征性赔偿几乎完全被视为由国家支持，而企业的参与迄今为止几乎未被考虑、研究和概念化（Vives, Cotrina, & Zarama 2019）。

除了查明过去犯罪和暴行的事实，并追究企业对其行为的责任之外，过渡司法还关乎重建并真正过渡到一个更稳定、更可预测、更民主的未来。特别是，旨在更广泛重建的一般赔偿进程与体制重建和改革进程之间的界限可能不是稳定的。企业也可以通过提供资源、工作和更广泛的发展，成为重建和改革进程中的关键行动者，从而促进未来的稳定和前景。此外，保证不再发生暴力事件和进行体制改革也与参与暴力事件的企业行为者有关。将过渡司法和工商业与人权联系起来，企业的这种制度改革不仅涉及企业领导层的更替，还涉及实施有效的工商业与人权措施，如人权尽责流程（Chapter 8.1）和申诉机制，以及更广泛的商业文化转型（Chapter 8.2）。

◇ **学习题**

1. 什么是可持续发展目标，它们和工商业与人权议程有何关联？它们与

《指导原则》是等同的、互补的还是相互冲突的？

2. 气候变化和工商业与人权有何关联？您能否举例说明气候变化如何影响人权？为什么追溯责任不足以解决与气候相关的损害？什么是"碳巨头"企业？它们在气候变化方面负有什么责任？

3. 为什么有必要特别关注侵犯妇女和女童人权的行为？《指导原则》如何处理性别问题？联合国工作组采取了哪些措施以加强《指导原则》基于性别的建议？

4. 为什么社区磋商往往不能代表整个社区？如何使社区参与更加注重性别平等？

5. 界定过渡司法机制的四个关键要素是什么？为什么过去工商业与人权和过渡司法的讨论很少有交集？为什么在后冲突环境中必须在过渡司法程序之内而不是之外处理企业侵犯人权问题？

◇ 反思题

1. 一些学者担心，可持续发展目标可能会分散对人权问责制的关注，从而破坏而不是促进《指导原则》的实施进程。您是否也有同感？您能否用证据支持您的立场？

2. 可持续发展目标没有明确规定任何行为者的责任，因此缺乏真正的问责机制。在这方面加强可持续发展目标是否可取？如何才能使它们更具可执行性？

3. 基于性别的歧视和暴力发生在工作和家庭中。想象一下，您是一家大型跨国公司的性别问题专家。您将如何建议公司解决这一问题？该公司应如何开启提升性别回应能力的旅程？

4. 企业是否应该参与真相调查？让企业参与真相调查有什么好处，有什么危险？考虑到这些风险和益处，是否应该设立一个专门且单独的程序处理企业共谋问题，还是应该将其作为"常规"真相程序的一部分来处理？

第十六章　结论：重建更好的未来

20 世纪 90 年代，当工商业与人权（BHR）成为一项广泛的国际运动和学术辩论的焦点时，人权与工商业仍被普遍视为两个毫不相关的领域。当人权仍被看作国家关切的事项时，工商企业开始普遍接受在追求利益最大化之外，还需要承担社会责任的理念，但人权通常不属于企业社会责任的范畴。换言之，人们认为人权是国家的事业而与企业无关。

30 年后的今天，上述情况已大有不同。在工商业与人权倡导者多年不懈努力的推动下，《联合国工商业与人权指导原则》改变了大众的观念，并促成对企业人权责任的广泛共识，亦即，工商企业确实负有人权责任，这种责任要求它们至少应当尊重人权。考虑到根深蒂固的国家中心主义对以往人权学术研究与实务工作的影响，这种转变无疑具有深远意义。具有象征意义的是，这一共识的转变为《联合国工商业与人权指导原则》第一个十年的实施取得重大进展奠定了基础。目前，国际社会普遍倾向于制定国内人权尽责立法（Chapter 12.4）。欧盟无疑将在巩固这一趋势并将强制性人权尽责作为国际标准方面发挥关键作用。

尽管国际和国内层面的政策和立法实践均有所进展，企业也接受了愈发广泛和可执行的人权尽责义务，但可以肯定地说，对于那些最密切相关的人——权利人和首当其冲的企业侵犯人权行为的受害者——而言，当前的转变依旧不足。当权利人与强大的商业利益发生冲突时，他们仍然难以维护自身权利；在面对企业侵犯人权行为时，人权捍卫者仍然面临巨大的风险；尽管最近在母国诉讼方面有所进展，但人权遭受企业侵犯的受害者依旧面临几乎不可逾越的司法救济障碍（Chapter 12.5）。因此，尽管过去 30 年来，工商业与人权政策和实践领域取得了无可争议的成就，但这些成就尚未促成真正和切实的改进，这对最脆弱和高风险人群而言尤为明显。

近年来，全球人权保护的现实环境所面临的挑战有增无减。就此而言，有必要简要分析以下两个发展趋势。

其一，右翼民粹主义的兴起将世界各地的人权和民主运动置于压力之下。持续高涨的民族主义情绪对国际合作造成影响。大规模的虚假宣传运动和"假新闻"传播已经诋毁和破坏了民主制度，并加剧了广泛存在的人权怀疑论。这促使专制政权肆意加强对民众的控制，也诱发西方国家的人权退步现象——例如，在移民政策或限制新闻自由方面。

其二，2020 年席卷全球的新冠疫情进一步加剧弱势群体面临的风险，并在全球范围内揭露了人类群体内部和不同群体之间的巨大不平等。这本身就是对人权的巨大挑战。然而，在这一背景以及新冠疫情对地方和全球经济造成严重破坏的情况下，维持和推进工商业与人权议程可能不再是各国政府的优先事项。因为各国政府正专注于经济复苏，而且可能会发现一种更受欢迎的叙事。这种叙事通过将持续演进的工商业与人权倡议蔑称为阻碍企业重获生产力和竞争优势的障碍，从而使其失去合法性。

然而，当前情势也为工商业与人权带来了一线希望和机会窗口。在一个人权倒退的世界中，企业一再将自身定位为进步力量，对抗并大声疾呼反对政府制定的不良政策，支持民主运动，并明确反对仇外行为、种族主义和其他仇恨驱动的骚扰行径、边缘化和歧视行为。近年来，这种企业积极主义现象愈发常见（Wettstein & Baur 2016）。例如，企业对世界各地的 LGBTQ 群体表示支持，成为应对跨性别者边缘化问题的进步力量，并推动政府解决婚姻平等等同性恋者权利问题。它们还反对政府拖延气候变化行动的政治立场，并对苛刻的移民限制和难民待遇表示抗议。同样，并非所有企业都反对工商业与人权立法运动。几乎在所有发起此类运动和倡议的国家中，都可以看见企业积极声援工商业与人权立法的例子。尽管与绝大多数公开或暗中反对此类立法的企业数量相比，支持者的数量较少，但它们的积极支持可以向政策制定者、立法者和广大公众传递重要信号，进而可能对此类法律的通过产生决定性影响。因此，企业越来越愿意利用自身的影响力推动解决社会和人权问题，这种立场不仅体现在企业对这些问题的政治态度中（Chapter 6.1.1），也体现在企业对远高于"不伤害"的社会责任概念的认可中（Chapter 7.3）。

长期以来，工商业与人权倾向于狭隘地关注防止企业活动对人权产生负面影响的政策工具。相对而言，企业在解决贫困和不平等等大规模结构性人权问题方面的潜在贡献，一直是工商业与人权讨论的盲点。人权尽责在促进全球价值链尊重人权方面大有助益。但它可能对解决将弱势群体暴露在人权风险中的结构性根源束手无策。然而，企业可以而且应当成为一股向善的力量，以促成必要的结构性转型。目前，一些企业似乎正在缓慢地接受这种保护和实现人权的延伸角色和责任。

这并不是说企业的政治参与不会提出新的、潜在的难题和挑战。毕竟，推动企业政治参与的真正动因尚不明确。对一些企业而言，支持有益的社会事业、政策和立法似乎是源于真诚的关切、承诺和长期参与；而另一些企业则可能纯粹是出于机会主义动机而见风使舵。这些企业的支持态度反映出它们提升自身声誉和形象的动机，因为客户群体正在转向更有意识的购买行为（Chapter 9.4.1）。此外，随着公众对企业责任的认识不断变化，对这些企业而言，积极引导和影响相关讨论可能比试图阻止它们更有利。这样做的理由也许很简单，亦即，通过口头支持较弱的政策和立法提案，企业可以防止民间社会组织提出的更全面的倡议和立法获得足够关注（Wettstein 2021）。此时，与其说这种政治参与是企业进步思想的体现，不如说是企业俘获人心的表现。迄今为止，人们对推动企业参与的内部机制和流程知之甚少。随着工商业与人权辩论的不断发展，这一学术领域值得深耕细作。

在新冠疫情期间，各国经济遭受巨大打击，相互依存的经济体系的脆弱性也变得显而易见，各国政府和企业都宣誓在危机平息后"重建得更好"（build back batter）。在公众前所未有地意识到特权一方与劣势和绝望的另一方之间巨大差异的时刻，我们应当利用这一势头推动工商业与人权议程发展。"重建得更好"不仅意味着建立更强大、更有韧性的经济体系，还必须包括使其变得更公平、更公正。危急时刻一次又一次地为重塑道德、破旧立新提供机遇。在现有体系中，转型往往会遭到特权阶级、自满情绪以及当前体系既得利益者的抵抗。然而，当危机动摇了这些制度，改变了人们的观念，并开启了一扇提高觉悟和意识的窗口时，变革将成为可能。工商业与人权的莘莘学子：参与才能促成变革，你们是下一代工商业与人权故事的执笔者。它会是什么样子呢？

法院案例

Anns v. *Merton London Borough Council* ［1977］ UKHL 4，［1978］ AC 728

Araya v. *Nevsun Resources Ltd.* ［2017］ BCCA 401

Caparo Industries plc v. *Dickman and Others* ［1990］ 2 AC 605

Cardona，*Doe*，*Henao Montes et al.* v. *Chiquita* ［2014，Eleventh Circuit］ Case
No. 12-14898

Chandler v. *Cape plc* ［2012］ EWCA（Civ）525

Choc v. *Hudbay Minerals Inc.* ［2013］ ONSC 1414

Citizens United v. *Federal Election Commission* ［2010］ 558 U. S. 310

Doe v. *Unocal Corp.* ［1997］ 963 F. Supp. 880；［2002，Ninth Circuit］ 395 F.
3d 932

Filártiga v. *Peña-Irala* ［1980，Second Circuit］ 630 F. 2d 876；［1984，D. N. Y. ］
577 F. Supp. 860

Four Nigerian Farmersand Milieudefensie v. *Royal Dutch Shell Plc*（*also known as*
Milieudefensie el al. v. *Royal Dutch Shell Plc*）［2021］ The Hague Court of
Appeal，ECLI：NL：GHDHA：2021：132（*Oruma*），ECLI：NL：GH-
DHA：2021：133（Goi）and ECLI：NL：GHDHA：2021：134（*Ikot Ada*
Udo）

Friends of the Earth and others v. *Total SA* ［2020］ Cour d'appel de Versailles
（Versailles Court of Appeal）No. RG 20/01692

Garcia v. *Tahoe Resources Inc.* ［2015］ BCSC 2045

Jabirand others v. *KiK Textilien und Non-Food GmbH* ［2019］ Landgericht（Regional Court）Dortmund, Case No. 7 O 95/15

Jesner v. *Arab Bank* ［2018］ 138 S Ct 1386

JohnDoe I et al. v. *Nestlé USA et al.* ［2021］ 593 U. S.

Kiobel v. *Royal Dutch Petroleum Co.*（*Shell*）［2013］ 569 U. S. 108

Lliuya v. *RWE AG* ［2018］ Az. 5 U 15/17 Oberlandesgericht（OLG）Hamm

Notre Affaireà Tous and Others v. *Total SA* ［2021］ Le tribunal administratif（Paris Administrative Court）. No. 1904967, 1904968, 1904972, 1904976/4-1

Ododo Francis v. *ENI and Nigerian Agip Oil Company*（*NAOC*）（*also known as Ikebiri Community* v. *ENI*）closed in 2019 by the Italian Court due to reached settlement amongst the parties

Okpabi and others v. *Royal Dutch Shell Plc and another* ［2021］ UKSC 3

Owusuv. Jackson and Others ［2005］ ECR I-1383, Case C-281/02

Santa Clara Countyv. Southern Pacific Railroad Company ［1886］ 118 U. S. 394

Sherpa and the ECCHR v. *Lafarge/Syria*

Sosa v. *Alvarez-Machain* ［2004］ 542 U. S. 692

State of the Netherlandsv. Urgenda Foundation ［2019］ Supreme Court of the Netherlands, No. 19/00135

Urbaser S. A. and Consorcio de Aguas Bilbao Bizkaia, Bilbao Biskaia Ur Partuergoa v. *The Argentine Republic* ［2016］ ICSID Case No. ARB/07/26

Vedanta Resources Plcv. Lungowe ［2019］ UKSC 20

Velásquez Rodríguez v. *Honduras* ［1988］ Inter-American Court of Human Rights（Series C）No. 4

Wiwa v. *Royal Dutch Petroleum Co.*（*Shell*）［2009］ 48 ILM 972

术语表

3TG 矿物　钽，锡，钨，金

AI　人工智能

ASEAN　东南亚国家联盟

ASM　手工或小规模采矿

ATCA　《外国人侵权请求法》

BAFA　德国联邦经济事务和出口管制局

BHR　工商业与人权

BHRJ《工商业与人权学刊》

BHRRC　企业人权资源中心

BITs　双边投资协议

CAT　禁止酷刑委员会

CCC　清洁成衣运动

CCPR　人权事务委员会

CED　强迫失踪委员会

CEDAW　消除对妇女歧视委员会

CERD　消除种族歧视委员会

CESCR　经济、社会和文化权利委员会

CMW　保护所有移徙工人及其家庭成员权利委员会

COP　年度进展通报

COPINH　洪都拉斯人民与土著人民组织公民委员会

CRC 儿童权利委员会

CRPD 残疾人权利委员会

CSR 企业社会责任

DAPL 达科他州接入管道

DESA 洪都拉斯能源开发有限公司

DIHR 丹麦人权研究所

DRC 刚果民主共和国

ECHR 《欧洲人权公约》

ECCHR 欧洲宪法与人权中心

EGC 钴业总公司

EITI 采掘业透明度倡议

ESG 环境、社会和治理

FAO 联合国粮农组织

FLA 公平劳工协会

FPIC 自愿、预先和知情同意

FTSE 富时指数

GAO 一般性行政命令

GBI 全球商业人权倡议

GNI 全球网络倡议

GRI 全球报告倡议

HRC 联合国人权理事会

HRDs 人权捍卫者

HRDD 人权尽责

HRIAs 人权影响评估

ICC 国际刑事法院

ICCPR 《公民权利和政治权利国际公约》

ICESCR 《经济、社会及文化权利国际公约》

ICJ 国际法院

ICoC 《私营安保服务提供者国际行为准则》

ICRC 红十字国际委员会

ICT 信息和通信技术业

IFBA 国际食品和饮料联盟

IFC 国际金融公司

IHRB 人权与商业研究所

IIAs 国际投资协议

ILO 国际劳工组织

IOE 国际雇主组织

IRBC Agreements 《荷兰国际负责任商业行为协议》

IS 伊斯兰国

ISDS 投资者–国家争端解决机制

ISO 国际标准化组织

KCM 孔科拉铜矿

MDGs 千年发展目标

MOSOP 奥戈尼人民生存运动

MSC 海洋管理委员会

MSIs 多方利益相关者倡议

NAOC 尼日利亚阿吉普石油公司

NAPs 国家行动计划

NCPs 国家联络点

n. d. 日期不明

NGOs 非政府组织

OAS 美洲国家组织

OECD 经济合作与发展组织

OEIWG 跨国公司和其他工商企业与人权的关系问题不限成员名额政府间
工作组

OHCHR 人权事务高级专员办事处

PRI　负责任投资原则

RAFI　人权报告和保证框架倡议

RBI　瑞士负责任商业倡议

SDGs　可持续发展目标

SEC　美国证券交易委员会

SLAPPs　反对公众参与的战略诉讼

SMEs　中小企业

SPT　防范酷刑问题小组委员会

SRSG　联合国工商业与人权问题特别代表

UCC　美国联合碳化物公司

UCIL　联合碳化物印度有限公司

UDHR　世界人权宣言

UNCITRAL　联合国国际贸易法委员会

UNCRC　《联合国儿童权利公约》

UNCTAD　联合国贸易和发展会议

UNDP　联合国开发计划署

UN Draft Norms　跨国公司和其他工商业在人权方面的责任准则草案

UNEP　联合国环境署

UNGC　联合国全球契约

UNGPs　联合国工商业与人权指导原则

UNICEF　联合国儿童基金会

UNWG　联合国人权与跨国公司和其他工商企业问题工作组

UNPFII　联合国土著问题常设论坛

WHO　世界卫生组织

WTO　世界贸易组织

ZEAs　手工勘探区

参考文献

Abbott, Kenneth W. 2012. Engaging the public and the private in global sustainability governance. *International Affairs* 88/3: 543–564.

Abbott, Kenneth W. & Snidal, Duncan. 2000. Hard and soft law in international governance. *International Organization* 54/3: 421–456.

Agence France Press. 2017. German court to hear Peruvian farmer's climate case against RWE. *The Guardian*, November 30, 2017. www. theguardian. com/environment/2017/nov/30/german-court-to-hear-peruvian-farmers-climate-case-against-rwe.

Alexander, Peter. 2013. Marikana, turning point in South African history. *Review of African Political Economy* 40/138: 605–619.

Alexander, Larry & Moore, Michael. 2020. Deontological ethics. In Zalta, Edward N. (ed.), *The Stanford Encyclopedia of Philosophy*. https://plato. stanford. edu/archives/win2020/entries/ethics-deontological/.

Alliance for Corporate Transparency. 2019. The Alliance for Corporate Transparency 2019 Research Report: An Analysis of the Sustainability Reports of 1000 Companies Pursuant to the EU Non-Financial Reporting Directive. https://allianceforcorporatetransparency. org/.

Anderson, Sarah & Cavanagh, John. 2000. *Top 200: The Rise of Corporate Global Power*. Washington: Institute for Policy Studies.

Arenas, Daniel, Albareda, Laura & Goodman, Jennifer. 2020. Contestation in multi-stakeholder initiatives: Enhancing the democratic quality of transnational governance. *Business Ethics Quarterly* 30/2: 169-199.

Aristova, Ekaterina. 2017. Suing TNCs in the English Courts: The challenge of jurisdiction. February 1, 2017. http://conflictoflaws. net/2017/suing-tncs-in-the-english-courts-the-challenge-of-jurisdiction/.

Arnold, Denis. 2010. Transnational corporations and the duty to respect basic human rights. *Business Ethics Quarterly* 20/3: 371-399.

Asia Pacific Forum of National Human Rights Institutions. 2012. *Promoting and Protecting the Rights of Migrant Workers: The Role of National Human Rights Institutions.* Sydney: Asia Pacific Forum of National Human Rights Institutions. www. asiapacificforum. net/resources/manual-on-migrant-workers/.

Baglayan, Basak, Landau, Ingrid, McVey, Marisa & Wodajo, Kebene. 2018. Good business: the economic case for protecting human rights. Business and Human Rights Young Researchers Summit; Frank Bold; ICAR. https://icar. squarespace. com/publications/2018/11/26/good-business-the-economic-case-for-protecting-human-rights.

Baker, Mallen. 2016. Nike and child labour-how it went from laggard to leader. February 29, 2016. https://mallenbaker. net/article/clear-reflection/nike-and-child-labour-how-it-went-from-laggard-to-leader.

Baker-Smith, Katelyn & Miklos Attila, Szocs B. 2016. What is land grabbing? A critical review of existing Definitions. Eco Ruralis. www. farmlandgrab. org/uploads/attachment/EcoRuralis_ WhatIsLandGrabbing_ 2016. pdf.

Balch, Oliver. 2021. Mars, Nestlé and Hershey to face child slavery lawsuit in US. *The Guardian*, February 12, 2021. www. theguardian. com/global-development/2021/feb/12/mars-nestle-and-hershey-to-face-landmark-child-slavery-lawsuit-in-us.

Balzarova, Michacla A. & Castka, Pavel. 2012. Stakeholders' influence and contribution to social standards development: The case of multiple stakeholder approach to ISO 26000 development. *Journal of Business Ethics* 111: 265-279.

Banerji, Annie. 2019. Factbox: Grief and neglect-Ten factory disasters in South Asia. *Reuters*, December 10, 2019. www. reuters. com/article/us-india-fire-workers-factbox-idUSKBN1YE1PT.

BankTrack. 2017. Human rights briefing paper: how banks contribute to human rights violations. BankTrack. www. banktrack. org/download/how_ banks_ contribute_ to_ human_ rights_ abuses/180416_ how_ banks_ contribute_ human_ rights_ 1. pdf.

BankTrack. n. d. Overview: Closed Complaints on Banks. www. banktrack. org/campaign/overview_ closed_ complaints_ on_ banks.

Bansal, Pratima & Song, Hee-Chan. 2017. Similar but not the same: Differentiating corporate sustainability from corporate responsibility. *Academy of Management Annals* 11/1: 105-149.

Barrett, Paul M. , Baumann-Pauly, Dorothée & Gu, April. 2018. *Five Years After Rana Plaza: The Way Forward*. New York: NYU Stern Center for Business and Human Rights.

Bartley, Tim. 2018. *Rules Without Rights: Land, Labor, and Private Authority in the Global Economy*. Oxford: Oxford University Press.

Baughen, Simon. 2015. *Human Rights and Corporate Wrongs: Closing the Governance Gap*. Cheltenham; Northhampton, MA: Edward Elgar.

Baumann-Pauly, Dorothée. 2020. Making Mining Safe and Fair: Artisanal Cobalt Extraction in the Democratic Republic of Congo. World Economic Forum White Paper. Geneva: World Economic Forum.

Baumann-Pauly, Dorothée, Nolan, Justine, Labowitz, Sarah & van Heerden, Auret. 2016. Setting and enforcing industry-specific standards for human rights: the role of multi-stakeholder initiatives in regulating corporate conduct. In Baumann-Pauly, Dorothée & Nolan, Justine (eds.), *Business and Human Rights: From Principles to Practice*, 107 - 127. London; New York: Routledge.

Baumann-Pauly, Dorothée, Nolan, Justine, van Heerden, Auret & Samway, Michael. 2016. Industry-specific multi-stakeholder initiatives that govern corporate human rights standards: Legitimacy assessment of the Fair Labor Association and the Global Network Initiative. *Journal of Business Ethics* 143: 771–787.

Baxi, Upendra. 1986a. From human rights to the right to become human: Some heresies. *India International Journal* 13: 185–200.

Baxi, Upendra (ed.). 1986b. *Inconvenient Forum and Convenient Catastrophe: The Bhopal Case*. Bombay: N M Tripathi Pvt. Ltd.

Baxi, Upendra. 2016. Human rights responsibility of multinational corporations, political ecology of injustice: Learning from Bhopal thirty plus? *Business and Human Rights Journal* 1/1: 21–40.

Baxi, Upendra & Dhanda, Amita (eds.). 1986. *Mass Disasters and Multinational Liability: The Bhopal Case*. Bombay: N M Tripathi Pvt. Ltd.

Benson, Thor. 2018. From Whole Foods to Amazon, invasive technology controlling workers is more dystopian than you think. *Salon*, February 24, 2018. www.salon.com/2018/02/24/from-whole-foods-to-amazon-invasive-technology-controlling-workers-is-more-dystopian-than-you-think_partner/.

Bernaz, Nadia. 2013. Enhancing corporate accountability for human rights violations: Is extraterritoriality the magic potion? *Journal of Business Ethics* 13: 493–511.

Bernaz, Nadia. 2017. *Business and Human Rights: History, Law and Policy-Bridging the Accountability Gap*. London; New York: Routledge.

Bernaz, Nadia. 2018. Okpabi v. Shell on Appeal: Foreign Direct Liability in Troubled Waters. Rights as Usual Blog, February 23, 2018. https://rightsasusual.com/?p=1194.

BHRRC. 2017. First Year of FTSE 100 Reports Under the UK Modern Slavery Act:

Towards Elimination? Business & Human Rights Resource Centre. www. business-humanrights. org/sites/default/files/FTSE%20100%20Report%20FINAL%20%28002%291Dec2017. pdf.

BHRRC. 2020. Germany: Monitoring of the National Action Plan on Business & Human Rights. Business & Human Rights Resource Centre, August 14, 2020. www. business-humanrights. org/en/latest-news/germany-monitoring-of-the-national-action-plan-on-business-human-rights/.

BHRRC. n. d. (a). Chiquita Lawsuits (re Colombia, Filed in USA by Colombian Nationals). www. business-humanrights. org/en/latest-news/chiquita-lawsuits-re-colombia/.

BHRRC. n. d. (b). Human Rights Defenders & Civic Freedoms. www. business-humanrights. org/en/big-issues/human-rights-defenders-civic-freedoms/.

BHRRC. n. d. (c). Modern Slavery Registry. www. modernslaveryregistry. org/.

BHRRC. n. d. (d). KiK Lawsuit (re Pakistan). www. business-humanrights. org/en/latest-news/kik-lawsuit-re-pakistan/.

BHRRC. n. d. (e). RWE Lawsuit (re Climate Change). www. business-humanrights. org/en/latest-news/rwe-lawsuit-re-climate-change/.

BHRRC. n. d. (f). Argor-Heraeus Investigation (re Dem. Rep. of Congo). www. businesshumanrights. org/en/latest-news/argor-heraeus-investigation-re-dem-rep-of-congo/.

BHRRC. n. d. (g). Lafarge Lawsuit (re Complicity in Crimes Against Humanity in Syria). www. business-humanrights. org/en/latest-news/lafarge-lawsuit-recomplicity-in-crimes-against-humanity-in-syria/.

BHRRC. n. d. (h). Total Lawsuit (re Climate Change, France). www. business-humanrights. org/en/latest-news/total-lawsuit-re-climate-change-france/.

BHRRC. n. d. (i). Total Lawsuit (re Failure to Respect French Duty of Vigilance Law in Operations in Uganda). www. business-humanrights. org/en/latest-news/total-lawsuit-re-failure-to-respect-french-duty-of-vigilance-law-in-operations-in-uganda/.

BHRRC. n. d. (j). Union Carbide/Dow Lawsuit (re Bhopal, Filed in the US). www. business-humanrights. org/en/latest-news/union-carbidedow-lawsuit-re-bhopal-filed-in-the-us/.

BHRRC. n. d. (k). Trafigura Lawsuit (re Hazardous Waste Disposal in Cote d'Ivoire, Filed in UK). www. business-humanrights. org/en/latest-news/tra-figura-lawsuit-re-hazardous-wastedisposal-in-c%C3%B4te-divoire-filed-in-uk/.

Biesheuvel, Thomas. 2020. Glencore Makes U-turn to Back Artisanal Mining of Cobalt. Bloomberg, August 24, 2020. www. bloomberg. com/news/articles/2020 – 08 – 24/glencore-makes-u-turn-to-back-artisanal-mining-of-cobalt.

Bilchitz, David. 2013. A Chasm between "Is" and "Ought"? A Critique of the Normative Foundations of the SRSG's Framework and the Guiding Principles. In Deva, Surya & Bilchitz, David (eds.), *Human Rights Obligations of Business: Beyond the Corporate Responsibility to Respect?* 107 – 137. Cambridge, UK: Cambridge University Press.

Bilchitz, David. 2017. Corporate Obligations and a Treaty on Business and Human Rights: A Constitutional Model? In Deva, Surya & Bilchitz, David (eds.), *Building a Treaty on Business and Human Rights: Context and Contours*, 185– 215. Cambridge, UK: Cambridge University Press.

Bilchitz, David & Deva, Surya. 2013. The Human Rights Obligations of Business: A Critical Framework for the Future. In Deva, Surya & Bilchitz, David (eds.), *Human Rights Obligations of Business: Beyond the Corporate Responsibility to Respect?* 1–26. Cambridge, UK: Cambridge University Press.

Birkey, Rachel N., Guidry, Ronald P., Islam, Mohammad A. & Patten, Dennis M. 2018. Mandated social disclosure: An analysis of the response to the California Transparency in Supply Chains Act of 2010. *Journal of Business Ethics* 152: 827–841.

BlackRock. 2021. Our Approach to Engagement with Companies on their Human

Rights Impacts. www. blackrock. com/corporate/literature/publication/blk-commentary-engagement-on-human-rights. pdf.

Blair, Margaret M. 2013. Corporate personhood and the corporate persona. *University of Illinois Law Review* 2013/3: 785–820.

Blair, Margaret M. 2015. Of corporations, courts, personhood, and morality. *Business Ethics Quarterly* 25/4: 415–431.

Bollen, Nicole P. F. 2011. Building Bridges: From Aircraft to Sustainable Lending. In OECD (ed.), *Smart Rules for Fair Trade: 50 Years of Export Credits*, 59–61. Paris: OECD Publishing.

Bonnitcha, Jonathan & McCorquodale, Robert. 2017. The concept of "due diligence" in the UN Guiding Principles on Business and Human Rights. *The European Journal of International Law* 28/3: 899–919.

Borras Jr., Saturnino M., Franco, Jennifer C., Gómez, Sergio, Kay, Cristobal & Spoor, Max. 2012. Land grabbing in Latin America and the Caribbean. *The Journal of Peasant Studies* 39/3–4: 845–872.

Brabant, Stéphane & Savourey, Elsa. 2020. All Eyes on France-French Vigilance Law First Enforcement Cases (1/2): Current Cases and Trends. *Business and Human Rights Journal* Blog, January 24, 2020. www. cambridge. org/core/blog/2020/01/24/all-eyes-on-france-french-vigilance-law-first-enforcement-cases-1-2-current-cases-and-trends/#_edn13.

Brenkert, George. 2009. Google, human rights, and moral compromise. *Journal of Business Ethics* 85: 453–478.

Bryant, Katharine. 2017. Global Estimates of Modern Slavery: We Need to Talk about Gender. Guest Blog from Walk Free Foundation, October 30, 2017. https://plan-uk. org/blogs/global-estimates-of-modern-slavery-we-need-to-talk-about-gender.

BSR. 2020. 10 Human Rights Priorities for the Financial Sector. www. bsr. org/reports/BSR_Primer_Human_Rights_Finance_Sector. pdf.

Buergenthal, Thomas. 1982. The Inter-American Court of Human Rights. *The American Journal of International Law* 76/2: 231-245.

Buhmann, Karin. 2013. Navigating from "Train Wreck" to Being "Welcomed": Negotiation Strategies and Argumentative Patterns in the Development of the UN Framework. In Deva, Surya & Bilchitz, David (eds.) *Human Rights Obligations of Business: Beyond the Corporate Responsibility to Respect?* 29-57. Cambridge, UK: Cambridge University Press.

Buhmann, Karin. 2018. Neglecting the proactive aspect of human rights due diligence? A critical appraisal of the EU's Non-Financial Reporting Directive as a pillar one avenue for promoting pillar two action. *Business and Human Rights Journal* 3/1: 23-45.

Buhmann, Karin, Jonsson, Jonas & Fisker, Mette. 2019. Do no harm and do more good too: Connecting the SDGs with business and human rights and political CSR theory. *Corporate Governance* 19/3: 389-403.

Burrow, Sarah & Bloomer, Phil. 2020. Something for Europeans to Celebrate-A New Social Contract Begins to Emerge? Open Democracy, May 4, 2020. www. opendemocracy. net/en/can-europe-make-it/something-for-europeans-to-celebrate-a-new-social-contract-begins-to-emerge/.

Buse, Kent, Tanaka, Sonja & Hawkes, Sarah. 2017. Healthy people and healthy profits? Elaborating a conceptual framework for governing the commercial determinants of non-communicable diseases and identifying options for reducing risk exposure. *Globalization and Health* 13/34: 1-12.

Cafaggi, Fabrizio. 2011. New foundations of transnational private regulation. *Journal of Law and Society* 38/1: 20-49.

Calvão, Filipe, McDonald, Catherine E. A. & Bolay Matthieu. 2021. Cobalt mining and the corporate outsourcing of responsibility in the Democratic Republic of Congo. *The Extractive Industries and Society*: forthcoming.

Cantú Rivera, Humberto. 2019. National action plans on business and human rights: Progress or mirage? *Business and Human Rights Journal* 4/2: 213–237.

Carraro, Valentina. 2019. Electing the experts: Expertise and independence in the UN human rights treaty bodies. *European Journal of International Relations* 25/3: 826–851.

Carrington, Michal J. , Neville, Benjamin A. & Whitwell, Gregory J. 2014. Lost in translation: Exploring the ethical consumer intention-behavior gap. *Journal of Business Research* 67: 2759–2767.

Cassell, Doug & Ramasastry, Anita. 2016. White paper: Options for a treaty on business and human rights. *Notre Dame Journal of International & Comparative Law* 6/1: 1–50.

Center for International Environmental Law. 2019. Groundbreaking Inquiry in Philippines Links Carbon Majors to Human Rights Impacts of Climate Change, Calls for Greater Accountability. December 9, 2019. www. ciel. org/news/groundbreaking-inquiry-in-philippines-links-carbon-majors-to-human-rights-impacts-of-climate-change-calls-for-greater-accountability/.

Chatelain, Lucie. 2021. First Court Decision in the Climate Litigation against Total: A Promising Interpretation of the French Duty of Vigilance Law. Business & Human Rights Resource Centre, March 25, 2021. www. business-human-rights. org/en/blog/first-court-decision-in-the-climate-litigation-against-total-a-promising-interpretation-of-the-french-duty-of-vigilance-law/.

Chirwa, Danwood M. 2004. The doctrine of state responsibility as a potential means of holding private actors accountable for human rights. *Melbourne Journal of International Law* 5/1.

Choudhury, Barnali. 2017. Hardening Soft Law Initiatives in Business and Human Rights. In du Plessis, Jean J. & Low, Chee K. (eds.), *Corporate Governance Codes for the 21st Century*, 189–208. Cham, Switzerland: Springer.

Choudhury, Barnali. 2018. Balancing soft and hard law for business and human rights. *International & Comparative Law Quarterly* 67/4: 961–986.

Chowdhury, Rashedur. 2017. The Rana Plaza disaster and the complicit behavior of elite NGOs. *Organization* 24/6: 938–949.

Clapham, Andrew. 2004. State Responsibility, Corporate Responsibility, and Complicity in Human Rights Violations. In Bomann-Larsen, Lene & Wiggen, Oddny (eds.), *Responsibility in World Business: Managing Harmful Side-Effects of Corporate Activity*, 50–81. Tokyo: United Nations University Press.

Clapham, Andrew. 2006. Human Rights Obligations of Non-State Actors. Oxford; New York: Oxford University Press.

Clapham, Andrew & Jerbi, Scott. 2001. Categories of corporate complicity in human rights abuses. *Hastings International and Comparative Law Review* 24: 339–349.

Clean Clothes Campaign. n. d. (a). Waste and Pollution. https://cleanclothes. org/ fashions-problems/waste-and-pollution.

Clean Clothes Campaign. n. d. (b). Rana Plaza. https://cleanclothes. org/campaigns/past/rana-plaza.

Clough, Jonathan. 2005. Not-so-innocents abroad: Corporate Criminal liability for human rights abuses. *Australian Journal of Human Rights* 11/1: 1–32.

Coase, Ronald. 1937. The nature of the firm. *Economica* 4/16: 386–405.

Columbia Center on Sustainable Development & UNWG. 2018. Impacts of the International Investment Regime on Access to Justice. Roundtable Outcome Document. www. ohchr. org/Documents/lssues/Business/CCSI_ UNWGBHR_ InternationalInvestmentRegime. pdf.

Committee on Economic, Social and Cultural Rights. 2000. General Comment No. 14 (2000): The Right to the Highest Attainable Standard of Health (Article 12). E/C. 12/2000/4. https://undocs. org/E/C. 12/2000/4.

Committee on Economic Social and Cultural Rights. 2017. General Comment No. 24 (2017) on State Obligations under the International Covenant on Economic,

Social and Cultural Rights in the Context of Business Activities. E/C. 12/GC/ 24. www. refworld. org/docid/5beaecba4. html.

Cossart, Sandra, Chaplier, Jérôme & Beau de Lomenie, Tiphaine. 2017. The French Law on Duty of Care: A historic step towards making globalization work for all. *Business and Human Rights Journal* 2/2: 317-323.

Cotula, Lorenzo. 2014. Addressing the Human Rights Impacts of "Land Grabbing". Directorate-General for External Policies of the Union Study. EXPO/B/DROI/ 2014/06. Brussels: European Union. www. europarl. europa. eu/RegData/etudes/ STUD/2014/534984/EXPO_ STU_ (2014)_534984_ EN. pdf.

Cragg, Wesley. 2012. Ethics, enlightened self-interest, and the corporate responsibility to respect human rights: A critical look at the justificatory foundations of the UN Framework. *Business Ethics Quarterly* 22/1: 9-36.

Craig, Gary. 2017. The UK's modern slavery legislation: An early assessment of progress. *Social Inclusion* 5/2: 16-27.

Cranston, Maurice. 1983. Are there any human rights? *Daedalus* 112/4: 1-17.

Criado Perez, Caroline. 2019. *Invisible Women: Exposing Data Bias in a World Designed for Men*. New York City: Vintage Publishing.

Crick, Bob. 2011. Reflections on Export Credits in the OECD. In OECD (ed.), *Smart Rules for Fair Trade: 50 Years of Export Credits*, 62-65. Paris: OECD Publishing.

Croser, Marilyn, Day, Martyn, Van Huijstee, Mariëtte & Samkalden, Channa. 2020. Vedanta v. Lungowe and Kiobel v. Shell: The implications for parent company accountability. *Business and Human Rights Journal* 5/1: 130-136.

Daniel, Caitlin, Wilde-Ramsing, Joseph, Genovese, Kris & Sandjojo, Virginia. 2015. Remedy Remains Rare: An Analysis of 15 Years of NCP Cases and their Contribution to Improve Access to Remedy for Victims of Corporate Misconduct. Amsterdam: OECD Watch. www. oecdwatch. org/wp-content/uploads/ sites/8/2015/06/Remedy-Remains-Rare. pdf.

The Danish Institute for Human Rights. 2020. *Guidance on Human Rights Impact Assessment of Digital Activities*. Copenhagen: The Danish Institute for Human Rights. www. humanrights. dk/publications/human-rights-impact-assessment-digital-activities.

Davies, Nick. 2015. Marikana Massacre: The untold story of the strike leader who died for workers' rights. *The Guardian*, May 19, 2015. www. theguardian. com/world/2015/may/19/marikana-massacre-untold-story-strike-leader-died-workers-rights.

De Felice, Damiano. 2015a. Business and human rights indicators to measure the corporate responsibility to respect: Challenges and opportunities. *Human Rights Quarterly* 37/2: 511–555.

De Felice, Damiano. 2015b. Banks and human rights due diligence: A critical a-nalysis of the Thun Group's discussion paper on the UN Guiding Principles on Business and Human Rights. *The International Journal of Human Rights* 19/3: 319–340.

De Felice, Damiano & Graf, Andreas. 2015. The potential of national action plans to implement human rights norms: An early assessment with respect to the UN Guiding Principles on Business and Human Rights. *Journal of Human Rights Practice* 7/1: 40–71.

DeGeorge, Richard T. 2010. *Business Ethics*. Seventh edition. Upper Saddle River, NJ: Prentice Hall.

Deloitte. 2016. The 2016 Deloitte Millennial Survey: Winning Over the Next Gener-ation of Leaders. www2. deloitte. com/content/dam/Deloitte/global/Documents/About-Deloitte/gx-millenial-survey-2016-exec-summary. pdf.

Dembour, Marie-Bénédicte. 2010. What are human rights? Four schools of thought. *Human Rights Quarterly* 32/1: 1–20.

Democratic Republic of Congo. 2002. Law No. 007/2002 of July 11, 2002 Relating to the Mining Code. https://goxi. org/sites/default/files/2019 – 06/Democractic%20Republic%20of%20the%20Congo%20%28DRC%29%2C%20Law%20of%202002%20Relating%20to%20the%20Mining%20Code. pdf.

Demuijnck, Geert & Fasterling, Björn. 2016. The social license to operate. *Journal of Business Ethics* 136: 675–685.

Derber, Charles. 1998. *Corporation Nation: How Corporations Are Taking Over Our Lives and What We Can Do About It*. New York: St. Martin's Griffin.

De Schutter, Olivier. 2006. Extraterritorial Jurisdiction as a Tool for Improving the Human Rights Accountability of Transnational Corporations. https://media. business-humanrights. org/media/documents/df31ea6e492084 e26ac4c08affcf 51389695fead. pdf.

De Schutter, Olivier. 2014. *International Human Rights Law*. Second edition. Cambridge, UK: Cambridge University Press.

Deva, Surya. 2013. Treating Human Rights Lightly: A Critique of the Consensus Rhetoric and the Language Employed by the Guiding Principles. In Deva, Surya & Bilchitz, David (eds.). *Human Rights Obligations of Business: Beyond the Corporate Responsibility to Respect?* 78–104. Cambridge, UK: Cambridge University Press.

Deva, Surya. 2014. *Regulating Corporate Human Rights Violations: Humanizing Business*. London; New York: Routledge.

Deva, Surya. 2016. Bhopal: The Saga Continues 31 Years On. In Baumann-Pauly, Dorothée & Nolan, Justine (eds.), *Business and Human Rights: From Principles to Practice*, 22–26. London; New York: Routledge.

Deva, Surya. 2017. Scope of the Proposed Business and Human Rights Treaty: Navigating through Normativity, Law and Politics. In Deva, Surya & Bilchitz, David (eds.), *Building a Treaty on Business and Human Rights: Context and Contours*, 154–182. Cambridge, UK: Cambridge University Press.

Deva, Surya. 2018. Managing States' "Fatal Attraction" to International Investment Agreements. UNCTAD Investment Policy Hub Blog, August 13, 2018. https://

investmentpolicy. unctad. org/blogs/75/managing-states-fatal-attraction-to-international-investment-agreements-.

Deva, Surya, Ramasastry, Anita, Wettstein, Florian & Santoro, Michael. 2019. Business and Human Rights Scholarship: Past Trends and Future Directions. *Business and Human Rights Journal* 4/2: 201–212.

Dodge, William. 2019. Corporate liability under the US Alien Tort Statute: A comment on Jesner v. Arab Bank. *Business and Human Rights Journal* 4/1: 131–137.

Donaldson, Thomas. 1989. *The Ethics of International Business*. New York; Oxford: Oxford University Press.

Donaldson, Thomas. 1996. Values in tension: Ethics away from home. *Harvard Business Review* 74/5: 48–62.

Drucker, Peter F. 1993 [1946]. *Concept of the Corporation*. New Brunswick, NJ; London: Transaction Publishers.

Dufresne, Alexandra. 2021. Nestlé Ruling Shows Supply Chain Human Rights Flaws. Law 360, June 18, 2021. www. law360. com/articles/1395335.

Ebert, Isabel, Busch, Thorsten & Wettstein, Florian. 2020. Business and Human Rights in the Data Economy. A Mapping and Research Study. Berlin; St. Gallen: Deutsches Institut für Menschenrechte and Institute for Business Ethics. www. institut-fuer-menschenrechte. de/publikationen/detail/business-and-human-rights-in-the-data-economy.

ECCHR. 2018. Landmark Decision in Lafarge Case. Company Lafarge Indicted-Complicity in Crimes Against Humanity Included. www. ecchr. eu/en/press-release/landmark-decision-in-lafarge-case/.

ECCHR. 2021. Corporate Due Diligence Laws and Legislative Proposals in Europe: Comparative Table. https://corporatejustice. org/publications/comparative-table-corporate-due-diligence-laws-and-legislative-proposals-in-europe/.

The Economist. 2021. Free to Quit, at Last: Foreign Workers in Qatar Get Some

Basic Rights, May 6, 2021. www. economist. com/middle-east-and-africa/2021/05/06/foreign-workers-in-qatar-get-some-basic-rights.

Edelman. 2009. Edelman Trust Barometer Executive Summary. www. edelman. com/sites/g/files/aatuss191/files/2018 – 10/2009-Trust-Barometer-Executive-Summary. pdf.

Entine, Jon. 2012. ISO 26000: Sustainability as Standard? Reuters Events, July 11, 2012. www. reutersevents. com/sustainability/business-strategy/iso-26000-sustainability-standard.

Entreprise Générale du Cobalt. 2021. Official Launch of Entreprise Générale du Cobalt in the Democratic Republic of the Congo. March 31, 2021. www. egcobalt-rdc. com/official-launch-of-entreprise-generale-du-cobalt-in-the-democratic-re-public-of-the-congo/.

Ergon Associates. 2018. Modern Slavery Reporting: Is there Evidence of Progress? London: Ergon Associates. https://ergonassociates. net/wp-content/uploads/2018/10/Ergon_ Modern_ Slavery_ Progress_ 2018_ resource. pdf.

European Coalition for Corporate Justice. 2019. *A Human Rights Review of the EU Non-Financial Reporting Directive*. Brussels: European Coalition for Corporate Justice. https://corporatejustice. org/publications/a-human-rights-review-of-the-eu-non-financial-reporting-directive/.

European Commission. 2011. A Renewed EU Strategy 2011–14 for Corporate Social Responsibility. http://eur-lex. europa. eu/LexUriServ/LexUriServ. do? uri = COM:2011:0681:FIN:EN:PDF.

European Commission. 2020. The Regulation Explained. https://ec. europa. eu/trade/policy/in-focus/conflict-minerals-regulation/regulation-explained/.

European Commission. 2021. Buying Social-A Guide to Taking Account of Social Considerations in Public Procurement. Second edition. C (2021) 3573. https://ec. europa. eu/docsroom/documents/45767.

European Parliament & Council of the European Union. 2007. Regulation (EC) No

864/2007 of the European Parliament and of the Council of 11 July 2007 on the Law Applicable to Non-contractual Obligations (Rome II). https://eur-lex. europa. eu/legal-content/EN/TXT/PDF/?uri=CELEX:32007R08648from=en.

Evans, John. 2011. Human Rights and Labour Standards: The Duty of Export Credit Agencies. In OECD (ed.), *Smart Rules for Fair Trade: 50 Years of Export Credits*, 66-70. Paris: OECD Publishing.

Ewing, Anthony P. 2016. Mandatory Human Rights Reporting. In Baumann-Pauly, Dorothée & Nolan, Justine (eds.), *Business and Human Rights: From Principles to Practice*, 284-298. London; New York: Routledge.

Ewing, Anthony P. 2021. Promoting business and human rights education: Lessons from Colombia, Ukraine, and Pakistan. *Business and Human Rights Journal* 6/3: 607-615.

Fagan, Andrew. 2014. Philosophical Foundations of Human Rights. In Cushman, Thomas (ed.), *Handbook of Human Rights*, 9-21. London; New York: Routledge.

Fairtrade International. n. d. Aims of the Fairtrade Standards. www. fairtrade. net/ standard/aims.

FAO. 2021. Call for Action: Ending Child Labour in Agriculture with the Help of Agricultural Stakeholders. April 21, 2021. www. fao. org/rural-employment/resources/detail/en/c/1396235/.

Fasterling, Björn. 2017. Human rights due diligence as risk management: Social risk versus human rights risk. *Business and Human Rights Journal* 2/2: 225-247.

Fasterling, Björn & Demuijnck, Geert. 2013. Human rights in the void? Due diligence in the UN Guiding Principles on Business and Human Rights. *Journal of Business Ethics* 116: 799-814.

Feinberg, Joel. 1973. *Social Philosophy*. Englewood Cliffs, NJ: Prentice-Hall.

Flowers, Nancy (ed.). n. d. Human Rights Here and Now: Celebrating the Universal Declaration of Human Rights. Minneapolis: University of Minnesota Human Rights Resource Center. http://hrlibrary. umn. edu/edumat/hreduseries/here-andnow/Part-1/default. htm.

Forst, Michel. 2017. Situationof Human Rights Defenders. Report by the Special Rapporteur on the Situation of Human Rights Defenders. A/72/170. https://undocs. org/en/A/72/170.

Friends of the Earth Europe. 2018. ENI and the Nigerian Ikebiri Case. www. foeeurope. org/sites/default/files/extractive-industries/2018/foce-eni-ikebiri-case-briefing-update. pdf.

Friends of the Earth Europe. 2019. Ikebiri Reach Settlement with Company, Niger Delta Still Awaits Justice. https://friendsoftheearth. eu/news/ikebiri-reach-settlement-with-company-niger-delta-still-awaits-justice/.

Fremuth, Michael-Lysander. 2015. *Menschenrechte: Grundlagen and Dokumente*. Bonn: Bundeszentrale für politische Bildung.

French, Peter A. 1979. The corporation as a moral person. *American Philosophical Quarterly* 16/3: 207-215.

Frey, Barbara A. 1997. The legal and ethical responsibilities of transnational corporations in the protection of international human rights. *Minnesota Journal of Global Trade* 6: 153-188.

Friedman, Milton. 1962. *Capitalism and Freedom*. Chicago: University of Chicago Press.

Friedman, Milton. 1970. The Social Responsibility of Business Is to Increase its Profits. The New York Times Magazine, September 13, 1970.

Front Line Defenders. n. d. Case History: Berta Cáceres. www. frontlinedefenders. org/en/case/case-history-berta-c%C3%A1ceres.

Fuchs, Doris. 2007. *Business Power in Global Governance*. Boulder, CO: Lynn Rienner Publishers.

Gaja, Giorgio. 2003. First Report on Responsibility of International Organizations. A/CN. 4/532. http://legal. un. org/ilc/documentation/english/a_ cn4_ 532. pdf.

Garriga, Elisabet & Melé, Domènec. 2004. Corporate social responsibility theories: Mapping the territory. *Journal of Business Ethics* 53: 51–71.

Garthoff, Jon. 2019. Decomposing legal personhood. *Journal of Business Ethics* 154: 967–974.

GBI. 2017a. Making a Policy Commitment. https://gbihr. org/business-practice-por-tal/making-a-policy-commitment.

GBI. 2017b. Identifying Human Rights Impacts. https://gbihr. org/business-prac-tice-portal/identifying-human-rights-impacts.

GBI. 2017c. Engaging Stakeholders. https://gbihr. org/business-practice-portal/en-gaging-stakeholders.

GBL. 2017d. Raising Awareness, Training and Capacity Building. https://gbihr. org/business-practice-portal/training-and-capacity-building.

Gewirth, Alan. 1996. *The Community of Rights*. Chicago; London: University of Chicago Press.

Giorgetti, Chiara, Ratner, Steven, Dunoff, Jeffrey, Hamamoto, Shatoro, Nottage, Luke, Schill, Stephan W. & Waibel, Michael. 2020. Independence and im-partiality of adjudicators in investment dispute settlement: Assessing challen-ges and reform options. *Journal of World Investment and Trade* 21/2–3: 441–474.

Giuliani, Elisa, Macchi, Chiara & Fiaschi Davide. 2014. Corporate Social Irrespon-sibility in International Business. In Van Tulder, Rob, Verbeke, Alain & Strange, Roger (eds.), *International Business and Sustainable Development*, 141–171. Bingley: Emerald.

Giuliani, Elisa, Santangelo, Grazia & Wettstein, Florian. 2016. Human rights and international business research: A call for studying emerging market multina-tionals. *Management and Organization Review* 12/3: 1–7.

Global Witness. 2016. *On Dangerous Ground*. London: Global Witness. www. global-witness. org/en/campaigns/environmental-activists/dangerous-ground/.

Goldstein, Jacob. 2014. To Increase Productivity, UPS Monitors Drivers' Every Move. NPR, April 17, 2014. www. npr. org/sections/money/2014/04/17/30 3770907/to-increase-productivity-ups-monitors-drivers-every-move.

Götzmann, Nora. 2017. Human rights impact assessment of business activities: Key criteria for establishing meaningful practice. *Business and Human Rights Journal* 2/1: 87-108.

Götzmann, Nora, Wrzoncki, Elin, Kristiansson, Linnea & Heydari, Evina. 2018. *Women in Business and Human Rights: A Mapping of Topics for State Attention in United Nations Guiding Principles on Business and Human Rights Implementation Processes*. Copenhagen: The Danish Institute for Human Rights. www. humanrights. dk/sites/humanrights. dk/files/media/document/women%20in% 20business. pdf.

Götzmann, Nora, Kristiansson, Linnea & Hillenbrand, Julia. 2019. *Towards Gender-Responsive Implementation of Extractive Industries Projects*. Copenhagen: The Danish Institute for Human Rights. www. humanrights. dk/sites/human-rights. dk/files/media/migrated/gender_ and_ extractives_ report_ sept2019. pdf.

Graf, Andreas & Iff, Andrea. 2017. Respecting human rights in conflict regions: How to avoid the "conflict spiral." *Business and Human Rights Journal* 2/1: 109-133.

Griffin, James. 2008. *On Human Rights*. Oxford: Oxford University Press.

Griffin, James. 2012. Human Rights: Questions of Aim and Approach. In Ernst, Gerhard & Heilinger, Jan-Christoph (eds.), *The Philosophy of Human Rights*, 3-16. Berlin; Boston: De Gruyter.

Haas, Michael. 2014. *International Human Rights: A Comprehensive Introduction*. Second edition. London; New York: Routledge.

417

Haefele, Mark, Smiles, Simon & Carter, Matthew. 2017. Millennials-the Global Guardians of Capital. www. ubs. com/global/en/wealth-management/chief-investment-office/our-research/discover-more/2017/millennials. html.

Hall, Ruth. 2011. Land grabbing in Southern Africa: The many faces of the investor rush. *Review of African Political Economy* 38/128: 193-214.

Hallensleben, Natalie & Harrop, Bernard. 2015. EU Non-Financial Reporting Directive. Implications for Business Travel Reporting. Global Business Travel Association/atmosfair. www. atmosfair. de/wp-content/uploads/hintergrundpapier-nicht-finanzielle-berichterstattung. pdf.

Hamann, Ralph. 2019. Disconnect between Business and State Contributed to Marikana Massacre. The Conversation, August 15, 2019. https://theconversation. com/disconnect-between-business-and-state-contributed-to-marikana-massacre-121507.

Hamdani, Khalil & Ruffing, Lorraine. 2017. Lessons from the UN Centre on Transnational Corporations for the Current Treaty Initiative. In Deva, Surya & Bilchitz, David (eds.), *Building a Treaty on Business and Human Rights: Context and Contours*, 27-47. Cambridge, UK: Cambridge University Press.

Harris, Kamala D. 2015. The California Transparency in Supply Chains Act: A Resource Guide. California Department of Justice. https://oag. ca. gov/sites/all/files/agweb/pdfs/sb657/resource-guide. pdf.

Heede, Richard. 2014. Tracing anthropogenic carbon dioxide and methane emissions to fossil fuel and cement producers, 1854-2010. *Climatic Change* 122: 229-241.

Henderson, Rebecca & Hsieh, Nien-hê. 2016. Putting the Guiding Principles into Action: Human Rights at Barrick Gold (A). Harvard Business School Case 315-108. https://hbsp. harvard. edu/product/315108-PDF-ENG?Ntt = Henderson%2OHsieh.

Hahn, Rüdiger & Weidtmann, Christian. 2016. Transnational governance, deliberative democracy, and the legitimacy of ISO 26000: Analyzing the case of a global multistakeholder process. *Business & Society* 55/1: 90-129.

Henriques, Adrian. 2012. *Standards for Change? ISO 26000 and Sustainable Development*. London: International Institute for Environment and Development.

Himma, Kenneth E. 2002. Inclusive Legal Positivism. In Coleman, Jules & Shapiro, Scott (eds.), *The Oxford Handbook of Jurisprudence & Philosophy of Law*, 125-165. Oxford: Oxford University Press.

Hirsh, Moshe. 2009. Investment Tribunals and Human Rights: Divergent Paths. In Dupuy, Pierre-Marie, Petersmann, Ernst-Ulrich & Francioni, Francesco (eds.), *Human Rights in International Investment Law and Arbitration*, 97-114. Oxford: Oxford University Press.

Hiskes, Richard P. 2014. Environmental Human Rights. In Cushman, Thomas (ed.), *Handbook of Human Rights*, 399-409. London; New York: Routledge.

Hoff, Anneloes. 2019. Dutch Child Labour Due Diligence Law: A Step Towards Mandatory Human Rights Due Diligence. OxHRH Blog, June 10, 2019. http://ohrh.law.ox.ac.uk/dutch-child-labour-due-diligence-law-a-step-towards-mandatory-human-rights-due-diligence.

Holly, Gabrielle. 2019. Zambian Farmers Can Take Vedanta to Court over Water Pollution. What Are the Legal Implications? Business & Human Rights Resource Centre, April 10, 2019. www.business-humanrights.org/en/blog/zambian-farmers-can-take-vedanta-to-court-over-water-pollution-what-are-the-legal-implications/.

Home, Andy. 2021. Column: Cobalt, Congo and a Mass Artisanal Mining Experiment. Reuters, May 13, 2021. www.reuters.com/business/energy/cobalt-congo-mass-artisanal-mining-experiment-andy-home-2021-05-13/.

Hongbo, Wu. 2015. Foreword to the State of the World's Indigenous Peoples. In UN Permanent Forum on Indigenous Issues (ed.), *State of the World's Indigenous*

Peoples. Second volume, iv-v. New York and Geneva: United Nations. www. refworld. org/docid/55c89dac4. html.

Hsieh, Nien-hê. 2015. Should business have human rights obligations? *Journal of Human Rights* 14/2: 218-236.

Hsieh, Nien-hê. 2017. Business responsibilities for human rights. *Business and Human Rights Journal* 2/2: 297-309.

Hsieh, Nien-hê, Toffel, Michael W. & Hull, Olivia. 2019. Global Sourcing at Nike. Harvard Business School Case 619-008. https://hbsp. harvard. edu/product/619008-PDF-ENG? additionSource = Item% 20Detail% 20Pageadialog = teaching-note&parentProductld = 619008-PDF-ENG.

Idowu, Samuel O. 2019. ISO 26000-A Standardized View of Corporate Social Responsibility Practices, Cases and Facts: An Introduction. In Idowu, Samuel O. , Sitnikov, Catalina & Moratis, Lars (eds.), *ISO 26000-A Standardized View on Corporate Social Responsibility*, 1-10. Cham, Switzerland: Springer.

IHRB. 2016. IHRB Briefing: Recruitment Fess. Institute for Human Rights and Business. www. ihrb. org/uploads/briefings/2016-05% 2C _ IHRB _ Briefing% 2C_ Recruitment_ Fees. pdf.

IHRB. 2018. The Commodity Trading Sector Guidance on Implementing the UN Guiding Principles on Business and Human Rights. Bern: FDFA/SECO. www. ihrb. org/uploads/reports/Commodities _ Trading _ UNGPs _ Guidance-Nov_ 18. pdf.

Initiative Lieferkettengesetz. 2021. Not There Yet, but Finally at the Start: What the New Supply Chain Act Delivers-and What It Doesn't. https://corporatejustice. org/wp-content/uploads/2021/06/Initiative-Lieferkettengesetz_ Analysis_ What-the-new-supply-chain-act-delivers. pdf.

International Commission of Jurists. 2010. Access to Justice: Human Rights Abuses Involving Corporations: The Netherlands. Geneva: International Commission of Jurists. www. icj. org/access-to-justice-human-rights-abuses-involving-corporations-2/.

International Council on Human Rights Policy. 2002. Beyond Voluntarism: Human Rights and the Developing International Legal Obligations of Companies. Versoix: International Council on Human Rights Policy.

International Court of Justice. n. d. The Court. www. icj-cij. org/en/court.

International Criminal Court. n. d. (a). The States Parties to the Rome Statute. https://asp. icc-cpi. int/en_menus/asp/states%20parties/pages/the%20states %20parties%20to%20the%20rome%20statute. aspX.

International Criminal Court. n. d. (b). How the Court Works. www. icc-cpi. int/about/how-the-court-works/Pages/default. aspx#legalProcess.

International Labour Office. 2004. *Child Labour: A Textbook for University Students.* Geneva: International Labour Organization. https://resourcecentre. savethe-children. net/node/8335/pdf/wcms_067258. pdf.

International Labour Office. 2007. Eradication of Forced Labour. Report of the Committee of Experts on the Application of Conventions and Recommendations (articles 19, 22 and 35of the Constitution). ILC96-IHI(1B)-2007-02-0014-1-En. Geneva: International Labour Office. www. ilo. org/wcmsp5/groups/public/-ed_norm/relconf/documents/meetingdocument/wcms_089199. pdf.

International Labour Offce. 2014. *Profits and Poverty: The Economics of Forced Labour.* Geneva: International Labour Organization. www. ilo. org/wemsp5/groups/public/-ed_norm/-declaration/documents/publication/wcms 243391. pdf.

International Labour Office. 2017. *Global Estimates of Child Labour: Results and Trends*, 2012 - 2016. Geneva: International Labour Organization. www. ilo. org/wcmsp5/groups/public/-dgreports/-dcomm/documents/publication/wcms _575499. pdf.

International Labour Organization. 1999. Worst Forms of Child Labour Convention (No. 182). www. ilo. org/dyn/normlex/en/f?p = NORMLEXPUB:12100:0::

NO：：P12100_ILO_CODE：C182.

International Labour Organization, Regional Office for Arab States. 2017 Employer-Migrant Worker Relationships in the Middle East: Exploring Scope for Internal Labour Market Mobility and Fair Migration. Beirut: International Labour Organization. www. ilo. org/wcmsp5/groups/public/-arabstates/-ro-beirut/documents/publication/wcms_552697. pdf.

International Labour Organization. n. d. (a). History of the ILO. www. ilo. org/global/about-the-ilo/history/lang-en/index. htm.

International Labour Organization. n. d. (b). How the ILO Works. www. ilo. org/global/about-the-ilo/how-the-ilo-works/lang-en/index. htm.

International Labour Organization. n. d. (c). The Rana Plaza Accident and its Aftermath. www. ilo. org/global/topics/geip/WCMS_614394/lang-en/index. htm.

ILO & IOE. 2015. *Child Labour Guidance Tool for Business: How to Do Business with Respect for Children's Right to Be Free from Child Labour.* Geneva: International Labour Organization.

International Labour Organization & United Nations Children's Fund. 2020. *COVID-19 and Child Labour: A Time of Crisis, a Time to Act.* New York: ILO & UNICEF. New York, 2020. www. ilo. org/wcmsp5/groups/public/-ed_norm/-ipec/documents/publication/wcms_747421. pdf.

International Labour Office & Walk Free Foundation. 2017. *Global Estimates of Modern Slavery: Forced Labour and Forced Marriage.* Geneva: International Labor Organization a Walk Free Foundation. www. ilo. org/wcmsp5/groups/public/@ dgreports/@ dcom/documents/publication/wcms_575479. pdf.

International Land Coalition. 2011. *Tirana Declaration: Securing Land Access for the Poor in Times of Intensified Natural Resources Competition.* Rome: International Land Coalition. https://d303cb4w253x5q. cloudfront. net/media/documents/Tirana_Declaration_2011_EN. pdf.

ISO. 2018. *Discovering ISO 26000.* Geneva: International Organization for Standardization.

Jägers, Nicola. 2013. Will Transnational Private Regulation Close the Governance Gap? In Deva, Surya & Bilchitz, David (eds.), *Human Rights Obligations of Business: Beyond the Corporate Responsibility to Respect?* 295 – 328. Cambridge, UK: Cambridge University Press.

Jägers, Nicola. 2020. Sustainable development goals and the business and human rights discourse: Ships passing in the night? *Human Rights Quarterly* 42/1: 145–173.

Jägers, Nicola. 2021. UN Guiding Principles at 10: Permeating narratives or yet another silo? *Business and Human Rights Journal* 6/2: 198–211.

Jalloh, Charles C., Clarke, Kamari M. & Nmehielle, Vincent O. 2019. Preface. In Jalloh, Charles C., Clarke, Kamari M. & Nmehielle, Vincent O. (eds.), *The African Court of Justice and Human and Peoples' Rights in Context: Development and Challenges*, xix – xxii. Cambridge, UK: Cambridge University Press.

Jee, Charlotte. 2021. Amazon's system for tracking its warehouse workers can automatically fire them. *MIT Technology Review*, April 26, 2021. www. technology-review. com/2019/04/26/1021/amazons-system-for-tracking-its-warehouse-workers-can-automatically-fire-them/.

Joas, Hans. 2015. *Sind die Menschenrechte westlich?* München: Kösel.

Jonker, Jan. 2005. CSR Wonderland: Navigating between movement, community, and organization. *Journal of Corporate Citizenship* 20: 19–22.

Joseph, Sarah. 2004. *Corporations and Transnational Human Rights Litigation*. Oxford; Portland, OR: Hart Publishing.

Kamminga, Menno T. & Zia-Zarifi, Saman. 2000. Liability of Multinational Corporations Under International Law: An Introduction. In Kamminga, Menno T. & Zia-Zarifi, Saman (eds.), *Liability of Multinational Corporations Under International Law*. The Hague; London; Boston: Kluwer Law International.

Kant, Immanuel. 1996 [1797]. *The Metaphysics of Morals*. Translated by Mary Gregor. Cambridge, UK; New York: Cambridge University Press.

Karp, David J. 2014. *Responsibility for Human Rights: Transnational Corporations in Imperfect States*. Cambridge, UK: Cambridge University Press.

Katsos, John. 2020. Business, human rights and peace: Linking the academic conversation. *Business and Human Rights Journal* 5/2: 221-240.

Kaufman, Jonathan & McDonnell, Katherine. 2015. Community-driven operational grievance mechanisms. *Business and Human Rights Journal* 1/1: 125-132.

Keller, Helen & Ulfstein, Geir. 2012. Introduction. In Keller, Helen & Ulfstein, Geir (eds.), *UN Human Rights Treaty Bodies: Law and Legitimacy*, 1-15. Cambridge, UK: Cambridge University Press.

Kerr, Steven. 1975. On the folly of rewarding A, while hoping for B. *Academy of Management Journal* 18/4: 769-783.

Khokhar, Tariq & Eshragh-Tabary, Mahyar. 2016. Five Forest Figures for the International Day of Forests. World Bank Blogs, March 21, 2016. https://blogs. worldbank. org/opendata/five-forest-figures-international-day-forests.

Kinley, David & Tadaki, Junko. 2004. From talk to walk: The emergence of human rights responsibilities for corporations at international law. *Virginia Journal of International Law* 44/4: 931-1023.

Kline, John M. 2005. *Ethics for International Business*. New York; London: Routledge.

Kline, John M. 2010. *Ethics for International Business: Decision-Making in a Global Political Economy*. Second edition. New York; London: Routledge.

Knox, John H. 2018. Framework Principles on Human Rights and the Environment. UN Human Rights Special Procedures; UNEP; Raoul Wallenberg Institute; Sida. www. ohchr. org/Documents/Issues/Environment/SREnvironmet/Framework-PrinciplesUserFriendlyVersion. pdf.

Knuckey, Sarah & Jenkin, Eleanor. 2015. Company-created remedy mechanisms for serious human rights abuses: A promising new frontier for the right to remedy? *The International Journal of Human Rights*, 19/6: 801-827.

Kobrin, Stephen J. 2009. Private political authority and public responsibility: Transnational politics, transnational firms, and human rights. *Business Ethics Quarterly* 19/3: 349-374.

Koch, Dirk-Jan & Burlyuk, Olga. 2019. Bounded policy learning? EU efforts to anticipate unintended consequences in conflict minerals legislation. *Journal of European Public Policy*, 27/10: 1441-1462.

Koekkoek, Marieke, Marx, Axel & Wouters Jan. 2017. Monitoring forced labor and slavery in global supply chains: The case of the California Act on Transparency in Supply Chains. *Global Policy* 8/4: 522-529.

Kolb, Robert. 2013. *The International Court of Justice*. Oxford; Portland, OR: Hart Publishing.

Kolk, Ans. 2016. The social responsibility of international business: From ethics and the environment to CSR and sustainable development. *Journal of World Business* 51: 23-34.

Kozma, Julia, Nowak, Manfred & Scheinin, Martin. 2010. A World Court of Human Rights-Consolidated Statute and Commentary. www. eui. eu/Documents/DepartmentsCentres/Law/Professors/Scheinin/ConsolidatedWorldCourtStatute. pdf.

Krajewski, Markus. 2019. Human Rights in International Investment Law: Recent Trends in Arbitration and Treaty-Making Practice. In Sachs, Lisa, Johnson, Lise & Coleman, Jesse (eds.), *Yearbook on International Investment Law & Policy* 2017, 177-193. Oxford: Oxford University Press.

Krajewski, Markus. 2020. A nightmare or a noble dream? Establishing investor obligations through treaty-making and treaty-application. *Business and Human Rights Journal* 5/1: 105-129.

Kriebaum, Ursula. 2018. Human Rights and International Investment Law. In Radi,

Yannick (ed.) , *Research Handbook on Human Rights and Investment* , 14 -
40. Cheltenham; Northampton, MA: Edward Elgar.

Kube, Vivian & Petersmann, E. U. 2016. Human rights law in international invest-
ment arbitration. *Asian Journal of WTO and International Health Law and Poli-
cy* 11/1: 65-114.

Kurasawa, Fuyuki. 2014. Human Rights as Cultural Practices. In Cushman, Thom-
as (ed.) , *Handbook of Human Rights* , 155-163. London; New York: Rout-
ledge.

Labowitz, Sarah & Baumann-Pauly, Dorothée. 2014. *Business as Usual Is Not an
Option: Supply Chains and Sourcing after Rana Plaza.* New York: NYU Stern
Center for Business and Human Rights.

Lakhani, Nina. 2021. Berta Cáceres assassination: ex-head of dam company found
guilty. *The Guardian* , July 5, 2021. www. theguardian. com/world/2021/jul/
05/berta-caceres-assassination-roberto-david-castillo-found-guilty.

Leader, Sheldon. 2017. Coherence, Mutual Assurance and the Rationale for a Trea-
ty. In Deva, Surya & Bilchitz, David (eds.) , *Building a Treaty on Business
and Human Rights: Context and Contours* , 79-101. Cambridge, UK: Cam-
bridge University Press.

LeBaron, Genevieve. 2020. *Combatting Modern Slavery.* Cambridge, UK: Polity.

LeBaron, Genevieve & Rühmkopf, Andreas. 2017. Steering CSR through home
state regulation: A comparison of the impact of the UK Bribery Act and Mod-
ern Slavery Act on global supply chain governance. *Global Policy* 8/3: 15-28.

LeBaron, Genevieve, Howard, Neil, Thibos, Cameron & Kyritsis, Penelo-
pe. 2018. Confronting Root Causes: Forced Labour in Global Supply Chains.
Sheffield: OpenDemocracy & Sheffield Political Economy Research Institute
(SPERI) . https://cdn-prod. opendemocracy. net/media/documents/Confront-
ing_ Root_ Causes_ Forced_ Labour_ In_ Global_ Supply_ Chains. pdf.

López, Carlos. 2013. The "Ruggie Process": From Legal Obligations to Corporate

Social Responsibility? In Deva, Surya & Bilchitz, David (eds.) , *Human Rights Obligations of Business*: *Beyond the Corporate Responsibility to Respect*? 58－76. Cambridge, UK: Cambridge University Press.

López, Carlos. 2017. Human Rights Legal Liability for Business Enterprises: The Role of an International Treaty. In Deva, Surya & Bilchitz, David (eds.) , *Building a Treaty on Business and Human Rights*: *Context and Contours*, 299－317. Cambridge, UK: Cambridge University Press.

Macchi, Chiara. 2021. The climate change dimension of business and human rights: The gradual consolidation of a concept of "climate due diligence. " *Business and Human Rights Journal* 6/1: 93－119.

MacIntyre, Alasdair. 1981. *After Virtue*: *A Study in Moral Theory*. Notre Dame, IN: University of Notre Dame Press.

Mair, Vibeka. 2019. Credit Suisse Includes Protection of Indigenous Rights in Project Finance Guidelines. Responsible Investor, October 24, 2019. www. responsible-investor. com/ articles/ credit-suisse-includes-protection-of-indigenous-rights-into-project-finance.

Mantouvalou, Virginia. 2018. The UK Modern Slavery Act 2015 three years on. *The Modern Law Review* 81/6: 1017－1045.

Marikana Commission of Inquiry. 2015. Report on Matters of Public, National and International Concern Arising out of the Tragic Incidents at the Lonmin Mine in Marikana, in the North West Province. www. sahrc. org. za/home/21/files/ marikana-report－1. pdf.

Marmor, Andrei. 2002. Exclusive Legal Positivism. In Coleman, Jules & Shapiro, Scott (eds.) , *The Oxford Handbook of Jurisprudence a Philosophy of Law*, 104－124. Oxford: Oxford University Press.

Martin-Ortega, Olga. 2014. Human rights due diligence for corporations: From voluntary standards to hard law at last. *Netherlands Quarterly of Human Rights* 31/4: 44－74.

Martin-Ortega, Olga. 2018. Public procurement as a tool for the protection and promotion of human rights: A study of collaboration, due diligence and leverage in the electronics industry. *Business and Human Rights Journal* 3/1: 75–95.

Marx, Axel, Bright, Claire & Wouters, Jan. 2019. *Access to Legal Remedies for Victims of Corporate Human Rights Abuses in Third Countries.* EP/EXPO/B/DROI/FWC/2013–08/Lot4/07. Brussels: European Union. www. europarl. europa. eu/thinktank/en/document. html?reference-EXPO_STU(2019)603475.

Mason Meier, Benjamin & Brás Gomes, Virginia. 2018. Human Rights Treaty Bodies: Monitoring, Interpreting, and Adjudicating Health-Related Human Rights. In Mason Meier, Benjamin & Gostin, Lawrence O. (eds.), *Human Rights in Global Health: Rights-Based Governance for a Globalizing World*, 509–536. Oxford: Oxford University Press.

Matharu, Hardeep. 2016. Saudi Arabian women banned from Starbucks after Collapse of gender segregation wall. *The Independent*, February 4, 2016. www. independent. co. uk/news/world/middle-east/saudi-arabian-women-banned-starbucks-after-collapse-gender-segregation-wall-a6852646. html.

Matten, Dirk & Crane, Andrew. 2005. Corporate citizenship: Toward an extended theoretical conceptualization. *Academy of Management Review* 30/1: 166 – 179.

McCorquodale, Robert. 2009. Corporate social responsibility and international Human rights law. *Journal of Business Ethics* 87: 385–400.

McCorquodale, Robert, Smit, Lise, Neely, Stuart & Brooks, Robin. 2017. Human rights due diligence in law and practice: Good practices and challenges for business enterprises. *Business and Human Rights Journal* 2/2: 195–224.

Meeran, Richard. 2013. Access to Remedy: The United Kingdom Experience of MNC Tort Litigation for Human Rights Violations. In Deva, Surya & Bilchitz, David (eds.), *Human Rights Obligations of Business: Beyond the Corporate Responsibility to Respect?* 378 – 402. Cambridge, UK: Cambridge University

Press.

Mehra, Amol & Blackwell, Sara. 2016. The Rise of Non-Financial Disclosure: Reporting on Respect for Human Rights. In Baumann-Pauly, Dorothée & Nolan, Justine (eds.), *Business and Human Rights: From Principles to Practice*, 276–284. London; New York: Routledge.

Mena, Sébastien & Palazzo, Guido. 2012. Input and output legitimacy of multistakeholder initiatives. *Business Ethics Quarterly* 22/3: 527–556.

Merrills, J. G. 1993. *The Development of International Law by the European Court of Human Rights*. Manchester: Manchester University Press.

Methven O'Brien, Claire, Mehra, Amol, Blackwell, Sara & Poulsen-Hansen, Cathrine B. 2016. National action plans: Current status and future prospects for a new business and human rights governance tool. *Business and Human Rights Journal* 1/1: 115–226.

Methven O'Brien, Claire, Mehra, Amol, Andrecka, Marta & Vander Meulen, Nicole. 2016. Public Procurement and Human Rights: A Survey of Twenty Jurisdictions. International Learning Lab on Public Procurement. https://issuu. com/_icar/docs/public_procurement_and_human_rights_37d255280 11462/7.

Meyersfeld, Bonita. 2017. Empty promises and the myth of mining: Does mining lead to pro-poor development? *Business and Human Rights Journal* 2/1: 31–53.

Michalowski, Sabine. 2014. Introduction. In Michalowski, Sabine (ed.), *Corporate Accountability in the Context of Transitional Justice*, 1–6. London: Routledge.

Michalowski, Sabine & Carranza, Ruben. 2014. Conclusion. In Michalowski, Sabine (ed.), *Corporate Accountability in the Context of Transitional Justice*, 247–254. London: Routledge.

Midgley, Mary. 1981. *Heart and Mind: The Varieties of Moral Experience*. New York: St. Martin's Press.

Minderoo Foundation, WikiRate, Business & Human Rights Resource Centre &

Australian National University. 2019. Beyond Compliance in the Hotel Sector: A Review of Modern Slavery Act Statements. https://media. business-human-rights. org/media/documents/files/2632_ MSA-statements. V8_ FNLpdf.

Mohan, Mahdev. 2017. A domestic solution for transboundary harm: Singapore's haze pollution laws. *Business and Human Rights Journal* 2/2: 325-333.

Molin, Anna. 2012. IKEA Regrets Cutting Women From Saudi Ad. The Wall Street Journal, October 1, 2012. www. wsj. com/articles/SB10000872396390444459 2404578030274200387136.

Morris, Daniel, Wrzoncki, Elin & Andreasen Lysgaard, Signe. 2019. *Responsible Business Conduct as a Cornerstone of the* 2030 *Agenda-A Look at the Implications. A Discussion Paper.* Copenhagen: The Danish Institute for Human Rights. www. humanrights. dk/sites/humanrights. dk/files/media/document/~%2019_ 0292215%20responsible_ business_ conduct_ as_ a_ cornerstone_ of_ the_2030_ agenda_ dihr_ 2019%20-%20fd%20461990_ 1_ 1. pdf.

Much, Laura. 2020. Artisanal and Small-Scale Mining: Addressing Challenges in Global Supply Chains. Alliance for Responsible Mining Blog. www. responsi-blemines. org/en/2020/01/small-scale-mining-adressing-challenges-in-global-supply-chain2/.

Muchlinski, Peter. 2001. Human rights and multinationals: Is there a problem? *International Affairs* 77/1: 31-47.

Muñoz Quick, Paloma & Wrzoncki, Elin. 2017. National Action Plans on Business and Human Rights Toolkit. 2017 edition. The Danish Institute for Human Rights and the International Corporate Accountability Roundtable. www. humanrights. dk/sites/humanrights. dk/files/media/migrated/dihr_ icar_ nap_ toolkit_ 2017_ edition. pdf.

MVO Platform. 2019. Update: Frequently Asked Questions about the New Dutch Child Labour Due Diligence Law. www. mvoplatform. nl/en/frequently-asked-questions-about-the-new-dutch-child-labour-due-diligence-law/.

Nieri, Federica & Giuliani, Elisa. 2018. International Business and Corporate Wrongdoing: A Review and Research Agenda. In Castellani, Davide, Narula, Rajneesh, Nguyen, Quyen T. K. , Surdu, Irina & Walker, James T. (eds.), *Contemporary Issues in International Business: Institutions, Strategy and Performance*, 35-54. Cham, Switzerland: Palgrave Macmillan.

Nieuwenkamp, Roel. 2014. *OECD's Human Rights Grievance Mechanism as a Competitive Advantage.* London: Institute for Human Rights and Business. www. ihrb. org/other/governments-role/oecds-human-rights-grievance-mechanism-as-a-competitive-advantage.

Nisen, Max. 2013. How Nike Solved Its Sweatshop Problem. Business Insider, May 10, 2013. www. businessinsider. com/how-nike-solved-its-sweatshop-problem - 2013-5?r = USAIR = T.

Nkumba, Emmanuel U. 2020. How to reduce conflicts between mining companies and artisanal miners in the province of Lualaba: Overcoming the policy and systemic barriers to a model that respects human rights. *Business and Human Rights Journal* 5/2: 296-302.

Nolan, Justine. 2016. Rana Plaza: The Collapse of a Factory in Bangladesh and its Ramifications for the Global Garment Industry. In Baumann-Pauly, Dorothée & Nolan, Justine (eds.), *Business and Human Rights: From Principles to Practice*, 27-30. London; New York: Routledge.

Nolan, Justine & Taylor, Luke. 2009. Corporate responsibility for economic, social and cultural rights: Rights in Search of a remedy? *Journal of Business Ethics* 87: 433-451.

Nowrot, Karsten. 2018. The 2017 EU Conflict Minerals Regulation: An effective European instrument to globally Promote good raw materials govenance? *Rechtswissenschaftliche Beiträge der Hamburger Sozialökonomie*, Heft 20. www. wiso. uni-hamburg. de/fachbereich-sozoek/professuren/nowrot/archiv/heft-20-nowrot-conflict-minerals. pdf.

NPR. 2021. Alleged Mastermind Convicted in the Killing of Environmental Activist Berta Cáceres. NPR, July 5, 2021. www. npr. org/2021/07/05/1013216856/ alleged-mastermind-convicted-in-the-killing-of-environmental-activist-berta-cace.

Nussbaum, Martha C. 2002. Capabilities and Human Rights. In De Greiff, Pablo & Cronin, Ciaran P. (eds.), *Global Justice and Transnational Politics*: *Essays on the Moral and Political Challenges of Globalization*, 117–149. Cambridge, MA; London: The MIT Press.

Nussbaum, Martha C. 2006. *Frontiers of Justice*: *Disability, Nationality, Species Membership*. Cambridge, MA; London: Belknap Press of Harvard University Press.

Obara, Louise. 2017. "What does this mean?": How UK companies make sense of human rights. *Business and Human Rights Journal* 2/2: 249–273.

Obara, Louise J. & Peattie, Ken. 2018. Bridging the great divide? Making sense of the human rights-CSR Relationship in UK multinational companies. *Journal of World Business* 53/6: 781–793.

Ochoa Sanchez, Juan C. 2015. The roles and powers of the OECD National Contact Points Regarding Complaints on an alleged breach of the OECD Guidelines for Multinational Enterprises by a transnational corporation. *Nordic Journal of International Law* 84/1: 89–126.

O'Connor, Casey & Labowitz, Sarah. 2017. *Putting the "S" in ESG*: *Measuring Human Rights Performance for Investors*. New York: NYU Stern Center for Business and Human Rights. https://issuu. com/nyusterncenterforbusinessandhumanri/ docs/final_metrics_report_march_16_2017? e=31640827/54952687.

OECD. 2011. *OECD Guidelines for Multinational Enterprises*. Paris: OECD Publishing. www. oecd. org/corporate/mne/1922428. pdf.

OECD. 2016a. *OECD Due Diligence Guidance for Responsible Supply Chains of Minerals from Conflict-Affected and High-Risk Areas*. Third edition. Paris: OECD Publishing. www. oecd-ilibrary. org/governance/oecd-due-diligence-guidancefor-responsible-supply-chains-of-minerals-from-conflict-affected-and-high-risk-areas_9789264252479-en.

OECD. 2016b. Recommendation of the Council on Common Approaches for Officially Supported Export Credits and Environmental and Social Due Diligence (The "Common Approaches"). OECD/Legal/0393. https://legalinstruments.oecd.org/en/instruments/OECD-LEGAL-0393.

OECD. n. d. (a) OECD Declaration and Decisions on International Investment and Multinational Enterprises. www.oecd.org/daf/inv/mne/oecddeclarationanddecisions.htm.

OECD. n. d. (b). Environmental and Social Due Diligence. www.oecd.org/trade/topics/export-credits/environmental-and-social-due-diligence/.

OECD Watch. n. d. Society for Threatened Peoples vs. Credit Suisse. www.oecd-watch.org/complaint/society-for-threatened-peoples-vs-credit-suisse/.

OEIWG. 2020. Legally Binding Instrument to Regulate, in International Human Rights Law, the Activities of Transnational Corporations and Other Business Enterprises. OEIGWG Chairmanship Second Revised Draft. August 6, 2020. www.ohchr.org/Documents/HRBodies/HRCouncil/WGTransCorp/Session6/OEIGWG_Chair-Rapporteur_second_revised_draft_LBI_on_TNCs_and_OBEs_with_respect_to_Human_Rights.pdf.

O'Flaherty, Kate. 2020. Microsoft's New Productivity Score and Workplace Tracking: Here's the Problem. Forbes, November 29, 2020. www.forbes.com/sites/kateoflahertyuk/2020/11/29/microsofts-new-productivity-score-what-does-it-mean-for-you/?sh=2991d5b31d6f.

OHCHR. 2012. *The Responsibility to Respect Human Rights: An Interpretive Guide.* New York; Geneva: United Nations.

OHCHR. 2016. Ten Years On, the Survivors of Illegal Toxic Waste Dumping in Cote d'Ivoire Remain in the Dark. www.ohchr.org/EN/NewsEvents/Pages/DisplayNews.aspx?NewsID=20384.

OHCHR. 2017. OHCHR Response to Request from BankTrack for Advice Regarding the Application of the UN Guiding Principles on Business and Human Rights in the Context of the Banking Sector. www. banktrack. org/download/letter_ from_ ohchr_ to_ banktrack_ on_ application_ of_ the_ un_ guiding_ principles_ in_ the_ banking_ sector/banktrack_ response_ final. pdf.

OHCHR. n. d. (a) . Human Rights Bodies. www. ohchr. org/en/hrbodies/Pages/ HumanRightsBodies. aspx.

OHCHR. n. d. (b). The Impacts of Climate Change on the Effective Enjoyment of Human Rights. www. ohchr. org/EN/Issues/HRAndClimateChange/Pages/ AboutClimateChangeHR. aspX.

OHCHR. n. d. (c). National Action Plans on Business and Human Rights. www. ohchr. org/en/issues/business/pages/nationalactionplans. aspx.

OHCHR. n. d. (d) . International Investment Agreements (IIAs) and Human Rights. www. ohchr. org/EN/lssues/Business/Pages/IIAs. aspx.

OHCHR. n. d. (e). Gender Lens to the UNGPs. www. ohchr. org/EN/lssues/Business/Pages/GenderLens. aspx.

Open Society Justice Initiative. 2013. Factsheet-African Court of Human and Peoples' Rights. www. justiceinitiative. org/uploads/adac7bOb-8b4d-46ec-9cel-afO1e395aa2b/fact-sheet-african-court-human-peoples-rights-20130627. pdf.

Organization of American States. n. d. What is the IACHR? www. oas. org/en/ iachr/mandate/what. asp.

Orlitzky, Marc, Schmidt, Frank L. & Rynes, Sara L. 2003. Corporate social and financial performance: A meta-analysis. *Organization Studies* 24/3: 403-441.

Osiatynski, Wiktor. 2016. The Historical Development of Human Rights. In Sheeran, Scott & Rodley, Nigel (eds.), *Routledge Handbook of International Human Rights Law*, 9-24. Abingdon; New York: Routledge.

Ouma, Stefan. 2012. Land Grabbing. In Marquart, Nadine & Schreiber, Verena (eds.), *Ortsregister: Ein Glossar zu Räumen der Gegenwart*, 171 - 177.

Bielefeld: transcript Verlag.

Paine, Lynn S. 1994. Managing for organizational integrity. *Harvard Business Review* (March-April): 106–117.

Paine, Lynn S. 2000. Does ethics pay? *Business Ethics Quarterly* 10/1: 319–330.

Palombo, Dalia. 2019a. The duty of care of the parent company: A comparison between French law, UK precedents and the Swiss proposals. *Business and Human Rights Journal* 4/2: 265–286.

Palombo, Dalia. 2019b. *Business & Human Rights: The Obligations of the European Home States*. Oxford; London: Hart Publishing.

Park, Stephen K. 2018. Social bonds for sustainable development: A human rights perspective on impact investing. *Business and Human Rights Journal* 3/2: 233–255.

Partzsch, Lena. 2018. The new EU Conflict Minerals Regulation: Normative power in international relations? *Global Policy* 9/4: 479–488.

Pasqualucci, Jo M. 2013. *The Practice and Procedure of the Inter-American Court of Human Rights*. Second edition. Cambridge, UK: Cambridge University Press.

Pattison, Pete, McIntyre, Niamh, Mukhtar, Imran, et al. 2021. Revealed: 6, 500 migrant workers have died in Qatar since World Cup awarded. *The Guardian*, February 23, 2021. www. theguardian. com/global-development/2021/feb/23/revealed-migrant-worker-deaths-qatar-fifa-world-cup-2022.

Paul, Geneviève & Schönsteiner, Judith. 2014. Transitional Justice and the UN Guiding Principles on Business and Human Rights. In Michalowski, Sabine (ed.), *Corporate Accountability in the Context of Transitional Justice*, 71–92. London: Routledge.

Payne, Leigh A. , Pereira, Gabriel & Bernal-Bermúdez, Laura. 2020. *Transitional Justice and Corporate Accountability from Below*. Cambridge, UK: Cambridge University Press.

Phillips, Nicola, LeBaron, Genevieve & Wallin, Sara. 2018. Mapping and Measuring the Effectiveness of Labour-Related Disclosure Requirements for Global Supply Chains. International Labour Office Research Department Working Paper No. 32. International Labour Office. www. ilo. org/wcmsp5/groups/public/-dgreports/-inst/documents/publication/wcms_632120. pdf.

Pietropaoli, Irene. 2020. *Business, Human Rights, and Transitional Justice*. Abingdon; New York: Routledge.

Pogge, Thomas. 2002. *World Poverty and Human Rights*. Cambridge, UK: Polity Press.

Pogge, Thomas & Sengupta, Mitu. 2016. Assessing the sustainable development goals from a human rights perspective. *Journal of international and Comparative Social Policy* 32/2: 83-97.

Posner, Michael. 2016. Standard Setting for Agriculture. In Baumann-Pauly, Dorothée & Nolan, Justine (eds.), *Business and Human Rights: From Principles to Practice*, 172-174. London; New York: Routledge.

Principles for Responsible Investment. n. d. About the PRI. www. unpri. org/pri/about-the-pri.

Prokopets, Alexandra. 2014. Trafficking in information: Evaluating the efficacy of the California Transparency in Supply Chains Act of 2010. *Hastings International and Comparative Law Review* 37/2: 351-375.

RAFI. 2015. The UN Guiding Principles Reporting Framework. Shift Project Ltd & Mazars LLP. www. ungpreporting. org/wp-content/uploads/UNGPReporting Framework_withguidance2017. pdf.

Ramasastry, Anita. 2002. Corporate complicity: From Nuremberg to Rangoon. An examination of forced labor cases and their impact on the liability of multinational corporations. *Berkeley Journal of International Law* 20: 91-159.

Ramasastry, Anita. 2013. Closing the Governance Gap in the Business and Human Rights Arena: Lessons from the Anti-Corruption Movement. In Deva, Surya & Bilchitz, David (eds.), *Human Rights Obligations of Business: Beyond the*

Corporate Responsibility to Respect? 162 – 189. Cambridge, UK: Cambridge University Press.

Ramasastry, Anita. 2015. Corporate social responsibility versus business and human rights: Bridging the gap between responsibility and accountability. *Journal of Human Rights* 14/2: 237-259.

Rasche, Andreas. 2013. The United Nations and Transnational Corporations: How the UN Global Compact Has Changed the Debate. In Lawrence, Joanne & Beamish, Paul W. (eds.), *Globally Responsible Leadership: Managing According to the UN Global Compact*, 33-50. Thousand Oaks, CA: Sage.

Ratner, Stephen R. 2001. Corporations and human rights: A theory of legal responsibility. *The Yale Law Journal* 111/3: 443-545.

Raz, Joseph. 2010. Human Rights without Foundations. In Besson, Samantha & Tasioulas, John (eds.), *The Philosophy of International Law*, 321 – 337. Oxford: Oxford University Press.

Redecopp, Angie. 2020. With power comes responsibility: Incremental progress in Canada on parent company human rights liability. *Journal of Leadership, Accountability and Ethics* 17/1: 18-42.

Renaud, Juliette, Quairel, Françoise, Gagnier, Sabine, Elluin, Aymeric, Bommier, Swann, Burlet, Camille & Ajaltouni, Nayla. 2019. The Law on Duty of Vigilance of Parent and Outsourcing Companies. Year 1: Companies Must Do Better. Actionaid et al. https://vigilance-plan. org/wp-content/uploads/2019/06/2019. 06. 14-EN-Rapport-Commun-Companies-must-do-better. pdf.

Reuters. 2021. Congo Launches State Artisanal Cobalt Buyer to Meet Booming Demand. Reuters, March 31, 2021. www. reuters. com/world/middle-east/congo-launches-state-artisanal-cobalt-buyer-meet-booming-demand-2021-03-31/.

Rights and Resources Initiative. 2015. *Who Owns the World's Land? A Global Baseline of Formally Recognized Indigenous and Community Land Rights.* Washington, DC: RRI. https://rightsandresources. org/wp-content/uploads/GlobalBaseline_complete_web. pdf.

Rogers, Jean. 2016. Millennials and Women Redefine What It Means to Be a Reasonable Investor. Institutional Investor, October 20, 2016. www. institutional-investor. com/article/b14z9p1fn9ynvw/millennials-and-women-redefine-what-it-means-to-be-a-reasonable-investor.

Rogge, Malcolm. 2021. What BlackRock Gets Right in its Newly Minted Human Rights Engagement Policy. Harvard Law School Forum on Corporate Governance, May 5, 2021. https://corpgov. law. harvard. edu/2021/05/05/what-blackrock-gets-right-in-its-newly-minted-human-rights-engagement-policy/.

Roorda, Lucas. 2019. Jurisdiction over Foreign Direct Liability Claims against Transnational Corporations in EU Member States. PhD Thesis. Utrecht University.

Roorda, Lucas. 2021. Wading through the (Polluted) Mud: The Hague Court of Appeals Rules on Shell in Nigeria. Rights as Usual Blog, February 2, 2021. https://rightsasusual. com/?p=1388.

Roorda, Lucas & Leader, Daniel. 2021. Okpabi v Shell and four Nigerian farmers v Shell: Parent company liability back in court. Business and Human Rights Journal 6/2: 368–376.

Rose, Nick. 2016. A Starbucks in Saudi Arabia Bans Women After a "Gender Wall" Collapses. Vice, February 3, 2016. www. vice. com/en/article/pgv4am/a-starbucks-in-saudi-arabia-bans-women-after-a-gender-wall-collapses

Rost, Katja & Ehrmann, Thomas. 2017. Reporting Biases in Empirical Management Research: The Example of Win-Win Corporate Social Responsibility. Business & Society 56/6: 840–888.

Ruggie, John G. 2007. Business and human rights: The evolving international agenda. American Journal of International Law 101: 819–840.

Ruggie, John G. 2008. Protect Respect and Remedy. A Framework for Business and Human Rights. A/HRC/8/5. https://undocs. org/en/A/HRC/8/5.

Ruggie, John G. 2010. Business and Human Rights: Further Steps Toward the Operationalization of the "Protect, Respect and Remedy" Framework. A/HRC/14/27. https://ap. ohchr. org/documents/dpage_ e. aspx?si-A/HRC/14/27.

Ruggie, John G. 2011a. Guiding Principles on Business and Human Rights: Implementing the United Nations "Protect, Respect and Remedy" Framework. www. ohchr. org/documents/publications/guidingprinciplesbusinesshr_ en. pdf.

Ruggie, John G. 2011b. Business and Human Rights in Conflict-Affected Regions: Challenges and Options towards State Responses. A/HRC/17/32. www. ohchr. org/Documents/lssues/Trans Corporations/A. HRC. 17. 32. pdf.

Ruggie, John G. 2012. Kiobel and Corporate Social Responsibility: An Issues Brief by John Ruggie, September 4, 2012. https://media. business-humanrights. org/media/documents/fles/media/documents/ruggie-kiobel-and-corp-social-resonsibility-sep-2012. pdf.

Ruggie, John G. 2013. *Just Business: Multinational Corporations and Human Rights*, New York, London: W. W, Norton & Co.

Ruggie, John G. 2016. Making Globalization Work for All: Achieving the SDGs through Business Respect for Human Rights. https://shiftproject. org/making-globalization-work-for-all-achieving-the-sustainable-development-goals-through-business-respect-for-human-righs/.

Ruggie, John G. 2017. Multinationals as global institution: Power, authority and relative autonomy. *Regulation & Governance* 12: 317-333.

Ruggie, John G. 2021. Corporate Purpose in Play: The Role of ESG Investing. In Rasche, Andreas, Bril, Herman & Kell, Georg (eds.), *Sustainable Investing: A Path to a New Horizon*, 173-190. London: Routledge.

Ryngaert, Cedric. 2018. Accountability for corporate human rights abuses: Lessons from the possible exercise of Dutch national criminal jurisdiction over multinational corporations. *Criminal Law Forum* 29: 1-24.

Salomon, Margot E. & Seiderman, Ian. 2012. Human rights norms for a globalized world: The Maastricht Principles on Extraterritorial Obligations of States in the area of economic, social and cultural rights. *Global Policy* 3/4: 458-462.

Samway, Michael. 2016. The Global Network Initiative: How Can Companies in The Information and Communications Technology Industry Respect Human Rights? In Baumann-Pauly, Dorothée & Nolan, Justine (eds.), *Business and Human Rights: From Principles to Practice*, 136-147. London; New York: Routledge.

Sánchez, Nelson C. 2014. Corporate Accountability, Reparations, and Distributive Justice in Post-Conflict Societies. In Michalowski, Sabine (ed.), *Corporate Accountability in the Context of Transitional Justice*, 114-130. London: Routledge.

Sandler, Rachel. 2020. Microsoft Makes Changes To Productivity Score Tool After Privacy Backlash. Forbes, December 1, 2020. www. forbes. com/sites/rachel-sandler/2020/12/01/microsoft-makes-changes-to-productivity-score-tool-after-privacy-backlash/?sh = 74ele8017270.

Sandoval, Clara, Filippini, Leonardo & Vidal, Roberto. 2014. Linking Transitional Justice and Corporate Accountability. In Michalowski, Sabine (ed.), *Corporate Accountability in the Context of Transitional Justice*, 9-26, London: Routledge.

Santoro, Michael A. 2010. Post-Westphalia and its discontents: Business, globalization, and human rights in political and moral perspective. *Business Ethics Quarterly* 20/2: 285-297.

Savourey, Elsa. 2020. All Eyes on France-French Vigilance Law First Enforcement Cases (2/2): The Challenges Ahead. Business and Human Rights Journal Blog, January 24, 2020. www. cambridge. org/core/blog/2020/01/24/all-eyes-on-france-french-vigilance-law-first-enforcement-cases-2-2-current-cases-and-trends/.

Scarpa, Silvia. 2018. Contemporary Forms of Slavery. Directorate-General for Exter-

nal Policies of the Union Study. EP/EXPO/B/COMMITTEE/FWC/2013-08/
  Lot8/23. Brussels: European Union. www. europarl. europa. eu/RegData/etudes/
  STUD/2018/603470/EXPO_STU(2018)603470_EN. pdf.

Schabas, William. 2011. *An Introduction to the International Criminal Court*. Fourth
  edition. Cambridge, UK: Cambridge University Press.

Schaber, Peter. 2012. Human Rights without Foundations? In Ernst, Gerhard &
  Heilinger, Jan-Christoph (eds.), *The Philosophy of Human Rights*, 61 –
  72. Berlin; Boston: De Gruyter.

Schacherer, Stefanie. 2018. Urbaser v Argentina. In Bernasconi-Osterwalder, Nathalie &
  Brauch, Martin D. (eds.), *International Investment Law and Sustainable De-
  velopment: Key Cases from the* 2010s, 25-30. Winnipeg: The International In-
  stitute for Sustainable Development. www. iisd. org/system/files/publications/
  investment-law-sustainable-development-ten-cases-2010s. pdf.

Schein, Edgar H. 2010. *Organizational Culture and Leadership*. Fourth edition. San
  Francisco: Jossey-Bass.

Scheinin, Martin. 2012. International organizations and transnational corporations at
  a World Court of Human Rights. *Global Policy* 3/4: 488-491.

Scherer, Andreas G. & Palazzo, Guido. 2007. Toward a political conception of cor-
  porate responsibility: Business and society seen from a Habermasian perspec-
  tive. *Academy of Management Review* 32/4: 1096-1120.

Scherer, Andreas G. & Palazzo, Guido. 2011. A new political role of business in a
  globalized world: A review and research agenda. *Journal of Management Stud-
  ies* 48/4: 899-931.

Schrempf-Stirling, Judith, Palazzo, Guido & Philipps, Robert A. 2016. Historic
  corporate social responsibility. *Academy of Management Review* 41/4: 700 –
  719.

Schrempf-Stirling, Judith & Wettstein, Florian. 2017. Beyond guilty verdicts: hu-
  man rights litigation and its impact on corporations' human rights policies.

Journal of Business Ethics 145: 545-562.

Schrempf-Stirling, Judith & Wettstein, Florian. 2021. Public and Private Govern-
ance in Business and Human Rights: A Dynamic Model of Mutual Influ-
ences. *Academy of Management Proceedings*. 2021/1.

Schwarz, Katarina & Allain, Jean. 2020. *Antislavery in Domestic Legislation: An
Empirical Analysis of National Prohibition Globally*. Nottingham: University of
Nottingham. https://antislaverylaw. ac. uk/wp-content/uploads/2021/01/An-
tislavery-in-Domestic-Legislation-report-120320. pdf.

Sen, Amartya. 1985. *Commodities and Capabilities*. Amsterdam; New York Oxford:
North-Holland.

Sen, Amartya. 1997. *Human Rights and Asian Values. Sixteenth Morgenthau Memo-
rial Lecture on Ethics & Foreign Policy*. New York: Carnegie Council on Ethics
and International Affairs. www. carnegiecouncil. org/publications/archive/mor-
genthau/254/_ res/id = Attachments/index = 0/254_ sen. pdf&lang = en.

Sen, Amartya. 2004. Elements of a theory of human rights. *Philosophy and Public
Affairs* 32/4: 315-356.

Sethi, S. Prakash & Schepers, Donald H. 2014. United Nations Global Compact:
The promise-performance gap. *Journal of Business Ethics* 122: 193-208.

Shelton, Dinah L. 2010. Tatar C. Roumanie. *American Journal of International Law*
104/2: 247-253.

Shelton, Dinah L. 2014. *Advanced Introduction to International Human Rights
Law*. Cheltenham; Northampton, MA: Edward Elgar.

Sherpa, Terre Solidaire & BHRRC. n. d. Duty of Vigilance Radar. https://vigi-
lance-plan. org/duty-of-vigilance-radar/.

Shift. 2014. *Remediation, Grievance Mechanisms, and the Corporate Responsibility to
Respect Human Rights*. New York: Shift. https://shiftproject. org/resource/
remediation-grievance-mechanisms-and-the-corporate-responsibility-to-respect-
human-rights/.

Shift. 2019. *Human Rights Reporting in France: Two Years In: Has the Duty of Vigilance Law led to more Meaningful Disclosure?* New York: Shift.

Shift & Institute for Human Rights and Business (IHRB). 2013a. Oil and Gas Sector Guide on Implementing the UN Guiding Principles on Business and Human Rights. European Commission. https://op. europa. eu/en/publication-detail/-/publication/e05fc065-135c-4c0d-91e9-7e500374ce0f.

Shift & Institute for Human Rights and Business (IHRB). 2013b. Employment and Recruitment Agencies Sector Guide on Implementing the UN Guiding Principles on Business and Human Rights. European Commission. https://op. europa. eu/en/publication-detail/-/publication/7fa3f4c2-9f0f-46df-b698-cdd627cabe31.

Shift & Institute for Human Rights and Business (IHRB). 2013c. ICT Sector Guide on Implementing the UN Guiding Principles on Business and Human Rights. European Commission. https://op. europa. eu/en/publication-detail/-/publication/ab151420-d60a-40a7-b264-adce304e138b.

Shue, Henry. 1996. *Basic Rights: Subsistence, Affluence, and US Foreign Policy.* Second edition. Princeton: Princeton University Press.

Simma, Bruno, Desierto, Diane, Doe Rodriguez, Martin, et al. 2019. *The Hague Rules on Business and Human Rights Arbitration.* The Hague: Center for International Legal Cooperation. www. cilc. nl/cms/wp-content/uploads/2019/12/The-Hague-Rules-on-Business-and-Human-Rights-Arbitration_ CILC-digital-version. pdf.

Simons, Penelope. 2015. Canada's enhanced CSR strategy: Human rights due diligence and access to justice for victims of extraterritorial corporate human rights abuses. *The Canadian Business Law Journal* 56/2: 167–207.

Simons, Penelope. 2017. The Value-Added of a Treaty to Regulate Transnational Corporations and Other Business Enterprises: Moving Forward Strategically. In Deva, Surya & Bilchitz, David (eds.), *Building a Treaty on Business and Human Rights: Context and Contours*, 48–78. Cambridge, UK: Cambridge University Press.

Simons, Penelope & Audrey Macklin. 2014. *The Governance Gap: Extractive Industries, Human Rights, and the Home State Advantage.* London; New York: Routledge.

Sinclair, Amy & Nolan, Justine. 2020. Modern slavery laws in Australia: Steps in the right direction? *Business and Human Rights Journal* 5/1: 164–170.

Smith, Alastair M. 2013. Fair Trade and "The Economist's Critique". OpenDemocracy, February 28, 2013. www. opendemocracy. net/en/openeconomy/fair-trade-and-economists-critique/.

Smith, Andrew & Lepeuple, Alice. 2018. Holding Companies Criminally Liable for Human Rights Abuses. CorkerBinning Blog, August 17, 2018. https://corkerbinning. com/holding-companies-criminally-liable-for-human-rights-abuses/.

Society for Threatened Peoples. n. d. No Business Without Human Rights. www. gfbv. ch/en/campaigns/no-business-without-human-rights/#overview.

Sovacool, Benjamin. 2019. The precarious political economy of cobalt: Balancing prosperity, poverty, and brutality in artisanal and industrial mining in the Democratic Republic of the Congo. *The Extractive Industries and Society* 6/3: 915–939.

Stanwick, Peter & Stanwick, Sarah. 2015. The garment industry in Bangladesh: A human rights challenge. *Journal of Business & Economic Policy* 2/4: 40–44.

State of California Department of Justice. 2021. The California Transparency in Supply Chains Act. https://oag. ca. gov/SB657.

Steininger, Silvia. 2018. What's human rights got to do with it? An empirical analysis of human rights references in investment arbitration. *Leiden Journal of International Law* 31: 33–58.

Stephens, Beth. 1997. Conceptualizing violence under international law: Do tort remedies fit the crime? *Albany Law Review* 60/3: 579–606.

Stephens, Beth. 2017. Making Remedies Work: Envisioning a Treaty-Based System of Effective Remedies. In Deva, Surya & Bilchitz, David (eds.), *Building a Treaty on Business and Human Rights: Context and Contours*, 408-438. Cambridge, UK: Cambridge University Press.

Stewart, James G. 2014. The turn to corporate criminal liability for international crimes: Transcending the Alien Tort Statute. *New York University Journal of International Law and Politics* 47. https://ssrn. com/abstract = 2354443 or http:// dx. doi. org/10. 2139/ssrn. 2354443.

Strange, Susan. 1988. *States and Markets*. London: Pinter Publishers.

Strange, Susan. 1996. *The Retreat of the State: The Diffusion of Power in the World Economy*. Cambridge, UK: Cambridge University Press.

Stumberg, Robert, Ramasastry, Anita & Roggensack, Meg. 2014. *Turning a Blind Eye? Respecting Human Rights in Government Purchasing*. The International Corporate Accountability Roundtable (ICAR). https://icar. squarespace. com/ publications/2017/1/4/turning-a-blind-eye-respecting-human-rights-in-government-purchasing.

Tasioulas, John. 2012. On the Nature of Human Rights. In Ernst, Gerhard & Heilinger, Jan-Christoph (eds.), *The Philosophy of Human Rights*, 17-59. Berlin; Boston: De Gruyter.

Taylor, Celia R. 2015. Using securities disclosures to advance human rights: A consideration of Dodd-Frank Section 1502 and the Securities and Exchange Commission Conflict Minerals Rule. *Journal of Human Rights* 14: 201-217.

Thirlway, Hugh. 2016. *The International Court of Justice*. Oxford: Oxford University Press.

Thompson, Benjamin. 2017. Determining criteria to evaluate outcomes of businesses' provision of remedy: Applying a human rights-based approach. *Business and Human Rights Journal* 2/1: 55-85.

Thun Group of Banks. 2017. Paper on the Implications of UN Guiding Principles 13b &17 in a Corporate and Investment Banking Context. https://media. business-humanrights. org/media/documents/files/documents/2017_ 12 _ Thun _ Group_ of_ Banks_ Paper_ UNGPs_ 13b_ and_ 17. pdf.

TNI Agrarian Justice Programme. 2013. The Global Land Grab: A Primer. Transnational Institute. www. tni. org/files/download/landgrabbingprimer-feb2013. pdf.

Toft, Kristian H. 2020. Climate change as a business and human rights issue: A proposal for a moral typology. *Business and Human Rights Journal* 5/1: 1-27.

Trafigura. n. d. (a). The Probo Koala Case in 13 Questions. www. trafigura. com/ probo-koala/.

Trafigura. n. d. (b). Our Agreement with Entreprise Générale du Cobalt. www. trafigura. com/responsibility/responsible-sourcing/our-agreement-with-entreprise-generale-du-cobalt/.

Tuana, Nancy. 2014. Climate Change and Human Rights. In Cushman, Thomas (ed.), *Handbook of Human Rights*, 410 - 418. London; New York: Routledge.

Ulrich, Peter. 2008. *Integrative Economic Ethics. Foundations of a Civilized Market Economy*. Cambridge, UK: Cambridge University Press.

United Nations. n. d. Universal Declaration of Human Rights. www. un. org/en/about-us/universal-declaration-of-human-rights.

United Nations. 2002. Rome Statute of the International Criminal Court. https:// treaties. un. org/doc/Treaties/1998/07/19980717% 2006 - 33% 20PM/volume - 2187-1-38544-English. pdf.

UN Commission on Human Rights. 2005. Human Rights and Transnational Corporations and other Business Enterprises. Human Rights Resolution 2005/69. E/ CN. 4/RES/2005/69. www. refworld. org/docid/45377c80c. html.

UNCTAD. 2020. Investor-State Dispute Settlement Cases Pass the 1, 000 Mark: Cases and Outcomes in 2019. IIA Issues Note, Issue 2, July 2020. https:// unctad. org/system/files/official-document/diaepcbinf2020d6. pdf.

UNEP. n. d. (a) Artisanal and Small-Scale Gold Mining (ASGM) . https://

web. unep. org/globalmercurypartnership/our-work/artisanal-and-small-scale-gold-mining-asgm.

UNEP. n. d. (b) . Berta Cáceres-Inspiration and Action Award. www. unep. org/championsofearth/laureates/2016/berta-caceres.

UN General Assembly. 2015. Transforming Our World: The 2030 Agenda for Sustainable Development. Resolution adopted by the General Assembly on 25 September 2015. A/Res/70/1. www. un. org/en/development/desa/population/migration/generalassembly/docs/globalcompact/A_RES_70_1_E. pdf.

UN Global Compact. 2013. UN Global Compact Policy on Communicating Progress. https://d306pr3pise04h. cloudfrontnet/docs/communication_on_progress%2FCOP_Policy. pdf.

UN Global Compact. n. d. (a) . Frequently Asked Questions. www. unglobalcompact. org/about/faq.

UN Global Compact. n. d. (b) . Principle One: Human Rights. www. unglobalcompact. org/what-is-gc/mission/principles/principle-1.

UN Global Compact. n. d. (c) . Principle Five: Labour. www. unglobalcompactorg/what-is-gc/mission/principles/principle-5.

UN Global Compact. n. d. (d) . Engage Locally. www. unglobalcompact. org/engage-locally.

UN Global Compact. n. d. (e) . The Communication on Progress (CoP) in Brief. www. unglobalcompact. org/participation/report/cop.

UN Global Compact. n. d. (f) . Integrity Measures. Frequently Asked Questions https://d306pr3pise04h. cloudfront. net/docs/about_the_gc%2FIntegrity_measures%2FFAO_EN. pdf.

UN Global Compact. n. d. (g) . Principle Seven: Environment. www. unglobalcompactorg/what-is-gc/mission/principles/principle-7.

UN Human Rights Council. 2008. Resolution 8/7. Mandate of the Special Representative of the Secretary General on the issue of human rights and transnational corporations and other business enterprises. A/HRC/RES/8/7. http://ap. ohchr. org/documents/E/HRC/resolutions/A_ HRC_ RES_ 8_7. pdf.

UN Human Rights Council. 2011. Resolution 17/4. Human Rights and Transnational Corporations and other Business Enterprises. A/HRC/RES/17/4. www. undocs. org/en/A/HRC/RES/17/4.

UN Human Rights Council. 2014. Elaboration of an International Legally Binding Instrument on Transnational Corporations and Other Business Enterprises with Respect to Human Rights. A/HRC/RES/26/9. https://undocs. org/A/HRC/ RES/26/9.

UN News. 2020. Convention on Worst Forms of Child Labour Receives Universal Ratification, August 4, 2020. https://news. un. org/en/story/2020/08/1069492.

UN Permanent Forum on Indigenous Issues. 2015. Introduction. In UN Permanent Forum on Indigenous Issues (ed.), *State of the World's Indigenous Peoples*, 2015. Second volume, 2 – 9. New York, Geneva: United Nations. www. refworld. org/docid/55c89dac4. html.

UN Permanent Forum on Indigenous Issues n. d. Factsheet ' Who are Indigenous Peoples?' United Nations. www. un. org/esa/socdev/unpfi/documents/5session_ factsheet1. pdf.

UN Sub-Commission on the Promotion and Protection of Human Rights. 2013. Draft Norms on the Responsibilities of Transnational Corporations and Other Business Enterprises with Regard to Human Rights. E/CN. 4/Sub. 2/2003/12. https://digitallibrary. un. org/record/498842?ln = en.

UNWG. 2013. Report of the United Nations Working Group on the Issue of Human Rights and Transnational Corporations and Other Business Enterprises. A/68/ 279. https://undocs. org/A/68/279.

UNWG. 2014. Report of the United Nations Working Group on the Issue of Human Rights and Transnational Corporations and Other Business Enterprises. A/69/ 263. https://undocs. org/A/69/263.

UNWG. 2016. *Guidance on National Action Plans on Business and Human Rights*. Geneva: UN Working Group on Business and Human Rights. www. ohchr. org/ Documents/lssues/Business/UNWG_ NAPGuidance. pdf.

UNWG. 2017a. Report of the United Nations Working Group on the Issue of Human Rights and Transnational Corporations and Other Business Enterprises. A/72/ 162. https://undocs. org/A/72/162.

UNWG. 2017b. The Business and Human Rights Dimension of Sustainable Development: Embedding "Protect, Respect and Remedy" in SDGs Implementation. Information Note, June 30, 2017. www. ohchr. org/Documents/lssues/ Business/Session18/InfoNoteWGBHR_ SDGRecommendations. pdf.

UNWG. 2019. *Gender Dimensions of the Guiding Principles on Business and Human Rights*. Geneva: UN Human Rights Special Procedures & UN Development Programme. www. ohchr. org/Documents/Issues/Business/BookletGenderDimensionsGuidingPrinciples. pdf.

Van Dijk, Maria A. , De Haas, Marijn & Zandvliet, Ruben. 2018. Banks and Human Trafficking: Rethinking Human Rights Due Diligence. *Business and Human Rights Journal* 3/1: 105−111.

Van Heerden, Auret. 2016. The Fair Labor Association: Improving Workers' Rights in Global Supply Chains. In Baumann-Pauly, Dorothée & Nolan, Justine (eds.), *Business and Human Rights: From Principles to Practice*, 128−135. London; New York: Routledge.

Velasquez, Manuel. 1983. Why corporations are not morally responsible for anything they do. *Business & Professional Ethics Journal* 2/3: 1−18.

Vinciguerra, Venusia. 2011. How the Daewoo Attempted Land Acquisition Contributed to Madagascar's Political Crisis in 2009. Land Deal Politics Initiative. www. future-agricultures. org/wp-content/uploads/pdf-archive/Venusia% 20Vinciguerra. pdf.

Vives, Jordi, Cotrina, Laura & Zarama, Germán. 2019. Between Solidarity and

Obligation: Challenges for the Participation of Businesses in Symbolic Repara-
tions. Bogotá; St. Gallen: CREER & Institute for Business Ethics.

Vogel, David. 2005. *The Market for Virtue: The Potential and Limits of Corporate Social Responsibility*. Washington DC: Brookings Institution Press.

Votaw, Dow. 1961. The politics of a changing corporate society. *California Management Review* 3/3: 105-118.

Waddock, Sandra & Rasche, Andreas. 2012. *Building the Responsible Enterprise: Where Vision and Values Add Value*. Stanford: Stanford University Press.

Walk Free Foundation. 2018. Global Slavery Index 2018. www. globalslaveryindex. org/resources/downloads/.

Weissbrodt, David & Kruger, Muria. 2003. Norms on the responsibilities of transnational corporations and other business enterprises with regard to human rights. *American Journal of International Law* 97: 901-922.

Weissbrodt, David. 2005. Corporate human rights Responsibilities. *Zeitschrift für Wirtschafts-und Unternehmensethik* 6/3: 279-297.

Werhane, Patricia. 2015. Corporate moral agency and the responsibility to respect human rights in the UN Guiding Principles: Do corporations have moral rights? *Business and Human Rights Journal* 1/1: 5-20.

West, Janet. 2011. Export credits and the OECD. In OECD (ed.), *Smart Rules for Fair Trade: 50 Years of Export Credits*, 20-34. Paris: OECD Publishing.

Wettstein, Florian. 2009. *Multinational Corporations and Global Justice: Human Rights Obligations of a Quasi-Governmental Institution*. Stanford: Stanford University Press.

Wettstein, Florian. 2010. The duty to protect: Corporate complicity, political responsibility, and human rights advocacy. *Journal of Business Ethics* 96: 33-47.

Wettstein, Florian. 2012a. CSR and the Debate on business and human rights: Bridging the great divide. *Business Ethics Quarterly* 22/4: 739-770.

Wettstein, Florian. 2012b. Corporate responsibility in the collective age: Toward a

conception of collaborative responsibility. *Business and Society Review* 117/2:
155-184.

Wettstein, Florian. 2012c. Silence as complicity: Elements of a corporate duty to speak out against the violation of human rights. *Business Ethics Quarterly* 22/1: 37-61.

Wettstein, Florian. 2013. Making Noise About Silent Complicity: The Moral Inconsistency of the "Protect, Respect and Remedy" Framework. In Deva, Surya & Bilchitz, David (eds.), *Human Rights Obligations of Business: Beyond the Responsibility to Respect?* 243 - 268. Cambridge, UK: Cambridge University Press.

Wettstein, Florian. 2015. Normativity, ethics, and the UN Guiding Principles on Business and Human Rights: A critical assessment. *Journal of Human Rights* 14/2: 162-182.

Wettstein, Florian. 2016. From Side Show to Main Act: Can Business and Human Rights Save Corporate Responsibility? In Baumann-Pauly, Dorothée & Nolan, Justine (eds.), *Business and Human Rights: From Principles to Practice*, 78-87. London; New York: Routledge.

Wettstein, Florian. 2020. The History of "Business and Human Rights" and its Relationship with "Corporate Social Responsibility." In Deva, Surya & Birchall, David (eds.), *Research Handbook on Human Rights and Business*, 23-45. Cheltenham: Edward Elgar.

Wettstein, Florian. 2021. Betting on the wrong (Trojan) horse: CSR and the implementation of the UN Guiding Principles for Business and Human Rights. *Business and Human Rights Journal* 6/2: 312-325.

Wettstein, Florian & Baur, Dorothea. 2016. "Why should we care about marriage equality?" -Political advocacy as a part of corporate responsibility. *Journal of Business Ethics* 138: 199-213.

Wettstein, Florian, Giuliani, Elisa, Santangelo, Grazia D. & Stahl, Günter K.

2019. International business and human rights: A research agenda. *Journal of World Business* 54/1: 54-65.

Whitney, Toby. 2015. Conflict minerals, black markets, and transparency: The legislative background of Dodd-Frank Section 1502 and its historical lessons. *Journal of Human Rights* 14: 183-200.

Whoriskey, Peter & Siegel, Rachel. 2019. Cocoa's child laborers. *The Washington Post*, June 5, 2019. www. washingtonpost. com/graphics/2019/business/hershey-nestle-mars-chocolate-child-labor-west-africa/?utm_ term = . c32b36c30bf3.

Winograd, Morley & Hais, Michael. 2014. *How Millennials Could Upend Wall Street and Corporate America.* Washington, DC: The Brookings Institution. www. brookings. edu/wp-content/uploads/2016/06/Brookings_ Winogradfinal. pdf.

Wood, Stepan. 2012. The case for leverage-based corporate human rights responsibility. *Business Ethics Quarterly* 22/1: 63-98.

Worland, Justin. 2016. What to Know About the Dakota Access Pipeline Protests. Time, October 28, 2016. https://time. com/4548566/dakota-access-pipeline-standing-rock-sioux/.

World Bank. 2016. Why Forests are Key to Climate, Water, Health, and Livelihoods. March 18, 2016. www. worldbank. org/en/news/feature/2016/03/18/why-forests-are-key-to-climate-water-health-and-livelihoods.

Wright, Michael. 2008. Corporations and Human Rights: A Survey of the Scope and Patterns of Alleged Corporate-Related Human Rights Abuse. John F. Kennedy School of Government. https://media. business-humanrights. org/media/documents/files/reports-and-materials/Ruggie-scope-patterns-of-alleged-abuse-Apr-2008. pdf.

WWF. n. d. Deforestation and Forest Degradation. www. worldwildlife. org/threats/deforestation-and-forest-degradation.

Yap, James. 2020. Nevsun Resources Ltd. v. Araya: What the Canadian Supreme Court Decision Means in Holding Canadian Companies Accountable for Human

Rights Abuses Abroad. Canadian Lawyers for International Human Rights Blog, April 23, 2020. http://claihr. ca/2020/04/23/nevsun-resources-ltd-v-araya-what-the-canadian-supreme-court-decision-means-in-holding-canadian-companies-accountable-for-human-rights-abuses-abroad/.

Yeomans, Jon. 2017. Lonmin "Regrets" Marikana Massacre as Protestors Call for Action. The Telegraph, January 26. 2017. www. telegraph. co. uk/business/2017/01/26/lonmin-regrets-marikana-massacre-protestors-call-action/.

Young, Iris M. 2006. Responsibility and global justice: A social connection model. *Social Philosophy and Policy* 23/1: 102–130.

Young, Iris M. 2011. *Responsibility for Justice*. Oxford: Oxford University Press.

Zagelmeyer, Stefan & Sinkovics, Rudolf R. 2019. MNEs, human rights and the SDGs-the moderating role of business and human rights governance. *Transnational Corporations* 26/3: 33–62.

Zerk, Jennifer A. 2006. *Multinationals and Corporate Social Responsibility: Limitations and Opportunities in International Law*. Cambridge, UK: Cambridge University Press.

Zerk, Jennifer A. 2010. Extraterritorial Jurisdiction: Lessons for the Business and Human Rights Sphere from Six Regulatory Areas. Corporate Social Responsibility Initiative Working Paper No. 59. Cambridge, MA: John F. Kennedy School of Government, Harvard University.

Zerk, Jennifer A. 2013. Corporate Liability for Gross Human Rights Abuses. Towards a Fairer and More Effective System of Domestic Law Remedies. A Report Prepared for the Office of the UN High Commissioner for Human Rights. www. ohchr. org/Documents/Issues/Business/DomesticLawRemedies/Study DomesticLawRemedies. pdf.

Zorob, Maysa. 2020. Defending Defenders: Challenging Malicious Lawsuits in Southeast Asia. Business & Human Rights Resource Centre. www. business-humanrights. org/sites/default/files/documents/2020% 20CLA% 20Annual% 20

Briefng_ SLAPPS%20SEA_ FINAL. pdf.

Zuboff, Shoshana. 2015. Big other: Surveillance capitalism and the prospects of an information civilization. *Journal of Information Technology* 30/1: 75-78.

Zuboff, Shoshana. 2019. *The Age of Surveillance Capitalism: The Fight for a Human Future at the New Frontier of Power*. New York: PublicAffairs.

索　引

工商业与人权

工商业与人权

图书在版编目（CIP）数据

  工商业与人权：伦理、法律与管理学的多维解析／
（瑞士）弗洛里安·维特斯坦（Florian Wettstein）著；
张伟等译 . --北京：社会科学文献出版社，2025.1.
  ISBN 978-7-5228-4573-9

  Ⅰ . D912.7

  中国国家版本馆 CIP 数据核字第 202405RZ17 号

工商业与人权

伦理、法律与管理学的多维解析

著　　者／〔瑞士〕弗洛里安·维特斯坦（Florian Wettstein）
译　　者／张　伟　李卓伦 等

出 版 人／冀祥德
责任编辑／刘骁军
文稿编辑／白　银
责任印制／王京美

出　　版／社会科学文献出版社·法治分社（010）59367161
　　　　　地址：北京市北三环中路甲 29 号院华龙大厦　邮编：100029
　　　　　网址：www.ssap.com.cn
发　　行／社会科学文献出版社（010）59367028
印　　装／三河市龙林印务有限公司

规　　格／开本：787mm×1092mm　1/16
　　　　　印 张：29.75　字 数：450 千字
版　　次／2025 年 1 月第 1 版　2025 年 1 月第 1 次印刷
书　　号／ISBN 978-7-5228-4573-9
著作权合同
登 记 号 ／图字 01-2024-6055 号
定　　价／138.00 元

读者服务电话：4008918866